黄媛介年谱

赵青 著

上海书店出版社
SHANGHAI BOOKSTORE PUBLISHING HOUSE

嘉善石梅山房朱培峰先生藏《黄媛介写经砚》（正反面）

私人收藏《黄媛介楷书七言诗》扇面

嘉兴丁香屋主顾丽华女史《黄皆令吟诗寻春图》（2022 年）

嘉兴风凉草堂徐新奇先生《黄媛介诗意画》（2017 年）

目　录

前　言

嘉兴自古人文彪炳，文化传承源远流长，明末清初诞生了一位旷世才女黄媛介，以诗、文、书、画四绝著称一时，著名文学家张岱曾在《赠黄皆令女校书》诗中极口赞道："未闻书画与诗文，一个名媛工四绝。"

家世与家人

黄媛介（约 1610—1668），字皆令，号如一道人（《柳如是黄皆令山水图合卷》）、无瑕词史（柳如是《满庭芳·留别无瑕词史》）、禾中女史（李渔《意中缘》）、天香女史（《溪山幽居图》）、皆令女史（《苍松迎客图》）等，秀水（今浙江嘉兴）人。明崇祯间文学黄鼎、女诗人黄媛贞妹，布衣杨元勋妻，杨德麟、杨本善母。书室曰"如石阁"（《如石阁漫草》）、"南华馆"（《南华馆古文诗集》）、"世书阁"（《溪山幽居图》）、"德山草堂"（上海博物馆藏《山水图》）、"山在堂"（《和远山李夫人韵》），等等。自幼所受到的良好文化熏陶和自身的聪明好学，使之成为同时代知识女性中之翘楚，她工诗文，善书画，且著述颇丰。有《如石阁漫草》《南华馆古文诗集》《离隐歌》《鸳湖闺咏》《湖上草》《越游草》等，与山阴（今浙江绍兴）梅市祁夫人商景兰、祁修嫣、王端淑等则有《梅市倡和集》，另有无锡（今属江苏）出版家邹漪选辑的《黄皆令诗》（江西省图书馆藏本）。

黄媛介待嫁闺中时，即已诗名远播，丹阳（今属江苏）姜绍书《无声诗史》评其诗"初从选体入，后师杜少陵，清洒高洁，绝去闺阁畦径"。据云复社领袖张溥亦曾慕名而前往黄家求其为侧室，新城（今山东桓台）王士祯在《带经堂诗话》《池北偶谈》中对此有记载，叙述了黄媛介因诗名卓著而

1

引出的一段文坛韵事，此说除了迎合封建士大夫附庸风雅之情趣，也表明黄媛介矢志不渝的节操。

据目前所掌握的资料可知黄媛介上有二兄一姊，伯兄不知名谁，仲兄即黄鼎，姊黄媛贞，此二人将在年谱中介绍。

人生历程

纵观黄媛介的一生，可分为三个阶段：

第一阶段为清顺治二年（1645）之前。这一时期的黄媛介从待字闺中至嫁为人妇，虽然家境不甚宽裕，尚不至于敝衣乏食，如姜绍书《无声诗史》卷五所记："适士人杨世功，萧然寒素。皆令龟勉同心，恬然自乐也。"

这一时期的黄媛介禀性极高，且又积极好学，施闰章《学馀堂文集》卷十七《黄氏皆令小传》有："介性淑警，闻兄鼎读书声，欣然请学，多通文史。"邓汉仪《诗观》初集卷十二亦云："兄、姊皆好文墨，皆令遂娴诗词，且工画。"黄媛介学诗之余，时与兄、姊以诗唱和，如黄氏姊妹二人皆有诗《春晓送兄之当湖》，其姊亦有《与媛妹雨窗联句》等诗。可以说，待字闺中的生活是黄媛介人生中最为恬淡而又惬意的时期。

大约在明崇祯十年（1637）之前，黄媛介终嫁订婚多年的邑人杨元勋为妻。杨家或与黄家门第相当，杨元勋属未有功名之"士人"，因家贫而流落吴门（今江苏苏州）数载，并"以贩畚为业"（《嘉禾征献录》卷五十《列女》），婚后"世功读书不成"，黄媛介"遂劝之偕隐"（施闰章《学馀堂文集》卷十七《黄氏皆令小传》）。面对无以养家的夫君，黄媛介义无反顾地担负起家庭重担，以写卖字画为生，虽则粗茶淡饭，却也能衣食自给。相对姊姊黄媛贞嫁入豪门为人侧室，虽则富足却又压抑的生活而言，黄媛介或许更喜欢小家碧玉式自由而又简朴的生活吧！

由于受到明末思想解放与个性追求的影响，黄媛介已具有以诗画显声名之意识，但是作为一介女流之辈，因受到封建社会男权思想的限制，故无法自己抛头露面去结交文化名流与达官显贵，于是杨元勋便责无旁贷地担负起此项重任。

明崇祯十六年（1643）秋，黄媛介遣夫君杨元勋往虞山（今江苏常熟）请"江左三大家"之一的钱谦益为自己的新诗集作序。而在此之前已有海盐文化名人姚士粦为其诗集作序"累累数千言"，钱谦益称此序"荟萃古今淑媛以媲美媛介"（钱谦益《士女黄皆令集序》）。至崇祯十七年（1644）冬，黄媛介拜访钱家，自此以后，黄媛介与钱谦益侧室柳如是交往甚密，邓汉仪《诗观》初集卷十二有"时时往来虞山宗伯家，与柳夫人为文字交"之说。黄媛介与柳如是成为"文字交"可能只是一种表面现象，其主要原因有二：一者她们毕竟都是女诗人，于琴棋书画有着共同的喜好；二者黄媛介依附于柳如是，也可以得到些许经济上的接济。从黄媛介写于此时的《眼儿媚·谢别柳河东夫人》中便不难看出其中的端倪，上半阕开首即言"黄金不惜为幽人"。

而黄媛介与柳如是的交往却遭到了其仲兄黄鼎的反对，但她实在有着不得已的苦衷，《诗观》初集卷十二载"其兄开平弗善也，然皆令实贫甚，时鬻诗画以自给"，这也成为促使黄氏兄妹日后关系失和的一个重要因素。

第二阶段为顺治二年（1645）至顺治十二年（1655）。这一时期的黄媛介因为遭遇嘉兴（今属浙江）的"乙酉兵变"而致毁家，因此踏上了逃难之路，自嘉兴而平湖（今属浙江），而松江（今上海松江区），而苏州（今属江苏），而南京（今属江苏），而金坛（今江苏常州金坛区），而丹阳（今属江苏），流离失所，漂泊无定。直至顺治五年（1648）冬返家，后又迫于流言与生计而不得已寓居杭州以写卖字画为生，其间历经坎坷，以至于贫困潦倒至极。

嘉兴素为江南富庶之地，居民多崇尚读书，以期通过科举获得一官半职，达到出人头地、光宗耀祖之目的，因而嘉郡文风浓厚。黄媛介在其《离隐歌》中这样描写自己的故乡："鸳鸯湖上万家春，细雨香飞罗縠尘。家家烛影犹通夕，处处歌声正彻晨。"婚后的黄媛介原本可以在操持柴米油盐、养儿育女之余，面对四季更替，在伤春悲秋、吟风弄月中度过其平稳的一生。

然而世事难料，正值明清易代之际，嘉兴士子屠象美等人因反抗清政府的"薙发令"而高举抗清义帜，于是一座具有数百年历史的古城在清兵的攻掠中顿遭劫难，黄媛介在《离隐歌》中因此叹道"一朝兵火如云屯，千村万落同惊禽。入林只恨林难密，赴水犹嫌水不深"。至于女诗人究竟在"乙酉兵变"中扮演了一个什么样的角色尚待研究探讨，但因此动乱而遭受毁家并与夫君杨元勋携子踏上逃难之途是不争之事实，夫妇二人经由平湖一路北漂，近三年间至云间（今上海松江区）、至吴阊（今江苏苏州）、至白下（今江苏南京）、至金沙（今江苏常州金坛区）、至云阳（今江苏丹阳），可谓颠沛流离、历经困苦。幸于途中结交了一些同是天涯沦落人的朋友并得到了帮助，才勉强度过了艰难时期。

其间，杨元勋在平湖新埭抛下妻儿，只身前往虞山寻找旧识。携带稚子被困于平湖新埭达九十天之久的黄媛介对外音讯皆无，因此流言散布，以为其遭清兵掳掠至苏州或至南京，只因相貌不佳而得以脱身，详情将在后文提及。此时杨元勋的云间故交钱青闻听消息，于危难之中向黄媛介母子伸出了援助之手，除以物质资助，还以书信召回了迟迟未返的杨元勋。顺治三年（1646）冬，黄媛介夫妇在朋友的帮助下得以移家云间暂居，心存感激的女诗人在《离隐歌》中有"途穷始借友朋力，客居聊得辞雪霜"之句以聊表欣慰。

此后黄媛介夫妇又至苏州朋友处小住，曾被女诗人赵昭招入寒山暂栖，故《无声诗史》卷五有"栖于寒山"之说。

离开苏州后的黄媛介一家辗转至南京，与同样流寓于此的卞琳、吴山夫妇萍水相逢、志同道合，自此结为数十年至交，《离隐歌》有"忽逢居亭梁孟贤，宛曲周给过亲懿"的感念。

在南京停留期间，黄媛介还结识了一些留居于此的前明官员与文人，如福建永福（今永泰）黄文焕、苏州马宏道、金坛张明弼，凡此等等，并通过卞琳、吴山夫妇的谋划与介绍，自身亦颇困顿的张明弼向黄媛介伸出了援助之手，《离隐歌》夹注记述有"金沙张无近过秦淮访旧，楚玉、世功预焉，赋诗招隐，遂同外入金沙，居琴张先生墙东园"。所幸的是黄媛介在流寓期间还得到了常镇道观察李景廉、金坛县令胡延年、丹阳县令许宸等人的资助。

至顺治五年（1648）冬，黄媛介与夫君杨元勋携家经丹阳风尘仆仆返回家乡，此时，仲兄黄鼎已离世半年有余。顺治七年（1650）十月，万般无奈的黄媛介举家移居杭州风光旖旎的西泠桥畔，与南齐名妓苏小小之墓为伴，仍以写卖字画为生。"阳羡派"领军人物陈维崧曾亲眼目睹黄媛介的这段生活，并在《湖海楼妇人集》中记载道："嘉兴黄皆令诗名噪甚，恒以轻航载笔格诣吴越间。余尝见其僦居西泠断桥头，凭一小阁卖诗画自活，稍给便不肯作。"而这段时期的黄媛介因生活无着，又因受"多男之累"（樊增祥《高阳台·题黄皆令〈为王渔洋画虹桥影事图〉》），经济日见窘迫。顺治八年（1651），钱谦益携侧室柳如是重游杭州时，重见处于捉襟见肘境况中的黄媛介，不免万分感叹地在《赠黄皆令序》中写道，"其穷亦日甚"，"衣帔绽裂，儿女啼号，积雪拒门，炊烟冷突"。并为之唏嘘不已："古人赋士不遇，女亦有焉。"

在杭州的生活虽然清贫，无疑也是快乐的，患难中的黄媛介得到了寓居杭州数十年的徽州儒商汪汝谦的帮助，邓汉仪《诗观》初集卷十二记："地主汪然明时招至不系园，与闺人辈饮集，每周急焉。"

黄媛介还结识了一些南来北往的文人墨客，如萧山（今浙江杭州萧山区）毛奇龄，太仓（今属江苏）吴伟业，南昌（今属江西）李明睿，兰溪（今属浙江）李渔，吴县（今江苏苏州相城区、吴中区）沈颢、方月人夫妇，无锡（今属江苏）邹漪，三原（今属陕西）孙枝蔚，莆田（今属福建）余怀，山阴王端淑，长洲（今江苏苏州相城区、吴中区）吴琪，吴江（今江苏苏州吴江区）周琼，等等。

寓杭期间还有一种颇为令人注意的现象，即黄媛介与许多官员有所交游并诗词唱酬，其中与嘉兴府推官韩充美有《奉贺韩司理转仪部作》、与金沙吕兆龙有《吕霖生吏部以姬赠邹流绮漫赋小言奉贺》，与浙江按察司副使南洙源有《题画寿南宪台》《贺宪台生鲁南公》，与杭嘉湖道张安豫有《暮春过张森岳先生园侨夫人姬以新诗见示同赋》，与浙江南关监督陆朝瑛有《南关署中古梅迄宋以来四百馀年矣主政宣珂陆公索言以表其异因赋》，与钱塘令张文光有《呈钱塘樵明张令公》，与浙江知事桑芸有《和西鲁笈云桑公赠韵》，与浙江北关监督许焕有《寿北关主政尧文许公代外》，与浙江粮道张吉士有《奉挽粮道松霞张公太夫人》，等等。可以说，黄媛介种种此举实属无奈，应为谋生之计，这或许便是朱彝尊在《静志居诗话》卷二十三"黄媛贞"条中引黄鼎至交俞汝言所言之意："世徒盛传皆令之诗画，然皆令青绫步障，时时载笔朱门，微嫌近风尘之色，不若皆德之冰雪净聪明也。"

在此期间，黄媛介著有诗集《湖上草》《鸳湖闺咏》，前者流传至今，现有一册刻本藏于江西省图书馆，已成海内外孤本；后者应为唱和集，因有吴伟业的题诗而一时和者甚众，此集至今未见，或已散佚。

第三阶段为顺治十二年（1655）至康熙七年（1668），这一时期的黄媛介基本以闺塾师为业，至山阴至扬州至北京等地，虽则生活状况得到了些许改观，但仍然避免不了流离转徙、寄人篱下之境遇。

自顺治十一年（1654）秋冬，黄媛介的人生出现了转机，在汪汝谦等人的介绍下，黄媛介南渡萧山西兴镇（今浙江杭州市滨江区）至山阴张岱从弟张陛家为闺塾师，顺治十三年（1656）又至梅市商景兰家勾留。黄媛介在山阴期间以诗会友，并"与诸大家名姝静女唱酬"（施闰章《学馀堂文集》卷十七《黄氏皆令小传》），如商景兰母女婆媳、商景徽母女、王端淑姊妹、张陛夫人胡应佳、吴国辅妻胡紫霞、李文达妻郑庄范等。可以说，山阴之行无疑是黄媛介遭受离乱之后最为愉悦的日子，也是黄媛介文学创作的一个高峰期，留下了《越游草》及《梅市倡和集》。

大约在顺治十六年（1659）前后，黄媛介或许得到闺友吴山的介绍而前往扬州赵而忭家做闺塾师，在此期间，又得以结识了王士禛等许多文人。顺治十七年（1660）前后，因赵而忭之父赵开心时任太仆寺少卿，黄媛介随赵家赴京城继续自己的执教生涯，因此名声日著，《图绘宝鉴续纂》有"京室闺彦多师事之"之语。至康熙元年（1662），赵开心因儿子赵而忭之死而悲伤过度猝死于旅邸，赵家突如其来的变故令黄媛介结束了北漂生活，踏上了南返之路。根据黄媛介的一些诗作可以得知，返乡后的她仍然往来于嘉兴与杭州之间，其间结识了余怀等。至康熙五年（1666），年近花甲的黄媛介在吏部尚书石申的强邀之下又无奈前往京师为其家女师。施闰章《学馀堂文集》卷十七《黄氏皆令小传》有："会石吏部有女知书，自京邸遣书币，强致为女师。"

令人始料不及的是，此行使得黄媛介的晚年生活陷入了万劫不复的悲惨境地。

船至津门（今天津）时，曾被毛奇龄盛赞有"慈亲风"的长子杨德麟意外身亡，施闰章《学馀堂文集》卷十七《黄氏皆令小传》："舟抵天津，一子德麟溺死。……介遂无子。"次年春，被江西女诗人朱中楣极口赞许过的"发方覆额，遂能诵诗，写法帖楚楚可人"的黄媛介幼女杨本善又在京师夭亡，施闰章《黄氏皆令小传》有"明年，女本善又夭"。

已是万念俱灰的黄媛介毅然离开了京师这块伤心地，"懑甚。南归过江宁"，时重病缠身的女诗人得到原浙江巡抚佟国器夫人钱氏的收留，"值佟夫人贤而文，留养疴于僻园，半岁卒。遗诗千馀篇"（施闰章《黄氏皆令小传》），一代女诗人便如此悄无声息地客死异乡。

文学艺术创作与成就

黄媛介以诗、文、书、画"四绝"而名于一时，因此受到众多文坛大家的交口赞赏，王士祯《池北偶谈》有"负诗名数十载"，黄媛介生前著述颇丰，遗作千余首，如今历经搜寻，存世者亦不足十之二三。

黄媛介的诗歌题材广泛，可以崇祯十七年（1644）作为分界线，早期作品大多以咏物抒情为主，文字清丽明快，尤其是其未嫁时所作之诗，多为讴歌家乡景色，言辞清丽纯真，充满了盎然生气，如《鸳鸯湖》（选一）：

> 轻风贴水飞春燕，佳人宛自帘中见。向水阑杆处处园，梅花草叶春香变。昨夜云晴日影孤，中洲曲沼生新芦。嘉兴风景知何处，乱帆烟柳鸳鸯湖。（罗炌、黄承昊《（崇祯）嘉兴县志》卷二十《艺文》）

又如《嘉兴竹枝词》（选一）：

> 胭脂点罢画双娥，唤整衣裳庆麝多。争向水边呼不住，弄钩潜自折轻荷。（《黄皆令诗》，江西省图书馆藏本）

"乙酉兵变"后，因为自身的不幸遭遇与忧患于国家的存亡，黄媛介诗句中悲凉成分增多，表达了女诗人因为改朝换代而家毁离走的切肤之痛与对人民饱受离乱之苦的深切忧愁与悲叹，如《丙戌清明》诗中所云：

> 倚柱空怀漆室忧，人家依旧有红楼。思将细雨应同发，泪与飞花总不收。折柳已成新伏腊，禁烟原是古春秋。白云亲舍常凝望，一寸心当万斛愁。（《黄皆令诗》，江西省图书馆藏本）

又如：

即　事

> 忧危只有客心微，赢得湖云护竹扉。囊有新诗聊寄赏，家存旧壁但怀归。青山断处饶红叶，黄菊开时无白衣。近水阴晴容易变，忽惊风雨打窗飞。（黄媛介《湖上草》）

黄媛介诗歌的后期风格，正如钱谦益《有学集》卷二十《赠黄皆令序》中所道："见其新诗，骨格老苍，音节顿挫。云山一角，落笔清远，皆视昔有加。"

后寓居杭州，这种沧桑感同样也充斥于诗句中，如《湖上绝句》一诗：

> 西子湖头万顷春，风光不属去来人。朝岚夕霭谁收得，半在渔舟半隐纶。（黄媛介《湖上草》）

在黄媛介的诗作中还有一部分应制之作，如《叶昭齐挽诗十绝》《叶琼章挽诗十绝》《吕霖生吏部以婢赠邹流霞赋贺》《合欢诗赠闺秀张铒》《代毛西河太史之妇陈何作子夜歌寄外》等；也有一部分为怀念嘉兴亲友之作，如《怀闲靓黄夫人》《怀姊》《秋夜怀月辉孙夫人》等。

目前所能见到的黄媛介许多作品中，以《离隐歌》最具社会意义，几与汉魏时期的蔡文姬的《悲愤诗》相媲美。这首长篇乐府诗创作于清顺治五年（1648）春，女诗人描述了自己与家人在战乱中流离失所、羁縻煎迫的种种亲身经历，为我们展现了一幅幅普通百姓饱受乱世凶年、生离死别之苦的生动画面，在历代女诗人的作品中亦属罕见。

相对而言，黄媛介的作品目前所能看到的大多以诗为主，词则少之，仅存的十九首词中有八首为怀人之作，其中录入《（崇祯）嘉兴县志》卷十七《丛谈志·佚词》的两首词应属早期作品，因而词句中少了日后的风尘感，活泼中又有着几分少女涉世不深的纯情与爽朗：

踏莎行·西子

歌细高楼，步娇响屟。如何一笑苏台折。越人潜渡越来溪，扁舟又伴闲风月。　　万古销魂，一声啼鴂。茫茫古恨今人说。苎萝不是昔时村，浣沙溪畔声流咽。

王蕴章《燃脂馀韵》评其作品："其所纪述，多流离悲戚之辞，而温柔敦厚，怨而不怒。既足观其性情，且可以考事实，盖闺阁而有林下风者也。"

黄媛介所作之文目前仅见两篇，即《读〈叶琼章遗集〉》《李渔〈意中缘〉序》，前者写于明崇祯年间，后者撰于清顺治年间。览此二篇，文笔简练，文字绮丽，文采不亚于同时代文学大家，其中旁征博引，显示了作者深厚的文化功底与渊博学识。

作为一名女性，黄媛介的赋在当时也很有名。王士禛《池北偶谈》云："皆令作小赋，颇有魏晋风致。"

如今我们所能见到的黄媛介所作之赋不过八篇，即《伤心赋·哀昭齐》《写怀赋》《闲思赋》《秋怀赋》《竹赋》《兰花赋》《琴赋》《清节咏赠朱子英内人》。遗憾的是，除了前三篇尚属完整，后四篇经王士禄录入《然脂集》时已有删节。其中的《伤心赋·哀昭齐》出自明叶绍袁编辑的《彤奁续些》，《清节咏赠朱子英内人》录自《（崇祯）嘉兴县志》，其余六篇则由王士禄录自《南华馆古文诗集》。

《闲思赋》作于崇祯六年（1633），为黄媛介在阅读了魏晋"竹林七贤"之一向秀的《思旧赋》后，"复感陈王《洛神赋》之妙绝，因作《闲思赋》以传漂渺之怀"。

《玉镜阳秋》评价此赋为："皆令诗暨赋颂诸文，并老成有矩矱。赋如《竹赋》《闲思》二篇，虽未知视班、左何如，亦殊不在徐、钟诸媛下也。"

同样黄媛介的书画也是名著于时，《无声诗史》卷五有"楷书仿黄庭经，画似吴仲圭，而简远过之""皆令书画不可多得，郡城萧仪九，装潢家名手也。予从其处得皆令诗画扇一，出以示客，知画者谓逼真梅花道人笔意，字亦遒婉有古法"。《（康熙）秀水县志》亦有"书法钟王，时以卫夫人目之"。

可惜的是，黄媛介书画作品留存下来的甚为稀少，目前可查国内各个博物馆所藏，有上海博物馆《山水》（一名《虚亭落翠图》）、故宫博物院《山水》扇面两幅、辽宁省博物馆《白描观音图》册页、四川省博物馆《仿赵大年山水》、嘉兴博物馆《梅竹花鸟图》扇面等，台湾何创时书法艺术基金会有一部黄媛介为吴县文人沈颢与方月人伉俪所作的《沈颢与夫人画像》。

另外在一些艺术品拍卖网站也时有黄媛介的作品出现，往往稍现即逝，可谓"侯门一入深如海"了，如香港佳士得有限公司《空翠浮烟图》（2000年）、中国嘉德国际拍卖有限公司《观音》（2004年）、北京匡时国际拍卖有限公司《洛神赋》（2009年）、上海鸿海商品拍卖有限公司《江舟骑行图》（2010年）、上海涵古轩拍卖有限公司《溪岸秋色图》（又名《溪岸松风图》，2011年）、北京东方艺都拍卖有限公司《苍松迎客图》（2011年）、北京荣宝斋拍卖有限公司《花鸟》（2013年）、上海朵云轩拍卖有限公司《花鸟草虫》（2014年）、北京匡时国际拍卖有限公司《溪山幽居图》（2016年）、中国嘉德国际拍卖有限公司《山水册页》（2020年）、广东崇正拍卖有限公司《花鸟》扇面（2020年）等。

黄媛介交游考

作为一位女性诗人，黄媛介足迹遍及大江南北。据目前所知，其行踪南至山阴，北至京城（今北京），并与同时代许多著名女诗人多有交往。如海昌（今浙江海宁）沈纫兰、嘉兴黄德贞、归淑芬、柳如是、项珮等，山阴商景兰、商景徽姊妹，祁德渊、祁德茝、祁德琼、祁德茞姊妹，王端淑、王静淑姊妹，另有胡应佳、胡紫霞、赵东玮、陶固生、尼静因等，寒山（今江苏苏州）赵昭，长洲吴绡、吴琪、汤淑英、吴县方月人等，当涂（今属安徽）吴山、卞梦珏母女，庐陵（今江西吉安）朱中楣，福建林文贞等，应该还有一些目前不为我们所知晓的女诗人，有待于进一步发现。

黄媛介与这些明末清初中国女性文坛之佼佼者们彼此眷顾，引为知音，并互有赠答之作。如吴山有《送黄皆令闺媛》，王端淑有《寄黄皆令梅花楼》《为龚汝黄题黄皆令画》《上元夕浮翠吴夫人招同黄皆令陶固生赵东玮家玉隐社集拈得元字》《读鸳湖黄媛介诗》，商景兰有《喜嘉禾黄皆令过访却赠》《同皆令游寓山》《送黄皆令往郡城》等，吴绡有《题邹流绮鸳宜斋·次黄皆令韵》《金陵元宵美人灯诗步鸳湖黄皆令韵二首》《命石邢君出示所画山水障子黄皆令赠诗索和旅窗月下乘兴戏书》等，朱中楣有《西湖喜遇黄皆令率尔言别诗以赠之》《客秋偶憩西子湖与皆令比邻而居瀹茗谈诗方谐凤愿惜匆遽别去值此春光能无怀念因赋却寄时戊戌三月上浣日也》等。尚有一些女诗人如汤淑英、祁氏姊妹、胡应佳、郑庄范、林文贞等，与之唱和，不一一列举。

对黄媛介的仰慕不仅仅表现于其同时代的女性文人，后世的一些女性文人亦在自己的诗作中有所表达，如杭州文人陈文述侧室文静玉因访黄皆令故居而作《寓居断桥小楼当是黄皆令旧居也感赋一律》，著名弹词女作家汪端亦作有《段家桥访黄皆令故居》，荆溪（今江苏宜兴）文人周济侧室苏穆《储素楼词》有《探春令·题明鸳湖女史黄皆令自画小影》等，清末著名女诗人、闽县（今福建福州）薛绍徽则有《题黄皆令画册》等。

在明末清初，女性开始冲破"男女授受不亲"的藩篱，与男性文人多有交游。纵观黄媛介的一生，与当时的一流男性文人皆有诗词往来。如名列"江左三大家"的虞山钱谦益、太仓吴伟业，"燕台七子"中的宣城（今属安徽）施闰章、祥符（今河南开封）张文光，"江东二毛"之一的萧山毛奇龄，与秀水（今浙江嘉兴）朱彝尊并称"南朱北王"的新城王士祯，著名戏剧家兰溪李渔等，另有吴县邓汉仪、三原（今属陕西）孙枝蔚、莆田（今属福建）余怀、新建（今江西南昌新建区）熊文举、永福（今福建永泰）黄文焕等。这些文人多为黄媛介诗集写有序或题诗，如钱谦益《士女黄媛介集序》《赠黄皆令序》，吴伟业《黄媛介诗序》《题鸳湖闺咏》，熊文举《黄皆令〈越游草〉序》，毛奇龄《黄皆令〈越游草〉题词》《〈梅市倡和诗抄稿〉书后》，张岱《赠黄皆令女校书》，王士祯《观黄皆令吴岩子卜篆生书扇各题一诗用吴梅村先生题鸳湖西泠闺咏韵》等。尤其是施闰章在黄媛介去世后撰有《黄氏皆令小传》，为后人留下了宝贵的历史资料。

黄媛介著述考

目前所知有关记载黄媛介的著述计有：

《如石阁漫草》，应是黄媛介未出阁时的早期作品集，此集或请海盐人姚士粦为序。

《南华馆古文诗集》，为黄媛介婚后的作品集，因其位于城北居所有"南华"馆者而名焉，此集有钱谦益为之序，集内有诗词文赋，内容应该非常丰富。

《离隐歌》，作为独立篇章被黄传祖收录在清顺治八年（1651）刊本《扶轮续集》卷七，我们通常见到的是经王士禄删节后录入《然脂集》中的版本，2015 年出版的《扬州大学图书馆藏古籍珍本丛刊》将《离隐歌》全诗展现于世人面前。

《湖上草》，是黄媛介寓居杭州近十载的作品集，有钱谦益、古雪道人、黄文焕为之序。按照黄媛介的善咏，《湖上草》应该没有囊括其所有作品，而是经过了筛选，或许也是为了节省刻印经费之故。

《鸳湖闺咏》，应是黄媛介寓居杭州期间，时常往返嘉兴时的一部唱和集，有吴伟业和诗并作序，另有嘉兴黄涛、李肇亨与新城王士禛等人和作。

《越游草》，是黄媛介山阴之行三年间所作诗集，有毛奇龄题词，熊文举作序，至今未见。

《梅市倡和诗抄》，是黄媛介与山阴梅市商景兰母女、王端淑及诸才媛的唱和之作，此集有毛奇龄为作"书后"语，并由萧山李文达刊刻。

顺治十二年（1655），邹漪编纂并刻印了《诗媛八名家集》，此后又刻印了《诗媛十名家集》，其中皆有《黄皆令诗》一部，邹漪为作小引。

目前可知于黄媛介生前得以刊刻的作品集有三种，即《湖上草》《梅市倡和集》《黄皆令诗》，而如今可见者只有《湖上草》与《黄皆令诗》。《湖上草》仅有江西省图书馆所藏孤本，《梅市倡和集》已难觅其踪。另在天津图书馆所藏清中后期海宁人管庭芬《待清书屋褮钞》中录有《黄媛介诗册》一部，但仅存其五首早期作品。至于黄媛介的《如石阁漫草》《南华馆古文诗集》《鸳湖闺咏》《越游草》诸作，或许从未刻印过，如今已不知下落。施闰章在《黄氏皆令小传》中记黄媛介对其著作的保存与流传颇为重视，"尝募人剞劂"，并自言："家世中落，生蓼长荼。饥不食邪蒿之菜，倦不息曲木之阴。天既俭我乾灵，不甘顽质，借此班管，用写幽怀。倘付诸蠹鼠，与腐草流电一瞬消沉，实为恨恨。"上述诸集之作，小部分散见于各种诗歌总集中，如王端淑的《名媛诗纬》、王士禄的《然脂集》、邓汉仪的《诗观》初集、姜绍书的《无声诗史》、汪启淑的《撷芳集》、沈季友的《槜李诗系》、黄秩模的《国朝闺秀诗柳絮集》等。但愿黄媛介几部不知下落的诗集正静静地藏在某处，等待着我们去发现，这种惊喜或许即在明天，或许要若干年之后。

除上述的黄媛介几部作品集，还可以发现在她的文学创作中存在着一些空白的时间段。如顺治二年（1645）至顺治五年（1648）因嘉兴"乙酉兵乱"的逃难时期，顺治十四年（1657）至康熙七年（1668）在扬州与两次京城之行，都没有作品集出现。所以，黄媛介一定还有几部不为我们所知的别集，只是沧海桑田，目前已经无法考证了。

施闰章在《黄氏皆令小传》中也只是寥寥几语描述了一代女诗人黄媛介的离世情况。至于黄媛介身后之事，如子女情况、所葬之处、夫君杨元勋的结局、其著作的下落等，皆付之阙如，真可惜了一代才女！

结束语

作为生活于明末清初的著名女诗人，黄媛介多多少少受到了晚明思潮的影响，又因自身的坎坷遭遇在历史长河中留下了与众不同的人生痕迹，这是她迥异于同时代其他女性诗人的特别之处。由于社会处于变革纷乱之中，明末士大夫多有隐遁山林之想，黄媛介作为女流之辈，亦有着随夫隐居之意，无奈为生活所迫，而又不得不采取积极入世的态度，于是凭借一技之长以写卖字画为生，这在男权意识占支配地位的封建社会是非常不易的。更加难能可贵的是，黄媛介无论生活如何艰难困苦始终吟哦不辍，无论处于何时何地都保持着一位知识女性的自尊、自重、自爱，这也是黄媛介之所以会博得同时代许多男女文人尊敬的原因。随着现代女性文学研究的升温，黄媛介也日益为众多学者所重视，笔者希望通过本谱的出版，使得人们可以多方了解黄媛介的生活足迹、文学创作、高尚情怀及其交游酬唱与悲苦离情，认识这位被尘封了三四百年而仍熠熠生辉的一代女诗人。

对黄媛介产生的浓厚兴趣，是在拙作《嘉兴历代才女诗文徵略》一书的资料收集整理过程中逐渐产生的。至 2013 年底，始决定写作《黄媛介年谱》。岁月如流，经过六年间查阅大量历史资料，并通过对各类文献的爬梳剔抉、相互印证、反复推敲，终于将黄媛介的人生轨迹大致展现出来。

然而，写作《黄媛介年谱》的过程异常艰辛。

首先，黄媛介的生年至今未见有确切记载，很多相关文章基本都是靠推测而定，或者人云亦云。自黄媛贞的生卒年见载于朱荣《秀水朱氏家谱》后，本谱根据邹漪在《黄皆令诗》"小引"中言其十二岁"能诗"而推测黄媛介比黄媛贞约小于二至四岁之间。所以，本谱最大的遗憾，便是在于黄媛介的生年还未确定。现将本谱推出，权为初编，是愿能够得到朋友同好的帮助，使更多的资料浮出水面，而有再编，使之更趋完善。

其次，黄媛介的作品经多方查找，目前仅存两部诗集及散布于一些诗歌总集中的零星作品，计约二百余篇，其中可用来作为本谱依据的自撰作品并不多。因此，谱中史料多系旁征，引自其同时代文人作品之称述。

再次，由于数百年中社会动荡所造成的损毁，尤其作为一位生活在封建社会的女性，其受到所处时代的限制，所遗留的史料散而少，可佐证的文献也不足。而黄媛介仅存的两部作品集都在外省市的图书馆，如《黄皆令诗》在国家图书馆与江西省图书馆，《湖上草》则在江西省图书馆，对作者而言更增添了阅读不便与旅途奔波之苦。

最后是出版经费的匮乏，只得将《黄媛介年谱》及附录部分分别出版。目前，《黄媛贞黄媛介合集》由浙江古籍出版社列入"浙江文丛"系列已于2021年12月正式出版。其中徐黄媛贞《云卧斋诗稿》、黄媛介《湖上草》《黄皆令诗》、朱茂时《琐记》四种著述，还附录有同时代及历代文人为黄媛介所作序跋、传记、题诗、评语节选等。而《黄媛介年谱》则交由上海书店出版社出版，并附录《黄媛介与女性文人交游表》《黄媛介与男性文人交游表》两种。另有《黄鼎考略》与《朱茂时黄媛贞年谱合编》将视恰当时机交付出版。

在写作《黄媛介年谱》期间，得到了许多朋友的帮助与支持，如嘉兴市图书馆范笑我君、沈秋燕女史、郑闯辉先生，浙江古籍出版社的路伟先生，江西省图书馆的程伟军主任，杭州师范学院的张天杰先生，杭州的杨叶先生，嘉兴建筑工业学院的徐新奇先生，上海华东师范大学中文系的赵厚均先生，陕西理工大学古代文学硕士研究生徐梦女史，慈溪思绥草堂主人励双杰先生，嘉兴苏伟刚先生，嘉善朱培峰先生，嘉兴顾丽华女士，上海书店出版社解永健先生、俞芝悦女士等，还有很多朋友不再一一具名，在此一并谢过。特别感谢沈秋燕女史与尤裕森先生，沈女史与尤先生先后对本谱做了认真仔细的校对，为本谱增色不少。特别感谢浙江古籍出版社的路伟先生，在繁忙的工作中，时常将其涉猎古籍中发现的黄媛介资料与我分享。特别感谢王登峰先生、徐勇先生和汪红星先生、孔月华女士。

笔者因视野与涉猎的局限，也因认知水平有限，难免疏漏与谬误，在此抛砖引玉，请朋友们对《黄媛介年谱》多提宝贵意见，将不胜感激！

华原赵青

2025 年 5 月 10 日

凡 例

一、本谱以黄媛介现存作品为基础，并对各类文献进行广征博引、反复考证、爬梳剔抉，以期尽可能详细地展现谱主坎坷波折的一生。

二、本谱以农历纪年记事，并于年月日下括注公历，以方便阅读。记事方法按时间顺序排列，以年月日确凿者记事，年月日不明者按季节记事，季节不明者则附于年末，已入公历新年者，仍系于本年。

三、谱主生前交往男女文人众多，且多为有名望者。为增加对谱主的社会关系、人生履历之了解，尽量将这些人的简历、行迹，以及相关作品记于谱中，以供参考。

四、谱主之亲属与朋友的生卒年，基本采用各种工具书，以及年谱、传记的记载；采用他处者，皆注明出处。本谱所有人物年岁皆依中国传统，只记虚岁，不论实龄。

五、谱主生前著作颇丰，然而存世者仅《湖上草》与《黄皆令诗》二集，其余作品多散见于各种诗歌总集和其他著述中，因而均于其作品后注明出处。

六、因谱主所交往的男性文人多为有官职者，故本谱中引用钱实甫《清代职官年表》较多，其使用汉字数字与阿拉伯数字两种纪年法，如"三、乙酉、二，3.29；右通迁。六、辛未、廿，7.13，病免。"中，"三、乙酉、二"即农历的三月二日，亦即公历的 3 月 29 日；"六、辛未、廿"即农历的六月二十日，亦即公历的 7 月 13 日。

七、为完整展现引文，其中所涉明清时事，人物的指称、记载、论述，等等，一般均保持原貌，未作改动。部分引文已经前人整理，颇有成效，为尊重前人的成果，基本予以采录。

八、本谱对史料或文献中明显的误字，一律径改；疑误者，以"（ ）"括注正字于其后；其模糊或残缺的字，以"□"代之。

九、为方便阅读，在引文中择要括注，作必要的说明。如对引文中的旧纪年，一般括注阿拉伯数字的公元纪年，等等。

十、本谱依据资料，酌情保留部分异体字、通假字等。如人名、书名中的"脩""絃""菴""褉"等，予以保留。文人之间的唱和集题名，或为"唱和"，或为"倡和"，为保持史料原貌，一律以底本为准。

又，古文"余""餘"含义不同，为保持史料原貌，引文中仍将"余""餘"区别使用，行文则统一为"余"；书名中的"餘"，亦予以保留。

十一、本谱中具体地名所涉及或对应的今地名，一般于该地名首次出现时括注说明。

十二、本谱中还有一些与人物籍贯相关的特殊情况。如钱谦益籍贯在明末清初史料中皆作"虞山"，虞山在今江苏省常熟市境内；而入清后多以"常熟"为其籍贯，钱谦益之子钱上安就是如此，本谱也以史料的先后记载为准。又如海昌（今浙江海宁）沈纫兰嫁嘉兴黄承昊、长洲（今江苏苏州相城区、吴中区）徐灿嫁海宁陈之遴，其籍贯本谱或以原籍地，或以夫家所在地称之，在此说明。

十三、参考书目与文献分为个人著述、诗稿总集、家谱、年谱、方志，以及今人研究专著及论文。

黄媛介年谱

明万历三十八年（1610）庚戌　一岁

秋，黄媛介生于秀水（今浙江嘉兴）。

黄媛贞《云卧斋诗稿》最早出现年代记载的两首诗作于明天启七年（1627），分别为《丁卯冬十二月初五日留别媛妹》《丁卯冬十二月初六日留别家兄》。在此两首诗之前，诗集中录有八十二首诗，其中第十三首诗为《与媛妹雨窗联句》，若以此推断为黄媛介学诗之始，按邹漪为《黄皆令诗》所作"小引"载其十二岁"能诗"，再以诗集中作品所表现的季节变换而粗略计算，至"丁卯年"约五六年，此时的黄媛介约略十七八岁。

朱荣《秀水朱氏家谱·世系表三·少保公长房南门第一支》详细记载了黄媛贞生年为："万历丙午十二月初四日生。"

《云卧斋诗稿》早期诗作中，黄氏姊妹联吟与唱和之作并不多，如《与媛妹雨窗联句》《二月二日同兄妹限韵》《与妹坐月》等。或许此时的黄媛介正处于学诗之初，黄媛贞出嫁时，黄媛介约在十二三岁间，比较符合黄媛介"十二岁会诗"之说。而黄氏姊妹年龄差距并不会很多，当在二三岁或三四岁之间。因此，将黄媛介的出生年代初步推定为明万历三十七年（1609）或万历三十八年（1610），在本年谱中将其生年约定为万历三十八年。

关于黄媛介的出生月份，在女诗人朱中楣的诗中可见端倪，清康熙三年（1664），居于江西南昌的朱中楣收到黄媛介所寄来的四首《自寿诗》，目前原作已无从得见，朱中楣为作和诗《黄皆令寄来自寿诗依韵得四章》。

朱中楣"和诗"在《石园全集》卷十七《己亥清和月罗簏庵学士越中如嫂以绘扇见贻喜而赋赠》之后，清和月即农历的四月，亦称"余月""槐月"

和"孟夏"。"和诗"作于四月以后，而诗句中又有"轻风细雨菊花斑"，此诗应为康熙二年（1663）秋因病返乡的熊文举或受黄媛介所托携至南昌转交朱中楣。因此，推测黄媛介生日或许在秋天。

海盐（今属浙江）姚士粦五十一岁

姚士粦《见只编》卷上："余年二十，犹目不识丁，以写照自给。寓居德清今学博姜孖日先生家，姜渭余曰：'男子何可不知书？'遂句书授余，乃于庚辰（1580）四月六日受先生书。"

歙县（今属安徽）汪汝谦三十四岁

钱谦益《新安汪然明合葬墓志铭》："生万历丁丑（1577）八月，卒顺治乙未（1655）七月，年七十有九。"（《牧斋有学集》卷三十二）

《春星堂诗集》卷一："然明先生讳汝谦，先世徽州歙县丛睦坊人。明周府审理德润公讳珣之孙，万历丙子（1576）举人、丁丑会副起莘公讳可觉之第四子。自徽迁杭，遂家钱塘。卒葬安溪螺蛳坞。"（《丛睦汪氏遗书八种》）

虞山（今江苏常熟）钱谦益二十九岁

葛万里《清钱牧斋先生谦益年谱》："明神宗万历十年壬午九月二十六日（1582.10.22），先生生。"

金沙（今江苏常州市金坛区）张明弼二十七岁

《（民国）重修金坛县志》卷九《文学》载张明弼："崇祯癸酉（1633）登贤书，丁丑（1637）五十四始成进士……年六十九卒。"以此推算张明弼生于明万历十二年（1584）。

南昌（今属江西）李明睿二十六岁

清孙枝蔚《溉堂续集》卷三"己酉五言律诗"有《重访李太虚宗伯于南昌留饮阆园时宗伯年八十有五矣》，"己酉"为清康熙八年（1669），以此推算李明睿生于明万历十三年（1585）。

吴县（今江苏苏州相城区、吴中区）沈颢二十五岁

《江苏艺文志·苏州卷》第一分册《苏州市、吴县市》（第558页）："顺治十八年（1661），年七十六，曾为华亭叶欣题所作山水册。"因此推算沈颢生于明万历十四年（1586）。

吴江（今江苏苏州吴江区）叶绍袁二十二岁

叶绍袁《叶天寥自撰年谱》："神宗显皇帝万历十七年己丑，十一月建丙子，二十四日戊辰（1589.12.31）生。"

吴江（今江苏苏州吴江区）女诗人沈宜修二十一岁

《叶天寥自撰年谱》："先大夫……为余求燕婉之匹，得沈宛君委禽焉，宪副懋所公女也，公讳珫。（万历）庚寅二月十六日（1590.3.21）生。"

金沙（今江苏金坛）吕兆龙十八岁

《（康熙）金坛县志》卷九《政绩》："年二十四，万历乙卯（1615）乡荐，婉转膝下，不急荣名。"

秀水（今浙江嘉兴）朱茂时十六岁

朱建子《秀水朱氏家乘·编年志》："万历二十三年……秋七月己卯（1595.8.13），王父贵阳公生，为尚书公长子，陆淑人出。戊寅之夕，文恪公在京师梦家祖乡居庭中遍开葵花，心赤照日，馨香馥郁，光彩焕然，觉而心喜，越三旬而尚书公生子之报至。文恪公寓书于尚书公曰：'侄孙始生之夕，梦我家庭葵花遍开，葵丹心向日，是子异日毕忠于国者，可命名为葵。'因字曰子葵。"

吉水（今属江西）李元鼎十六岁

李振裕《白石山房稿》卷八《先府君行述》："府君生于明万历乙未年十一月十四日（1595.12.14），卒于清康熙庚戌年十月十二日（1670.11.24），享年七十有六。"

新建（今江西南昌新建区）熊文举十六岁

刘艳萍《熊文举贰臣心态和诗歌创作研究》第一章《熊文举生平、交游与创作概况》（第7页）："熊文举（1595—1669），……很小的时候就很有才名。"

山阴（今浙江绍兴）张岱十四岁

柯愈春《清人诗文集总目提要》卷上（第23页）："岱生于万历二十五年（1597）。"

福建永福（今永泰）黄文焕十三岁

刘萍萍《黄文焕〈陶诗析义〉研究》（第5页）："黄文焕生于明神宗万历二十六年戊戌（1598）。"

内乡（今属河南）许宸十一岁

《（康熙）内乡县志》卷九《艺文下》之高佑釲《许按察使传》："辛丑（1661）夏仲遘疾，卒于家，年六十二。"因此推算许宸生于明万历二十八年（1600）。

山阴（今浙江绍兴）祁彪佳九岁

王思任原本，梁廷枏、龚沅补编《祁忠敏公年谱》："明万历三十年壬寅冬十一月二十二日己卯（1603.1.3），先生生于山阴之梅墅里第。时夷度公（祁承㸁）年四十，已举于乡。先生为公第四子。"

会稽（今浙江绍兴）女诗人商景兰六岁

《祁忠惠公遗集》之《遗事·祁氏家乘》："商景兰生于万历三十三年十月初八（1605.11.18）。"

《山阴祁氏家乘》载其"卒于康熙十五年（1676）"。

秀水（今浙江嘉兴）黄媛贞五岁

朱荣《秀水朱氏家谱·世系表三·少保公长房南门第一支》："副室黄氏，著有《云卧斋诗稿》。万历丙午十二月初四日（1607.1.1）生，康熙乙卯三月二十六日（1675.4.20）殁。寿七十。"

太仓（今属江苏）吴伟业二岁

冯其庸、叶君远《吴梅村年谱》（第1页）："明神宗万历三十七年己酉……五月二十日（1609.6.21），伟业生。"

秀水（今浙江嘉兴）黄涛二岁。

吴伟业《吴梅村全集》卷三十六《文集》十四《序》十《黄观只五十寿序》："余也少壮登朝，羁栖末路，犬马之齿，未填沟壑，获与观只称齐年，而困厄忧愁，头须尽白，其视观只逍遥乎网罗之外，蝉蜕乎尘埃之表，不啻醯鸡腐鼠，仰睹黄鹄之翱翔寥廓也。"

曹溶《静惕堂诗集》卷十六有《白门遇黄观只值其被事初释十律志慰》诗，其中夹注有："适逢观只初度，为七月初九（1609.8.8）。"

吴江（今江苏苏州吴江区）女诗人叶纨纨一岁。

《叶天寥自撰年谱》："（万历）三十八年庚戌（1610）……六月，长女叶纨纨生，字昭齐。初生之女，宝于夜光，即许字若思第三子。咸谓世执契雅，复缔潘杨，为一时美谭。讵知天壤之恨，自斯殒玉也。"

秀水（今浙江嘉兴）黄媛介家族

黄媛介出身于秀水一个默默无闻的"清门"家庭。

近四百年来，据明末清初姜绍书《无声诗史》卷五所载黄媛介为"嘉禾黄葵阳（黄洪宪）先生族女"之说，后来的《玉台书史》《国朝画识》《六艺之一录》等文献一直延续了此种说法，若此则黄鼎、黄媛贞、黄媛介兄妹与黄洪宪诸子黄承玄、黄承昊等皆为昆仲辈。

然而，近期因黄洪宪曾孙黄涛《遥哭黄平立四十韵》一诗的发现，彻底颠覆了上述观念。

黄涛《遥哭黄平立四十韵》首句便与黄鼎称兄道弟："阿兄天下才，小弟喜同姓"，作为黄洪宪曾孙的黄涛居然呼黄鼎为"阿兄"而非叔祖，看来此黄非彼黄，正如诗句所言黄涛与黄鼎只是"同姓"而已，据此可以肯定黄媛介亦非"黄葵阳先生族女"。

而第二句则道出了二黄姓氏的各自出处："汝南与江夏，无双号不应"，可见黄鼎与黄涛，一为汝南黄，一为江夏黄。

黄洪宪在《中宪大夫贵州按察司副使先公邃泉府君赠恭人先母叶氏行实》记载其家族"先世出江夏文彊之裔"，"江夏文彊"即西汉人黄香（约68—122），为"二十四孝"中"扇枕温衾"之主角。吴伟业为黄涛所作《黄观只五十寿序》也提到"昔东汉之世，江夏黄琼偕其孙琬并至宰相，封侯，直节彊谏，彪炳史册"，也证明了秀水望族黄氏家族为江夏一支。据载隋唐时期，江夏黄氏有迁居至河南、安徽、江西、浙江等地者，正如黄洪宪在《行实》中所提及的其先人曾居于江西新淦（今江西新干）、豫章（治今江西南昌）与婺之华（今江西婺源）。明初时，黄涛的先人又跟随宜春侯黄彬从军，因受其牵连而谪戍南京广洋卫，"后改隶嘉兴千户所，遂籍秀水"。

而汝南黄氏则一直留居于黄氏封国之地，即今河南一带，其先祖为东汉时期汝南慎阳（今河南正阳）黄宪（109—156），同样在隋唐时期，黄氏的主要一支迁徙至江西、浙江等地。

2019年夏，于慈溪励双杰先生处查阅明末清初海盐文人黄耀如所纂《武原黄氏宗谱》，其中"录明州黄氏一览记"开宗明义："江夏商音，黄本姬姓，颛顼之后，封于黄，遂以国为氏焉。"这部宗谱只是江夏黄氏后人所修，虽然其中亦录有汝南黄宪谱系，至元朝以后便不复见之，故其中有海盐黄守正、黄云梯、黄焕如等，秀水黄正色、黄洪宪、黄承玄、黄承乾、黄承昊、黄卯锡等，另有漳浦铜山（今福建东山县铜陵镇）黄道周、福建永福（今永泰）黄文焕等，却未见有黄鼎之名。

既然与江夏黄氏无关，那么同时期人及后人所言"黄葵阳先生族女"，或为不明就里的纂史者的附会，原因不外乎黄媛介家族与黄涛家族皆居于嘉兴，而黄洪宪家族又因一门三代六进士成为当地的显族。

黄媛介称明代琼州府推官、海盐黄守正孙女黄德贞为"宗姊"，徐乃昌《小檀栾室闺秀词钞》卷一录有黄媛介写与黄德贞《金菊对芙蓉·答宗姊月辉见怀之作》词，黄德贞亦为江夏黄氏一族，黄媛介之所以称其为"宗姊"，应该属于同姓同邑又有着同好的人之间的联宗罢了。

综上所述，在明代同时生活于嘉兴的两支黄姓家族实有着不同祖先：黄鼎黄媛介兄妹应为汝南黄宪之后人，而黄涛则为江夏黄香之后人。由于沧桑之变，兵燹频仍，资料多遭毁损散佚，至于黄媛介家族于何时迁徙至何地，后又如何定居于嘉兴，就目前所掌握的资料而言尚无法考证。可以肯定的是，黄媛介祖、父辈以上皆名不见经传，虽然施闰章在《黄氏皆令小传》云其"先世有显者"，但此所谓"显者"应为附会于黄洪宪家族而言。黄媛介自己亦在《离隐歌序》有云："予产自清门，归于素士"，并未言及其祖先是否有"显者"存在。

黄媛介家人

目前可知黄氏家人有五位，即黄媛介父黄云生、母氏、伯兄某、仲兄黄鼎、姊黄媛贞。

一、黄媛介之父

查阅各类文献史料，黄媛介祖、父辈皆默默无闻，名号不见记载，由嘉兴学院所编《南湖经典系列丛书·名人卷》（第 40 页）"黄媛介"条中，称其父为黄云生，不知出自何处史籍？此黄云生者又不知为何人？俟考。

查 2006 年第 2 期嘉德四季拍卖会有"黄云生、朱廷杰、黄杰、吴彦三等"书法扇面之拍卖信息，书者吴彦三为明弘治、正德年间"吴中四子"之一祝允明外孙，钤印者之一盛世承为明万历五年（1577）进士，所处年代相近，置此可作参考。

从黄家几位子女所具备的文学素养看，黄父应该是一位有着较深文化涵养与生活情趣的人。俞汝言《俞渐川集》卷四黄媛贞所作《寿黄夫人》诗中有"诗史是家声"之句，可以理解为黄媛介家庭传承了吟咏家风。袁枚在其《随园诗话》卷三认为："闺秀能文，终竟出于大家"，说明黄鼎、黄媛贞、黄媛介兄妹所具备的深厚的文学造诣与其良好的家庭教育是分不开的。尽管至今未能见到黄父的诗作，或许他只是一位读书不成的士子，连诸生的资格都没有，但黄父为子女们营造了一个浓厚的文化氛围，这一点毋庸置疑。

在黄媛贞《云卧斋诗稿》中，只有一首早期作品提到了黄父：

春日侍家严饮花下

高情何所是，自言风日长。鸟来春上语，花在酒中香。

此诗虽然只是寥寥四句，却为我们刻画了一位具有高雅情操的士人，在融融春日，饮酒花下，儿女环绕，吟诗助兴，可见黄父若无此"高情"，是养育不出两位才华出众的女诗人的！

黄父可能死于明崇祯十三年（1640）之前，黄媛贞作于此年仲春的《幽窗三十咏小引》只提到了母、兄二人，未见提及其父："斯时母兄闻万里之行，速棹扁舟至杉青言别。"而黄媛介在《离隐歌》中写清顺治二年（1645）"乙酉兵乱"时，亦只提到了母亲与兄长："母兄相持守故窟。"

关于黄父的具体情况，王士祯《带经堂诗话》中曾有涉及：黄媛介许字杨世功，而杨因贫甚无力迎娶，流落阊门。随着年龄渐长，黄媛介亦才名日高，时"太仓张西铭溥闻其名，往求之"，"父兄屡劝之改字"。张溥卒于明崇祯十四年（1641），据记载，张溥上门求亲之事应该发生在其卒前一年，可能黄父在此事发生后不久便去世了。关于张溥求亲于黄媛介这段史实尚待商榷，不过正如陈寅恪先生在《柳如是别传》中所述，黄家既然落魄到以长女黄媛贞为朱茂时妾的地步，也不会介意次女黄媛介成为张溥之妾。这可能是门户式微的黄父无奈之选吧。

二、黄媛介之母

黄母不知姓氏为何，《俞淛川集》卷四《寿黄夫人》诗中有"德容从母氏"诗句，想来黄母应该是一位贤惠慈和的母亲，在对两位女儿的教育上以封建礼教所推崇的"德容言功"为宗旨，从黄氏姊妹的处世为人看，她们的确德才兼备。同样，黄母也是开明的，她没阻止黄氏姊妹学习诗文书画，这在"女子无才便是德"的封建社会是难能可贵的。

黄媛贞《云卧斋诗稿》中有两首诗是为母亲所作，其中之一为：

月下别母

相念归来晚，不胜新月时。秋风凉欲别，亲又爱难离。庭树花重发，乡云信再期。去舟风露顺，寒逼一灯思。

此诗应作于黄媛贞出嫁以后，具体年代无法断定，应在其嫁入朱家后的三四年间。时值秋天，正是一个令人多愁善感的季节，"亲又爱难离"，女诗人流露出与母亲的依依难舍之情。

黄媛介《湖上草》中亦有一首怀母之作：

怀 亲

白发慈亲定倚门，殷勤将奉失朝昏。鸳鸯西子两湖水，遥共天边月一痕。

此诗作于黄媛介寓居杭州期间，可见在清顺治七年（1650）至顺治十一年（1654）之间，其母尚在人世。

三、黄媛介伯兄黄某

之所以认为黄媛贞、黄媛介姊妹有两位兄长，是因为黄媛介在《读〈叶琼章遗集〉》中写道："甲戌春，家仲手《彤奁合刻》相示曰：'此冯茂远先生，欲汝为瑶期挽歌诗也。'"此家仲是否可以作为"仲兄"之意来理解呢？若此，则黄媛介除了前面提到的仲兄黄鼎外，还有一位伯兄。黄媛贞《云卧斋诗稿》中有一首怀念兄长们的诗作：

清和日登楼之作寄怀二兄

独爱前窗竹影清，白吹新雨绿池平。近闻庭树春还在，回首江云夏又成。芳草更深游客梦，夕阳多有故乡情。年来何限伤心事，别久尤难达素诚。

黄媛贞此诗既可作为对仲兄黄鼎之怀念，亦可理解为对二位兄长的"寄怀"。也就是说，在黄氏姊妹之上尚有两位兄长的存在，只是关于这位伯兄的文字记载几乎已无处可寻了。

四、黄媛介仲兄黄鼎

黄鼎（？—1648），字平立，一字开平、平之，号象三，秀水（今浙江嘉兴）人。

沈季友《槜李诗系》卷二十二："崇祯间文学。有《咏遇》诸稿。"

黄鼎终其一生并未取得功名，一些史料称其为"文学"或是"孝廉"，而黄涛《遥哭黄平立二十四韵》则谓其"初岁歌弹铗，食贫困三径。壮年事功名，读书遂精进"。明亡后，黄鼎不再涉足科场，以明遗民自居，隐居于角里草堂，"一从天地更，两人秃青鬓。栖迟君子乡，筑室期石隐"。

黄鼎喜好吟诗，"游艺写云山，自怡每持赠。同学为诸生，笔锋五花阵"（《遥哭黄平立二十四韵》）。可惜其作品存世很少，《槜李诗系》卷二十二录有其《咏遇诗二首》与《金陵篇四十韵》三首诗，吴江叶绍袁《甲行日注》卷六亦有一首黄鼎的和诗，沈季友评"其诗才思隽永，情致幽异，然刻意好新"。

明末清初，黄鼎活跃于嘉兴文坛，与同邑曹溶、俞汝言、黄涛等，嘉善（今属浙江）钱棻，平湖陆启浤、冯洪业等，吴江叶绍袁，华亭（今上海松江区）程邃，杭州沈谦、陆彦龙、陆圻、孙治等多地文友或结诗社或以诗酬唱，交游颇为广阔。

黄鼎还是一位佛教居士，《遥哭黄平立二十四韵》称其"夙参曹洞宗，颖悟获心印"，俞汝言《寄平立时平立病疸伏枕余有武林之行二首》亦有"相期听法远公堂，春至高翻贝叶香。旬月不挥玄度尘，穷乡难效子猷航"，可见黄鼎与佛教因缘之深。

黄鼎对文学的喜好深深地影响了自己的妹妹们，黄媛介便是"闻兄鼎读书声，欣然请学"。

清顺治五年（1648）四月初，黄鼎因患背疽而逝，《遥哭黄平立二十四韵》有"蕰蒿歌露晞，背疽发国愤"，身后无著作传世，亦无子嗣延续。

五、姊黄媛贞

黄媛贞（1607—1675），字皆德，秀水人。文学黄鼎妹，黄媛介姊，明贵阳太守朱茂时副室，朱彝谟母。工诗善文。《（崇祯）嘉兴县志》卷十八《典籍》载其有《黄皆德诗草》，浙江图书馆藏有《云卧斋诗稿》抄本，一卷四册，其中诗三册，词一册。

黄媛贞自十五六岁时嫁入朱门后，因"能诗词、工书法"，故"凡启、札皆出其手"，可见朱茂时对于这位副室的倚重之情。

朱彝尊在《明诗综》中引俞汝言言，对自己这位从伯母的德行文才也是赞叹有加："皆德为贵阳朱太守房老，深自韬晦。世徒盛传皆令之诗画，然皆令青绫步障，时时载笔朱门，微嫌近风尘之色，不若皆德自冰雪净聪明也。"

与妹妹黄媛介相比，黄媛贞的生活安逸得多，可以不必为柴米油盐操心劳瘁，也不必为生计四处奔波，更不必因抛头露面而遭人诟病。她的诗词多为吟花弄月、叹春悲秋、伤怀离别、酬唱风雅之作，这类作品在《云卧斋诗稿》中占了大多数篇幅，尽写意境与情怀，展现了一位生活在官宦人家优雅少妇的秀丽形象与闲情逸志，却少了彰显个性之思想境界。

黄媛贞的不幸在于，所生育的三子都未能存活下来，二子周岁夭折，朱彝谟（1644—1656）年仅十二岁亦过早殇逝，她没有得到"母以子为贵"的荣耀与子孙绕膝的欢乐。悲痛莫已的黄媛贞曾为此写有多篇悼念诗文。

《云卧斋诗稿》最末一首诗为《丁未仲夏立臣侄自燕都归接皆令妹扇头代简诗悲喜相半感而赋答》，此后黄媛贞或许不复作诗，或许其诗作散乱于衾箧之中。女诗人在平静中度过了余生，成为兄妹中年寿最高者。

明万历三十九年（1611）辛亥　二岁

八月八日（1611.9.14），兰溪（今属浙江）李渔生。

单锦珩《李渔年谱》："明万历三十九年辛亥（公元一六一一），李渔一岁。八月初七日生。……浙江省兰溪市孟湖乡夏李村（今属永昌街道）。"

明万历四十年（1612）壬子　三岁

明万历四十一年（1613）癸丑　四岁

明万历四十二年（1614）甲寅　五岁

嘉兴俞汝言生。

魏禧《魏叔子文集》（第986页）《处士俞君墓表》："岁己未（1679）之七月，嘉兴俞君右吉年六十有六，以病卒。"

莱阳（今属山东）宋琬生。

汪超宏《宋琬年谱》（第12页）："明神宗万历四十二年甲寅（1614），一岁。八月出生，少同邑姜垓七月余。"

此处之所以提及宋琬，是因为他曾往来于南京佟国器僻园，时值黄媛介养疴僻园前后。笔者至今未见宋琬作有与黄媛介相关的诗词，但在王欢《宋琬散佚作品考》中收集了《安雅堂全集》未录入的部分诗文，因而心存期待。

明万历四十三年（1615）乙卯　六岁

长洲（今江苏苏州相城区、吴中区）女诗人吴绡生。

罗争鸣《吴绡诗词二首探赏》："吴绡（约1615—1671），字素公，又字片霞，号冰仙，长洲（今苏州）人，主要活动于顺、康年间，为通判吴水苍之女，常熟进士许瑶之妻。吴绡资质聪慧，善琴，工书画，书画作品仍有存世，据说与沈宛君齐名。"

邓汉仪《诗观》初集卷十二载吴绡为茂苑人。茂苑又名"长洲苑"，故址位于原吴县西南三十里处。

朱有玠《长洲茂苑综述》："长洲苑，亦称茂苑或称之为长洲茂苑，是距今二千五百多年前春秋时期吴国的主要宫苑。"

明万历四十四年（1616）丙辰　七岁

三月八日（1616.4.23），吴江（今江苏苏州吴江区）女诗人叶小鸾生。

《叶天寥自撰年谱》："明万历四十四年丙辰（1616），二十八岁。三月初八日，三女小鸾字琼章生。家贫乏乳，方四月，过育舅沈君庸家，妗母张倩倩抚之。女固天才，亦韦幔之教多也。"

叶小鸾为吴江人氏，因其弟叶燮"系由嘉善籍入府庠"，《（光绪）嘉善县志》卷二十九《列女·才媛》将其录入。又因其父叶绍袁明亡后避居于平湖表兄冯洪业处以明遗民自诩，陆惟鎏《平湖经籍志》卷三十六《闺秀》亦将其录入。

叶小鸾（1616—1632），字琼章，一字瑶期，吴江人。沈玖外孙女，叶重第孙女，叶绍袁第三女，女诗人张倩倩养女，叶纨纨、叶小纨妹，叶小繁、叶燮姊，昆山（今属江苏）张立平聘妻。著有《返生香》（又名《疏香阁遗录》）、《附集》。

沈大荣《叶夫人遗集序》："十二岁工诗，见者脍炙，多传颂之。十四岁能弈。十六岁善琴，清声超越，泠然山水。兼模画谱，而落花飞蝶，极其灵巧。……性爱烟霞，潜通梵奥。是以父母钟爱，呼为小友。然无恃态，于姊妹兄弟间更敦伦谊。不喜华饰，玉容明秀，韵致亭亭，慈仁宽厚，固自性植，其亦意生身耶！"

七月十四日（1616.8.25），莆田（今属福建）余怀生。

李金堂《余怀年谱》（第 717 页）："明万历四十四年丙辰（1616），余怀一岁。七月十四日生于福建莆田黄石。余氏乃莆田著姓。"

明万历四十五年（1617）丁巳　八岁

吴县（今江苏苏州相城区、吴中区）邓汉仪生。

沈龙翔《邓征君传》："康熙己巳（1689）卒于家，年七十有三。"

明万历四十六年（1618）戊午　九岁

十一月二十一日（1619.1.6），宣城（今属安徽）施闰章生。

施念曾《施愚山先生年谱》卷一："前明万历四十六年戊午（1618）十一

月二十一日辰时,先生生于双溪里第。父施察,字曾省,一字述明。母马氏。"

黄媛介去世后,施闰章为之作《黄皆令小传》。

嘉兴(今属浙江)女诗人柳如是生。

胡文楷《清钱夫人柳如是年谱》(第1页):"明万历四十六年戊午(1618),柳夫人生。"

柳如是为明末"秦淮八艳"之一。

长洲(今江苏苏州相城区、吴中区)女诗人徐灿生。

赵雪沛《关于女词人徐灿生卒年及晚年生活的考辨》:"如果按照徐灿子女的出生时间来看,她大约在1636年前一二年,即1634年或1635年出嫁。若在此基础上上推十八年,则她的生年大概是1617年或1618年,即明万历四十五年或四十六年。"(《文学遗产》2004年第3期,第97页)

明万历四十七年(1619)己未 十岁

十月,钱谦益游杭州。

《清钱牧斋先生谦益年谱》:"四十七年己未(1619),三十八岁。十月游武林,有《祭于忠肃文》。"

明万历四十八年(1620)庚申 十一岁

二月,山阴祁彪佳与女诗人商景兰成婚。

《祁忠敏公年谱》:万历四十八年(1620),是年八月以后为泰昌元年庚申，"先生十九岁，读书密园。仲春，娶商夫人"。

祁彪佳与商景兰的婚事在其九岁时由父亲祁承爜所订。

《祁忠敏公年谱》："三十八年庚戌（1610），先生九岁。读书梅墅。夷度公（祁承爜）升南枢主政。秋归，为先生聘冢宰商公等轩第三女。"

四月，三原（今属陕西）孙枝蔚生。

孙匡《〈溉堂后集〉序》："先中翰公生于前明万历庚申，终于今康熙二十六年丁卯（1687）正月谷旦，得年六十有八。"

明天启元年（1621）辛酉　十二岁

黄媛介十二岁能诗。

邹漪《黄皆令诗》"小引"："皆令为名家息，年十二能诗。"

施闰章《学馀堂文集》卷十七《黄氏皆令小传》有："介性淑警，闻兄鼎读书声，欣然请学，多通文史。"

钱谦益《士女黄皆令集序》亦云："皆令本儒家女，从其兄象三受书。"

黄媛贞《云卧斋诗稿》早期作品中有一首与"媛妹"的联句诗作。

与媛妹雨窗联句

忽起高远意_贞，梅花香叩门_介。山风洗新翠_贞，窗雨发枯痕_介。野鸟静无事_贞，古琴闲不言_介。临春愁欲语_贞，芳草路头烦_介。

这首联句诗以黄媛贞占主导地位，整首诗清新简朴，散发着少女纯真的气息，此时的黄媛介应该是学诗未久。

黄媛贞另有一首《仲春晓起同妹望春》：

> 晓日相依望远春，绮风芳露洗香尘。丝丝青草匀花径，线线垂杨映
> 水滨。村酒林花酣野老，谷莺山鸟笑行人。融融春色亭园致，明日重游
> 莫话频。

此诗表达了正值豆蔻年华的少女的情怀。"晓日相依望远春，绮风芳露洗香
尘"，绮丽春日，姊妹相依临窗，放眼望去村野之趣盎然，是一种即使经历
了天荒地老后重新回味都会满脸洋溢着发自内心喜悦的美妙感受。从诗句中
可以看出黄家的居所应该邻近乡村，"村酒林花酣野老"；且濒临水滨，"线
线垂杨映水滨"。

除以上的两首诗之外，在黄媛贞的诗集中尚有《二月二日同兄妹限韵》
《与妹坐月》等，应属未出阁时所作。

因黄媛介早期诗集的缺失，女诗人在这个时期的作品鲜为人知，除了
海宁人管庭芬所抄录的《黄媛介诗册》中的五首诗，另在崇祯十年（1637）
刻印的《嘉兴县志》中亦录有几首诗词，应属黄媛介早期作品，如《烟
雨楼》：

> 寒波空四照，游鹢日纵横。偶出当时意，宛留千古名。晚云从水
> 合，秋雨对人清。自恨经过少，风烟望里成。

另有《鸳鸯湖》《范蠡湖》《南湖竹枝词》《清节咏赠朱子英内人》《踏莎行·西
子》《捣练子·秋别》《鹊踏枝·秋闺》等，根据上述诗词作品，可以看到在
嘉兴的名胜古迹处，都留有黄媛介游历之足迹，女诗人通过自己的作品尽情
讴歌家乡的美丽风光。

明末清初的思想界非常活跃，呈现出"高压与自由并存，禁锢与开放齐
飞"（严凌《明末清初女性的侠士风气》）的状态。尤其在江南地区，一些有
才华的女子逐渐冲破程朱理学的束缚，跟随时代的脚步，走出闺门，与男性

同胞一样用诗词歌赋抒发自己对于政事、社会、人生的见解与观点。如流落风尘中的名姝董小宛、寇白门、柳如是、顾媚、王微等,如名门闺秀中的才媛吴山、吴琪、吴绡、王端淑、黄媛介等。除此之外,当时的女子时常会结伴或与家人一起到风景名胜处游玩,在知识女性之间的这种活动往往演变成了一种文化雅集,如嫁为嘉兴黄氏妇的女诗人沈纫兰与小姑子黄淑德(柔卿)及侄媳项兰贞(孟畹)曾乘坐画舫于夜色下游鸳鸯湖赏月,留下了彼此唱和的诗作。

时过境迁,即使在过了近四百年的今天,我们在欣赏这些古代才女留下的优美诗句时,仍然会为她们在诗中所创造的如歌如画般的意境而沉醉。

七月八日(1621.8.24),山阴女诗人王端淑生。

王猷定《王端淑传》:“公(王思任)元配杨淑人无子,娶姚孺人,生二子皆夭折,越三年生女静淑,不怿,祷于东岳之神,辛酉秋七月八日感神梦,诞端淑。生而容姿婉丽,性聪慧。”(《名媛诗纬初编》卷首)

黄媛贞嫁为秀水朱茂时副室。

盛枫《嘉禾征献录》卷五十:“黄媛贞……年十五六,同邑贵阳知府朱茂时过其门,闻读《史记》,询之旁人,则媛贞也,力求媒妁娶为妾。能诗词、工书法,凡启、札皆出其手。无子,以老寿终。”

朱茂时(1595—1683),字子葵,一字仲对,号葵石、鹤洲居士、性悟居士、治河侠者,秀水人。朱国祯孙,朱大启长子,朱茂昭、朱茂晙、朱茂昉、朱茂晒、朱茂晭兄,朱彝叙、朱彝教、朱彝勋、朱彝爵父。明以监生授国子监典薄,后历任顺天府通判、顺天府推官兼摄宛平县、工部都水清吏司主事、承德郎,至崇祯八年(1635),任工部都水清吏司员外郎,提督张秋河道。因有政绩,崇祯十二年(1639)升任贵州贵阳军民府知府。崇祯十五年（1642），因父亲朱大启去世，丁忧返乡。明亡后不仕，居嘉兴南门外放鹤洲别业，颐养天年。著有《鹤洲题咏》，另有《咸春堂遗稿》《河政纪》《北河纪略》等。

《（光绪）嘉兴府志》卷五十二《秀水列传》：以荫补顺天通判，摄宛平县，历工部员外，提督张秋河道。出知贵阳府。以忧去。"归田后，四举乡饮大宾。寿至八十有九。"

据朱荣《秀水朱氏家谱》记载，朱茂时有一妻六妾。万历三十九年二月二十九日（1611.4.9），十七岁的朱茂时与同邑戴氏（1596—1653）成婚，是为长子朱彝叙（1613—1689）之母；侧室黄媛贞，育有三子，皆殇；侧室高氏（1610—1675）为朱彝教（1627—1704）母；另有孙氏（1610—1693）为朱彝勋（1643—1674）母；王氏（1627—1706）为朱彝爵（1668—1708）母；尚有石氏与徐氏，生卒年失考，亦无子嗣记载。

朱茂时育有九子，存活四子，另有四女：一适归安庠生沈咸，一适同邑庠生沈兰苕，一适同邑庠生李光基，一适同邑庠生陆文炳。

明天启二年（1622）壬戌　十三岁

五月二日（1622.6.10），庐陵（今江西吉安）女诗人朱中楣生。

李振裕《白石山房稿》卷八："淑人生于天启壬戌年（1622）五月初二日子时，殁于今康熙壬子年二月十九日（1672.3.17）未时，年仅五十有一岁。著有《石园倡和》《随草诗馀》《亦园嗣响》诸集。"

黄媛介十三岁学作赋。

《黄皆令诗》"小引"："皆令为名家息，……十三能赋。"

王士祯在《池北偶谈》中对其评价甚高："皆令作小赋，颇有魏晋风致。"

《玉镜阳秋》云："皆令诗暨赋颂诸文，并老成有矩矱。赋如《竹赋》《闲思》二篇，虽未知视班、左何如，亦殊不在徐、钟诸媛下也。"

目前能够看到的黄媛介所作之赋只有八篇，即《伤心赋·哀昭齐》《写怀赋》《闲思赋》《秋怀赋》《竹赋》《兰花赋》《琴赋》《清节咏赠朱子英内人》。因《竹赋》录自黄媛介《南华馆古文诗集》，或为其早期作品：

竹 赋

祖徕有松，新甫有柏。咸郁郁而成阴，俱亭亭而表直。避雨被秦王之封，后凋会孔子之识。此皆无所因倚，孤生挺特者耳。乃有会稽之竹，东南之美。檀栾有筠，萧疏出类。必成林而比影，定连阴而合翠。不依芳于桃李，常传音于鼓吹。故其缘虚有节，擢本无寻。祯枝来牖，丛叶临庭。凌高风而凤集，韵近水而龙鸣。结夫人之硕泪，受天地之休贞。尔乃千秋结想，一气凌寒。书垂简素，词比琅玕。俨幽深而分径，静窈窕而成竿。生婵娟于楚地，结修林于梁园。韩愈嘉称缥节，扈载爱赋碧鲜。况其闲堪缀景，静可娱人。九春茂而不曜，四序互而逾新。乃移梅而象雪，亦垒石而为云。每临轩而啸咏，爱此君之清真。形萧萧而拔萃，韵洒洒而出尘。必依苞而比类，亮体道而为心。故六逸游其溪，而七贤饮其林也。若乃渐渐留音，濯濯生光。惟霜惟云，亦芬亦芳。色不渝故，性不变常。叶佳人之雅操，比彦士之贞良。方清秋之朗日，当淑女之馀闲。靓严庄而出户，服杂佩而临轩。体中和之至性，含温润之玉颜。裂缯帛而写影，携素节以偕兰。其青馨之可爱，况劲直之足式。亦草木之奇标，实松柏之令匹。念有节而凌云，顾无花而载实。乃有幽人制曲，韩娥为歌。其旨整密，其音谦和。或依笙而腾语，或倚箫而微哦。歌曰：天上日出兮尚有星，此非星兮乃竹露之英英。烛我几兮明我窗，入我耳兮洁我觞。我与尔兮为友朋，偕黄耇永昭彰。

（王士禄《然脂集》赋部四《南华馆古文诗集》稿本）

明天启三年（1623）癸亥　十四岁

明天启四年（1624）甲子　十五岁

明天启五年（1625）乙丑　十六岁

十二月六日（1626.1.3），宜兴（今属江苏）陈维崧生。

陆勇强《陈维崧年谱》（第16页）："明熹宗天启五年乙丑一岁　十二月初六日，其年生。时祖父陈于廷举六十觞。"

陈维崧《陈迦陵文集》卷六《敕赠征仕郎翰林院检讨先府君行略》："乙丑，少保公称六十觞，维崧生，因名之曰'崧'。"

明天启六年（1626）丙寅　十七岁

三月，吴江（今江苏苏州市吴江区）女诗人叶小鸾与昆山（今属江苏）张立平订婚。

《叶天寥自撰年谱》："三月，昆山张方伯泰符名鲁唯为其长嗣立平求姻，余许琼章字之，百年之好，二姓之欢，方谓窈窕无伦，宜结秦箫之侣。讵知仳俪有泣，空归湘瑟之魂。"

张立平，字迩求，昆山人。张鲁唯长子，张立廉、张立善兄。著有《玉峰完节录》一卷、《尽忠实录》一卷。

《（光绪）昆新两县续修合志》卷三十三《好义》："与弟立廉同补诸生，入复社有名。乙酉（1645）之变，所在遗骸满目。立平兄弟倡议掩埋，与曹梦元、诸水明、叶方恒辈择地玉柱塔西，聚骨数万，合为一家，名仁缘塔。立平任费十之八。"

张鲁唯，字宗晓，号泰符，自号清凉居士，昆山人。张宪臣孙，张志美子，张鲁得弟。

《(光绪) 昆新两县续修合志》卷二十四《列传三》："登万历癸丑（1613）进士。授刑部主事，恤刑河南，多所平反。迁员外郎，出知绍兴府，为政平易近人。……迁浙江布政使，改福建。致仕。卒年五十七。"

三月二十五日（1626.4.21），新城（今山东桓台）王士禄生。

王士祯《王考功年谱》："先生姓王氏，讳士禄，字伯受，一字子底，别字西樵，又号负苓子，山东济南府新城县人。……故明天启六年丙寅（1626）三月二十五日丑时，先生生。"

十月，吴江女诗人叶纨纨与嘉善袁祚鼎成婚。

《叶天寥自撰年谱》："(天启) 六年丙寅（1626）……十月，长女成婚。初，先定于归之期矣，若思时已往粤，数千里遗书，欲子就婚余家，从之。"

叶纨纨（1610—1632），字昭齐，吴江人。沈琭外孙女，叶重第孙女，叶绍袁与女诗人沈宜修长女，兵部主事、嘉善袁黄孙媳，高要令袁俨子媳，袁祚鼎妻。著有《愁言》（一名《芳雪轩集》）。

《名媛诗纬初编》卷九："工诗善楷，日写唐人诗数册为娱。其诗俊逸萧永，如新桐初引，青山□人。结褵后，以眉案空嗟，竟以情深多感而卒，年二十有三。法名智转，字珠轮，诗名曰'愁言'。"

袁祚鼎，字三立，嘉善汾湖人。明末名士袁黄孙，袁俨第三子。邑庠生。

《赵田袁氏家谱·世表》："配叶家埭叶氏，天启乙丑进士工部主事，讳绍袁公长女，讳纨纨，字昭齐，有《愁言集》，附刻《午梦堂集》行世。继配王氏，再继配邹氏。嗣子允。"

袁允为袁祚鼎四弟袁崧长子。

袁俨（1581—1627），原名天启，字若思，号素水，嘉善人。袁黄子，袁仑（祚雍）、袁徽（祚载）、袁祚鼎、袁崧（祚亨）、袁祚充父。工诗。著有《尚书百家汇解》《抱膝斋集》。

《（光绪）嘉兴府志》卷五十四《嘉善列传·明》："明天启乙丑（1625）进士。授高要知县，悉心筹画，兴革甚多。……以劳瘁呕血，犹亲民事，遂不起。"

张明弼作《獬狂国记》。

陈作宏《论张明弼及其〈榕城二集〉》："天启六年（1626），其因作《獬狂国记》（见《萤芝集》），影射阉党魏忠贤，几乎获罪。"

明天启七年（1627）丁卯 十八岁

十二月五日（1628.1.11），黄媛贞作诗别兄妹。

将要返回夫家的黄媛贞作诗道别：《丁卯冬十二月初五日留别媛妹》《丁卯冬十二月初六日留别家兄》等。

黄媛贞与黄媛介姊妹情深，在黄媛贞的《云卧斋诗稿》还有多首婚前婚后与妹妹黄媛介有关的诗作：《雨窗与妹话别联句二首》《寒月下与妹闲坐》《与妹谈雨》《晓窗怀妹》《雪窗寄妹二首》《除夜怀妹》《元夜对月寄妹二首》《惜别寄妹》《对月寄妹》《立夏日寄怀兄妹二首》《立春后五日作寄媛妹》《春日怀妹却寄》《春日同兄妹游园亭有感二首》《次韵媛妹灯下咏影》《梦游亭园偶逢二妹诗以寄怀》《七夕立秋诗二首次妹韵》《巧夕前一日与妹言别》《秋夜寄怀兄妹二绝》《秋夜寄妹》《观媛妹写梅花诗扇作诗以赠》《晓窗偶成次妹韵》《凉秋怀妹》《九日有感寄妹》《月窗怀妹》《辛未小春月同媛妹写怀十二首》《月夜寄妹》《和韵皆令妹竹月歌》《灯前寄妹》《秋窗有感寄皆令妹五韵》《秋晚即景寄妹》《新春怀感和皆令妹韵四首》《清宵怀妹二首》《闺中日暮次皆令妹韵二首》《秋闺怀妹四首》《立春日寄怀皆令妹》《秋晚寄怀皆令妹》，等等，有数十首之多。

黄媛介应该也写有不少与姊姊相关的作品，但很稀见，除了江西省图书馆藏《黄皆令诗》中有《怀姊》诗一首，另有词二阕：

捣练子·送姊皆德

心耿耿，叶飔飔。水静山横敞一楼。燕子已传归去信，柳边应放别来舟。

人楚楚，草青青。坐出墙东月半亭。纸帐梅花香入梦，满窗风露数残星。

（程千帆主编《全清词·顺康卷》第一册，第 238 页）

在山阴籍女诗人王端淑《名媛诗纬初编》卷十四中可以看到这样的一段文字：

予交皆令有年矣！从未知其有姊，而皆令亦从未曾言及，其故何耶？读沈夫人《伊人思》选本内，其一派清警富丽，可称燕许老手。

从黄媛贞留有的数十首怀妹诸作看，黄氏姊妹感情甚笃，但是黄媛介却从不在人前谈及自己的姊姊，不知出自何种心态！

张明弼至京城与黄道周交谈甚欢。

顾启、姜光斗《张明弼事略》："天启七年（1627），他四十四岁游北雍，受到翰林院编修黄道周的礼遇。黄道周跟他'纵谈古今，叩其所得，叹为绝伦。曰：今之文通、子山也'，将他比作隋朝著名哲学家王通和北周文学家庾

信。"(《徐州师范学院学报（哲学社会科学版）》1982 年第 1 期，第 79 页）

明崇祯元年（1628）戊辰　十九岁

是年，黄媛介作《花卉册页》十二开。

雅昌艺术网：编号：2008；形式：册页；质地：绢本；墨色：水墨；尺寸：23×16 厘米×12 页；题款："崇祯元年，鸳水黄媛介，韵似鹤通词宗正请。"钤印："黄氏皆令""媛介之印"（白文）；鉴藏印："天渡楼"（朱文）。拍卖公司：中国嘉德国际拍卖有限公司，拍卖会：嘉德四季第五十八期拍卖会，拍卖专场："古音流风"，拍卖时间：2021 年 3 月 30 日。

明崇祯二年（1629）己巳　二十岁

初春，黄媛介作《写怀赋》。

据王士禄在《然脂集·赋部二》记载《写怀赋》录自黄媛介《南华馆古文诗集》。黄媛介面对春暖花开之季，莺飞草长之时，心中不免因时常"端居多暇"而感慨系之，赋中有"虑身事之未定，故转转而难裁"，是否含有婚期遥遥无期之意？

写怀赋（稍删）

己巳初春，端居多暇，俯仰探怀，事多慷慨。逡巡终日，援笔为赋。其辞曰：

惠风谢寒，新阳开岁。白见江梅，香闻楚蕙。青青草丝，修修忧思。居人愁卧，若失所持。触物增眷，怀恩念慈。乃登高楼，倚飞栏。极目瞻眄，游心盘桓。窗接霞外，陛蹑云端。使我眉颦口吻，心伤鼻酸。惊魂无定，感出千般。或居幽默，或撄悲欢。聊缀微辞，以述四者之端云尔。

于时心集千忧，窗虚四映。无物可亲，有志未骋。感往念来，悚然伤怀。虑身事之未定，故转转而难栽。

伟古人之为言兮，终天年以不才。余幼无所用于世兮，谅悠悠之可待。于今不免此殷忧兮，思未来与今在。皇天不遗善人兮，有馀庆之可采。故闲居而待时兮，何外物之可迁。方凭虚而洗心兮，慕上古之圣贤。感蒙庄之逍忧兮，悟老氏之通玄。嘉至人之休风兮，何区区之不然。乘暇日以消忧兮，有微辞兮难诉。嗟人既不我知兮，虽顾言其谁悟。靖潜处以永思兮，抱温恭之欷素。咏惴惴之临深兮，慕风人之诚吐。以小心而自成兮，故嘿嘿而不谕。宁素位而不外兮，复知命而不妒。嗟日往而月来兮，寒暑忽其回互。昔居秋而动悲兮，廓独潜此都房。顾秋日之可哀兮，怅无言而内伤。菊含贞而扬华兮，树怀秋而坠黄。恐商风之入室，惧蟋蟀之在堂。日朦朦而匿景，月炯炯而嗣光。转转无寐，徘徊彷徨。听钟漏之宵引，怜砧杵之夜忙。秋山洗翠，秋声易商。吁！嗟三秋之逝兮，叹玄冬之无成。四序忽其代谢兮，觉春风之坐盈。衣不绵而自暖兮，袖不举而自轻。言新光之可赏兮，念往事而暗惊。中愤懑而不可以告兮，奉虚言以自诚。岂微辞之足写兮，得少展于鄙情。期受庆于将来兮，欲力行乎仁义。君果遂于夙心兮，必效上贤之遗事。拟卜居于山林，乐悠悠以养志。拥缥缃而可娱，购良田而可治。善乎林麓之饶兮，有薇蕨与芫荔。木皆枫梓棕楠兮，咸若邓林之蔚槪。卉供四时，芝呈三瑞。结庐其中，乐有所庇。身无事羁，心无物累。太古之年，亦不能暨也。

乃称歌曰：立所志兮愿有成，尚无为兮体太清。既明诗以通礼，复味道以含经。乐天兮知命，既安兮且宁。莫不优游自得，遂我平生。

（王士禄《然脂集》赋部四《南华馆古文诗集》稿本）

王士禄将《写怀赋》录入《然脂集》时已有删节。

明崇祯三年（1630）庚午　二十一岁

明崇祯四年（1631）辛未　二十二岁

三月十五日（1631.4.16）殿试，吴伟业得中榜眼。

《吴梅村年谱》（第36页）："崇祯四年（天聪五年）辛未　一六三一，二十三岁……二月会试，举第一名。座主周延儒、何如宠，房师李明睿。延儒、明睿皆其父旧交，……三月十五日殿试，伟业又高中榜眼，授翰林院编修，一时踌躇满志。"

十月，黄媛介作《小春同女伴写怀》。

在黄媛贞《云卧斋诗稿》中有《辛未小春月同媛妹写怀》十二首。

无独有偶，在邹漪所辑《黄皆令诗》中亦有《小春同女伴写怀》诗二首。

小春同女伴写怀

懒将人事传高鸟，欲洗闲愁说大江。久隔远云秋耿耿，乍依闲竹语双双。新题未足诗千韵，清露先归夜一窗。灯火有花春不远，红枝碎碎落闲缸。

萧条寒色过窗西，暮鸟声稠尽欲栖。两袖闲情秋未识，一庭落叶影初齐。阑杆待月情难致，草树连云望欲迷。惆怅遥天倍愁思，几行风雁远凄凄。

（《黄皆令诗》，江西省图书馆藏本）

此"女伴"应为其姊黄媛贞。此时的黄媛贞尚未随宦夫君，故能与兄妹以诗词唱和，此组诗应作于其归宁之时。

明崇祯五年（1632）壬申　二十三岁

十月十一日（1632.11.22），吴江女诗人叶小鸾卒。

叶绍袁《祭亡女小鸾文》："维崇祯五年（1632），岁次壬申十月十有一日，余第三女小鸾卒。"（叶小鸾《返生香·附集》）

十二月二十二日（1633.1.31），吴江女诗人叶纨纨卒。

叶绍袁《祭长女昭齐文》："维崇祯五年十二月二十二日，余长女纨纨哭妹来归，卒于母寝。"（叶纨纨《愁言·附集》）

明崇祯六年（1633）癸酉　二十四岁

当涂（今属安徽）女诗人卞梦珏生。

王士禄《十笏草堂上浮集》卷三（丙集一，丙午诗）有《刘峻度夫人卞元文挽诗四首》。

"丙午"，即康熙五年（1666）。邓汉仪《诗观》初集卷十二记其"年三十四而卒"，顾景星《白茅堂集》卷十五中有两首作于康熙九年（1670）悼挽卞梦珏的诗《题〈西泠闺咏〉有序二首》，序云："墓草五青矣！烛下见旧诗志感"，可见卞梦珏应于康熙五年初春去世，至康熙九年已是"墓草五青矣"！

六月，黄媛介作《闲思赋》。

此时，黄媛介或许仍然待字闺中，或许已与布衣杨元勋订婚，而未婚夫因"贫甚"而流落吴门迟迟未归，年齿渐长的女诗人借此赋以明志，"端身正念，诚其事兮。淳粹渊漠，天所器兮。明白洞达，有必致兮。贵贱贫富，生已字兮。披拂异端，独取义兮"。

闲思赋

癸酉六月，读向秀《思旧赋》，爱之，复感陈王《洛神赋》之妙绝，因作《闲思赋》以传漂渺之怀。

惟古人之不作兮，咏遗篇之渺茫。意欻举而无合兮，心远降而自伤。何伊人之多怀兮，托幽会于灵神。故素所悦爱兮，冀一见而相亲。致微辞而献诚兮，竟不接而弃我。眷彼美而长怀兮，竭平生而增慕。既不察余之衷情兮，何踌躅而不去。诵诗书以自陈兮，使君王之道光。接一语以迥隔兮，怅永昧于椒房。身欲去而顾留兮，羡浮云之飞扬。曾不得而相抗兮，渺一世而沉藏。何慷慨之不绝兮，人各具此深情。不延赏于君德兮，竟伤怀于友生。固陈迹之可哀兮，当新怨之未平。怪清风之夜吹兮，音声凄而不绝。情惨怛而易增兮，心惆怅而焉歇？保高人之胸襟兮，虑已开而更结。

乱曰：宛绎幽思，下一世兮。虚无道诚，集心智兮。木石幽通，感所自兮。天灵耿结，多所思兮。案牍存咏，声泪至兮。魂梦潜通，神情逝兮。长川浮广，流波利兮。端身正念，诚其事兮。淳粹渊漠，天所器兮。明白洞达，有必致兮。贵贱贫富，生已字兮。披拂异端，独取义兮。

（王士禄《然脂集》赋部四《南华馆古文诗集》稿本）

杨元勋其人。

因杨元勋以布衣终其一生，亦无所著述，故史料中未见有为其单独立传者，目前只能撷取一些史料中的零星记载拼凑其大概人生。

杨元勋，生活于明万历后期至清康熙初中期，字世功，号兴公，嘉兴人。王端淑《名媛诗纬初编》载其为苏州人，吴伟业《梅村诗话》则云："其夫杨兴公聘后贫不能娶，流落吴门"，故此，杨元勋应为嘉兴人氏。

《（崇祯）嘉兴县志》卷二十《艺文》"黄媛介"条中称杨元勋为"山人"。"山人"即山野之人，多指为隐士。

杨元勋虽然读书不成，却因四处漂泊谋生，故交际颇为广泛，曾经为范景文、钱谦益、吴伟业等人门下客。

古雪道人在为黄媛介《湖上草》所作《黄皆令诗集序》有："世功尝入范质老为大司马时幕中客。"

"范质老"即明崇祯七年（1634）至十年任兵部尚书之范景文。

范景文（1587—1644），字梦章，号思仁，别号质公，河间府吴桥（今属河北）仁和乡人。南宁太守范永年子，女诗人范景姒兄，赠工部营缮司主事范铉超父，文人王祖锡舅父。明万历四十一年（1613）进士。工诗文，计六奇《明季北略》有："公之诗古直豪迈，稜稜露爽，遇国步艰难，故多凄戾之辞。"

范景文为官清廉，《（康熙）吴桥县志》卷六《人物·明》记其任东昌府推官时："尝署其门曰'不受属，不受馈'，东人称为'二不公'。以治行迁吏部"，不受魏忠贤笼络，遭中伤，遂"赋诗一首归里"。崇祯初召还，历任右佥都御史、兵部左侍郎、刑部尚书、工部尚书、兵部尚书、东阁大学士。李自成破京城时投井死。著有《战守全书》《大臣谱》《冰坚堂草》《列朝诗选本录》等。

古雪道人序言说得很清楚，杨元勋是在范景文任兵部尚书时入其幕，此时的杨元勋或许已经结束了"流落吴门"的生涯。据《范文忠公文集》之《本传》记载："崇祯初年（1628）用荐召为太常少卿，二年七月擢右佥都御史，巡抚河南。……明年三月擢兵部。……居二年，以父丧去官。"以文中所言范景文自明崇祯三年（1630）至崇祯五年（1632）间任职兵部尚书，其间杨元勋为其幕客。

邓汉仪《慎墨堂诗拾》卷九《新秋杨世功自金陵来》诗夹注又有："杨乃钱宗伯、吴祭酒门下客。"

"钱宗伯"即钱谦益，"吴祭酒"即吴伟业，他们皆为明末清初文坛泰斗级人物，位列"江左三大家"之中。因为这层关系的存在，他们后来都经杨元勋之请而为黄媛介诗集作有序言或题诗。

他如无锡邹漪、吴县邓汉仪、福建永福（今永泰）黄琪等，皆与杨元勋相熟络。邹漪《诗媛八名家集》"凡例三"有"予与睿子、文玉、予嘉、世功，谊称兄弟，稔知诸夫人宏才绝学，僭为表章"。

至于杨元勋"流落吴门"的原因，吴伟业《梅村诗话》云："其夫杨兴公聘后贫不能娶，流落吴门"，而《嘉禾征献录》卷五十更进一步说明了杨元勋的窘迫处境："黄媛介，字皆令。少许杨氏。杨贫以鬻畚为业，父母欲寒盟，媛介不可，卒归杨。"

据载，杨元勋也是一位读书人。《无声诗史》有黄媛介"适士人杨世功"，"士人"即古时对读书人及知识分子的统称。婚后的杨元勋读书不成，于是黄媛介劝其"偕隐田园"。正因为如此，杨元勋作为一位家无恒产且无以养家的男人，在家庭中处境颇为尴尬，家庭生活亦较拮据。

不过，杨元勋对黄媛介与各位男性文人之间的交往起到了一个桥梁作用。施闰章《黄氏皆令小传》有："世功用是以布衣游公卿间，持书画片纸或易米数石。介既垂老，伤世功无家人产，以游为生，黾勉同劳苦。"如明崇祯十六年（1643），钱谦益《士女黄皆令集序》有"皆令又属杨郎过虞山，传内言以请序于余"（《牧斋初学集》卷三十三）；清顺治十年（1653）冬，邓汉仪于分巡杭严道吕翁如署中，杨元勋曾赠以诗画，"予客湖上，世功携皆令诗及画见赠，珍之笥箧，弗敢佚也"（《诗观》初集卷十二）；清康熙元年（1662），熊文举就任兵部右侍郎时，曾至赵开心府上拜见黄媛介，"余未获请见，乃于杨世功处见诸诗集，皆典则秩然"（《侣鸥阁近集》卷一《黄皆令越游草序》）。

当黄媛介客死南京时，杨元勋应该随侍左右，熊文举为作《黄皆令〈越游草〉序》的时间当在康熙五年（1666）与六年之间，时杨元勋尚在人世。在施闰章所作《黄氏皆令小传》中亦未提及杨元勋早于黄媛介离世，故杨元勋是在南京佟家僻园与妻子相厮守，直至其离世，只不过自黄媛介去世后再也未见提及杨元勋的文字。据嘉道时期海宁文人管庭芬抄录的黄媛介五首早期诗作来看，黄媛介的作品并未散佚在外，应由杨元勋带回了嘉兴，以至于百余年后管庭芬得以亲览并抄录诗数首，使之流传至今。

八月，张明弼得中举人。

《张明弼事略》："崇祯六年，他五十岁，在留都——南京参加乡试，成为举人。"

十月，冯洪业向表弟叶绍袁推荐黄鼎文章。

《天寥年谱别记》："十月，偶往携李谒司理方公士亮，冯茂远亦在。茂远袖黄象三鼎文，欲求司理公一加盻睐。余不识象三也，阅其文，殊有异藻。司理出，余遂力赞之，竟得冠军。象三甚感余知己，以其姊媛贞、妹媛介 字皆令 挽昭齐、琼章诗来。皆令名，久已闻之，欲得其片什无由，今忽得象三缄至，甚喜。诗已刻《续些》中，银钩墨迹，则什袭藏之也。"

明崇祯七年（1634）甲戌　二十五岁

春，黄媛介以诗文悼念吴江女诗人叶纨纨、叶小鸾姊妹。

黄媛介《读〈叶琼章遗集〉》："甲戌春，家仲手《彤奁合刻》相示，曰：'此冯茂远先生欲汝为瑶期挽歌诗也。'"

天才女诗人叶小鸾与其大姊叶纨纨相继去世的第二年，午梦堂主叶绍袁为出版妻子沈宜修与两位女儿的作品，广泛征集江南闺阁诗人挽诗与纪念之作，集为《彤奁续些》。因而得到了黄媛贞、黄媛介姊妹的诗文作品。

《彤奁续些》卷上录有黄媛介《挽诗十绝》《伤心赋·哀昭齐》《叶琼章挽诗十绝》《读〈叶琼章遗集〉》等诗文作品。

挽诗十绝

未能圆满世间情，何必为愁了此生。今日试将遗稿诵，断魂真处不分明。

传闻名媛出名家，何事年年独怨嗟。伤透好心人不识，错将词赋唤云霞。

夜色青青变柳条，芳魂绝去不能招。当年若见黄皆令，深怨深愁应自消。

琼蕊明珠过眼情，百年亦只是浮生。我知世事寻常甚，阿母堂前恨可平。

念到心伤梦亦怜，此中何处问因缘。人生谁不期多福，至此何能莫怆然。

人事憎憎未肯忘，青天杳杳月荒荒。碧山不是无情处，我恐仙游更渺茫。

无数新词属恨多，半生文管忆烟波。一灯自照维摩室，肠断因缘竟若何。

春窗数雨日阴阴，初柳飘丝带语禽。汾水芳魂何处落，梅花香绝暮烟深。

汉皋双影已同归，金屋空存在日衣。心折慈亲思婉娈，回文何日了残机。

一窗纸色白泠泠，慷慨怜人酒自醒。字字伤心俱莫问，品题风景最伶仃。

（叶绍袁辑《彤奁续些》,《午梦堂集》中册）

伤心赋·哀昭齐

夫何宛丽之佳人，绰柔仪于四教。和春风而时惠，辉秋月而朗耀。映玉树于一庭，接明珠于四照。身幽修而善艳，魂终绝而谁吊？况乃王家好妇，谢氏名闺。抱天壤之奇恨，抑人间之酸凄。媚比月娥之色，文夺天孙之机。性宛约以多丽，眉婵娟而恨齐。思青山以自逸，怨路草之萋萋。欲谈玄之无日，嗟魄绝而魂迷。又岂仙游有路，物化多方。竟停停而不返，冀袅袅而复阳。罄慈亲之涕泪，断兄弟之愁肠。何昔日之奇妙兮，志幽沉而不彰。我素所未接兮，亦哀思而感伤。恨大化之无情兮，指天意之茫茫。人既有所缺陷兮，何必生此灵淑。具揽天之妙才兮，生照世之华族。称独立于此方兮，映辉容于金屋。感至精之真气兮，嗟无美而不畜。圆满固造物之深忮兮，来意中之隐毒。无人生之欢笑兮，寻松柏之幽襟。愁无来而无去兮，恨倏浮而倏沉。看幽花而掩涕兮，诉芳草而伤心。精神日以自铄兮，竟衔悲而至今。

乃示疾而奄藏兮，绝鸣弦于素琴。乃惜篇章馀泽，翰墨遗芳。无安仁之哀悼，徒损泪于卜商。留踪迹以感人，惟阿母之恨长。不分明而自析，随白云以飘飏。虽游仙之可乐，何遽绝此商量？呜呼哀哉！清新无艳，婉顺多情。诵君诗之绝笔，若有规于生平。寻绎宿妆之下，悲吟风雨之上。识此意之重艰，黯幽心而自恫。多姊妹之离思，数春秋之长往。又若词歌累阕，清心如死。尽人憔悴，穷天披靡。柳黄绿而怀摧，花红白而怨起。何斯人而负才，竟所罹之如是。呜呼哀哉！

乱曰：高天厚地生此人，宇宙钟灵怀柔真。秀兰玉树曾娱亲，思安咏纪窈窕身。才谦咏絮诚佳人，胡然不禄哀青春。红颜蕙质等飞尘，今欲一见渺无因。

（叶绍袁辑《彤奁续些》,《午梦堂集》中册）

叶琼章挽诗十绝

一番参究失三生，明白因缘怕有情。待到锦帷春色动，笑随天鹤理瑶笙。

一时催换许家名，归去谁怜弟与兄？白石青松常有梦，寂寥不是旧精诚。

香吹未已此中烟，记得词中第几篇。韵语冷随珠散彩，闲心远似月行天。

魂断江南不可招，秦家楼子绝鸣箫。堂前切莫多啼恨，欢乐无非似寂寥。

春色依然到小门，旧时帘畔语犹温。慈亲遍欲寻方术，烧尽名香不返魂。

一时惊见画图新，在日蛾眉写未真。汉水双珠何处落，不知谁见两仙人。

碧水无声影不留，疏香寂寂闭春秋。可怜圆满人无得，泪变红巾哭未休。

人人身事属哀吟，欢喜惟君得好心。多少风光消不得，白杨青草更愁深。

一春愁雨落名花，古树凄凉叫暮鸦。昔日青衫香未散，沉沉楼阁闭娇纱。

不向帘中数夜星，一庭芳草泣寒青。人间好事名初备，未熟黄粱梦已醒。

（叶绍袁辑《彤奁续些》,《午梦堂集》中册）

读叶琼章遗集

甲戌春，家仲手《彤奁合刻》相示曰："此冯茂远先生欲汝为瑶期挽歌诗也。"遂寻绎数四，尽其诸体。诗则与古人相上下，间有差胜者。词则情深藻艳，宛约凝修。字字叙其真愁，章章浣其天趣。成风散雨，出口入心，虽唐宋名人亦当避席。但讶彼正桃李之年，何为言言俱逼霜露。惜花太甚，遂成刻露飘零；咏鹊未期，竟兆惨离情事。况乃貌出天妃，厌彼北方之咏；情空汉女，恶闻南国之称。庄妹明慧，窈窕柔绰，玉骨冰肌，秀眉明目。其性情之端，颜色之好，才思之颖，世之所期者，罔不克尽。逆数古名媛，谁得如君？第恨天桃及咏，已折连环；鹊驾报成，竟沉宝婺。苟奉倩之深情，未睹倾城之色，徒尔神伤；潘安仁之哀逝，永存摧翼之悲，于焉心死。谢砌兰焚，钟山玉碎。风凋茂绿，正属芳时；雨谢艳红，却当盛日。催妆未咏，《薤露》先歌；卺礼未成，奠浆早荐。

呜呼！昔日幽思，尝游神妆镜；今朝异惨，竟泣血缌帷。耸天悲叹，不复见还华山之魂；绝世哀号，何能共咏秦台之月？尚冀珠去可还，弦断能续。竟惜琼花无种，霓碎绝香；芝草无根，霜严断绿。有父有母，何以为情？仙踪远驾，已失结缡之祥；鹤帔晨骖，罔协《鹊巢》之什。绮罗无色，收拾香奁；鼓吹无声，沉埋箫管。堂吹丹旐，魂来失旧时之音；镜舞青鸾，情至悲今朝之影。又若房栊静悄，翰墨飘零。遗衫剩履，徒伤父母之心；秀句名篇，空发弟兄之泪。一朝长夜，两度芳春。丽影沾尘，莺花莫睹；贞魂埋玉，云风绝吹。一家骨肉，文好情多；连帖宫商，思穷痛复。

呜呼！泉台难寄，仙路畴征？爰为辞曰：高楼景丽朝日明，红妆闲兮尘盈盈。玉树折兮连枝倾，心气失兮掌珠沉。玳梁催兮彩云散，日月晦兮何时旦？宝镜碎兮簪玉断，衣绣消兮帷朱暗。湘弦绝兮芳香换，玉簪跌兮红丝乱，绝地穷天不可见。

（叶绍袁辑《彤奁续些》，《午梦堂集》中册）

　　黄鼎与平湖文人多有交往。叶绍袁应该是通过平湖表兄冯洪业的介绍，结识了黄媛介兄长黄鼎。由于这一层关系，叶氏姊妹的诗歌为黄家所知。

　　冯洪业（1584—1661），字兼山，号茂远，又号当湖学人，平湖人。明嘉靖四十一年（1562）进士冯敏功孙，万历二十五年（1597）副榜冯伯礼子。万历四十三年（1615）举人。著有《耘庐汇笺》《百六十吟》《睡庵六书》《易羡》等。

　　《嘉禾徵献录》卷十八："父伯礼客死，徒跣奔丧。家失火，母楼居，负出烈焰中，鬓发俱焦。性不乐仕，而慕'升举'，谓神仙可学而至。别业一区，为汝弼所筑，花木水石亭馆甲一郡。洪业增修之，屏居其中，四面皆水，为浮梁以通往来。无事撤去，贵客至，欲见之，疾呼不一应。邑学宫圮，出千金缮治。又买良田千亩赡族。年七十八卒。"

　　冯洪业姑母嫁叶绍袁之父叶重第为妻。明亡后叶绍袁出家为僧，长期居于平湖。后卒于冯洪业的耘庐别墅。

　　值得一提的是，黄媛介在《叶昭齐挽诗十绝》中有句云："当年若见黄皆令，深怨深愁应自消。"据说此句对叶小鸾之母沈宜修触动很大。叶绍袁《返生香》跋语云："君（沈宜修）每诵黄皆令'当年若见'之句，辄神往泣下，以其室迩，留俟异日征索耳。"

闰八月廿八日（1634.10.19），新城王士禛生。

　　伊丕聪《王渔洋先生年谱》（第2页）："明崇祯七年甲戌，闰八月二十八日亥时，先生生于河南官邸。"

除夕（1635.2.16），黄涛与诸兄弟守岁赋诗。

　　黄涛《赋日堂稿》有诗题曰："甲戌守岁，仲父束五韵，限诸兄弟赋诗且云：'明日出此代揖，令人知黄氏诸子不俗也。'伯氏两昆仲跻北堂，捧觞寿母，余亦侍大人欢宴。彼感椿寒，予怀萱草，以示仲父，准厄并欢之句，不可及矣！"

　　黄涛之母项兰贞去世已有十载，故有"彼感椿寒，予怀萱草"之句。

黄涛之母项兰贞亦工诗。

项兰贞（1594—1625），一名淑，字孟畹，人称白雪才人，嘉兴人。明末画家项元汴孙女，文华殿中书项德成女，女诗人项珮族女，黄承玄子媳，黄卯锡妻。著有《裁云草》《月露吟》《咏雪斋遗稿》。

《（崇祯）嘉兴县志》卷十四《词翰·附闺秀》："性颖悟，能诗。落笔超异。事姑孝，理家有才。年仅三十二而卒。"

黄涛所言"伯氏"即黄承玄长子黄申锡。

黄申锡，字翰伯，秀水人。黄洪宪孙，礼部郎中董嗣成婿，黄卯锡、黄骈锡兄，黄孟涵、黄仲泓、黄叔澄、黄季瀚父。邑庠生。明天启四年（1624）与弟刻印其父黄承玄《盟鸥堂集》，并请陆应阳作序。曾与陈继儒、黄卯锡同校冯时可《雨航杂录》。（傅逅勒《嘉兴历代人物考略（增订本）》上册，第 319 页）

明崇祯八年（1635）乙亥　二十六岁

九月四日（1635.10.14），吴江女诗人沈宜修卒。

叶绍袁在《鹂吹》附集《亡室沈安人传》："九月四日，犹与余对谈，但稍气弱耳。至子夜，息如睡者。须臾，侧卧而逝，不作儿女子片言也。伤哉！"

叶绍袁（1589—1648），字仲韶，号鸿振，又号天寥、粟庵、木拂等，明吴江（今江苏苏州吴江区）汾湖人。贵州提学佥事、汾湖叶重第（1558—1599）子，叶纨纨、叶小纨、叶世佺（1614—1658）、叶小鸾、叶世偁（1618—1635）、叶世俗（1619—1640）、叶世侗（1620—1656）、叶世儋（1624—1643）、叶小繁（1626—?）、叶燮（1627—1703）、叶世倕（1629—1656）、叶世儇（1631—1635）父。明天启五年（1625）进士。著作有《叶天寥四种》。

《江苏艺文志·苏州卷》第三分册（第2286页）："选南京武学教授，迁国子助教、虞衡主事，不耐吏职，遂乞终养归。妻及子女并工诗，有文藻，一门之中更相唱和。明亡弃家入余杭之径山为僧，自释名木拂。旋至吴，隐于西山。辑一时死节诸臣为书，未就，感怆成疾卒。"

沈宜修亦出自吴江文学世家，著名戏曲家沈璟（1553—1610）是其伯父。

沈宜修（1590—1635），字宛君，吴江（今江苏苏州吴江区）人。廪膳生沈倬（1540—1570）孙女，郎中沈珫（1562—1622）长女。与叶绍袁育有八子五女（第四女失载）。著有《鹂吹集》二卷、《梅花诗》一卷，又辑同时期名媛诗文为《伊人思》一卷。

沈自徵《〈鹂吹集〉序》："夙具至性，四五龄即过目成诵，瞻对如成人。"《亡室沈安人传》："八岁……即能秉壸政，以礼肃下，闺门穆然。"

秀水梅里（今嘉兴王店）李良年生。

陈雪军《梅里词派研究》附录二《李良年年谱》（第 313 页）："生于崇祯八年（1635）"。

八月，朱茂时赴山东张秋任。

崇祯八年（1635）八月，朱茂时升工部都水清吏司员外郎，"提督张秋河道"，十月赴张秋任。

《秀水朱氏家乘·编年志》："冬十月己卯（11.5），王父贵阳公至张秋任视事。"

明崇祯九年（1636）丙子　二十七岁

六月廿一日（1636.7.23），黄媛贞赴山东张秋随宦。

崇祯九年六月，黄媛贞随朱茂时元配戴氏北上。临行前作诗留别黄媛介：

丙子仲夏日留别皆令妹

景又清和燕语烦，不妨远别事艰难。从来勿虑风云险，此去常令梦想安。惜子慈亲多照拂，爱人高月益凄酸。殷勤杯酒翻离色，各采庭兰忍泪看。

（黄媛贞《云卧斋诗稿》）

六月廿四日（1636.7.26），商景兰与祁彪佳第三女祁德琼生。

《祁忠敏公日记》卷六《林居适笔》"丙子岁"："二十三日，徐豫凡年兄之次公至，出豫凡书即别去。是日，内子以八月孕，因哭殇子致产，洎晚延医钱心绎至，即就宿。二十四日，阅《春秋》。内子于午刻产一女。"

九月，叶绍袁《午梦堂全集》刊印。

《叶天寥自撰年谱》："（崇祯）九年丙子，四十八岁。……九月，《午梦堂集》成，《鹂吹》三卷、《彤奁续些》一卷、《窈闻》一卷、《伊人思》一卷、《秦斋怨》一卷、《屺雁哀》一卷、《百旻》一卷，并《返生香》《愁言》二卷，共九种。后入《灵护集》，为十种。"

冀勤《〈午梦堂集〉前言》：是集"包括叶绍袁夫人及其子女的诗词集七种，其他选辑本两种，余为叶氏本人之作，共保留了近百人的作品，对研究晚明社会和文学、人情和习俗，自是一份极为珍贵的资料"。

其中的《彤奁续些》卷上收录有黄媛贞与黄媛介姊妹悼念叶氏姊妹之诗文。

秋冬之际，黄媛介与杨元勋成婚。

刊刻于崇祯十年的《嘉兴县志》卷二十《闺阁》在"黄媛介"条下注有"山人杨元勋妻"，若尚未成婚，作为主要修志者的黄承昊断不会作如是之说。因此，黄媛介与杨元勋成婚的时间应在崇祯十年之前，很可能是在崇祯八年或者崇祯九年。

前文已提及黄媛贞作于崇祯九年（1636）的《丙子仲夏日留别皆令妹》一诗尚有"惜子慈亲多照拂"句，而作于崇祯十三年（1640）的《幽窗三十咏小引》提到"庚辰春仲，予抱沉疴，外君忽欲偕予远游贵竹，理不能却，匆匆束装"，娘家只来两人送行，"斯时母兄闻万里之行，速棹扁舟至杉青言别"，句中已不复提及妹子黄媛介矣。

而在黄媛贞的《云卧斋诗稿》中亦未有为其妹成婚的诗作，但有一首《合欢诗》，不知是否与黄媛介有关，且录如下：

合欢诗

芝兰共秀色初芬，一缕春光春绣纹。如意钗头扶醉玉，合欢扇里悦春云。香风有意吹纤带，花烛多情映绮裙。娇向月中应著语，宵深灯照又殷勤。

关于黄媛介与张溥的一段传说

王士禛《带经堂诗话》卷二十《闺阁》记载着发生在黄媛介与名士张溥之间的一段轶事：

> 少时，太仓张西铭溥闻其名，往求之。皆令时已许字杨氏，久客不归，父兄屡劝之改字，不可。闻张言，即约某日会某所，设屏幛观之。既罢，语父兄曰："吾以张公名士，欲一见之；今观其人，有才无命，可惜也。"时张方入翰林，有重名。不逾年竟卒。皆令卒归杨氏。

作为黄媛介家乡人的张庚，在《国朝画徵录》卷下亦复述了王士禛的这段文字，却添加了自己的一些耳闻：

余闻其辞婚张天如时，谓父兄曰："字诚不可，然张公才名山斗，以帐窥之，可乎？"及见，叹曰："张诚名士，惜旦暮人耳！"数月，张果卒。竟不知其操何术也，此岂寻常闺秀哉！

毕竟张庚生活的年代距黄媛介很近，其姨母陈书（1660—1736）不仅是一位女诗人，也是一位女画家，与黄媛介一样同为才女，黄媛介去世之时，陈书已是九龄女孩。

在王士禛著述中与黄媛介扯上瓜葛的张溥因刻苦好学而以"七录七焚"著称。

张溥（1602—1641），字天如，太仓（今属江苏）人。张鲸曾孙，张仲孙，张辅之侄，张翼之第八子。明崇祯四年（1631）进士。著有《七录斋集》。见蒋逸雪《张溥年谱》。

《明史》卷二八八《列传》一七六《文苑四》："幼嗜学，所读书必手钞，钞已，朗诵一过，即焚之，又钞，如是者六七始已。……与同里张采共学齐名，号'娄东二张'。崇祯元年（1628），以选贡生入都，采方成进士，两人名彻都下。已而采官临川。溥归，集郡中名士相与复古学，名其文社曰'复社'。"

关于张溥求亲于黄媛介之说，陈寅恪先生在《柳如是别传》中认为即使黄媛介嫁与张溥亦处于小妾的地位，因为此时张溥之妻王氏尚在人世。

《柳如是别传》上册（第18页）认为："渔洋之说颇多疏误，兹不暇辨。……若依渔洋之说，黄见张之时，当在崇祯十三年庚辰六月以后。今据吴、钱之文，复未发现西铭于此短时间，有丧妻继娶之事，则西铭嫡配王氏必尚健在。天如之不能聘媛介为妻，其理由明甚。（余可参蒋逸雪编《张溥年谱》"崇祯十二年己卯"条所考。）渔洋之说殊不可通。"

按王士禛之说，张溥当在崇祯十三年（1640）前后慕名前往黄家求亲，而崇祯十年刊刻的《嘉兴县志》卷二十《闺阁》在"黄媛介"条下已注有

"山人杨元勋妻"，因此传说中的张溥求亲之年，黄媛介已于四年前与杨元勋成婚，故张溥求亲之说"殊不可通"。

张明弼在南京入复社。

《张明弼事略》："（崇祯）九年，丙子乡试，他又来到南京，与冒辟疆等'上下江生员'见面，成了进步团体——复社的成员，投入跟阉党余孽阮大铖等的斗争。"

明崇祯十年（1637）丁丑　二十八岁

春，张明弼得中进士，授广东揭阳令。

《（民国）重修金坛县志》卷九《人物志四·文苑》："崇祯丁丑（1637）成进士。授揭阳令，多异政。"

四月十日（1637.5.4），祁彪佳、商景兰次女祁德渊与余姚姜廷梧订婚。

《祁忠敏公日记》卷七《山居拙录》"丁丑岁"："四月初十日，雨。为次女受姜光扬聘，何芝田以执柯至。晚，举酌。"

祁彪佳在日记中所记"次女"可能意指在祁德渊之前尚有一女，张岱《公祭祁夫人文》（《琅嬛文集》）有"夫人生丈夫子二，生道蕴女五"。

其实张岱在此记录亦不为翔实，祁彪佳与夫人商景兰生有三子：同孙、理孙、班孙，长子同孙早夭，至于"生道蕴女五"之说亦有待商榷。

黄媛介婚后生活"怡然自乐"，以写卖书画为生。

《无声诗史》卷五："适士人杨世功，萧然寒素。皆令黾勉同心，怡然自乐也。"

姜绍书的这段文字所记录的应该是黄媛介婚后至顺治二年（1645）嘉兴"乙酉兵变"之前的生活。

钱谦益在其《牧斋初学集》卷三十三《士女黄媛介集序》中描述的似乎稍稍详尽一些："归于杨郎世功。歌诗画扇，流传人间。晨夕稍给，则相与帘阁梯几，拈仄韵，征僻事，用相娱乐而已。"

综上所述，黄媛介婚后的生活还是比较悠闲自怡的，即使写卖书画也是情非得已之举，故其仍然保持了一种文人的孤高姿态。

与黄媛介同时代的姜绍书（？—约1680），字晏如，号二酉，江南丹阳（今属江苏）人。明嘉靖三十二年（1553）进士姜宝曾孙，工部屯田司主事姜志鲁子。

《（光绪）重修丹阳县志》卷二十《文苑》："以祖宝荫南工部郎中。甲申（1644）后，绍书以世受国恩，黄冠自废，放浪于山巅水涯。著书之外，并多艺能。凡古今名迹，一经品题，价增十倍。所著《无声诗史》《韵石斋笔谈》，自书刊行。"

黄媛介于"乙酉兵变"后曾逃难至丹阳，姜绍书虽然在其书中对黄媛介逃难路途述之甚详，但至今未见他们有交往的记载。

是年，女诗人王端淑远嫁宛平丁圣肇。

王端淑诗《北去》："……十五习女红，十六离闺阁。远嫁去燕京，父母恩情薄。"（《映然子吟红集》卷二）

明崇祯十一年（1638）戊寅　二十九岁

夏，黄媛介作《花鸟》扇面。

雅昌艺术网：编号：0426；形式：扇面；质地：金笺；墨色：设色；尺

寸：16×51厘米；题款："碧山上去苔俱滑，黄鸟下飞春未阑。崇祯戊寅夏日题。"钤印："媛介之印、皆令、女史"；鉴藏印："少穆宝鉴"；拍卖公司：广州市皇玛抱趣拍卖有限公司——中国书画专场（2016夏季拍卖会），拍卖时间：2016年7月31日。

九月十七日（1638.10.11），海宁陈奋永生。

清陈赓笙《海宁渤海陈氏宗谱》卷八《第十世世传》：生，崇祯戊寅九月十七日。

陈奋永为女诗人徐灿与陈之遴所生第二子。

十一月廿三日（1638.12.24），商景兰与祁彪佳季女祁德茝生。

《祁忠敏公日记》卷八《自鉴录·戊寅岁》："十一月二十三日，徐大使士志来谒，馈扶产丸，适得其用。医者钱心绎、张景岳俱至。及午，产一女。作书复汪然明、姚君墀。"

柳如是著有诗集《戊寅草》。

《清钱夫人柳如是年谱》（第5页）："崇祯十一年戊寅，二十一岁，著有《戊寅草》。"

是书署"柳隐如是著"，华亭陈子龙为之序。

明崇祯十二年（1639）己卯　三十岁

十二月，黄媛介作《空翠浮烟图》。

郭味蕖《宋元明清书画家年表》（第228页）："一六三九年，己卯，崇祯十二年。黄媛介（皆令）作《空翠浮烟图》（《澄怀堂书画目录》）。"

雅昌艺术网：编号：541；形式：立轴；墨色：墨笔；纸质：纸本；尺寸：57.4×25.3厘米；题跋："空翠自生山上草，浮烟常变水边云。崇祯己卯腊月写。黄氏媛介。"钤印："皆令"（朱文）；拍卖公司：香港佳士得有限公司；拍卖日期：2000年10月30日。此画题跋甚多，密密麻麻，但因画面过小，字迹较为模糊，多数辨认不清。

冬，江西庐陵女诗人朱中楣与李元鼎成婚。

《石园全集》卷二十六《寿汪宜人七十序》："余与内子远山氏结褵，己卯之冬也。外父母素慎选婿，而归余乃称决，诚天作其合哉！"

《白石山房稿》卷八《显妣朱淑人行述》："幼即聪颖绝伦，女红之余，朝夕一小楼，丹铅批阅于《纲鉴》《史记》及诸家诗集。成诵不遗一字，间为有韵之言，多警句。外王父奇之，命字曰懿则。为慎择所以克配者。时年十八，先大夫以铨司给假里居，遂许婚焉。"

黄媛介长子杨德麟或于是年出生。

此说根据黄媛介《离隐歌》有"次男搂抱长男走"之句，顺治二年（1645）六七月间，黄媛介携家逃难时，长子已经能够跟着大人的速度自己行走，年纪应该在六七岁或者七八岁之间，故推测其长子或生于此年。

明崇祯十三年（1640）庚辰 三十一岁

春，黄媛介录《杂咏五首》。

天津图书馆藏有清中后期海宁文人管庭芬的《待清书屋褿钞》，其中录有《黄媛介诗册》，注为"秀水女士黄媛介墨迹"，落款为"杂咏五首，庚辰春日录，秀水弘农黄氏媛介识"，落款内容为黄媛介自己的题识，因此《杂咏》诸诗应为己卯年（1639）所作。

立夏后

分得春思上柳条，忍看立夏已三朝。草檐燕玉泥初湿，闻道香寒梦懒招。麦秀已知春物异，猿啼顿觉岁时遥。何人得似秦家女，缥缈台前学紫箫。

秋　怀

事事违心不要论，秋风何必问罗巾。寒蜩自有高枝念，野鹤谁羁万里身？见性已无愁入梦，多情惟恐月随人。晴窗独坐休凝思，白雪歌成贺者贫。

立冬前十日登楼

明窗动止极深幽，满意诗书可解愁。时节过如云下鸟，人情泛若水中鸥。衣裳未足三冬用，风雨犹存十日秋。忼慨怀□向谁语，独携悲绪上高楼。

月　夜

一门愁闭水痕生，小夂寒留叶上声。一梦关心犹恋枕，半轮残月正当城。时时杨柳黄莺起，夂处东风蝴蝶轻。惆怅满帘言未得，依依聊自坐窗明。

雨　夕

半水寒生近暝天，一情无住尚萧然。白阴无定云堪忆，青气吹深树可怜。麦雨有心空没眼，柳风无力枉吹烟。前时事事留踪迹，一夕为心恨未捐。

《杂咏五首》应选自黄媛介《南华馆古文诗集》，其婚前作品成集者为《如石阁漫草》，婚后作品则为《南华馆古文诗集》。按管庭芬在题后所注"秀水女士黄媛介墨迹"，可以肯定的是在管庭芬所处的年代，尚能见到黄媛介留存的作品集。

黄媛介多次在姓氏前冠有"弘农"二字，西汉元鼎四年（前113）汉武帝设弘农郡（治今河南灵宝北），前文已言黄媛介出自河南，这个"弘农"是否即其家族祖居地？俟考。另外，历史上的弘农杨氏始于西汉丞相杨敞（？—前74），此后名人辈出。黄媛介此说是否意指其夫君杨元勋亦为弘农杨氏之后人？因为此时黄媛介已与杨家缔结了婚约。

春，柳如是于嘉兴吴昌时勺园养疴。

尤裕森《勺园与吴昌时》："名妓柳如是于崇祯十三年春与谢三宾绝交后，因感情上的波折而发病呕血，遂离开杭州，避往嘉禾养疴。著名学者陈寅恪所撰《柳如是别传》，在论述柳如是致汪然明第二十五通尺牍时说：'至河东君此次在禾养疴之处，颇疑即吴来之昌时之勺园。……盖河东君至迟已于崇祯八年乙亥秋间在松江陈卧子处得识吴氏。'……柳氏养疴一个月后，移居吴江盛泽镇归家院。"

三月十九日（1640.5.9），黄媛贞随夫朱君茂时远赴贵州。

《秀水朱氏家乘·编年志》："十三年庚辰……三月庚辰，王父贵阳公戒装如贵州，尚书公送至杭州之钱塘江。"

黄媛贞《云卧斋诗稿》有《三月十九日钱塘早发即景二首》诗，为其随夫赴贵州之作。

是年，黄媛介为闺友陆氏作《清节咏赠朱子英内人》。

《（崇祯）嘉兴县志》卷二十《艺文》录有黄媛介为朱茂暶媋妻陆氏所作

的一篇赋，朱茂晙为黄媛介姊夫朱茂时同父异母弟。

清节咏赠朱子英内人

夫人姓陆氏，鹉水望族也。幼聪慧有度，明善练达，不逾壶仪，闲雅有韵。先是，其王父陆仲鹤公与醉里朱广翁公第三子茂晙子英者，为指腹婚。年十七而结缡，情好甚笃，唯恐一日有违。崇祯己巳春二月，随任之燕都。泛泛青雀，悠悠画鹢，两无情焉。而有情人居之，不觉离间自生也。忽遘疾而道阻，终天之恨为何如哉！乃扶枢南归。毕事，复旋踵北依舅姑，年始十八。其间伤苦思凭，何能殚述，屈指十年如一日也。一意谢脂粉，去华饰，却谦会，课纤织，教子作家，人莫能及。起居饮食，每事贵一。余素与夫人为姊妹好，故极知其曲折，一时数言，愧未能悉。他日作传，庶可仿佛，为之咏曰：

夫何淑惠之佳人兮，竟遭命之不造。以生死于其间兮，心焉得而无悼。咏关雎之好逑兮，谁复如其情好。惟夫子之好修而爱深兮，厥命不得夫长保。乃示疾而永辞兮，手失携而心捣。既杳冥而莫凭兮，正罹忧而在疚。身既不难夫即殉兮，志已甘于永守。始觉柏舟之誓为多，而梁燕之诗已陋。人以迢迢十年为可忘，子则宛如一日而未久。立妇道于一时，期母仪于白首。上可稽于青旻，下可信于黄口。至夫守贞则一，从顺唯三。不知粲然五色之为衣兮，唯缯缟淡素之是甘。不知胭粉红白之为容兮，惟劳劳颠颔之是谙。不知明珠翠羽之为饰兮，惟星星一荆之是簪。不知琼筵锦茵之可安兮，惟萧萧一几之足恬。不知绵绵寿考之可期兮，惟汲汲共穴之是占。第觉湖山花鸟匪不忘忧，而忧不用忘也。管弦歌曲，匪不娱情，而情不用娱也。五味甘辛，匪不充躯，而躯不用充也。悠游登涉，匪不舒心，而心不用舒也。

乱曰：块然独处，惜离群兮。长叹伤神，思缤纷兮。始终不坠，永思君兮。唶然填膺，心如梵兮。君不复作，命如云兮。人之好修，垂令闻兮。孜孜君后，遑恤勤兮。于怀惟一，安我分兮。节孝贞俭，僧人问兮。

陆氏出自平湖望族，其叔父陆启浤与黄媛介仲兄黄鼎同为诗社社友。

陆氏（1612—1665），平湖人。陆健孙女，陆启濛女，陆启浤从女。十七岁嫁秀水朱茂晙为妻，亦即黄媛贞的娌姆行。

朱茂晙（1612—1629），字子英，秀水人。朱国祯孙，朱大启第三子。天启七年（1627）补秀水邑庠生。崇祯二年（1629）春正月，朱大启往京师赴太仆寺卿任，二月，朱茂晙卒于淮安舟次。无子，以长兄朱茂时次子朱彝教为嗣（《秀水朱氏家乘·编年志》）。

是年，姚士粦过钱谦益拂水山庄明发堂。

林庆彰《丰坊与姚士粦》（第 142 页）："士粦过明发堂，与钱谦益共论古今词人，谦益有《戏作绝句十六首》记其事。"

明崇祯十四年（1641）辛巳　三十二岁

春，黄媛介写《南轩松单条》。

汪砢玉《珊瑚网》卷四十二《名画题跋》卷十八："黄皆令写《南轩松单条》，崇祯辛巳（1641）春日写。并题：'南轩有高松，直上数千尺。柯叶长青春，年龄自绵历。'弘农黄媛介。"

五月八日（1641.6.15），太仓名士张溥卒。

《张溥年谱》："五月初八日丑时，先生卒，神志朗澈。"

《吴梅村全集》卷二十四《复社纪事》："先生前十日属疾，卒于家，千里内外皆会哭，私谥曰仁学先生，崇祯十四年辛巳五月也。"

五月十八日（1641.6.25），黄媛介闺友陆氏三十岁寿日获旌。

《秀水朱氏家乘·编年志》："三十寿日，嘉兴知府王宫臻送匾旌其门，额曰（朱陆氏）'孤节凌霜'，秀水县知县方学圣送匾曰'柏舟矢志'。"

《秀水朱氏家谱》："配平湖陆氏通判启濛女，年十八寡，苦节三十七年。万历壬子（1612）五月十八日生。"

陆夫人获旌后，黄媛介代其作《内朝诗代朱夫人赋》以表谢恩：

内朝诗代朱夫人赋

紫陌云生辇路新，锦城晓箭倍催人。宫帘月上齐闻珮，凤宸花开早报春。一道嵩烟分翠羽，千行宝炬照香尘。鸣珠拜舞声容静，朝罢天高日满轮。

（《黄皆令诗》，江西省图书馆藏本）

六月七日（1641.7.14），钱谦益与柳如是结褵芙蓉舫。

《清钱夫人柳如是年谱》（第11页）："崇祯十四年辛巳（1641）二十四岁。正月二日与牧斋过拂水山庄。与牧斋为西湖之游。六月七日行结褵礼于芙蓉舫中。"

九月，黄媛介作扇面《洛神赋》。

雅昌艺术网：编号：0727；形式：扇面；质地：金笺；墨色：水墨；尺寸：16×51.5厘米；题识："辛巳玄月书，弘农黄氏媛介"；钤印："媛介之印，黄氏皆令，闺秀（白文）"；鉴藏印："随安室宝亲王宝董泓之印"。拍卖公司：北京匡时拍卖有限公司；拍卖日期：2009年6月26日。

玄月即农历九月别称。

冬，黄媛介为汪砢玉夫人作《烟水疏林图》并题诗。

汪砢玉《珊瑚网》卷四十二《名画题跋》卷十八有："辛巳冬日，写似汪老夫人博笑，黄媛介。"

烟水疏林幅

雨外烟疏翠已成，远山如黛转分明。高柯自振秋风色，鸟下沧江水正平。

辛巳冬日，写似汪老夫人博笑，黄媛介。

……

吾禾若卜榲蕙、金淑修辈颇有林下风致，然不及皆令，既娴词章，复精翰墨也。有《邮怨》《唁梅》诸作。时致珠玉于内人，讵意吾家《广陵散》绝，犹幸皆令为吾清瑶传略，不啻真真画幛、姗姗其来乎？癸未（1643）夏四月廿五日，鸳上老鲲识。

汪砢玉（1587—1648），初名国润，字源昆，更名砢玉，一作珂玉，字玉水，号乐卿，别署自韵子、方流玉水子、方折子、方折为玉子、平阳玉子、寻香客子等，徽州（治今安徽歙县）籍，秀水（今嘉兴）人，居郡城莲花浜南。汪显孙，汪继美子，汪成渊父。明崇祯中官山东盐运使判官。筑"凝霞阁"，缥缃墨粉，富甲东南。亦工诗，万历四十七年（1619）与魏仲雪、沈止伯于北山草堂结诗社。就所藏及闻见所及撰《珊瑚网》四十八卷，崇祯十六年（1643）成书，朱彝尊称其堪与《清河书画舫》《真迹日录》并驾。著有《古今鹾略》《嘉禾韵史》《竹史》《南湖园林记》等（《嘉兴历代人物考略（增订本）》上册，第309页）。

明崇祯十五年（1642）壬午　三十三岁

元月，吴伟业道嘉兴。

《吴梅村年谱》（第103页）："崇祯十五年（崇德七年）壬午，一六四二年，三十四岁。元月顷，往游西湖，道嘉兴，过吴昌时所，昌时出家乐，张饮。"

晚明时期盛行家乐戏班，一些豪强巨富、缙绅士大夫纷纷建立自己的家班，时常召集宴集，美酒佳肴与歌舞伎乐交相辉映。

吴伟业《鸳湖曲》即是吴昌时家乐之真实写照："朝来别奏新翻曲，更出红妆向柳堤。"（《吴梅村全集》卷二）

胡山《烟雨楼》诗亦描述了吴昌时家乐演出的情景："当楼选胜辟名园，隔水开林起歌院。妖童姿首似鸦头，小婢教歌皆粉面。舞衫歌扇满房栊，子弟梨园侍羞馔。画桡齐放水中央，湖舫留宾百戏张。冠玉参军低绿帻，明珠角伎赛红妆。目成色授潜留佩，怨粉愁香怅隔墙。"（《清诗纪事》第一册第271页）

位于嘉兴鸳鸯湖畔的勺园是吴昌时的别墅，因其形状如同勺状，故又称"勺园"。

《（光绪）嘉兴府志》卷十五《古迹》二《园宅》："勺园，一名竹亭，在滮湖滨，吴吏部昌时别业。峰石为张南垣所垒。当时歌舞甚盛。吴既败，园渐荒，今为渔户晒网之场矣。"

钱谦益曾为其作《题南湖勺园》诗。

吴昌时（1594—1643），字来之，吴江（今江苏苏州吴江区）籍，嘉兴人。吴崑孙，吴翼次子，吴昌期弟，吴昌会、吴昌朝、吴昌逢、吴昌运兄，吴祖锡、吴友锡、女诗人吴芳、吴氏父。崇祯七年（1634）进士，官礼部主事，擢吏部文选司郎中。有"复社眉目"之称，又因善于弄权，得"摩登伽女"绰号。与权相周延儒相沆瀣，把持朝政，后遭御史弹劾，崇祯帝下令将其斩杀。

《明史》卷三〇八《奸臣》的"周延儒"条附其事云："有干材，颇为东林效奔走。然为人墨而傲，通厂卫，把持朝官，同朝咸嫉之。"

秋，黄涛浙江乡试第一。

《嘉禾徵献录》卷二十二："涛字观只，崇祯壬午，本省乡试第一。"

秋暮，黄鼎赴临平沈谦之父沈士逸章庆堂宴集。

《章庆堂宴集记》："堂落成之六年，岁在壬午（1642），予师祝慎庵先生至自海宁，黄平立至自檇李，骧武、景宣二陆子，宇台孙子，至自郡城，南邻郎季千，俱翩然来集也。家君以群贤萃止，遂张歌舞之筵，予兄弟持觞劝客，酬酢燕笑，极为愉快。时维秋暮，玉露既零，金花特盛，一堂之内，焕若春阳。"（沈谦著、杨叶点校《沈谦集》）

沈谦（1620—1670），字去矜，号东江，仁和临平（今浙江杭州临平区）人。明崇祯十五年（1642），补县学生。后无意仕进。工诗善吟。与毛先舒、张丹称"南楼三子"，又与陆圻、柴绍炳、吴百朋、陈廷会、孙治、丁澎、虞黄昊合称"西泠十子"。著有《东江集》《词韵》《南曲谱》《古今词选》《临平记》《沈氏祖谱》等。

《清诗纪事》第一册（第 163 页）引王晫《今世说》："少颖慧，六岁能辨四声。长益笃学。尝自言：'著作须手定自刻，庶保垂远。若以俟子孙，恐故纸斤不足当二分直也。'僻处杭之东偏，声名藉藉。吴、越、齐、楚之士过鼓村，车辙恒满。"

"骧武"即陆彦龙（约 1612—约 1647），原名梦龙，仁和（今浙江杭州）人。陆振音孙，陆云龙兄，陆允同子，吴任臣岳父。柴绍炳所作《陆骧武征君传》云："儿时早慧……出口成章。少长，倜傥有大度。既弱冠，益务博学，工文词。补邑诸生。累试辄高等，意气爽迈。饶姿致，修长白皙，举止轩轩"，"与同郡陆圻、培、垲兄弟及朱苹斯、徐继恩、吴百朋、陈廷会、孙治诸子者，最相友善"。清初入闽投奔南明隆武政权，清顺治三年（1646）清军入闽，隆武帝朱聿键被掳后绝食而亡。陆彦龙避入武夷山，后获知父亲病卒，回家奔丧，因伤痛过度而逝。著有《燹余稿》（沈粹芬《国朝文汇》

甲前集卷十五）。

"景宣"即陆圻（1614—?），字丽京，号讲山，钱塘（今浙江杭州）人。吉水县令陆运昌长子，陆培、陆堦、女诗人陆楚佩兄，陆寅、女诗人陆莘行父。贡生。"明敏善思"。著有《威风堂集》《诗礼二编》《陆生口谱》《灵兰堂墨守》《西陵新语》《诗经吾学》《诗论》，以及《伤寒捷书》《本草丹台录》《医案》等。

全祖望《陆丽京先生事略》云："与其弟大行培并有盛名。吉水尝曰'圻温良，培刚毅，他日当各有所立'。……先生兄弟与其友为登楼社，世称'西陵体'。"后因"庄廷鑨明史案"，与海宁查继佐、范骧均遭株连，事白后遁入黄山学道，其子陆寅"闻之，徒步入山，长跪号泣请归"，后又往广东丹霞山，"一夕遁去，自是莫能踪迹"。

沈德潜《清诗别裁集》卷八："《渔洋诗话》谓丽京晚年远游不归，或云在岭南为僧，名今龙，而朱竹垞太史谓其入武当为道士，终莫能定也。总之，不知所终云。"

黄媛介次子或于是年出生。

在《离隐歌》中写道"次男搂抱长男走"，长子已会走路，当在五六岁间；"搂抱"借指婴幼儿。乙酉逃难时次子正在手抱中，应在两三岁间。

是年，《扶轮集》刻印。

黄传祖《扶轮集》十四卷，由"黄心甫先生选评"，金阊叶敬池发行，前有吴伟业、钱涅吉序。

叶敬池为《扶轮集》所作小引："此选系启、祯两朝名公新制。本坊汇搜笥秘，虔恳梁溪黄心甫先生丹黄数载，壬申（1632）肇事，壬午（1642）竣业。人传金薤琳琅之句，家纬雪车冰柱之思。凡野衲闺秀，间采一二，以资吟赏。允海内之灵珠，实词坛之拱璧。用镌梨枣，识者鉴焉。"

《扶轮集》卷十三录有黄媛介《题画》诸诗。

明崇祯十六年（1643）癸未　三十四岁

二月，王端淑随夫君丁圣肇赴衢州府推官任。

张敏《王端淑研究》（第3页）："1643年2月，丁圣肇带王端淑道经姑苏回到老家山阴安葬母亲。也就在这一年，丁圣肇受荐任衢州府推官，他携妻子王端淑一起前往，这次的任命可谓是受命于危难之时。"

春夏之间，张明弼离任广东揭阳令。

《论张明弼及其〈榕城二集〉》："张明弼从明崇祯十年（1637）春中进士后即授揭阳县令。其盟友冒襄所辑《六十年师友诗文同人集》（也称《同人集》）卷之五《五子同盟诗》中，收进他一首《壬午秋仲揭阳署中寄怀辟疆盟弟》。壬午年系崇祯十五年（1642），秋仲为农历八月，可见其该年农历八月时还在揭阳任职。……可知他在揭任期应有整整六年之久，其离任时间似应在崇祯十六年春夏之交。"

六月，黄涛北上会试。

黄涛《赋日堂稿》有诗："癸未公车六月北上，留别诸弟。"

九月，杨元勋往虞山请钱谦益为黄媛介新诗集作序。

按《牧斋初学集》卷三十三《士女黄皆令集序》落款时间，则黄媛介委托夫君杨元勋前往虞山的时间应在九月或之前，而黄媛介过访钱家，则在是年冬天。

士女黄皆令集序

今天下诗文衰熸，奎璧间光气曒然。草衣道人与吾家河东君，清文丽句，秀出西泠六桥之间。马塍之西，鸳湖之畔，舒月波而绘烟雨，则有黄媛介皆令。吕和叔有言："不服丈夫胜妇人。"岂其然哉？

皆令本儒家女，从其兄象三受书，归于杨郎世功。歌诗画扇，流传人间。晨夕稍给，则相与帘阁梯几，拈尨韵，征僻事，用相娱乐而已。有集若干卷，姚叟叔祥叙而传之。皆令又属杨郎过虞山，传内言以请序于余。

余尝与河东君评近日闺秀之诗，余曰："草衣之诗近于侠。"河东曰："皆令之诗近于僧。"夫侠与僧，非女子之本色也。此两言者，世所未喻也。皆令之诗曰："或时卖歌诗，或时卖山水。犹自高其风，如昔鬻草履。"又曰："灯明惟我影，林寒鸟稀鸣。窗中人息机，风雪初有声。"再三讽咏，凄然诎然，如霜林之落叶，如午夜之清梵，岂非白莲、南岳之遗响乎？河东之言僧者信矣。由是而观，草衣之诗可知已矣。叔祥之序，荟萃古今淑媛以媲皆令，累累数千言。譬之貌美人者，不论其神情风气，而必曰如王嫱，如西施，如飞燕、合德，此以修美人之图谱则可矣，欲以传神写照，能无见笑于周昉乎！癸未九月，虞山牧斋老人为其序。

黄媛介与柳如是何时结交不得而知，因黄媛介留存于世的作品仅十之二三，故未能得窥全貌。而柳如是作品中亦未见提及此事。崇祯间，柳如是曾数次往来于嘉兴，或许其间已与黄媛介结交，只是目前无法断定。根据陈寅恪《柳如是别传》中所言，至少在明崇祯十二年（1639）之前，黄媛介与钱谦益尚不相识。

《柳如是别传》中册（第493页）："牧斋于崇祯十三年庚辰秋间作十六绝句，止言王、杨、柳三人而不及媛介，可知牧斋尚未见媛介之诗，亦不识其人。……则皆令之游虞山、居绛云楼，当在崇祯十六年冬或稍后，亦恐是第一次至牧斋家也。"

遣杨元勋往虞山请钱谦益为自己的新诗集作序，这也是黄媛介结交文人的一种方法。作为受到过封建礼教思想灌输的旧时女子，黄媛介是不便自己抛头露面的，而与文人交往可能也是为了抬高自己的声望或者能够招揽一些生意，而杨元勋便可从中代劳，由此可见黄媛介用心之良苦。

柳如是（1618—1664），初名隐雯，字如是，小字影怜，自号河东君，本姓杨名朝，字朝云，小字蘼芜，小名云娟、婵娟、阿云，后更名爱儿，号影怜，柳其寓姓也，嘉兴人。女诗人杨绛子姊。著有《戊寅草》《湖上草》《尺牍》《我闻室鸳鸯楼词》《东山酬和集》，又辑有《古今名媛诗词选》。

《盛湖志》卷十《列女·名妓》："丰姿逸丽，工诗，长于七言近体，分题步韵，顷刻立就。作书得褚、薛法。年二十馀归虞山蒙叟钱宗伯，而名始著。"

钱谦益与吴伟业、龚鼎孳并称"江左三大家"，瞿式耜、顾炎武、郑成功、毛晋都是他的学生。

钱谦益（1582—1664），字受之，号牧斋，晚号蒙叟、东涧老人，南直隶虞山（今江苏常熟）人。著有《牧斋初学集》《牧斋有学集》《投笔集》，辑有《列朝诗集》等。

《清史稿》卷四八四《文苑一》："明万历中进士，授编修。博学，工词章，名隶东林党。"

崇祯朝时，钱谦益官至礼部侍郎。弘光政权时，为礼部尚书。后降清，为礼部侍郎。

《清史稿》卷四八四《文苑一》："顺治三年（1646），豫亲王多铎定江南，谦益迎降，命以礼部侍郎管秘书院事。冯铨充明史馆正总裁，而谦益副之，俄乞归。五年，凤阳巡抚陈之龙获黄毓祺，谦益坐与交通，诏总督马国柱逮讯。谦益诉辨，国柱遂以谦益、毓祺素非相识定谳，得放还。以著述自娱，越十年卒。"

杨元勋往虞山时，正值钱谦益遭温体仁、周延儒排挤而赋闲在家，与柳如是为编纂《列朝诗集》中的女子篇章进行评论与筛选。此诗集于康熙初年由钱氏绛云楼付梓，不久即遭禁毁，流传极少，至宣统二年（1910）始据原版重新雕印。

按钱谦益《士女黄皆令集序》言及黄媛介"有集若干卷，姚叟叔祥叙而传之"，因此推测钱谦益此序应为黄媛介的《南华馆古文诗集》所作。所谓的"有集若干卷"，应包括黄媛介婚前诗集《如石阁漫草》，此集或已由海盐姚士粦为序。而黄媛介的另外几部作品诸如《湖上草》与《鸳湖闺咏》分别为其寓居杭州与往返嘉兴时期的著作，《越游草》与《梅市倡和集》则是客居绍兴期间所作。《南华馆古文诗集》之"南华馆"一名得自于黄媛介婚后在嘉兴城北的居所，《离隐歌》称有堂名曰"南华"："一火延烧九日夕，南华堂名静雨楼名成赭壁。"

钱谦益曾经寓目海盐士人姚士粦为黄媛介诗集所作之序，洋洋洒洒数千言，陈寅恪《柳如是别传》中册（第494页）云："牧斋序皆令集，表面上不以姚士粦之文为然，实际上暗寓皆令才高貌寝之意。"

可惜姚士粦之序至今未曾见，作为同属嘉兴府的海盐人，姚序的内容一定颇为丰富。此序应该作于崇祯十六年（1643）之前。现在不甚清楚的是，姚士粦为黄媛介诗集作序是因为钱谦益的缘故，还是因为同郡之属的缘故。按钱谦益所言姚士粦"晚岁数过余"，很可能他通过黄鼎、杨元勋亦与黄媛介有所交游。

姚士粦（1562—1652后），一作士麟，字叔群，一字叔祥，自号蒙吉老翁，海盐（今属浙江）人。庠生。与同邑姚鼎臣并称"二姚"。著有《蒙吉堂稿》《陆氏易解》《见只编》《后梁春秋》《北魏春秋》《海盐图经》等书。

《嘉禾徵献录》卷四十六："年二十未知书，以写照自给，亦时作画。偶往德清，教谕姜孩日奇之，教以章句之学。……三年学成。同郡右都御史沈思孝出抚陕西，召粦入幕。遍历九边沙碛，恍然梦中之境。及思孝被谗，调抚河南，粦浩叹：'我生平落魄矣！'遂不复求仕。……与华亭陈继儒、侯官曹学佺、同里胡震亨以奥博相尚。蒐讨秦汉以来遗文秘简，撰《秘册汇函跋尾》，一一考据，具有原委。例补国子生。冯梦祯为南祭酒，校刻二十一史，属士粦校定。年九十馀卒。"

九月重九日（1643.10.21），寒山（今江苏苏州）赵昭往嘉兴过访黄媛介。

汪珂玉《珊瑚网》卷九："崇祯癸未重九日，寒山赵子惠来吾禾访女史黄皆令，携其先凡夫所遗物欲售。余因得观此卷，并衡山手录《甫田全集》、李北海墨迹、宋元人画及古澄泥研作阴阳对扇开合、宋做白玉飞鸾、杨萱彩描漆囊、鱼耳宣炉种种。又子惠近作云：'盛夏非关逼岁除，凯风偏不借吹嘘。抽毫那有生花笔，展卷宁无蠹字鱼。装束有怀人杳渺，荣枯不定任亲疏。断云孤月魂无倚，荏苒年华独掩居。'款题'扶风马昭'，从夫姓也。诗与字不下其先陆卿子，至写生逼真其母氏文淑也，惜不免去妇叹耳！噫！佳人薄命，自古为然矣。（《乐卿笔记》）"

赵昭此次嘉兴之行或许为两人结识之初，又或许在虞山柳如是处即已相识。据赵耀《追述祖姑子惠小传》，赵昭在其父赵均去世后，"备述尊人生平实事行略数千言，皆其手笔，怀而乞传于士大夫之门。虞之钱某、吴之周永年、黄姬水诸先生，目为闺中灵秀，为之志铭，具载宗遗编"。

文中所指"虞之钱某"即为钱谦益，《牧斋初学集》卷五十五有《赵灵钧墓志铭》一文。

赵昭身上兼承中国文化史上两大鼎鼎有名的家族血脉，父系为宋太宗赵炅第八子赵元俨后裔，明中后期曾祖赵枢生（1533—1593）自太仓迁居吴县。

祖父赵宧光为中国隐逸文化的奠基者。赵宧光（1559—1625），字凡夫，一字水臣，号广平，赵枢生第三子，“居吴县寒山”。生而倜傥，其父教以四经六艺及古文奇字，泛滥百书，尤精于篆书。策名上庠，终身不仕。与妻陆卿子皆以诗文名于世。著述甚丰，著有《说文长笺》《寒山志传》《护生编》《寒山蔓草》等（《江苏艺文志·苏州卷》第一分册，第443页）。

祖母陆卿子，本名服常，吴人。为明嘉靖十七年（1538）进士陆师道（1510—1573）之女，曾为嘉兴女诗人项兰贞《咏雪斋遗稿》作序。

宧光弃家庐墓，与卿子偕隐寒山，手辟荒秽，疏泉架壑，善自标置，引合胜流。卿子工于词章，翰墨流布，一时名声藉甚，与徐媛齐名，称“吴门两大家”。著有《云卧阁稿》《寒岩剩草》《玄芝集》《考槃集》(《江苏艺文志·苏州卷》第一分册，第445页)。

父赵均继承先人之志，与妻文俶隐居寒山，以精于金石而著名。

赵均（1591—1640），字灵均，自号墨丘生。从其父传六书之学。又从释见林授大梵字，并诸国字母变体形声谱韵之奥。居则夫妻唱和，日晏忘食。出而与宾客搜金石，论篆籀，问奇字，访于古山旧水间。著有《先考凡夫府君行实》《寒山堂金石林时地考》(《江苏艺文志·苏州卷》第一分册，第525页)。

母文俶为画家文从简（1574—1648）女，出自赫赫有名的吴门书画世家。其高祖文徵明（1470—1559）为吴门画派领袖人物，以诗、文、书、画称“四绝”名满天下。其后裔书画家层出不穷，如文彭、文嘉、文伯仁、文元善等。

文俶（1595—1634），一作淑，字端容，款署寒山兰闺画史。明诗习礼，性明慧，书法得家法。所见幽花异草、小虫怪蝶，信笔渲染，皆能模写性情，鲜艳生动。至画苍松怪石，又极生劲之致。贵姬季女，争来师事，相传笔法。有《寒山草木昆虫状》(《江苏艺文志·苏州卷》第一分册，第527页)。

赵昭与嘉兴甚有渊源，嫁为平湖马氏妇。

赵昭，字子惠，法号德隐。平湖文学马万方次子媳，诸生马班妻。著有

《侣云居遗稿》。

《槜李诗系》卷三十五："祖母陆卿子、母文端容，俱擅词翰之席。子惠能嗣其美。适平湖文学马仲子班，性好烟霞，尝葛衫椎髻，自拟道民。仲子强之不克。会仲子父难破家，子惠遂入空门，更号德隐，结庵于洞庭西山中，香林匿影二十馀年，亦吴越间一奇女子也。"

赵昭除了极具才情，还是一位很有个性的名媛，她的婚变与此有着很大的关系。

《当湖诗文逸》卷十八称赵昭："生有凤慧。父灵均、母文端容钟爱之。适平湖马万方子班，夫妇不相得，嬖妾正位，遗书决绝。昭先有上父书，至是又上马族书，号痛自明，卒不见省。遂祝发为尼，改名德隐，结庐洞庭西山以终。先是昭合卺之夕，即叩班学，班谬以父作夸耀之，昭哂曰：'平平尔，如君所造，当探源汉魏，沿流六朝，以树风骨而瞻才藻，庶登作者堂也。'万方闻而大衔之，故终风之戚，阴雨之悲，皆襄如充耳云。未几，遭国变，禾中绅士倡谋图复，万方以宦族亦厕名其中。事败，穷窜无所，乘舴艋夜叩西山庵门。昭从内察语音似翁，迎入中堂，执子妇礼，再拜请曰：'自入空门，谅无骨肉相见期矣，不意大人仓卒至此。'万方具道所以，昭扫除密室居之，晨夕供饮膳。久之禁渐弛，归故里。从仆有窃道其事者。秀水孙次公瀜尝校诗系，识其眉端云：'此足补志乘之缺，宜表章之，以阐幽光。'故详录焉。"

赵昭不仅擅长诗文，亦秉承了母亲文俶的绘画传授。

彭蕴璨《历代画史汇传》卷七十："写生工秀，兼长兰竹，不愧家学。"

冬，黄媛介受柳如是之邀前往虞山钱家绛云楼小住。

《牧斋有学集》卷二十《赠黄皆令序》："绛云楼新成，吾家河东邀皆令至止。"

《清钱夫人柳如是年谱》："崇祯十六年癸未，二十六岁。入居绛云楼。"

钱谦益柳如是夫妇入住绛云楼的时间应为冬天，《东山诗集》有《灯下看内人插瓶花戏题四绝句》其一云："水仙秋菊并幽姿，插向磁瓶三两枝。低亚小窗灯影畔，玉人病起薄寒时。"（《牧斋初学集》卷二十下）

绛云楼筑于半野堂后，既是钱谦益特为柳如是所构建的居所，又是著名的藏书楼。据说楼中设有大书柜七十三个，宋刻孤本多贮其中，还藏有古玩字画珍宝无数，可谓琳琅满目。

《绛云书卷美人图》之《柳如是》说："柳归钱后，牧斋为筑绛云楼、我闻室。适为岁暮，'促席围炉，相与饯岁。'这以后他们过的是才子佳人的快乐日子。"

顾苓《河东君传》："君于是乎俭梳靓妆，湘帘棐几，煮沉水，斗旗枪，写青山，临墨妙，考异订讹，间以调谑……颇能制御宗伯，宗伯甚宠惮之。"

这年冬天，黄媛介受邀至虞山绛云楼与柳如是小住。此时卧病三载的柳如是身体已经痊愈。在钱谦益《牧斋有学集》卷十三《病榻消寒杂咏四十六首》中有三首为柳如是所作的诗中，可以得知柳如是于崇祯十四年（1641）初冬卧病，至崇祯十六年初冬始愈。

高彦颐在《闺塾师——明末清初江南的才女文化》（第307页）认为黄媛介自崇祯十六年（1643）冬天至崇祯十七年（1644）夏天作客于钱谦益家中。在新构建的绛云楼中，两位同为嘉兴籍的女诗人他乡遇故知，或诗词唱和，或共写书画，或徜徉山野，或琴棋和鸣，在这里的生活无疑是愉快惬意的。

黄媛介与柳如是的关系从她所填写的《眼儿媚·谢别柳河东夫人》词中不难看出端倪，与其说是作为客人，可能也是为了缓解经济上的窘迫，第一首词上半阕首句"黄金不惜为幽人"足以为证。邓汉仪《诗观》初集卷十二中也写黄媛介"时时往来虞山宗伯家，与柳夫人为文字交"。下半阕的"曾陪对镜，也同待月，常伴弹筝"及第二首上半阕"衣中香暖，就里言深"等诸句，因此可以确定黄媛介与柳如是之间的亲密关系。黄媛介之所以与柳如是走得这么近，除了部分经济上的考虑，还因为两人情趣相投，无论是诗词、书画、琴棋，都足以引为知音，所以黄媛介所处的位置应该是介于文友加女伴之间。

这种阅历对黄媛介画技的提高与视野的开阔有着很大的帮助，在她日后的一些画作中出现了临摹名家的作品。如顺治七年（1650）的《溪山幽居图》，便是临元代画家陆广之作。这与绛云楼所收藏的大量名家书画应该有着很大的关系。

《河东君传》中描述了绛云楼藏品的丰富与华美："为筑绛云楼于半野堂之后，房栊窈窕，绮疏青琐。旁龛古金石文字、宋刻书数万卷，列三代秦汉尊彝、环璧之属，晋、唐、宋、元以来法书名画，官、哥、定州、宣成之瓷，端溪、灵璧、大理之石，宣德之铜，果园厂之髹器，充牣其中。"

十二月十一日（1644.1.20），祁彪佳与商景兰会计长女祁德渊装奁费用。

《祁忠敏公日记》第十三卷《癸未日历》："（十二月）十一日，雪。与内子会计长女装奁之费。午后至寓山小酌，看雪于远阁，有金友二人以俗事来晤。"祁彪佳并未在日记中明确写明长女出嫁之日。

明崇祯十七年（1644）甲申，清顺治元年　三十五岁

一月一日（1644.2.8），黄媛介在钱谦益家度过第一个春节。

《闺塾师——明末清初江南的才女文化》（第307页）记载："一六四四年晚期，柳如是和钱谦益前往南京，在这里钱谦益做了南明小朝廷的礼部尚书。黄媛介跟随着他们，并于一六四五年早期到达南京，在他们的宅第中，她欢度了第二个春节。"

首夏，黄媛介在钱氏东山阁作有一幅扇面。

汤漱玉《玉台画史》卷三引"借闲漫士"曰：

> 余弟子惠从禾中得皆令金笺扇面，仿云林树石，署款："甲申夏日，写于东山阁，皆令。""闺秀"（朱文），"媛介"，（白文）；"皆令"（朱文）。左方上有词云："紫燕翻风，青梅带雨，共寻芳草啼痕。明知此会，不得久殷勤。约略别离时候，绿杨外，多少销魂。重提起，泪盈红袖，未说两三分。　　纷纷。从去后，瘦憎玉镜，宽损罗裙。念飘零何处，烟水相闻。欲梦故人憔悴，依稀只、隔楚山云。无非是，怨花伤柳，一样怕黄昏。"调寄《满庭芳·留别无瑕词史》，我闻居士。"如是"（朱文）。

"借闲漫士"为汤漱玉夫君汪远孙，浙江钱塘（今杭州）人。清嘉庆二十一年（1816）举人，官内阁中书。家有水北楼，濒临西湖。著有《借闲生诗词》等。

陈寅恪《柳如是别传》上册（第292页）认为："'无瑕'者，疑是媛介之别号。'东山阁'即'惠香阁'，当在绛云楼。此扇为媛介之画，既不署受者之款，尤可证此扇乃媛介所自用，而'无瑕词史'与媛介应是一人也。"

浙江古籍出版社的路伟先生以为此扇或为黄媛介、柳如是的合作："送给第三人也很可能"，"且觉得黄如果有此别署，自己说自己无瑕，好像和她自己的经历和脾性不合"。路伟先生之说亦不无道理，何况陈寅恪先生也认为"疑是媛介之别号"，俟考。

《玉台画史》卷三还载有清康乾时期文人厉鹗为黄媛介扇面的题诗：

> 寥落江山发兴新，疏松列翠指通津。闺中也自伤秋旅，写出双帆不

见人。

陈寅恪《柳如是别传》下册（第862页）认为此扇面当绘于首夏：

> 引《玉台画史》载黄媛介画扇题有"甲申夏日写于东山阁"之语，因论皆令作画之际似在崇祯十七年首夏，河东君将偕牧斋自常熟往南京翊戴弘光之时。

除此扇面，黄媛介在绛云楼还绘有一幅山水画。

吴正明、李烨《钱柳说汇》（第46页）引朱泰修《竹南精舍骈俪文稿》：

> 咸丰戊午（1858）冬日，余催转漕，于役琴川。信宿昭文县署，相传为钱蒙叟故宅，后圃有柳如是妆楼遗址。又至拂水岩下，访河东君墓，知嘉庆间陈云伯令常熟时曾修之。迤西即受翁冢，钱梅溪集刻苏文忠书曰"东涧老人墓"，石碣犹存。闻受翁后早绝，青山已逝，长埋逸代之才。白云能来，应慰平生之旧。不禁徘徊久之。去冬，张祥伯主政，出示此卷，系柳如是及黄皆令画卷各一帧，前后均牧斋手题。一则燕莺作伴，宛描桃叶渡之风光。一则烟墨如飞，深得梅花庵之笔趣。两美具有延平剑跃，双绝夸而合浦珠联。犹留乌玉玦之精神，未付绛云楼之烈炬，洵可宝矣。

黄媛贞产子朱彝谟。

黄媛贞在《悼亡儿彝谟诗十绝》中第七首有句"儿生甲申岁，儿殁丙申秋"。

朱彝谟（1644—1656）为黄媛贞所生第三子，在朱茂时诸子排行中为第六子。

清顺治二年（1645）乙酉　三十六岁

一月一日（1645.1.28），黄媛介在南京钱谦益家中度过第二个春节。

前文已载《闺塾师——明末清初江南的才女文化》（第307页）所言，不再赘述。

《清钱夫人柳如是年谱》："弘光帝立，牧斋应召，柳夫人从之。"

《清钱牧斋先生谦益年谱》："皇清顺治元年（1644）甲申，六十三岁。春，特旨召起，而诏书阻绝。迨福王监国南京，以原官起用。"

崇祯十七年（1644）明思宗朱由检殉国，同年五月朱由崧被四镇拥立于南京，建立弘光政权。自崇祯元年（1628）便一直赋闲在家的钱谦益被重新起用，任命为弘光政权的礼部尚书。

三月二日（1645.3.29），熊文举由右通政迁部院侍郎。

《清代职官年表》第一册《部院汉侍郎年表》（第533页）："三、乙酉、二，3.29；右通迁。六、辛未、廿，7.13，病免。"

三月初三日（1645.3.30），祁彪佳次女祁德玉嫁朱用舟为妻。

《祁忠敏公日记》卷十五《乙酉日历》："（二月）二十七日……朱季方坚欲娶次女，以礼制作书辞之不获，乃为少具奁资。……三月初一日，受次女催亲之聘。……初二日，抵家命扫除，以待朱宅娶亲之使。薄暮，以内子病，不能亲送女，乃令之同五嫂抵家宿，以待次日遣嫁。……初三日，与二儿早抵家，巳刻遣女，以数言醮之。"

四月间，黄媛介自南京赶回嘉兴家中。

清兵于四月二十五日（1645.5.20）攻占扬州，制造了骇人听闻的"扬州十日"。据王秀楚《扬州十日记》云："查焚尸簿载数，共八十馀万，其落井投河、闭门焚缢者不与焉，被掳者不与焉。"

清兵渡江甚急，五月八日（1645.6.1），南京弘光小朝廷"发黔兵六百守陵，门禁益严。清兵驻瓜州，排列江岸，沿江窥渡"（计六奇《明季南略》卷九）。

按此情况，黄媛介应于四月间从钱谦益南京的尚书署中归返嘉兴，陈寅恪《柳如是别传》中册（第485页）亦提到黄媛介离开南京之事："可知当清兵南来，南京危急时，皆令即从牧斋礼部尚书署中归返嘉兴。"

黄媛介离开钱谦益家时，正值"奈子花如雪屋"（《牧斋有学集》卷二十二《赠黄皆令序》），"奈子"即蔷薇科水果——花红，每年夏季开花，即四月至五月之间，故黄媛介离开南京的时间当在四月间，时局势愈见危急。分别时，黄媛介与柳如是应该互有赠答之作，即序中所谓的"河梁之作"，钱谦益在此用了汉代李陵《与苏武》诗之三中的"携手上河梁，游子暮何之"的典故，后人皆以"河梁"借指送别之地。黄媛介的"河梁之作"可能即下面两首词：

眼儿媚·谢别柳河东夫人

黄金不惜为幽人。种种语殷勤。竹开三径，图存四壁，便足千春。　　匆匆欲去尚因循，几处暗伤神。曾陪对镜，也同待月，常伴弹筝。

剪灯絮语梦难成。分手更多情。栏前花瘦，衣中香暖，就里言深。　　月儿残了又重明，后会岂如今。半帆微雨，满船归况，万种离心。

（徐树敏、钱岳辑《众香词·乐集》）

清军大兵压境，南京即将成为危城，牵挂家人的黄媛介匆匆赶回嘉兴。未曾想到的是在她离去不久，钱谦益即率百官降清。

五月十五日（1645.6.8），钱谦益与赵之龙在南京降清。

计六奇《明季南略》卷九："十五日丙申，大开洪武门，二大僚统百官献册，行四拜礼。赵之龙叩首请豫王进城。"

《清史稿》卷四八四《文苑一》："顺治三年（1646），豫亲王多铎定江南，谦益迎降，命以礼部侍郎管秘书院事。冯铨充明史馆正总裁，而谦益副之。俄乞归。"

闰六月六日（1645.7.28），祁彪佳自沉于山阴寓园外放生池。

《明季南略》卷十："乙酉夏，大清兵入浙，檄诸绅投揭。公闻，语夫人商氏曰：'此非辞命所能却，若身至杭，辞以疾，或得归耳。'阳为治装将行者，家人信之不为意。闰六月六日丙戌夜分，潜出寓园外放生碣下，自投池中。书于几云：'某月日已治棺寄戢山戒珠寺，可即殓我。'其从容就义如此。后谥忠敏。……女德蕸，字湘君，年十三四即韶慧绝人，其《哭父诗》有句云：'国耻臣心在，亲恩子报难。'时盛称之。"

《祁忠敏公年谱》对祁彪佳从容赴死的情节描述甚为详尽："贝勒（按毛先生撰《刘宗周传》：'王师入浙，将军孛罗征宗周。'又先生传云：'大兵下江南，贝勒以币聘宗周、彪佳。所称贝勒，当指孛罗也）闻先生名望，以书币聘，却之。闰六月初四日，闻有渡江谒见者，先生密语季超先生曰：'此其时矣。……暑，不若诀于寓山，可速殓。'……有顷，东方渐启，见梅花阁前石梯水际，露角巾数寸。急就视，先生正衿垂手，敛足而坐，水才过额，冠履俨然，须鬓无丝毫纷乱，面有笑容。"

祁彪佳去世以后，其灵枢以铁索悬挂于寓园小山亭中，谓"生是明朝人，不沾清朝土"之意。如此铮铮铁骨历三百余年而不朽，至20世纪六七十年代被焚毁。2014年至绍兴曾访寓园遗址，遇当地居民告知此事，为其亲眼所见，故书此文字记之。

闰六月七日（1645.7.29），嘉兴士人屠象美等起事反清。

闰六月，清军留兵二千驻苏州，掠嘉兴，大军直逼杭州。沿途各地守军与民众因不屈服而英勇抗击，彰显了悲壮的民族气节，其事迹永载史册！

嘉兴文人王逌作为亲历者在《蚓庵琐语》第五十九则中将清军入境嘉兴的过程记述备详："顺治二年乙酉六月初九日（1645.7.2），大清兵抵嘉兴。时马士英在杭，命都督陈洪范与大清议和。过嘉兴，舟旗书'奉使清朝'。兵巡道吴克孝投水，左右救遁。同知朱议潪、推官孙昌祖、知县某等弃职遁，知府钟鼎臣以城降，居民争粘'顺民'字于门。贝勒王札营演武场，先遣数骑进城，揭安民榜。士民有到营献策者，即承制给札，授衔随征，遇缺委补，谓之'南选'。住三日拔营，进北门，出南门。骑兵由草荡陆行，步兵舟从。漕河行军，秋毫不犯，市肆安堵。明潞王常淓同世子、官民开门迎降，随委县官署事。秀水县胡之臣，先曾在天宁寺前卖膏药，人素轻贱。因藉军需，严威胁民，民怨切骨，更委投降总兵陈梧至郡镇守。时各官尚服明朝冠带。"

此处的贝勒即爱新觉罗·博洛（1613—1652），清初"理政三王"之一，清太祖努尔哈赤之孙、饶馀郡王阿巴泰（1589—1646）第三子。顺治三年（1646），任征南大将军，很快平定浙江，随即分兵由浙江衢州、江西广信（今上饶）两路进军福建。

清廷"薙发令"的颁布使得群情激愤，于是江南诸邑纷纷高张义帜。嘉兴同样亦不例外，发生于六月初的"乙酉兵乱"便表达了禾郡士民的强烈反清意识！

《蚓庵琐语》第五十九则详细记载了"乙酉兵乱"的起因："闰六月初五日，下令剃头，百姓哄至陈梧署。梧云：'剃头小事，但剃后汝等妻子俱不保。'民遂沸然。时有外邑乡绅屠象美与梧歃盟共事。"

《御批历代通鉴辑览》卷一一七附《明唐王本末》"顺治二年六月"条亦云："嘉兴已归附，而士绅屠象美等复聚众据城拒守。大兵还攻之，半月而破。"

闰六月七日，嘉兴民众在士人屠象美等人带领下举事。这便是在嘉兴历史上有名的"乙酉兵乱"。

《蚓庵琐语》第五十九则记："初七日（1645.7.29），聚军民于大察院。象美袖出伪诏，开府道署，示谕城内外二十四坊居民，每家出兵一人。民有迁避不出者，众兵抄抢其资，书'逃民'于其房，入官。数日间，聚众三万余；无将领，队伍亦无军令约束。凿木揭竿，或以寸铁缚竹杪。葛衣裸体，足躐草履，乌合喧呶，竟同儿戏。日给兵饷，悉派本坊乡绅巨族质库。是日，众拥委署知县胡之臣至梧署，乱兵攒刺，磔尸球场。"

屠象美（1592—1645），字幼绳，平湖人。屠景彦孙，屠桂征子，屠寿徵从子，屠敦增父。著有《使曹疏草》《读律揭》《秦槎路史》《投闲纪事》。

《（光绪）平湖县志》卷十五："崇祯辛未（1631）进士。授行人。对策称旨，改翰林院检讨、东宫讲读。疏荐倪元璐、李邦华等三十七人。寻罢归。筑园郡城，建百丈廊，极泉石之胜。乙酉为乱兵所害。"

《（光绪）平湖县志》卷十九记载了一条屠象美妾杨氏的条目，云其"独守志抚孤。未几，子复亡。为女傅以终"。

嘉兴郡城抗清起义，对周边城市造成了很大的影响。继胡之臣被杀后，军民又疾驰攻破嘉善县，擒清委知县斩于嘉兴三塔。嘉兴属下的一些县城也纷纷响应郡城起事，嘉善前吏部郎中钱楝及家人亦慷慨助饷。

屈伯刚《嘉兴乙酉兵事记》之《郡城之骚乱》记："初八日，我邑（平湖）倪清（长）圩、陆清源（原）等，杀清委县令以为响应。海盐亦于是日起兵，盐邑分守参将周一诚遣兵五百馀人来郡。又巨盗王有虔率徒党二千人，亦来投梧。"屈伯刚（1880—1963），名燨，号弹山，自署屈彊。平湖人。

倪长圩，字伯屏，平湖籍，秀水（今浙江嘉兴）新塍人。倪望逵子。

《嘉兴历代人物考略（增订本）》上册（第342页）："崇祯丙子（1636）举人，丁丑（1637）进士。授苏州推官。后署嘉定知县，转兵部主事，甲申（1644）落职，后又补武选司主事，乞归。博学好古，善书法，精于制艺。乙酉（1646）与屠象美聚兵守御清兵，城破，乃剃发为僧，入奉化山中。著有《信古堂集》。"

仲沈洙所纂《盛湖志》卷下《隐逸》载有倪长圩曾于清顺治十六年（1659）"过盛川，访仲孺璋"事。

陆清原（1605—1646），字嗣白，号岫青，平湖人。陆光祚曾孙。

《平湖经籍志》卷八："明崇祯七年甲戌（1634）进士。官至云南道御史，巡按福建。清顺治丙戌死于难。"著有《按闽疏略》《北台焚草》。

其时，嘉兴起事的队伍如同一盘散沙，其中鱼龙混杂，有慷慨起义者，也有乘间打家劫舍者与挟仇报复者，一时风声鹤唳、草木皆兵。

《蚓庵琐语》第五十九则记："十二日（1645.8.3）晚，东关外盘获沙船一只，询称盐寇，谋为内应。于是，急闭四门，搜斩党羽。市郭乡村一时传遍，搜杀甚多。各坊居民不容往来，逾界者，即亲识，立时擒杀。乡村之民，亦各歃盟团结。群不逞藉称盘诘，遇逃难男女经过，或身带银资，一概杀劫。平昔豪横辈流毒闾里者，尽为仇家报复。杀人放火随地皆然。旬日之间，自相残戮，尸横遍野矣。"

清军在杭闻讯后，急忙遣军回攻嘉兴，义军首战大败，且陈梧与屠象美之间又生微隙。至二十五日（1645.8.16），清军韩岱部自城西开始炮击攻城，城墙被击坍一部分。义军内部不协调，无统一指挥，城内大乱。

《蚓庵琐语》第五十九记："十三日（1645.8.4），大兵次陡门。梧遣标营陆中军哨领陆兵、先锋朱大定等部水师，又率民兵继后救应，迎战于镇西。两军相接，大兵数百忽绕出郡兵后，前后夹击，郡兵大败，砍杀赴水死者大半，残兵退保入城，水军返棹鼠窜。初，象美与梧起兵时，梧轻象美书生，且权非独握，阴有微隙，流言屠有异志。至是，象美见各县调兵出战不利，太湖吊王蓍兵又不至。廿五日，新安水师败于麻雀墩，继而民兵被坑于姚油车，歼于石灰桥，知事渐危，聚集家将怀宝间北门欲遁，随被乱兵所杀。郡兵恐大兵登真如浮屠，窥城中虚实，纵火烧之。贝勒在杭发披甲三千，廿五晚抵嘉兴，四鼓进薄西门外锄头坝，作浮桥达城脚下，火炮连发，声如轰雷，守城兵纷纷逃下。"

经过一夜战斗，至二十六日（1645.8.17），轰轰烈烈的"乙酉兵变"尘埃落定，民众开始争相逃离郡城，而繁荣的嘉兴城则遭到了灭顶之灾。

《蚓庵琐语》第五十九则记："廿六日，天未明，梧开东门，口称亲出掣兵，率家丁同朱大定遁走平湖，城门随闭。黎明，传大兵逾城已入。郝千户开东门，百姓喧挤出逃，践踏倒死，嚎咷震天，接踵而行，首尾数十里不绝。大兵知陈梧东走，分兵追赶至朝阳庙，不及而还。时城中逃出者十二三，未及出者十七八。有削发为僧避于佛寺者，有自系狱诡称罪囚者，仅二百馀人。其馀尽行杀戮，血满沟渠，尸积里巷；烟焰涨天，结成赤云，障蔽日月，数日不散。郡守钟鼎臣自缢。"

遭此变故后的嘉兴"城中被屠，郭外数十里无人迹"（查继佐《国寿录》卷二）。据说遭屠者五六万人或十余万人。

胡山曾作《烟雨楼》诗，前半首为吴昌时勺园歌舞事，后半首则描述了嘉兴的反清义举与乱后景象：

> 乾坤龙战烽烟起，万骑南征渡江水。俄顷降幡上石头，忽见义旗横槜李。词臣珥笔说孙吴，省郎仗剑开营垒。鹤湖鹈湖同济师，平江吴江各传矢。可怜一夕响鸣筢，十万义师血刬彖。绣旗半折冷仙祠，雕戈虚插桃花里。烈爓高烧万井空，雨散烟飞巨炮中。回廊曲槛只聚砾，画栋重檐付祝融。当时倚阁人谁在，唯见荒台月色同。

（钱仲联主编《清诗纪事》第一册，第 272 页）

胡山，初名日新，字天岫，宜兴人。

《（光绪）海盐县志》卷十九《人物传·流寓》："宜兴县学生，鼎革时寓居于盐，与彭孙贻相倡和，后迁嘉兴梅会里。所为诗超迈清空，激昂萧瑟。五言律尤胜。著有《荮汀》《寓庐》《东武》诸稿。"

顺治三年（1646），陈维崧作《嘉禾阖郡士民募建罗天大醮疏》（《迦陵文集》卷九），为嘉兴抗清死难军民祈祷。

顺治五年（1648），在嘉兴起义失败后的第三年，桐乡吕留良（1629—1683）至嘉兴，举目所见仍是一片荒凉残破，昔日繁华荡然无存，慨然作诗《乱后过嘉兴》，其中不乏令人触目惊心的诗句："路穿台榭础，井汲髑髅泥。""炮裂砖摧屋，门争路压尸。""粉黛青苔里，亲朋白骨中。"等等。

顺治七年（1650），在虞山绛云楼不慎遭祝融之灾后，钱谦益到嘉兴旧地重游，访吴统持时曾作《吴巨手卍斋诗》，亦描写了这段惨痛的历史：

> 嘉禾城头阵云黑，宣公桥上飞霹雳。南湖春水涨绿波，骨拒骸枝血流赤。人民城郭总蓁迷，华观琼台长葽蓼。几家高户无蛛网，是岁空梁少燕泥。吴生卍斋只寻丈，卍字阑干独无恙。取次缥囊结古香，依然墨沼翻云浪。人言兵燹旁午时，帘阁栏楯光陆离。即看云物常亏蔽，或有天龙好护持。我闻如来妙心海，吉祥卍字云瓘璦。放光常使地狱空，阅世何忧市朝改。君观胸中卍字无，摩醯三眼认天枢。天上应无逃劫地，人间那得辟兵符。
>
> （钱谦益《牧斋有学集》卷四《绛云余烬诗》）

"吴巨手"即嘉兴吴统持，字巨手。其所居"卍斋"将在后文介绍。

《蚓庵琐语》的作者王逋，字胅枕，嘉兴人。

同里徐发为《蚓庵琐语》作序中云："隐流也。少年习儒业，一再不售，即弃去。以先人薄有遗产，为践更长，得走京师，遍游诸要津。历观世故，抵巇利害，归而好道德家言。以为世人营营皆虚妄，惟养身炼性为真实际。自是多以羽流为友，凡荣华靡俗，视之泊如。尝坐一室，习运卦服气，间及星学方技诸书。年六旬，益淡世情，暇日辄伸楮呒笔，录其生平所闻见异事，以导人善而儆人恶者，题曰《蚓庵琐语》。"（曾庆先《王逋和〈蚓庵琐语〉》，《福建师范大学福清分校学报》2007 年第 1 期，第 37 页）

《蚓庵琐语》所记之事上自明万历中，下迄康熙九年（1670），多为明末及国初见闻，皆其乡里中事，大抵语怪者多。本为家藏稿，至康熙二十三年（1684）同邑徐发"以修志之役，采辑旧闻"，其子兰谷才出示稿本，而王逋已去世多年，《蚓庵琐语》为后人保存了一份翔实的历史资料。

闰六月二十六日（1645.8.17）前后，黄媛介、杨元勋夫妇携家逃离嘉兴城。

黄媛介匆匆离开南京是为了躲避战乱。不曾想到的是，返回故乡后也在劫难逃。正如黄媛介在其《离隐歌》中所言："此生自谓长清宴，不信兵戈目中见。燕云易水乍倾移，越岭吴山尽迁变"，黄媛介以此肺腑之言述说了百姓渴望和平生活的心声。

屠象美等人起事失败后，遭乱毁家的黄媛介于六月二十六日前后乘郝千户大开东门之际，与夫君杨元勋携二子及婢女逃离禾城。

从古至今，任何野心家为达到个人政治目的而挑起的战乱带给百姓的往往是灭顶之灾。正如元诗人张养浩在其名作《山坡羊·潼关怀古》中所云：

> 峰峦如聚，波涛如怒，山河表里潼关路。望西都，意踟蹰，伤心秦汉经行处，宫阙万间都作了土。兴，百姓苦；亡，百姓苦。

据黄媛贞《清宵怀妹二首》诗句"窗月照深人两地，城南城北近相思"所透露的信息，可知黄媛介婚后家居城北，因朱茂时的名园——放鹤洲位于嘉兴城南。黄媛介逃离嘉兴时所使用的交通工具应为船只，《离隐歌》有"乡村鼙鼓夜阗阗，拉伴移舟更欲前"句。当时嘉兴的水系远较现在丰沛，原嘉兴市长杜云昌先生曾撰文称之为"八水绕禾城"，"八水"即长水塘、杭州塘、新塍塘、海盐塘、苏州塘、三店塘、嘉善塘、平湖塘等，一直到20世纪七八十年代，嘉兴城里城外水网密布，湖泊河荡交错纵横，可谓四通八达，从城里乘坐船即可通往周边各处的城镇与乡村。

黄媛介此次离开家乡，在外颠沛流离近三年光景。《无声诗史》卷五简略叙述了黄媛介逃难期间的经历："乙酉鼎革，家被蹂躏，乃跋涉于吴、越间，困于槜李，踬于云间，栖于寒山，羁旅建康，转徙金沙，留滞云阳。"

根据黄媛介的《离隐歌》与姜绍书的《无声诗史》，可以列出黄媛介一家逃难线路：嘉兴城北——严村——孤浔——平湖新埭——云间（今上海松江区）——苏州寒山——南京白下——金沙（今江苏常州金坛区）——云阳（今江苏丹阳）——嘉兴。

黄媛介的举家逃离嘉兴，也是一件值得探讨的事情。首先，可以确定黄媛介的居所在"乙酉兵乱"中遭到了焚毁，故《无声诗史》中有"家被蹂躏"之说，张庚《国朝画徵录》中亦有"乙酉，城破家失，乃转徙吴越间，饔飧于诗画焉"的说法。而最具说服力的是，女诗人自己在《离隐歌》中所言："一火延烧九日夕，南华堂名静雨楼名成赭壁。痛我旧巢今已焚，虽欲试归归不得。"

其次，一些史学家认为的黄媛介具有反清复明的思想与行为。如陈寅恪先生在《柳如是别传》中册（第491页）中认为："前引《有学集》三《夏五诗集·留题湖舫》第二首'杨柳风流烟草在，杜鹃春恨夕阳知'之句，因推论河东君复楚报韩之志。今观皆令此词（《眼儿媚·谢别柳河东夫人》），殆有同心者，此即所谓'就里言深'者欤？"

李贵连《黄媛介生平经历及其与山阴祁氏家族女性交游考述》一文第二部分《黄媛介与祁氏家族女性交游考》也认为，黄媛介"自杭州往游绍兴，与祁彪佳夫人商景兰并其诸女及子妇唱和"的背后或许隐藏着一定的政治目的，意在为反清复明进行积极活动。

或许黄媛介与其夫君杨元勋曾经参与嘉兴的"乙酉兵乱"，无法在家乡立足。但是作为家中主要经济来源的女诗人，负有养家糊口的重任，如果进行抗清活动并四处联络显然不现实，也不明智。因此，黄媛介离家逃难的主要原因还是"痛我旧巢今已焚"，但是也不排除两者兼而有之。

七月六日（1645.8.26），李景廉为按察使司副使、常镇道。

《世祖章皇帝实录序》卷十九："顺治二年乙酉秋七月……乙卯……司业李景廉，为按察使司副使、常镇道。"

初秋，黄媛介"困于檇李"，在孤浔村遭遇土民盘索。

《无声诗史》卷五说黄媛介"困于檇李"。

黄媛介首选避难地应为平湖。《离隐歌》有"孤舟逗留未几日，鹉水孤军又全没"。

"鹉水"即平湖东湖的别称，东湖又称为"鹦鹉湖""鹉湖"。清康熙年间的平湖画家胡湄在其画作《修篁幽禽图》中的落款便是"鹉水胡湄"。

若黄媛介夫妇不是前往平湖，不会特意在诗中提到"鹉水孤军又全没"一事。

"困于檇李"指的是黄媛介尚未离开嘉兴时，在《离隐歌》中所提到的"孤浔"这地方所陷入的困境。"孤浔"应为嘉兴的古村名，由于时过境迁，现在已难以查找到了，"回看众树矗孤浔村名，只道居人多素心。相扶共向孤村住，数椽聊可藏书琴"（《离隐歌》）。

根据黄媛介诗中的描写，孤浔村树木繁茂。但是万万未曾想到的是，黄媛介全家在此遭遇到了旅途中的第一场劫难，危险并非来自异族，而是自己的乡人："村中一见携囊橐，口与心参俱作恶。故说嘉禾从逆人，鸣桹伐鼓

争盘索。"(《离隐歌》)

遭逢乱世，使得黄媛介亲身体会到了人心险恶与落井下石："鼓罢磨刀相向鸣，全家准拟同遭烹。心奢更欲请官赏，一主三仆如囚萦。"(《离隐歌》)

值此危难之际，幸遇驻守当地的督军与杨元勋为旧相识，不仅帮助追讨财物，还安排了离去的船只："督军望见声啧啧，惊认夫君是旧识。匆忙为发剿贼文，自是村民心胆坼。"(《离隐歌》)

黄媛介面对路途艰难，已经萌生重返故里的念头："此时还欲访兄母，几番欲去更夷犹。"(《离隐歌》)

不幸的是，正在犹豫中的黄媛介夫妇又听到鹅水沦陷的消息："孤舟逗留未几日，鹅水孤军又全没。乡村都竖大清旗，新令颁行约如式。"(《离隐歌》)

"鹅水"的失守，使得黄媛介一家转而去了平湖北部小镇新埭。

七月三十日（1645.9.19），南昌（今属江西）李元鼎任兵部右侍郎。

《清职官年表》第一册《部院汉侍郎年表》(第533页)："李元鼎，七，己卯，卅，9.19；太常迁。"

秋，平湖（今属浙江）新埭，杨元勋抛下黄媛介母子仨离去。

离开孤浔村后，黄媛介一家进入平湖境内，绕过当湖镇继续向东北方向前行，来到了平湖最北端的新埭："此时何处可相依，埭水洋洋且乐饥。"(《离隐歌》)

黄媛介在"埭水"后注有"新埭，地名"。新埭镇东濒上海塘，西邻嘉善县大通乡（今属嘉善县惠民街道），南接秀溪乡（今亦属新埭镇地），北靠大茅塘，水陆交通便利。明代时期，新埭镇商业发达，生活安定，为浙北繁华重镇之一。

黄媛介在新埭镇或附近渔村停留下来，所居之处靠近湖泊或河浜："已道衣冠通北俗，何妨家舍伴渔矶。"（《离隐歌》）

从诗中可见清兵已经控制了平湖地区，且当地人已经依从满人习俗，这里应指服饰与发式的改变。

而此时，本该同舟共济的杨元勋却抛下了母子三人，只身前往虞山去寻访故友："夫君旧有虞山识，且攒单身探消息。"（《离隐歌》）

杨元勋此举或许实出无奈，在投靠无着、举目无亲的境地中，他的出走也是为了给家人们寻找一处安身之所在。此"虞山识"是否意指钱谦益？不过，据《清钱牧斋先生谦益年谱》记载，钱谦益在降清以后，受到了清政府的重用，并且"随例北行"，并不在家乡虞山。然而，当时处于兵荒马乱之际，音讯不通，黄媛介与杨元勋无法得知钱谦益已经北去的消息。

秋，杨元勋与邓汉仪或于泰州相逢。

在《慎墨堂诗拾》卷九有诗云：

新秋杨世功自金陵来

红豆庄前恁寂寥，梅村池馆亦萧条。不堪重见当时客，细雨斜风过板桥。

此诗应该作于鼎革之后，诗中有"红豆庄前恁寂寥，梅村池馆亦萧条"之句，虽然无法确定邓汉仪见到杨元勋的时间究竟是哪一年，但是从"新秋"二字看，倒是与杨元勋离开黄媛介母子往虞山时间相符。

邓汉仪（1617—1689），字孝威，号旧山，别号旧山梅农、旧山农、钵叟、旧山叟，祖籍泰州（今属江苏），吴县（今江苏苏州吴中区、相城区）人。邓旭弟。诸生。少颖悟，博洽通敏，贯穿经史百家之籍，尤工诗。早年从海宁举人查继佐习举业，崇祯六年（1633）曾参与虎丘大会，为复社中的青年才俊。八年补博士弟子员，十二年举乡试未售，次科又因患足疾不能入闱。著有《诗观》三集四十卷，编著还有《慎墨堂名家诗品》《慎墨堂笔记》《慎墨堂诗拾》等。此外，还参与修纂《江南通志》和《扬州府志》，皆以其言为论定（蔡芳盈《邓汉仪与诗歌研究》）。

邓汉仪于明崇祯八年（1635）"十九岁补吴县博士弟子员"，崇祯十二年（1639）以吴县生员身份参加南京乡试，《慎墨堂笔记》言："己卯，余应试白门。"至清顺治元年（1644）放弃生员身份徙家于泰州，自此远离科场，以明遗民自居。至顺治二年（1645）时，邓汉仪已经居于泰州，时任泰州知州的济南人刘孔中创建"吴陵诗社"，邓汉仪亦为其成员之一。有诗《乙酉闻丁汉公登贤书将从白门入燕赋此寄赠》《刘师巇师招同丁汉公夜集衙斋送之北上》等。至顺治四年（1647）邓汉仪重游扬州，面对同胞遭受血腥屠戮的场所，有《广陵怨》十首，当为其亲临之作。

若此是否可以推测为杨元勋离开黄媛介母子后前往虞山寻访"故人"（此故人即是钱谦益），未果，又往南京，此时钱谦益已到京师任清廷礼部侍郎兼秘书院事。在这种情况下，杨元勋或又至泰州并与邓汉仪相逢。泰州在南京的东北方向，距离约一百六十五公里左右，路程并不太远。由此可见，杨元勋很可能在四处游荡观望局势发展，直至华亭故旧钱青写信招之方回。邓汉仪诗句中有"不堪重见当时客"，可知邓汉仪与杨元勋早已相识。顺治十年（1653）邓汉仪至杭州后，杨元勋又携黄媛介诗画作品登门拜访，并请其为之题诗。

黄媛介困于新埭九十天。

杨元勋的离去使身处兵荒马乱之中的黄媛介母子的处境更加困难："置我如同广莫乡，长天望落九十日。"（《离隐歌》）

此处的"长天望落九十日"应是黄媛介"困于檇李"之说。

秋，黄媛介母子在新埭遭遇水贼洗劫。

杨元勋离去后，孤苦无依的黄媛介母子在新埭遭遇第二次劫难——水贼的洗劫，《离隐歌》叙述了遭劫的经过："一时水贼动地来，母子相看面如灰。"两个稚嫩的孩子在母亲与婢女的带领下仓皇而逃："次男搂抱长男走，哭问阿爷胡不回。老婢捆囊登屋去，我挟两男学轩轾。"(《离隐歌》)惊慌之中的黄媛介与儿子们攀高躲避，本来期望能够躲过此劫，不料竟从高处坠落："正欲吞声过此时，贼来又索儿啼处。一时母子竟相误，荒忙独向高楼堕。"(《离隐歌》)坠楼后的黄媛介不仅胫骨骨折，还扭伤了腰部，"折胫伤腰顷刻中，神魂半入幽泉路"(《离隐歌》)。

受伤的黄媛介无法动弹："冥然自听一丝存，遥见天中火燎村。又恐此身作煨烬，日后无人知我冤。"(《离隐歌》)幸亏得到了稚儿与老婢的救助："夜深儿婢号寻至，相逢尽洒重生泪。"(《离隐歌》)

这场劫难令黄媛介失去了随身携带的所有物品，"赤囊累累尽归贼，数口嗷嗷渐煎逼"(《离隐歌》)。所幸的是，"犹有衣中暗缝珠，沿村易米供朝夕"(《离隐歌》)，其母子主婢在危难之际可以暂渡难关。

从"犹有衣中暗缝珠"可见黄媛介在乙酉兵变之前经济状况尚可，其生活来源或靠写卖字画所得，或得自柳如是资助，故能依赖"衣中暗缝珠"，得以"易米供朝夕"。而且从诗句中亦可得知黄媛介一家虽然"贫甚"，尚有婢女帮助操持家务。

十一月三十日（1646.1.16），黄文焕未应常镇道之职。

《世祖章皇帝实录序》卷二十一："十一月……戊寅……洪承畴又疏言：故明左中允黄文焕见任常镇道。"

《黄文焕〈陶诗析义〉研究》（第6页）："清世祖顺治二年乙酉（1646）十一月，黄文焕被洪承畴举荐，未应。"

暮秋或初冬，黄媛介"踬于云间"。

《离隐歌》："从此移家入云间，白云不见慈亲舍。"

遭遇水贼抢劫后，黄媛介母子匆忙逃离新埭，往松江而去。杨元勋的朋友钱青听闻黄媛介母子遭难的消息后，伸出了援助之手，除了给予经济上的救助，还写信召回迟迟未归的杨元勋："村外百里通云间，云间侠士知遇艰。先遗金粟救饥冻，遗书后召良人还。"（《离隐歌》）

可惜的是，这位钱青义士不知为何许人，一直未能查找到与之相关的资料，只能从黄媛介的诗中夹注得知"云间侠士"为"钱青，与夫君旧识"。

杨元勋的归来，令黄媛介与孩子们惊喜万分，但是夫妻间的重逢在女诗人的笔下写来也是备感辛酸："良人本是忘情者，相逢曾无泪盈把。"（《离隐歌》），诗句中微含着对夫君的责备，既前往虞山而不知归返，又相逢时而不知悲喜，可谓薄情矣！

在钱青的帮助下，杨元勋与黄媛介夫妇暂时移家松江，这就是《无声诗史》卷五中所提到的"踬于云间"之说。"踬"亦有"困顿"之意，指处境艰难困苦，无处可去的黄媛介只得暂时安身于云间。自黄媛介一家于六月末离开嘉兴至云间，历半载光阴，饱经风霜，至此总算可以稍稍安顿下来了。

当时全家的生活来源皆赖于黄媛介写卖书画维持："题诗白社原无意，写卖青山且疗贫。"（《离隐歌》）

在未曾逃难前，黄媛介夫妇亦能粗衣淡食聊以度日，不然黄媛介衣中何来"暗缝珠"之说？且《离隐歌》中也有"生平言语不出闺，岂将毫素作生活"之说，落难中的黄媛介不得不"卖文未是学李邕，救饥暂且同说法"，这也是黄媛介日后十数年生活的真实写照。

值得注意的是，黄媛介在诗中有"题诗白社原无意"之句，"白社"为宋末元初时期华亭籍徙居崇德的卫益富所创立的书院。

卫益富是南宋时华亭状元卫泾（1159—1226）后裔，曾师从兰溪（今属浙江）人金履祥（1232—1303）。宋亡后，流寓崇德（今浙江桐乡），创白社书院，研究性理之学，与布衣友赋诗论道，不邀官绅入院。

柯劭忞《新元史》卷二二七《列传》第一三一有传："宋亡，富益日夜悲泣，设坛为文祭故相文天祥、陆秀夫、张世杰，闻者悲之。后隐居湖州金盖山，年九十六卒。门人私谥为正节先生。"

黄媛介"踬于云间"是顺治二年（1645）秋冬之际的事情，时隔两年之后在《离隐歌》中仍借"题诗白社"之句隐喻宋遗民卫益富以言明自己的爱国之心，可见其对亡国之恨依旧耿耿于怀。

佟国器任嘉兴兵备道。

《（光绪）嘉兴府志》卷四十二《名宦一》："顺治二年，（佟国器）任嘉湖兵备道。禾郡西连太湖，东亘三泖，萑苻多匿奸。国器悉心剿御，巨寇悉平。再任浙江按察使，升江西巡抚，复调任浙江。熟悉濒海情形，抵任即招降伪都督廖明旗，剿灭海逆阮六等。海疆宁谧，浙民赖之。"

《柳如是别传》下册（第1000页）："佟国器于顺治二年授浙江嘉湖道，当是从其叔佟图赖军破嘉兴后，因得任其职。"

张明弼拒赴南明弘光朝户部陕西司主事。

《论张明弼及其〈榕城二集〉》："南明弘光元年（1645），擢户部陕西司主事，愤马士英、阮大铖当国，不赴。"

冬，黄媛介夫妇往苏州。

黄媛介《〈离隐歌〉序》有"转徙吴阊"之句。

"吴阊"意即吴国故城阊门，借指苏州一带。离开云间后的黄媛介夫妇携家人前往苏州，故有："举头即是二陆乡，夫前妇后相扶将。途穷始藉友朋力，客居聊得辞雪霜。"（《离隐歌》）

"二陆"意指西晋著名文学家陆机（261—303）和陆云（262—303）昆仲，

两人皆为吴郡吴县华亭（今上海松江区）人，女诗人在此应特指苏州而言。

黄媛介夫妇选择去苏州，可能与杨元勋曾在此地流寓数年有关。王端淑《名媛诗纬初编》卷九称"黄媛介，字皆令，秀水人。适苏州杨元勋"，或许杨元勋与苏州有着千丝万缕的联系。

十二月十七日（1646.2.2），黄媛介应赵昭之请入寒山。

《无声诗史》卷五有言黄媛介"栖于寒山"。

江西省图书馆藏《黄皆令诗》有《立春前一日赴子惠招入寒山拈山中近况》诗：

> 携将同孺子，去住若为家。山气通微雨，炊烟和晚霞。轻风酣绿萼，暖照拆红葩。唯我窗前树，迟开数日花。

此诗虽然未注出年份，查万年历中顺治三年十二月十八日立春，前一日正是十二月十七日，故黄媛介此诗应于是年冬访寒山时所作。

寒山小栖，黄媛介为赵昭之母文俶所遗留的《兰谱》与扇面题诗：

题赵端容《兰谱》

一茎当独秀，九畹拆馀芬。抚此空成对，寒山唯白云。

（《黄皆令诗》，江西省图书馆藏本）

踏莎行·为闺人题文俶扇头

嫩绿离烟，微红吐秀。幽香时拂佳人袖。石凉风细碧天遥，云虚月远芳枝瘦。　静可依人，雅宜文绣。亭亭独立东风后。任他春去又春来，奇葩素影还依旧。

（《全清词·顺康卷》第一册，第 240 页）

并为文俶所遗兰花作赋一篇颂之：

兰花赋

端容文母，德洵国芳。慧展家秀，其凝丹点翠。既敩巧天成，来宝人鉴。惜灵护易秋，玉树早萎。子惠大家，以所遗兰蓺，来索鄙言，用为短赋，曰：

尔草英英，德秉惟清。离烟散影，挺秀怀贞。来空山而独好，处幽林而自馨。感瀼瀼之被露，悼袅袅之致轻。敢迟暮以局曲，及春风而膏沐。晓含星而中茂，晚射波而转肃。心载雪而言白，叶灵修而剪绿。蒂浅镂于紫丝，点斜匀于黄玉。似严庄之初戒，若闲心而愈穆。无言辞以自媚，乃抗志于卉木。

（《然脂集》卷四《赋部四》）

赵昭也作诗纪黄媛介到访之事：

皆令黄夫人过寓山闺即事

吟得新诗子夜残，银缸点点照花栏。须臾小婢来相报，深竹乌啼月满滩。

（沈季友《檇李诗系》卷三十五）

赵昭居于寒山的原因有二：一是遭到了夫家的背弃，二是为先人庐墓，前者占有极大因素。

赵耀《追述祖姑子惠小传》记："独处墓旁，任劳任咎，保守三代亲坟，松柏长青，尽人事也。"

作为出身名门的一代才女，赵昭确有其不为人知的苦痛。

《追述祖姑子惠小传》又云："姑独居庐墓，苦守清贫，三十馀年如同一日。顺治间，白发婆娑，犹能策杖到乡，省视父党。"

《历代画史汇传》卷七十亦有："后入空门，字德隐，结庵西洞庭山香林，匿影二十馀年，为吴中奇女子。"

清顺治三年（1646）丙戌　三十七岁

元宵节（1646.3.2），黄媛介在苏州。

黄媛介《离隐歌》云："栖迟又度元宵宴，梅花盛开柳如线。"

离开寒山后，黄媛介一家投靠杨元勋的朋友，除了得到帮助，黄媛介身上的伤痛也在主人母亲精心的调理下渐渐康复："主人有母贤且能，手任烹调朝暮应。病馀更为煮汤药，胫腰渐健精神增。"（《离隐歌》）

黄媛介为清兵所劫之说。

陈寅恪先生在《柳如是别传》中册（第487页）中推测黄媛介自南京返回嘉兴后不久即遭清兵劫掠："屠象美等举兵抗清，及嘉兴城为清兵攻陷，皆令殆于此际为清兵所劫。被劫经过，今依据《过墟志感》所述刘寡妇事，可以推知。此书记载虽不尽可信，然当时妇女被劫经过，尚与真相不甚相远。"

随后根据墅西逸叟的《过墟志感》内容略述了刘寡妇被劫过程："其书谓刘寡妇初由常熟被劫至松江，复由松江归旗安置江宁。其兄及婿见有'得许亲人领回'之令条诸端，谅是当日一般情事。（详见《过墟志感（下）》。）皆令之至苏州，当与刘寡妇之至松江相同。其又至江宁，则亦与刘寡妇不异。若其至金坛，则当是依'许亲人领回'之条例也。皆令此次经过，其《离隐歌》中必有叙述，今既不可得见。顷存《丙戌清明》一首，当是被劫之时或距此时不远所作。兹录于下（诗略）。"

又在书中引用了钱谦益《有学集》卷二十《赠黄皆令序》所云："红袖告行，紫台一去，过清风而留题，望江南而祖别。少陵堕曲江之泪，遗山续小娘之歌。世非无才女子，珠沉玉碎，践戎马而换牛羊，视皆令何如？"因此陈寅恪先生便推测："亦足反证皆令初为清军所劫，而后得脱者。既被劫掠，乡里当必谣诼纷纭，不便即返，免致家人难堪。此所以离家为隐遁之故也。"陈寅恪先生自注云："牧斋此句或暗指皆令被清兵所劫后，转送至金陵之事，即《离隐歌序》所谓'迁迟白下'，非泛用少陵《哀江头》诗之古典也。"

可惜的是，陈寅恪先生未曾见到黄媛介的《离隐歌》，因而并不知道黄媛介在诗中所详述的整个逃难过程。前文已知黄媛介与夫君杨元勋是在嘉兴城破前后一起踏上逃难之途："母兄相持守故窟，我向严村寻曲穴。一夫两稚共追随，只如羁鸟枯枝立。"所以，陈寅恪先生推测其"及嘉兴城为清兵攻陷，皆令殆于此际为清兵所劫"之说便不成立了。

黄媛介《离隐歌》写其到苏州的诗句为"举头即是二陆乡，夫前妇后相扶将"，与陈寅恪先生所推测"皆令之至苏州，当与刘寡妇之至松江相同。其又至江宁，则亦与刘寡妇不异"又是相左。

因《离隐歌》原诗鲜为人知，人们只是根据黄媛介自己在《离隐歌》序中所写"乃自乙酉逢乱被劫"，而推测其曾"被劫"。其实，她所写的"被劫"应是逃难沿途遭土民、水贼所劫之事，并非被清兵掳去苏州而后又至南京之事。

明清鼎革，清兵所过之地，烧杀掳掠，残暴之极，不少妇人除了惨遭蹂躏外，还被卖入青楼为娼。除了当时因改朝换代而造成的社会动乱外，中国古代文人总想把自己看到的、听到的或者是想到的事情添枝接叶发挥一番，于是人云亦云、以讹传讹，关于黄媛介的不雅传闻便不径而走了。

陈寅恪先生还进一步推测道："皆令既被劫复得脱，当时必有见疑于人之情事。而其兄尤引以为耻辱。故《离隐歌序》云'归示家兄，庶几免蔡琰居身之玷'，即指此而发也。皆令自经此役，其社会身份颇为可疑。今录吴梅村、王渔洋、李武曾、商媚生诸人之诗于下，以为例证（诗略）。"

其实，黄涛在《和韵题〈鸳湖闺咏〉》解释了黄媛介之所以迟迟未返家乡的原因："皆令偕外往来虞山、白下，兄平立寓书责其女伴唱和为非礼，惧不敢见，兄殁乃归。"并非如陈寅恪先生所推测的"皆令既被劫复得脱，当时必有见疑于人之情事。而其兄尤引以为耻辱"之说。

不过，陈寅恪先生也认为："媛介之《离隐歌》，今未能得见。即《歌序》之文，诸书虽有转载，但多所删改，盖涉忌讳使然。就所见诸本，惟周氏之书似最能存其旧观，故依录之。"

《离隐歌》是一首长篇乐府诗，问世以后被黄传祖、陆朝瑛录入《扶轮续集》，而就近查阅上海图书馆"扶轮"诸集，独缺《扶轮续集》一书。不料此书收藏于扬州大学图书馆，2015 年由学苑出版社出版了王永平主编的《扬州大学图书馆藏古籍珍本丛刊》，其中便有《扶轮续集》影印本。

可以说，《离隐歌》全诗的出现为黄媛介洗清了蒙受三百余年的玷污之名。

清明（1646.4.4），黄媛介以诗纪之。

黄媛介在苏州或者南京期间创作了《丙戌清明》诗二首，女诗人从自身所经历的磨难深刻体会到了动乱带给人民的灾难与痛苦，并且表达了一种对于国家所遭受的变革与人民经受的离乱的深切忧愁：

丙戌清明

天涯去住已无门，寒食诸陵咽子孙。寂寞江声思祖逖，凄其鸡语侍刘琨。玄黄自动冰丝哭，烟雨偏伤岐路魂。今日风前倍惆怅，红桃碧柳伴愁村。

其　二

倚柱空怀漆室忧，人家依旧有红楼。思将细雨应同发，泪与飞花总不收。折柳已成新伏腊，禁烟原是古春秋。白云亲舍常凝望，一寸心当万斛愁。

"寂寞江声思祖逖，凄其鸡语侍刘琨"，黄媛介此句借用两位古人祖逖与刘琨表达了对故国的怀念，这在当时应属甘冒杀头之罪的言论。"倚柱空怀漆室忧"，面对国亡家破，黄媛介悲从心来，借用了汉代刘向《列女传·漆室女》关心国事的典故，表达了自己忧国忧民的心情。"人家依旧有红楼"，虽然世事动荡不定、百姓遭难，然而达官贵人依然过着"朱门酒肉臭"的生活，与遍地哀鸿形成了巨大的反差。而"白云亲舍常凝望，一寸心当万斛愁"句，道出了黄媛介在颠沛流离中对家乡与亲人们的思念之情。

春夏间，黄媛介与杨元勋拟去"南中"投靠熟人。

《离隐歌》有"尚忆南中旧识人，负戴相投或相庇"。

历史上的"南中"指现在的云南、贵州和四川西南部等地，而黄媛介一家前往这三处地方是不可能的。那么，在嘉兴与平湖也各有一处叫做"南中浜"与"南中荡"的地方，考虑去平湖南中荡的可能性很大，前文黄媛介一家就准备去往平湖避难，这里可能有其兄长黄鼎的故旧。《明史》卷一一四《列传》二《后妃二》记崇祯皇帝之周皇后："尝以寇急，微言曰：'吾南中尚有一家居。'帝问之，遂不语，盖意在南迁也。至他政事，则未尝预。"若借用周皇后之言，则此文的"南中"意指当时的南都，即南京。因此，黄媛介或许是准备前往南京投靠钱谦益与柳如是。但是，黄媛介也是有所顾虑的："此时天地气已讹，至亲不顾况其他。寒士投人原易齮，何况相随家累多。"（《离隐歌》）

春夏间，黄媛介"羁旅建康"（今南京）。

《无声诗史》卷五说黄媛介在这年曾"羁旅建康"。

黄媛介一家离开苏州后前往南京，在此邂逅同在难中的女诗人吴山，两人一见如故，相聚甚欢："皇天爱人无不至，造次中间有奇事。忽逢居亭梁孟贤居亭主卞楚玉内吴山，字岩子，号文如，诗名噪京中，**宛曲周给过亲懿**。"（《离隐歌》）

从诗句中可以看出黄媛介流寓南京时是借居于吴山家中，故称其为"居亭主"。居亭即"居停"，意即寄居的处所。

施闰章《黄皆令小传》："卞处士妻吴岩子以诗名。假馆留数月，为文字交。"

与黄媛介一样出自寒门的吴山（？—1671 后），字岩子，一字文如，自署"遗民"，当涂（今属安徽）青山人。太平县丞卞琳妻。工草书，善绘画。与女儿卞梦珏在当时皆有诗名。著有《西湖》《梁溪》《虎丘》《广陵》诸集，总名《青山集》，魏禧为之作序。

《诗观》初集卷十二："吴山字岩子，江南当涂人，适同里儒家子卞琳，字楚玉。"

《（民国）当涂县志·人物志·文学》："写意山水，诗文甚富，兼工书法。居西湖，名流多推重之。"

王晫《今世说》卷七《贤媛》："吐辞温文，出入经史。与人相对，如士大夫。……以诗名，工书法，晚更好道。得奇疾，疾作，则右手自运动，日夜作字不休。或濡笔书纸上，悉成玄理。疾止，不复记忆。凡二年而愈。白发朱颜，奕然有丹砂之色。"

吴山夫君卞琳，字楚玉，当涂人。太平县丞。查浙江太平县（今温岭）《（嘉庆）太平县志》卷九《文职·县丞》无卞琳此人。安徽太平县（今黄山市黄山区）嘉庆《太平县志》卷五《职官·县丞》，也不见卞琳其人。山西太平县（今襄汾县）《（雍正）平阳府志》卷十九《职官·太平县丞》只记到明末，清代未列出。卞琳是安徽太平府当涂县人，应该不会是太平府尹，因为旧时禁止当地人在当地任官。这样，卞琳任太平县丞事，查当时全国三种太平县的地方志，均无着落。尚俟考。

从"宛曲周给过亲懿"中，可见吴山夫妇对黄媛介一家犹如至亲一般关怀备至。吴岩子应该年长黄媛介数岁，邓汉仪在康熙十年（1671）见到吴岩子时，她已是六十余岁的老妪。而黄媛介若在人世，亦不过六十左右。吴山与卞琳育有二女卞梦珏和卞德基，此时的卞氏姊妹几近豆蔻年华。劫后余生的女诗人们邂逅于六朝古都，又因彼此间志趣相投而产生了仰慕之情，她们利用偶遇的机会，吟诗酬唱，颇具风轻云淡之姿，或许可以暂忘数月来悲苦的经历。

此时，卞琳与吴山的一双千金卞梦珏与卞德基尚未及笄。

长女卞梦珏（1632—1665），一作卞梦钰，字玄文，一作元文，号篆生，当涂人。工诗词。著有《绣阁遗稿》。

《名媛诗纬初编》卷十三："元文秀骨远情，去其母不远，时有嫩句，镕炼少，未浑化年为之也。使其声律渐老，与时俱进，无复三吴男子矣。地灵人杰，吴越间何多人乎！"

次女卞德基，生卒年不详。"善画并贤能。好读书，精笔札。先后事刘孝廉竣度，竣度以贤豪名广陵"（《今世说》卷七《贤媛》）。

未能看到黄媛介与吴山母女之间的诗词唱和。不过，当黄媛介离开南京前往金坛时，依依不舍的吴山作诗相送：

送黄皆令闺媛

一肩书画一诗囊，水色山容到处装。君自莫愁湖上去，秣陵烟雨剩凄凉。

（邓汉仪《诗观》初集卷十二）

黄媛介写经之砚。

嘉兴秀州书局曾于2003年印制过一套黄媛介写经砚的书票，上有马宏道题"黄皆令小影",道光戊申(1848)黄鞠摹。

此"黄媛介写经砚"记载于郭若愚先生《智盦品砚录》之《明黄媛介写经砚》(第39页)一文,其中关于这方砚台的资料描写详细:

> 海上夔斋藏黄媛介写经砚一枚,紫端卵石,细润发墨。高十三厘米,宽十一厘米。砚背刻楷书:"黄氏写经之砚。乙酉鼎革,羁旅建康,所谓风景不殊,举目有江湖之异。嘉禾黄皆令书此,以志困苦。愿书《孝经》千卷,散布人间。"书迹学《黄庭经》《十三行》,工整有致。按吴伟业《梅村诗话》曾说戊己间(1648—1649)吴岩子(名山)曾寓西湖,诸名宿与他唱和,此地特别提到黄媛介。又《题鸳湖闺咏》有句:"谁吟纨扇继词坛,白下相逢吴彩鸾。"就是指的黄皆令,可知明亡后媛介曾在建康(白下)旅居,在砚铭上也可知她在建康时生活的穷苦。她感到世事变更,情绪消沉,以《晋书》所记周颛的故事寄慨,是很使人同情的。黄媛介发愿书写《孝经》,这是当时爱国士人的一种心愿,传世有黄道周夫人楷书《孝经》(有正史印本)可以为证。

"夔斋"为郭若愚先生室名,此枚"黄媛介写经砚"为其藏品。令人惋惜的是,郭若愚先生并未说明此砚在入"夔斋"之前来自何处。郭若愚先生将"黄皆令写经之砚"拓图作文予以记载,"因为精拓制版,并作文介绍,以供研究黄媛介文学艺术的学者们参考"。

郭若愚(1921—2012),上海人。光华大学毕业。多年潜心研究古文字、文物考古、书画金石篆刻等,著有《殷契拾掇》《殷虚文字缀合》《太平天国革命文物图录》《战国楚简文字编》《〈红楼梦〉风物考》《古代吉祥钱图像赏析》《落英缤纷·师友忆念录》及《篆刻史话》等。

郭先生还在文中提到了东晋名士周颛与明末清初才媛蔡润石,以表明黄媛介当时处于鼎革时期的心情。

周颢（269—322），字伯仁，汝南安成（今河南汝南东南）人。西晋安东将军周浚子。曾任荆州刺史，官至尚书左仆射。因敢进忠言而被朝廷重用，天性宽厚仁爱为人所敬重。后为王敦杀害。著有《文集》二卷。

蔡润石（1612—1694），字玉卿，福建龙海人。黄道周继室。恬静寡言。十岁能属文。善吟咏，工画擅书，日摹卫夫人帖。传世作品有楷书《山居漫咏》（上海博物馆藏）、《梅花》（福建图书馆藏）、行书《孝经》（福建图书馆藏）。明亡，黄道周慷慨就义，遣长子黄麑与门人赵子璧往南京寻访其骨骸归葬漳浦北山祖茔。后偕季子隐居漳州龙潭山以终。

《玉台画史》卷三："能诗。书法学石斋，造次不能辨。尤精绘事，常作《瑶池图》遗其母太夫人云。"

蔡润石与黄媛介虽为同时期人，不过目前未曾发现两人之间的交游事实，观郑振铎辑《玄览堂丛书续集》第一百二十册中《蔡夫人未刻稿》亦未见有与黄媛介相关的作品。

黄皆令小影。

最令人关注的是《智龛品砚录》关于砚盖上"黄皆令小影"的一段描述：

> 黄氏写经砚有檀木砚盒，盒盖上有女史肖像，阴文线刻，就席执书而坐。右上方有"黄皆令小影。马宏道题"款字，左下方有"道光戊申十月黄鞠摹。"印"鞠"字。……此黄媛介肖像是有来历的，似为甲申（一六四四）前的作品，当时皆令年二十余，正可见其风采。

郭若愚先生认为，"黄皆令小影""似为甲申（1644）前的作品"。从服饰上看，女诗人穿着汉服，发式简朴，容长脸庞，颇为丰仪，双眉飞扬，耸鼻樱唇，神情恬淡。虽然跪坐，仍然看得出黄媛介中等身高，且身材苗条。

善于绘画的黄媛介必定有自画像。最近，在清中后期文人周济侧室苏穆《储素楼词》中发现了一阕《探春令·题明鸳湖女史黄皆令自画小影》词：

> 宝奁开处，嫦娥应识，愁眉春绽。自怜瘦损秋风面。浑不是、寻常见。 韶光几度阴晴换。剩幽兰相伴。任人间、老尽芳菲，万种只凭湘波远。

苏穆所见"黄皆令自画小影"是否即是砚台上的"黄皆令小影"，俟考。

周济（1781—1839），字保绪，一字介存，号止庵，荆溪（今江苏宜兴）人。清嘉庆十年（1805）进士，官淮安府学教授。后隐居金陵春水园，潜心著述。常州词派重要作家。有《味隽斋集》《词辨》《介存斋论词杂著》等，辑有《宋四家词选》（徐中玉主编《中国古典文学精品普及读本·元明清诗词文》第 386 页）。

《燃脂馀韵》卷五："论词最工。所选《宋四家词》，艺林珍重。虽以碧山别列一家，而以白石附庸稼轩，论者不无微憾。要，其意内言外之旨，自足为词学津梁也。"

苏穆，一名姞，字佩囊，山阳（今江苏淮安市淮安区）人。亦工词。粤寇之难，竟以身殉。（《燃脂馀韵》卷五）

题写"黄皆令小影"的马宏道，字人伯，号退山，苏州人（《续文献通考》卷一百九十六）。生卒年不详，应生活于明末清初。

《江苏艺文志·苏州卷》第一分册（第 522 页）记马宏道"约崇祯末在世。与著名出版家毛晋友善。工诗，著有《采菊杂咏》一卷"。

2017 年 12 月 20 日，西泠印社"古籍善本专场"拍卖的明海虞毛氏汲古阁刻本《采菊杂咏》注明"首刊万历二十二年（1594）"。

从马宏道的《采菊杂咏》在万历二十二年（1594）就已经刻印而言，其年龄至少比黄媛介年长二三十岁。从马宏道能够为黄媛介自画像题字，可见马宏道或许与当时流寓于苏州与南京的黄媛介有过交游。

黄媛介的这幅自画像并非当年便已刻在了砚台上的，而是到了道光二十八年（1848）由松江画家黄鞠刻于其上。

黄鞠（约1796—1860），字秋士，号菊痴，松江人，居枫泾镇。尤精制图。尝写莫愁、苏小小等像，均有石刻（《枫泾小志》《墨林今话》）。

《（光绪）娄县续志》卷十八《艺术》："画山水花卉，兼工人物士女。其寓吴门时，陶文毅中丞及梁方伯茝林皆重之。为人澹泊率真，以诗酒自豪。咸丰庚申（1860）粤匪扰吴中，鞠骂贼死。著有《湘华馆集》。"

2016年11月27日，雅昌艺术网发布了一则拍品消息：0361号端溪天然紫石黄媛介写经砚，尺寸：长13厘米，宽11厘米，高2厘米。作品分类：工艺品杂项"笔墨纸砚"，专场：金梅花室——郭若愚藏金石书画文房雅玩专场，拍卖公司：荣宝斋（上海）拍卖公司，成交价：三十万元。

此枚写经砚为嘉善藏家石梅山房主人所购得。

六月，钱谦益以疾乞假回原籍。

方良《钱谦益清初行踪考》："谦益降清后，按例进京，接受清职，任礼部侍郎兼秘书院事。谦益不安其位，不数月即请病假，要求还乡。据《清史列传贰臣传》云：'（丙戌年、1646）六月，以疾乞假，得旨，驰驿回籍。令巡抚视其疾瘥具奏。'"（《江南大学学报（人文社会科学版）》2005年第4期，第45页）

或许黄媛介往南京，是得到了钱谦益将南返的消息，以期可以投靠。

九月十九日（1646.10.27），佟国器母卒于嘉兴官舍。

陈寅恪《柳如是别传》下册（第1000页）："顺治三年丙戌九月，其母陈氏殁于官舍，归葬金陵，揆以墨经从戎之古义及清初旗人丧服之制，并证以当时洪亨九丁父忧守制之事例，大约顺治三年冬或四年初，即可扶柩至白门。"

钱谦益为陈氏作《佟母封孺人赠淑人陈氏墓志铭》：

佟母封孺人赠淑人陈氏墓志铭

淑人姓陈氏，父讳其志，母汤氏，故山东按察司佥事登、莱监军佟府君讳卜年之妻，今御史中丞国器之母也。先用府君河间令最，封孺人，今用中丞覃恩，赠淑人。

佟与陈皆辽阳上族，淑人以明惠择婿，府君以岐嶷求耦，圭判璋合，二姓克谐。生柔笄礼，既馈交贺。淑人承上字下，妇德用光，亲井春具，膏火机丝，夙夜相府君于读。甘斋盐，警铃索，盥漱鸡鸣，相府君于官。府君擢上第，宰京邑，册府锡命，天书煌煌，闺阃荣焉。

天启初，府君受命东略，监军登、莱，钩党牵连，蜚语逮系。淑人奉二尊人暨诸姑子侄，扶携颠顿，徙家于鄂。乙丑九月府君奉矫诏自裁，太公哀恸死客舍，淑人泣血襄事，奉太夫人渡汉迁黄陂。又三年，仍迁江夏。夏，奏寇蹂楚，太夫人殁而渴葬。中丞补弟子员，奉淑人卜居金陵。崇祯甲申，避兵迁甬东。中丞受新命，以兵宪治嘉兴，淑人版舆就养。丙戌九月十九日，卒于官舍，年五十有八。呜呼！孰不为妇？孰不为母？如淑人之为妇母极难耳！自丑迄戌，天地翻覆，以二十年阅公羊之三世，则难。自鄂之吴，室家播荡，以弱女子定盘庚之五迁，则难。雷风交加，参蓁呼吸，上慰掩袂之尊章，下挈琢钉之童稚，毁室取子，覆巢完卵，无天可呼，有地必踣。以只身独手，枝撑佟氏一门百口，则难。当府君槛车急征，淑人牵衣诀别，以忠臣殉国、孝妇殉家相劝勉。迄于今家门岿然，窀穸相望，款款下泉，执手慰劳，淑人之报称府君，亦已足矣。生前之茶苦，甘之若饴；身后之血泪，藏而犹碧。菀枯陵谷，世人所咨嗟叹息者，岂足为淑人道哉！

淑人既殁，中丞扶柩归金陵，卜葬于□山之阳。子一人，即中丞公国器，女适李宁远曾孙延祖，以死事赠同卿。中丞妻赠淑人萧氏，继室封淑人钱氏。孙三人：世韩、世南、世杰。

（钱谦益《牧斋有学集》卷三十三）

考古网李来玉《江苏南京佟卜年妻陈氏墓出土的金银首饰》（2017年11月1日）载"佟卜年妻陈氏墓位于南京邓府山"。

《（道光）上江两县志》卷三《山》："少西曰邓府山，在大安德门内，明宁王邓愈葬此山，因以名。"

秋，长沙赵而忭得中举人。

朱姝《吴绮长婿次婿辨疑》："赵而忭顺治三年（1646）中举。"（《鲁东大学学报（哲学社会科学版）》2014年第3期，第49页）

秋，施闰章得中举人，副主考为翰林院检讨吕崇烈。

《施愚山先生年谱》卷一："顺治三年丙戌，先生年二十九岁。八月，诏天下再行乡试。先生以《羲经》冠易四房，举第十八名。"

张明弼在台州积极抗清。

《张明弼事略》："鲁王朱以海监国元年（1646），张明弼在台州参加抗清斗争，失败后回到家乡，这时他已经六十三岁。"

张明弼（1584—1652），字公亮，号琴张居士、琴张子、琴牧子、琴牧氏，金沙（今江苏常州市金坛区）人。张士弘与戴氏子，张大心父。

《论张明弼及其〈榕城二集〉》认为："张明弼才华横溢，擅诗文，通六经，精音律，善弹琴，有'金沙才子'之誉，其古文诗赋于明末名重一时。黄道周称其为'江南第一才子'……并在《书张公亮稿〈萤芝集〉》中，赞张氏系'蔚栋伟流，大雅名士。述江海则抗璞提华，命岩阿则优激劣启'。"

《（民国）重修金坛县志》卷九《人物志四·文苑》："早负才望，古文诗赋，擅名一时。游北雍，与编修黄道周契，道周叩其所得，叹为绝伦，曰：'今之文通、子山也。'崇祯丁丑（1637）成进士。授揭阳令，多异政。贵绅有占官山行私税者，擒其仆坐以法，税遂革。又作《三不便、四大患议》，禁潮谷入海。秩满，荐书十上冢宰。郑三俊信谗，竟夺一级，降浙江按察司照磨，升台州推官。逾年擢户部陕西司主事，愤马士英、阮大铖当国，不赴。生平不计生产，历官十年，犹僦屋而居。晚达得第时，年已五十四。"

《江苏艺文志·常州卷》（第960页）记张明弼："早年从曹大章游，古文诗赋擅名一时。与冒襄等五人义结金兰，为复社重要成员。天启六年（1626）曾作《獝狂国记》，隐诋魏忠贤，几得祸。忧心国事，作《避风岩记》，为散文名篇。卒，葬城西张竹梗村。"

辑有《尺木居辑诸名公四书尊注讲意》二十卷，著有《兔角诠》十卷、《萤芝集》六卷、《癸甲萤芝集》二卷、《萤芝全集》三十二卷、《萤芝新集》二卷、《榕城二集》五卷、《雾吐（唾）集》四卷、《杜单集》（残本）、《蕉书》三十卷。

或于是年，黄媛介受黄文焕夫人之请拜访黄宅。

黄文焕为《湖上草》所作《黄皆令新诗序》："沧桑以来，世功蓬转白下，始来谒余，余内子邀皆令画箑题诗。"

由文中可知黄媛介"羁旅建康"之时，因杨元勋与黄瑊之故，曾经拜访黄家，而黄媛介亦因自身才华而受黄夫人之邀，为其"画箑题诗"，得到了黄夫人好评。这也为日后黄文焕寓居杭州时为黄媛介《湖上草》作《黄皆令新诗序》做了铺垫。

而且在《湖上草》中也有一首与黄夫人有关的七言律诗：

和旧韵寄黄维章夫人

流离转觉室家难，去住恒伤况味单。鸿断吴天无字寄，云开闽月有琴弹。常经霜雪同于竹，久失栽培异于兰。何日巢林枝上足，扶摇不必起柔翰。

据清初海盐文人黄耀阳《武原黄氏宗谱》所载，黄文焕亦为江夏黄氏一宗。

黄文焕（1598—1667），字维章，号坤五，又号皈庵，晚号憨斋，后改名道焕，字孔成，号参陵，明末福建永福（今永泰）白云乡人。黄伯禄孙，邑庠生黄守和子，黄文熊兄，黄璊、黄琪、黄瓒父，黄任曾祖父。

《（乾隆）永福县志》卷八："天启乙丑（1625）进士。文章淹博。知番禺、海阳、山阳三县，皆有政声。崇祯召试，擢翰林院编修。时黄道周下诏狱，株连及焕。事雪，侨寓金陵。著有《四书诗经娜嬛》《陶诗杜诗注》《楚词听直》《赭留集》《老庄注》《秦汉文评》《馆阁文集》行于世。"

刘萍萍《黄文焕〈陶诗析义〉研究》（第5—6页）："养居金陵，卜筑钟山之畔。崇祯十七年（1644）……六月，黄文焕被举荐，入为弘光朝廷翰林院编修，盖不久又隐退。……清圣祖康熙六年丁未二年（1667）十一月，黄文焕卒于浙中，年七十。……后归葬故乡杜鹃山下。墓在白云溪尾，今呼鲤鱼墓。"

黄文焕《黄皆令新诗序》有"杨君世功，向与余儿交"，此"余儿"应为其长子黄璊。

黄璊（1616—1684），字基玉，号山愚，又号愚长。邑诸生。喜任侠，倜傥不羁。清顺治间，以军功历官广东肇罗金事，一载乞归，养居金陵。性爱佳山水，以吟咏自豪。为诗纵横，有法度，与许友齐名。兼工画，喜作幽兰奇石，皆有生气。晚从金陵归，年六十九卒。先后娶妻孙氏、王氏、张氏。著有《姬山集》《岱游草》《西江日谱》《楚泽孤怀》（刘萍萍《黄文焕〈陶诗析义〉研究》第6页）。

黄文焕先后娶妻张氏、史氏，至于文中所言"余内子邀皆令画箑题诗"之"内子"，则无法确定究竟为张氏还是史氏。按黄媛介"羁旅建康"时，黄文焕已四十八岁，故此时黄妻或为史氏。

清顺治四年（1647）丁亥　三十八岁

三月底，钱谦益在家乡被逮，银铛入狱。

《钱谦益清初行踪考》："谦益居家不过半年，于1647年三月底，忽然在家乡被逮。据《秋槐诗集》之《和东坡西台诗六首序》云：'丁亥三月晦日，晨兴礼佛，忽被急征。银铛拖曳，命在漏刻。河东夫人沉疴卧蓐，蹶然而起，冒死从行，誓上书代死，否则从死。慷慨首途，无刺刺可怜之语。余亦赖以自壮焉。'柳如是一路伴行，止步京城外，借住河北大名梁慎可氏雕桥庄。"（《江南大学学报（人文社会科学版）》第4期，第46页）

钱谦益与柳如是家居期间，黄媛介是否又与之往来，尚无法确定，黄涛《遥哭黄平立四十韵》夹注有云："皆令偕夫往来虞山、白下……"或许是指黄媛介与柳如是在这段时期的交往。不过，按照钱谦益为黄媛介《湖上草》所作之序而言，自顺治二年（1645）南京即将沦陷匆匆一别后，至顺治七年（1650）在杭州方得重逢。

春，张明弼至南京访旧。

黄媛介《离隐歌》诗后夹注云："金沙张无近过秦淮访旧，楚玉、世功预焉，赋诗招隐，遂同外入金沙。"

张明弼到南京访旧已是从浙江台州返乡之后的事情。

暮春，黄媛介"转徙金沙"。

《无声诗史》卷五记黄媛介"转徙金沙"。

"金沙"即今江苏常州市金坛区，又名"良常"，时属南直隶镇江府管辖。

黄媛介应该是在夏季到来之前随张明弼前去金坛的。之所以如此说，是因为曾经收留黄媛介一家的吴山夫妇于此年夏季已往扬州，《清代闺阁诗集萃编》卷一《吴岩子诗》有《广陵杂咏序》诗五首，其序云"丁亥夏日，侨寓广陵园亭，残红剩碧，断砌颓垣，触景兴思，不无铜驼玉树之感"。

而黄媛介在作于顺治五年（1648）的《将归嘉禾》诗中亦有"避险兼移俗，两逢茅岭春"之句，表明黄媛介在金坛度过了两个春天。所以，"两逢茅岭春"指顺治四年与顺治五年的春天。

此去金坛，缘于在南京遇到了前来"访旧"的张明弼。

《离隐歌》有"玄亭路近秦淮渡，良常文士时相过。逢着惟多说项情，赋诗招隐金沙去"，黄媛介在此诗句后夹注云："金沙张无近过秦淮访旧，楚玉、世功预焉，赋诗招隐，遂同外入金沙。"将她如何去金坛的原委交代得很清楚，而且到了金坛后又"居琴张先生墙东园"。

从夹注中可以得知在黄媛介夫妇与张明弼之间牵线搭桥的正是卞琳、吴山夫妇，黄媛介日益窘迫的生活，使得古道热肠的卞琳与杨元勋商量如何摆脱困境，于是便有了恰逢"金沙张无近过秦淮访旧，楚玉、世功预焉"之说。

吴山与当时居住于南京的龚鼎孳如夫人顾媚交好，曾灿《过日集·名媛诗》录有吴山的一首《春归日同龚夫人泛舟秦淮即事》诗。丁传靖《明事杂咏》亦有诗："山人一派起嘉隆，末造红裙慕此风。黄伴柳姬吴伴顾，宛然百谷又眉公。"其夹注云："黄媛介尝在绛云楼伴河东君，吴岩子尝与横波夫人游，所谓女山人也。较之山人尤风韵可传。"明亡以后，吴山亦以遗民自居，邓汉仪题吴山《青山集》诗云："江湖萍梗乱离身，破砚单衫相对贫。今日一灯花雨外，青山自署女遗民。"

吴山与顾媚既为闺友，而龚鼎孳又与冒襄交情匪浅，在冒襄编纂的《同人集》中录有两人的唱和诗。龚鼎孳对冒襄诗文的评价很高："如理么弦，如扣哀玉。如幽兰之过雨，如秋城之送砧。盖其结习豪情，铲除净尽。故拨弃一切，披写天真。"（《晚晴簃诗汇》卷十三）

顾媚与马湘兰、卞玉京、李香君、董小宛、寇白门、柳如是、陈圆圆并称"秦淮八艳"。

顾媚（1619—1664），原名徐眉，又名眉，字眉生，别字后生，号横波，应天府上元县（今江苏南京）人。著有《柳花阁集》。

《名媛诗纬初编》卷二十："少出继顾氏，故又姓顾。工诗善画。"

虽然吴山、柳如是都与顾媚有所交际，而作为她们共同朋友的黄媛介却未见与之有关的作品，俟考。

龚鼎孳（1615—1673），字孝升，号芝麓，合肥（今属安徽）人。与钱谦益、吴伟业并称"江左三大家"。著有《定山堂集》。

《清史稿》卷四八四《文苑一》："明崇祯七年（1534）进士，授兵科给事中。李自成陷都城，以鼎孳为直指使，巡视北城。及睿亲王至，遂迎降，授吏科给事中，改礼科，迁太常寺少卿。顺治三年（1646），丁父忧，请赐恤典。……康熙初，起左都御史，迁刑部尚书。……鼎孳天才宏肆，千言立就。世祖在禁中见其文，叹曰：'真才子也！'"

冒襄则与张明弼又为盟友，余怀《板桥杂记》下册（第430页）有："岁丙子（1636）金沙张公亮、吕霖生，盐官陈则梁，漳浦刘渔仲，雉皋冒辟疆盟于眉楼。"雉皋，即今江苏如皋。两人的友情一直持续到暮年。通过如此层层关系，黄媛介便被介绍给张明弼，于是就有了前文的"赋诗招隐金沙去"之说。

冒襄（1611—1693），字辟疆，号巢民，一号朴庵，又号朴巢，江南如皋（今江苏如皋）人。冒起宗子。崇祯十五年（1642）副榜贡生。明亡后不仕。复社成员。与桐城方以智、宜兴陈贞慧、商丘侯方域，并称"四公子"。

工诗善书。著有《先世前徽录》《朴巢诗文集》《岕茶汇抄》《水绘园诗文集》《影梅庵忆语》《寒碧孤吟》和《六十年师友诗文同人集》等。

《清诗别裁集》卷六："辟疆与宜兴陈定生、商丘侯朝宗，矜名节，持正论，品覈执政，不少宽也。马、阮当国时，几罹于祸。后居水绘园，以友朋文酒为乐，远近高之。"

董小宛（1624—1651），名白，字小宛，号青莲，苏州人。

《清诗纪事》第一册（第 80 页）引查为仁《莲坡诗话》云："辟疆有姬人董白，字小宛，金陵人，善书画，兼通诗史，早卒，辟疆作《影梅庵忆语》悼之。一时名士吴薗次绮以下无不赋诗以赠。"

明末清初，钱谦益与柳如是、龚鼎孳与顾媚、冒襄与董小宛、侯方域与李香君等才子佳人的风流韵事已经传为佳话。与柳如是所嫁垂垂老矣的钱谦益不同，顾媚与董小宛所嫁之人龚鼎孳与冒襄则正当青春焕发之年。

金坛方边村张氏墙东园。

金坛位于南京的东南方，黄媛介在这里度过了两个春天，在其《将归嘉禾》一诗有句云"两逢茅岭春"。

到了金坛后的黄媛介一家"居琴张先生墙东园"。此墙东园在《（民国）重修金坛县志》卷十五《古迹》只有着寥寥数语的记载："墙东园在县西十二里方边村，张明弼别业。"关于这座园林的具体情况尚不清楚。另在《（民国）重修金坛县志》卷十二《祥异》记载了这么一件事情："怀宗崇祯五年（1632）冬，邑张明弼家小楼屋瓦浓霜皆成花卉草木之状。"

另有叶奕苞《杂感》诗一首，所写应是张明弼去世后的墙东园：

> 日涉墙东园，门虽设长闭。高梧响残秋，不风落幽砌。感时愧无成，昔人警川逝。抱膝欣有托，长啸出烟际。

（叶奕苞《经锄堂诗稿》卷一）

生活在明末清初的叶奕苞或与张明弼有过交集。

叶奕苞（1629—1686），字九来，号二泉，昆山（今属江苏）人。叶盛（1420—1474）裔孙，叶国华次子，叶方蔼（？—1682）从弟。著有《金石小笺》《醉乡约法》《续花间集》《经锄堂诗稿》等。

《（道光）昆新两县志》卷二十七《文苑二》："工诗，善书法。康熙戊午（1678），举博学鸿词，被摈，归葺半茧园。与海内名流姜宸英、施闰章、陈维崧及同里徐开任、归庄等流连觞咏，文采辉映一时。"

虽然未留下过多的资料，可以肯定的是墙东园距茅山不远，或者位于茅山之麓。而方边村则"北依钱资荡，南临长荡湖"，居住于此的黄媛介是否因耳闻目睹自幼熟稔的桨声灯影而唤起思乡之情呢？

黄媛介在墙东园的生活来源有三：一是"薪水皆无放与夫人于氏手给"，二是黄媛介自己不时地写卖字画谋生，三是有几位同情黄媛介遭遇的地方官员所给予的资助。对于在困难之际施以援手的张明弼，黄媛介在《离隐歌》中自是感激备至："琴张居士遁墙东，清德远过王君公。奇章老法瞥入眼，恍然霹雳开心胸。"黄媛介在诗中引用了《后汉书·逢萌传》中王君公的故事来比喻张明弼。这种感激之情一直持续到张明弼去世，黄媛介寓居杭州后还时不时地思念着张明弼夫妇，并寄诗问候。

张明弼夫人于氏，可能出自金坛望族于氏家族，俟考。

夏，卞琳、吴山夫妇偕女游杭州。

《诗观》初集卷十二："丁亥春，吴山乃携诗囊、书箧，附龚奉常孝升舟出关，与徐夫人智珠登金焦、游虎阜已，乃之明圣湖，纵览孤山、葛岭之胜，诗篇益富。"

黄媛介离开南京后，顺治五年（1649），卞琳、吴山夫妇携二女重游西湖时，吴山填词一首：

罗敷令·夏日西湖雨霁

雨馀虚阁凉阴满，风细窗南。梦破邯郸。一枕清芬未可贪。　　遥山壁立高云汉，不许云函。此境谁谙。羡他飞鸟远能探。

（吴山《青山词辑存》）

六月十一日（1647.7.12），黄鼎与叶绍袁相遇平湖。

叶绍袁《甲行日注》卷六："（丁亥六月）十一日，庚辰。晴，风。与佺、俉往当湖，冯茂远亦僧服久矣。黄平立、孙玄襄同在，二君俱高蹈，弃子衿，不就试。"

"佺""俉"分别指叶绍袁长子叶世佺（1614—1658）、六子叶世俉（即叶燮）（1627—1703）（《嘉兴历代人物考略》（增订本）第394、446页）。

六月十三日（1647.7.14），黄鼎与叶绍袁乘凉荷花池。

叶绍袁《甲行日注》卷六："（丁亥六月）十三日，壬午。晴。晚坐荷花池畔，凉风香韵，爽致旷景，山林园亭之胜，备尽其美矣！黄平立云：'见太白经天。'"

七月二十二日（1647.8.22），黄鼎次韵叶绍袁初度诗二首。

叶绍袁《甲行日注》卷六："（丁亥七月）二十二日，辛酉，处暑。晴，大风。黄平立亦答赠。"云：

杖底名山尽禹馀，肩来贝叶胜除书。支离怪辨蛮成国，颠倒人间火种畲。雨雪望中皆苦海，浮云何处是精庐。吾师别有安行法，笑视芒鞋等路车。（一）

接天汾水碧流空，入望汪汪只此翁。七尺奋忠非立异，合门飞藻似

来同。鹫山日上轻初地，江树秋临哭变风。赢得酒杯犹故物，一尊川发百朝东。（二）

（叶绍袁《甲行日注》卷六，刘承干《嘉业堂丛书》本）

深秋，出狱的钱谦益居苏州、常熟等地。

《钱谦益清初行踪考》："1647年深秋，谦益返乡之后，即在苏州、常熟等地居住。葛万里在《牧斋先生年谱》里云：'四年丁亥，……冬过金坛。'恐怕是深秋与初冬之间而已。因为曹溶回忆：'余以后进事宗伯，而宗伯绝款曲。丙戌同客长安，丁亥、戊子同就吴苑，时时过予。'曹溶得以于丁亥年在苏苑与谦益游，可知谦益返乡的季节。"（《江南大学学报（人文社会科学版）》第4期，第46页）

《牧斋先生年谱》中提到钱谦益于顺治四年（1647）冬过金坛之事，时黄媛介亦隐居于金坛张明弼墙东园。因资料匮乏，目前无法得知钱氏夫妇与黄媛介是否曾经会面。

清顺治五年（1648）戊子 三十九岁

春，卞琳、吴山夫妇重返杭州，客居西湖。

时湖北蕲州（治今湖北蕲春西南蕲州镇）文人顾景星亦客居杭州，其《白茅堂集》卷十五《题〈西泠闺咏〉有序二首》有记此事："戊子、己丑两岁间，予客西湖，其尊人楚玉、母氏岩子笔墨偕隐。"此时吴山的夫君卞琳尚在人世，夫妇携二女游杭州，清吴伟业撰、靳荣藩注《吴诗集览》卷十一："（吴山）戊、己间（1648—1649）曾寓居西湖。诸名士与之唱和。"

客居杭州的顾景星曾经钟情于卞梦珏，其《题〈西泠闺咏〉有序二首》有："杵臼是求，人事错连，遂以不果。"

107

吴山之所以寓居杭州，是因为时任钱塘县令张文光与仁和县令张能鳞对吴山才华的欣赏，两人不惜将俸金分给女诗人，供其在西湖赁屋居住，一时传为文坛佳话。

《诗观》初集卷十二："钱塘、仁和两令君闻其名，为分俸见存湖上，传为佳话。"

经查《（民国）杭州府志》，"钱塘、仁和两令君"即钱塘县令张文光、仁和县令张能鳞。张文光于顺治三年（1646）至顺治十年（1653）任钱塘县令，张能鳞于顺治四年（1647）至顺治十年（1653）任仁和县令。

张能鳞（1617—1702后），字玉甲，顺天府大兴（今北京）人。宋代著名理学家张载（1020—1077）第十七世孙，明末秦洋尉张文学子，张振鳞弟。清顺治四年（1647）进士。

刘仲华《"救时之才"：清初理学家张能鳞考述》：除浙江仁和县知县。又荐升四川按察司副使。康熙十八年（1679）应试博学鸿词科，未被录用，试罢归。历官江苏提学，山东、四川巡道。任职期间，张能鳞以所学治民，颇有政绩。如在江苏，倡导致知力行之学，聘陆世仪纂辑《儒宗理要》一书，俾士子循诵服习，不惑歧途。在山东亦以教养为先，禁异端曲学，崇孝弟，兴教化，撰《青齐政略》。此外，还著有《孝经衍义补删》《诗经传说取裁》《进贤说》和《西山集》（《石家庄学院学报》2005年第5期，第46页）。

清康熙二十二年（1683），任山东按察使参议的张能鳞曾上《代请停供鲥鱼疏》，奏请免供鲥鱼。

吴山、卞梦珏母女重返西湖，皆有诗纪之。

吴山填词感赋：

百字令·戊子春暮寓西湖坐雨有感

绿肥红瘦，正东风欲转，燕莺声碎。烟锁长堤芳草醉，无那两峰如髻。湿翠粘天，断云贴巘，此际多新态。倚栏凭眺，三径故园荒未。　　堪怜美景良辰，没来由、只与愁相对。何事天涯蝴蝶梦，流连客舍难退。啼鸟多情，落红不管，领略无滋味。暮春也动，闺思来诗内。

（徐乃昌《小檀栾室闺秀词钞》卷五）

卞梦珏则有诗：

重至西湖作

高峰开霁色，新月断桥西。水静渔舟合，风平燕子低。疏钟惊宿梦，往事怅新题。落日孤城上，时闻鼓角齐。

（邓汉仪《诗观》初集卷十二）

春，黄媛介在金坛作长篇叙事诗《离隐歌》。

《离隐歌》有"往来倏忽逾寒暑，竟若安家非复旅"，此句意指黄媛介居金坛有年，"竟若安家非复旅"，说明生活还是比较安定的。"几赋柴桑感德篇，书向茅山众青处"，前句借指东晋陶渊明（约365—427），因其故里在柴桑（今江西九江西南）；后句则说明黄媛介在写作《离隐歌》时尚在金坛，其所居之处应距茅山很近。

茅山位于江苏省常州市金坛区与句容市交界处，为道教上清派发源地，山势秀丽、林木葱郁，有九峰、二十六洞、十九泉之说。即使身处如此青山绿水可以使人怡然忘忧之境，黄媛介仍然常怀思乡之情，"久滞难忘兄母亲，行当归访东皋耕。倚柱宁怀漆室虑，挽车当逐鹿门行"（《离隐歌》）。白驹过隙，匆匆又是一年，思乡心切的黄媛介感慨万千的写下了长篇叙事乐府《离隐歌》：

予产自清门，归于素士。兄姊雅好文墨，自少慕之。乃自乙酉逢乱被劫，转徙吴阊，羁迟白下，后入金沙，闭迹墙东。虽衣食取资于翰墨，而声影未出于衡门。古有朝隐、市隐、渔隐、樵隐，予迫以离索之怀，成其肥遁之志焉。将还省母，爰作长歌，题曰《离隐》，归示家兄，或者无曹妹续史之才，庶几免蔡琰居身之玷云尔。

茫茫造化何无情，二曜未停四极倾。人逢数尽心亦绝，世俟河清运几更。此生自谓长清宴，不信兵戈目中见。燕云易水乍倾移，越岭吴山尽迁变。鸳鸯湖上万家春，细雨香飞罗縠尘。家家烛影犹通夕，处处歌声正彻晨。太平民物罕忧虑，一座危城水回护。女子皆参月上禅，丈夫只识溪坳路。一朝兵火如云屯，千村万落同惊禽。入林只恨林难密，赴水犹嫌水不深。吾兄草堂栖角里，欲往从之候行止。兄言累多飞必难，不见波宽鱼自驶。挥手掩泪各分携，雁序同林且异溪。只有母子肠难解，南邻北舍询端倪。母兄相持守故窟，我向严村寻曲穴。一夫两稚共追随，只如羁鸟枯枝立。乡村鼙鼓夜阗阗，拉伴移舟更欲前。舟行一棹九回顾，须臾千骑郡城边。铁马声中烟焰起，画阁朱楼付寸烟。一火延烧九日夕，南华堂名静雨楼名成赭壁。痛我旧巢今已焚，虽欲试归归不得。回看众树蠡孤浔村名，只道居人多素心。相扶共向孤村住，数椽聊可藏书琴。村中一见携囊橐，口与心参俱作恶。故说嘉禾从逆人，鸣桴伐鼓争盘索。鼓罢磨刀相向鸣，全家准拟同遭烹。心奢更欲请官赏，一主三仆如囚萦。督军望见声啧啧，惊认夫君是旧识。匆忙为发剿贼文，自是村民心胆圻。虽蒙敕吏给行舟，漏网伤弓难去留。此时还欲访兄母，几番欲去更夷犹。孤舟逗留未几日，鹅水孤军又全没。乡村都竖大清旗，新令颁行约如式。此时何处可相依，埭水新堞，地名洋洋且乐饥。已道衣冠通北俗，何妨家舍伴渔矶。夫君旧有虞山识，且操单身探消息。置我如同广莫乡，长天望落九十日。一时水贼动地来，母子相看面若灰。次男搂抱长男走，哭问阿爷胡不回。老婢捆囊登屋去，我挟两男学轩蓍。正欲吞声过此时，贼来又索儿啼处。一时母子竟相误，荒忙独向高楼堕。折胫伤腰顷刻中，神魂半入幽泉路。冥然自听一丝存，遥见天中火燎村。又恐此身作煨烬，日后无人知我冤。夜深儿婵号寻至，相逢尽洒重生泪。贼去火阑野无人，挽携才作林中避。赤囊累累尽归贼，数口嗷嗷渐煎逼。犹有衣中暗缝珠，沿村易米供朝夕。村外百里通云间，云间侠士知遇艰钱青，与夫君旧识。先遗金粟救饥冻，遣书后召良人还。良人本是忘情者，相逢曾无泪盈把。从此移家入云间十二月十九日，是日立春，白云不见慈亲舍。于时岁前十日逢立春，春光不属离乡人。题诗白社原无意，写卖青山且疗贫。生平言语不出阃，岂将毫素作生活。卖文未是学李邕，救饥暂且同说法。举头即是二陆乡，夫前妇后相扶将。途穷始藉友朋力，客居聊得辞雪霜。栖迟又度元宵宴，梅花盛开柳如线。柳影梅魂愁杀人，萱花何处今平善。主人有母贤且能，手任烹调朝暮应。病馀更为煮汤药，胫腰渐健精神增。我为恩多难久寄，每欲趋行恐不易。尚忆南中旧识人，负戴相投或相庇。此时天地气已讹，至亲不顾况其他。寒士投人原易龃，何况相随家累多。只恨长江数百里，艰难空自厌风波。皇天爱人无不至，造次中间有奇事。忽逢居亭梁孟贤居亭主卞楚玉内吴山，字岩子，号文如，诗名噪京中，宛曲周给过亲懿。文如才似卓文君，诗词英妙果难群。平生好胜今逢敌，赓酬纸落同飞云。玄亭路近秦淮渡，良常文士时相过。逢着惟多说项情，赋诗招隐金沙去金沙张无近过秦淮访旧，楚玉、世功预焉，赋诗招隐，遂同外入金沙，居琴张先生墙东园，薪水皆无放与夫人于氏手给。琴张居士遁墙东，清德远过王君公。奇章老法瞥入眼，恍然霹雳开心胸。文如昔年执贽称弟子，我今差得与相同。往来倏忽逾寒暑，竟若安家非复旅。几赋柴桑感德篇，书向茅山众青处。此身虽属流离后，谁信行藏实非苟。金钱皆辱官长遗，姓名尽入名贤口。石固水清久尽知，空将形迹付流离。还乡不带蔡姬辱，作史渐无曹女词。久滞难忘兄母亲，行当归访东皋耕。倚柱宁怀漆室虑，挽车当逐鹿门行。归途才过云阳道，蚤被人知索词藻。黛色描添纸上山，花光吟补笥中草。便欲先潮扬去舲，何心兀坐写黄庭。许心自比天中月，寄迹人看水上萍。石榴未吐蒲先芽，拟从首夏便还家。堂前得见忘忧树，世事从他含笑花。回忆离乡已四春，物态人情未可论。漫道梁生经入越，谁知渔父亦逃秦。

（黄传祖、陆朝瑛《扶轮续集》卷七）

黄媛介在金坛、丹阳得到几位官员的帮助。

逃难途中，黄媛介除了得益于张明弼的援手，还得到常镇观察李景廉、金坛县令胡延年等人的帮助。胡延年与许宸都是以顺治二年（1645）进士任职于金坛、丹阳的官员，二人又同是风雅之士，因此李景廉当亦属此列。由于他们对离乱中的黄媛介给予深深的同情与真挚的帮助，使得黄媛介免于饥寒。

《诗观》初集卷十二记载："常镇观察李筠圃、金坛令胡苍恒、丹阳令许菊溪时有馈遗。"

施闰章《学馀堂文集》卷十七《黄氏皆令小传》亦有："国初，随世功避兵播迁，所至有知者时相饷遗。"

李景廉（？—1651），字筠甫，陕西洋县人。崇祯元年（1628）进士。为同朝进士李景贞兄。

《（康熙）洋县志》卷二《选举·进士》："李景廉，崇祯戊辰进士。乔岱子。初任章□知县，行取翰林院检讨。庚辰同考，升司业。"

《江苏省通志稿大事志》第三十九卷《清顺治》："二年（1645）……七月……乙卯（8.26），以土国宝为右副都御史，巡抚江宁，总理粮储、军务。王之晋为苏松道，李景廉为常镇道，王懥为苏松常镇粮储道，刘汉式为扬州道，周亮工为两淮都转盐运使。"

综上所述，李景廉于顺治二年（1645）七月任常镇观察。

常镇道公署设在江阴县，《（康熙）江南通志》卷二十七《公署》："分守常镇道在江阴，奉裁，改总府。"

　　李景廉之所以帮助黄媛介，是因为一者对黄媛介的遭遇动了恻隐之心，一者对嘉兴文人李日华有着怀念的心情。崇祯十三年（1640），李景廉曾为李日华《四六全书》作序，有句："兹者，嘉禾李君实先生，士林归高，朝端属望，私心仰止，殆匪朝夕。所集《四六类编》，佐以官制、舆图、姓氏、时物诸考，而武林孔式、黼明二子，复为增补订定焉。余因得纵观之，撷一时之英雋，备千载之典要，亦犹鼓吹风雅，囊括纪闻，休文指科，宜称妙达，孝标征实，且免谬迷，哀然一家有足术者，俾人学得所资，笔有从润，于以导彼己之怀，展古今之蕴。"（《明崇祯钱蔚起等刻本四六全书》，沈津《美国哈佛大学哈佛燕京图书馆藏中文善本书志》第 826 页）

　　李日华（1565—1635），字君实，号竹嬾，又号九疑。李肇亨父，李新枝祖父。万历二十年（1592）进士。官至太仆少卿。《嘉禾徵献录》卷十八称其"难进易退，和易安雅"，且"能书画，善赏鉴"，世称"博物君子"。著有《恬致堂集》四十卷。

　　李景廉遇到黄媛介时，李日华已去世十余年了。或许是爱屋及乌，李景廉此举应饱含着对李日华的追思。

　　另一位资助过黄媛介的地方官员是金坛令胡延年，字苍恒，河南光州（今潢川）人。选贡。

　　《（乾隆）镇江府志》卷三十四："顺治二年（1645）任金坛知县。至之日，会湖寇薄城，焚县治，掠绅民，邑丞歼焉。延年乃星驰赴郡，以刘良佐兵至，未及城三里，城被寇围，大攻北关，延年自临阵杀贼，城赖以全。良佐兵驻演武场，擒斩余孽将尽，有逸去者，聚茅山之青龙洞。不数日复集，攻西城。延年开门却之，缚其巨魁，立枭以殉。贼复遁入湖，挟故副将康二锡率所部归，寇患乃息。其为治，主严断，世豪右族无敢犯者。……历员外郎，升保定知府，迁洮岷道。归而杜门。康熙初年，坛民犹有至中州叩谒者。"

　　从上文可见胡延年胆识过人。他虽然不是一位很有名的文人，却也喜欢结交文人。辞官后的胡延年喜欢游览山水，河南光山净居寺就留有他的《游净居寺步东坡韵》诗，另有游南阳所作《过武侯躬耕处》诗。胡延年与多位文人都有交往，并有诗往来，如宋琬有《寄怀胡苍恒宪副》《秋夜有怀胡苍恒宪副作长歌寄之》、顾景星有《得胡苍恒书并缉园诗》、丁耀亢有《遥和宋荔裳胡苍恒游同谷杜陵草堂诸诗》、尤侗有《刘何实恤部招同胡苍恒徐淡岩诸同寅夜饮听小史弦索》等。

春，黄媛介准备离开金坛返回嘉兴。

将归嘉禾

避险兼移俗，两逢茅岭春。花间便是宅，径外不通邻。薄寄已成傲，无家岂厌贫。我归当有梦，山翠尔应分。

（《黄皆令诗》，江西省图书馆藏本）

诗中有句"两逢茅岭春"，故应是黄媛介居于张明弼处所作。

四月，黄媛介作诗留别张明弼夫人。

《离隐歌》："石榴未吐蒲先芽，拟从首夏便还家。"

金沙别张师母

长柳难维欲去舟，离心空逐晚云浮。山间日落烟俱暝，花里人归燕亦愁。四月犹寒知闰夏，一身多病只疑秋。村村树绿禽栖稳，独对沧浪应白头。

（《黄皆令诗》，江西省图书馆藏本）

"闰夏"即中国农历闰四月、闰五月与闰六月的总称。入清后，黄媛介共经历过六次闰夏，即顺治二年（1645）闰六月，顺治五年（1648）闰四月，顺治十年（1653）闰六月，顺治十三年（1656）闰五月，康熙三年（1664）闰六月，康熙七年（1668）闰四月。

顺治二年闰六月，黄媛介尚在浙江境内徘徊，故无法在金坛写作此诗。顺治十年闰六月，黄媛介寓居杭州。顺治十三年闰五月，黄媛介已在山阴为闺塾师。康熙三年闰六月，黄媛介应在北京。康熙七年闰四月，黄媛介在南京养疴。而黄媛介告别金坛正是顺治五年，此年又是闰四月，正与诗中"四月犹寒知闰夏"相符合，故《金沙别张师母》一诗应作于此年四月。

四月初，黄鼎卒。

《俞淅川集》卷四有诗《杨世功归自金沙见过固悼平立之去人间已半载馀矣次扇头韵为赠》，此诗作于戊子年重九日后，从诗题中可知返家的黄媛介并未见到兄长最后一面。

四月十一日（1648.5.3），叶绍袁、冯洪业等追悼黄鼎。

叶绍袁《甲行日注》卷七："（戊子闰三月）十一日，丙子。晴。茂远来招，与儿辈同往，孙玄襄、查来王在集天藻轩，追语平立，交相歔怆。"

查万年历，顺治五年应为闰四月，叶绍袁所云闰三月有误。

黄鼎的去世，令朋友们很悲伤。胡介就此曾写有《与孙玄襄札》以表宽慰：

> 闻平立长往，知门下益增离索之感矣。我辈以朋友为性命，是贫贱辕轲中之粱肉黼黻、台池鸟兽也。并此夺却，如鱼失水，如鸟焚林！何以生活，大苦大苦！
>
> （周亮工《尺牍新钞》）

胡介（1616—1664），初名士登，字彦远，号旅堂，钱塘（今浙江杭州）人。诸生。工诗。有《旅堂诗文集》《河渚词》。

《渔洋诗话》卷中："布衣食贫。而妻与女皆能诗。顺治中游京师，《送人南归》云：'帆樯楚国群乌晚，橘柚吴天一雁晴。'"

远在南京的黄涛作诗悼念黄鼎。

遥哭黄平立二十四韵

阿兄天下才，小弟喜同姓。汝南与江夏，无双号不应。尔我一水居，论交并廉蔺。丰颐辅隆准，神明著端静。初岁歌弹铗，食贫困三径。壮年事功名，读书遂精进。凤参曹洞宗，颖悟获心印。游艺写云山，自怡每持赠。同学为诸生，笔锋五花阵。忆昔午之役，骇骨争秋劲。驽骀先著鞭，穷达洵有命。访君鸳水湄，萧间起人敬。往往觌玄风，时时奏清韵。晏笑十春秋，情澜万不尽。一从天地更，两人秃青鬓。栖迟君子乡，筑室期石隐。鼓枻师渔父，披裘友田畯。立言成名山，闲户与古近。去夏我几死，先生又何病。相闻正容与，云胡天不憖。蔧蒿歌露晞，背疽发国愤。伯道无犹子，彼苍更莫问。鸡黍吊人琴，聊当梅花信。痛哭草堂空，寒烟响空磬。

（黄涛《拘幽草》）

临平诗人沈谦作诗悼念黄鼎。

《槜李诗系》卷四十一亦录有一首沈谦的《哭黄平之》诗：

平湖城上弄珠楼，浩浩烟波日夜愁。一自乱离成死别，不堪风月忆同游。孤城何处烟云断，远浦依然白雁秋。他日挂帆过角里，祇应挥涕吊荒邱。

此"黄平之"应为黄鼎字或号，因此诗录于《槜李诗系》，且首句便写两人相识于平湖，末句有"他日挂帆过甪里"，正符合黄媛介《离隐歌》所言"吾兄草堂栖甪里"之说。沈谦在《章庆堂宴集记》中曾言及黄鼎曾于崇祯十五年（1642）赴其临平家宴，足证两人为故交。

夏，黄媛介"留滞云阳"。

《无声诗史》卷五记黄媛介"留滞云阳"。

离开金坛的黄媛介并未马上返回嘉禾，《离隐歌》有"归途才过云阳道，蚤被人知索词藻。黛色描添纸上山，花光吟补筒中草"。由诗句得知黄媛介是受人之邀而"留滞云阳"。云阳即今江苏丹阳，与金坛交界，在其东北方向。黄媛介至丹阳"滞留"的时间应该在顺治四年的夏秋间，此去应与丹阳令许宸的慕名挽留有着很大的关系。

《诗观》初集卷十二有："后入金沙，闭迹墙东。张无放及夫人于氏资给之，常镇观察李筠圃、金坛令胡苍恒、丹阳令许菊溪时有馈遗。"

丹阳令许宸。

"许菊溪"即丹阳令许宸，因受家学渊源之影响，也是一位诗人。

许宸（1600—1661），字素臣，号菊溪、香岩，内乡（今属河南）人。明嘉靖四十四年（1565）进士、陕西参政许评孙，万历三十一年（1603）举人许维清子，岁贡生许晋、廪膳生许晢、监生许鲁父。官至江南等处提刑按察使司按察使。

《（光绪）镇江府志》卷三十四《名宦下》："顺治二年（1645）由进士知丹阳县。时江南初定，大将军征闽越，征发不时，宸多方应变，而民不扰。居官清谨。公退之暇，焚香赋诗，为名流所重。"

《（康熙）内乡县志》卷九《艺文下》载高佑釲《许按察使传》："顺治丁亥（1647），举卓异，赐袭衣，擢礼部祠祭清吏司主事。""所著有《淡止园集》《载石吟》《躬耕堂诗》若干卷。"

据《（康熙）内乡县志》卷九《艺文上》彭而述作于乙酉夏的《送内乡许香岩令丹阳》诗，得知许宸是在顺治二年（1645）任职丹阳县令的，与黄媛介应该在彼相识。这位许宸除是一县之长外，还是一位擅长吟咏的诗人，他对因战乱而流离失所的才女黄媛介是具有同情心的，这当然也是出自文人间的赏识吧！

许宸与冒襄、施闰章等一些著名文人都有来往，并于崇祯九年（1636）结诗社。施闰章为吴懋谦《苎菴二集》所作的序中写道："许菊溪、张谯明诸公及赵锦帆、沈绎堂、张友鸿诸子社集分题，叩盘刻烛，极倡酬咏叹之乐。"《（康熙）内乡县志》卷九《艺文上》有施闰章为其所作《送许使君菊溪按察江南》四首、华亭沈荃《送内乡许菊溪按察江南》、邓州彭而述《辛卯夏别内乡许菊溪》《过内乡许香岩园亭时香岩宦游商雒寄怀四绝句癸巳》等。另外，冒襄《巢民诗集》卷三有《丁酉秋夜集许菊溪宪长紫落山房同芝麓大宪于一与治于皇伯紫分赋四首》，龚鼎孳《定山堂诗集》有《许菊溪紫落山房醉歌行同于皇澹心于一子翯其年诸子作》，彭而述《读史亭诗集》有《汉水舟次同许菊溪》等。

许宸自己也能诗善咏，下面这首诗应是他在辞官归里时的作品：

白门去官还家

归梦今方尽，故山幸不违。将贫辞辇路，用拙受柴扉。白眼有新旧，黄金无是非。衰迟何所事，一卷送斜晖。

（宝鼎望纂修、高佑釲编《（康熙）内乡县志》卷九《艺文上》）

许宸归家后，"图书之外，襆被萧然。筑数椽于故庐东偏，颜曰'躬耕'，督子孙读书其中。莳花种竹，兴到则据梧浮白，微吟自适。四方名流至，即与论古法书名画、金石彝鼎之属。流连觞咏间，命小奚清歌一阕，子夜不倦。或徜徉于孤峰天池、湍河丹水，不复问人间事"（《（康熙）内乡县志》卷九《艺文下》）。

许宸出自簪缨世族，又是书香门第。在《（康熙）内乡县志》卷九《艺文上》中就收录有其祖父许评、父亲许维清与外祖父李蓘的诗文。

许宸与嘉兴的渊源并不止于黄媛介。他的一位孙子曾殁于嘉兴，其曾孙许浣"跋涉水陆数千里，卒能负榇还葬，邑人咸嘉其孝"，被《（康熙）内乡县志》卷八载入"孝子"。

七月二十六日（1648.9.13），平湖冯洪业寄《离隐歌》给叶绍袁。

叶绍袁《甲行日注》卷八："（七月）二十六日，己丑。茂远寄黄皆令《离隐歌》。"

黄媛介或许从冯洪业处得知其兄黄鼎去世的消息。

七八月间，李明睿自南昌避兵往扬州。

吴伟业有《座主李太虚师从燕都间道北归寻以南昌兵变避乱广陵赋呈八首》诗。

顺治五年正月二十七日，江西总兵金声桓、王得仁起兵反清。同年七月，谭泰、何洛会率清兵包围南昌城。第二年正月，南昌城被攻陷，清兵又扣留了李明睿家人以之胁迫李明睿，《阆园诗·序》中有"爱子则痛甚元规，故园则情同王粲"句。因此，避难于庐山的李明睿只得顺江东下而寓居扬州。

黄媛介后来有《李明睿南昌阆园作诗十章》诗。

九月二十七日（1648.11.11），叶绍袁卒于平湖。

蔡静平《明清之际汾湖叶氏文学世家研究》第二章《午梦堂主叶绍袁》

（第100页）："顺治五年（1648）九月二十七日，叶绍袁于忧激愁病之中死于表弟冯兼山的耘庐别墅，享年六十岁。"

"冯兼山"即冯洪业，为叶绍袁表兄，而非表弟。

秋冬间，黄媛介夫妇自金坛返回嘉兴。

《俞渐川集》卷四《杨世功归自金沙见过固悼平立之去人间已半载馀矣次扇头韵为赠》：

> 天外愁云万里屯，寒风不散故交温。梁鸿避世佣春老，冀缺归田饁
> 饷原。令史编残人续在，大雷书寄迹空存。因君为忆黄江忧，叶落松楸
> 何处村平立妹皆令能诗文。

此诗作于戊子年重九日后，当在此年冬季。因黄鼎去世的时间在春夏之交，从诗题中可见黄媛介返禾时间应为此年的秋冬之间。

清顺治六年（1649）己丑　四十岁

春夏之际，吴伟业经嘉兴赴杭州。

《吴梅村年谱》（第154页）："顺治六年（永历三年、鲁监国四年）己丑，一六四九，四十一岁。……春，偕周肇赴浙，王昊以诗赠行。过项鼎铉所，作《项黄中家观万岁通天法帖》诗。在嘉兴，又尝谒范蠡赐祠，以诗纪之（即《谒范少伯祠》诗）。……夏，抵杭州。"

吴伟业（1609—1672），字骏公，号梅村，别署鹿樵生、灌隐主人、大云道人。先世居昆山（今属江苏），祖父吴议始迁太仓（今属江苏）。吴琨长子，吴伟节、吴伟光兄，吴暻、吴瞬、吴暄父。

《清史稿》卷四八四《文苑一》："明崇祯四年（1631）进士，授编修。充东宫讲读官，再迁左庶子。弘光时，授少詹事，乞假归。顺治九年（1652），用两江总督马国柱荐，诏至京。侍郎孙承泽、大学士冯铨相继论荐，授秘书院侍讲。……十三年，迁祭酒。丁母忧归。……伟业学问博赡，或从质经史疑义及朝章国故，无不洞悉原委。诗文工丽，蔚为一时之冠，不自标榜。……著有《春秋地理志》《氏族志》《绥寇纪略》及《梅村集》。"

吴伟业在杭州逗留期间，曾访吴山与卞梦珏母女，为其诗集作《题西泠闺咏并序》：

题西泠闺咏并序（选一）

石城卞君者，系出田居，隐偕蚕室。岩子著《同声》之赋，玄文咏《娇女》之篇。辞旨幽闲，才情明慧。写柔思于却扇，选丽句以当窗，足使苏蕙扶轮、左芬失步矣。故里秦淮，早驾木兰之楫；侨居明圣，重来油壁之车。风景依然，湖山非故。赵明诚金石之录，卷轴亡存；蔡中郎蘦白之词，纸笔犹在。予览其篇什，撷彼风华。体寄七言，诗成四律。愧非刘柳，闻《白雪》之歌，谬学徐陵，叙玉台之咏云尔。

落日轻风雁影斜，蜀笺书字报秦嘉。绛纱弟子称都讲，碧玉才人本内家。神女新词填杜若，如来半偈绣莲花。妆成小阁薰香坐，不向城南斗钿车。

（《吴梅村全集》卷五）

吴山和诗：

和吴梅村太史赠诗四首（选一）

坐静炉烟一缕斜，偶聆鹦鹉报宾嘉。人来东海龙为友，余止西泠水是家。秋到那堪田作砚，春归难谢笔生花。半山欲雨添新翠，不管门停长者车。

（《吴岩子诗》，邹漪《诗媛八名家集》）

卞梦珏和诗：

湖上和吴梅村太史（选一）

小阁平崖石径斜，晓岚宵月足清嘉。薜萝荫处胡霞窟，菡萏香中翡翠家。雪咏几番惭柳絮，春题多自赠梅花。从来贤媛皆稽古，愧不胸中富五车。

（王端淑《名媛诗纬初编》卷十三）

此唱和在当时闺阁中流传甚广，不少女诗人都参与进来。如海盐女诗人王炜亦有和诗二首：

西泠闺咏（选一）

澄江回抱古城斜，一片烟云接永嘉。为爱好山聊住足，偶依高树便成家。湖光潋滟侵行笈，竹影参差带落花。闻道故人将卜隐，短衣双挽鹿门车。

（《名媛诗选·翠楼新集》）

王炜，字功史，一字若炜，又字辰若，太仓（今属江苏）人。王家颖女，海盐陈所学曾孙媳，庠生陈昌明孙媳，兵部司务陈许廷子媳，文学陈光缵妻。为吴山女弟子。著有《翠微楼集》《燕誉楼稿》《续列女传》。（《嘉兴历代才女诗文徵略》中册，第619页）

《槜李诗系》卷三十五："能诗善画……与卞夫人为师弟交，得其清秀苍韵之传，有林下风。以世乱偕隐于娄。博学敦古，诗多名句。顾伊人称为'笄帏中道学宿儒，不当以香奁目之'，如'月光临水净，云气近山多''开帘纳新燕，移榻近高柯'，皆佳句也。太仓女子黄若从父蜀归，以《奇花珍木图》示之，日夕模写，致病而殁。"

同为太仓女诗人的黄荃亦有和诗一首：

次韵吴岩子《西泠闺咏》

湖光潋滟映红蕖，秀揽云山一派虚。好鸟静呼三径竹，幽人闲读五车书。家传衣钵真同调，手按冰弦得自如。借问麻姑何处所，洞门深锁白云居。

（王端淑《名媛诗纬初编》卷十三）

黄荃，字逸佩，太仓（今属江苏）人。

《名媛诗纬初编》卷十三："太学奉倩女，参政明宇公女孙也。工书善琴。归文学王天路。诗多高素，不为闺房体。有《蕉隐居诗》。"

六月，佟国器由嘉湖道副使升任浙江提刑按察使。

《（光绪）浙江通志》卷一二一《职官》十一《文职·提刑按察使》："佟国器，顺治六年任。"

佟国器任职嘉湖道与浙江提刑按察使期间，曾与其夫人钱氏攀亲的钱谦益、柳如是夫妇时常往来于杭州。黄媛介或许在这期间与钱氏结识，这也为日后黄媛介养疴南京僻园埋下了伏笔。

黄媛介之女杨本善或于是年出生。

顺治十五年（1658），江西女诗人朱中楣在杭州逗留期间，曾见到此女，并作诗《犹记闲坐湖楼皆令携幼女过访发方覆额遂能诵诗写法帖楚楚可人今依然梦想间并裁小诗似之》。李白《长干行》有"妾发初覆额，折花门前剧"句，故黄媛介此女年龄应该在十岁以下。

王士禄始纂《然脂集》。

王士禛《王考功年谱》："是岁始纂《然脂集》。……是集成于乙巳（1665），先生病中犹时有订改。"

王士禄的《然脂集》是一部中国古代女性文学的总集，全书二百三十卷，积十余年之功始成。因无力刊刻，又因王士禄早逝，此稿本如今只剩有一些残本。据山东大学郭延礼教授在《〈然脂集〉今何在？——纪念王士禄〈然脂集〉成书 365 周年》中考证与统计：

山东省博物馆藏有《然脂集》两卷，前有王士禄自序一篇（1550 字）。上海图书馆藏有《然脂集》手稿本九册，计存风雅四卷，又卷一至卷十五，卷二十一至三十三（内缺卷十六至卷二十），凡二十三卷，又《引用书目》一卷、《宫闺氏籍艺文考略》五卷（仅存两卷），全部为三十卷。据目前的资讯，上海图书馆是国内藏《然脂集》残卷最多的单位。

王士禄（1626—1673），字子底，号西樵山人，新城（今山东桓台）人。顺治十二年（1655）进士，曾官吏部主事。

《清史列传》卷七十《文苑传一》："清介有守，笃于友爱。自少能文章，工吟咏，以诗法授诸弟，咸有成就，而士禛遂以风雅为海内崇仰。始举礼部，投牒改官，选莱州府教授，寻迁国子监助教，擢吏部主事，迁员外郎。康熙二年，充河南乡试正考官，以磨勘墨吏议，逮下狱。久之得雪，免官。……遂移棹杭州、历览湖山之胜。居数年再起，补吏部员外郎。好持正论，学士张贞生、御史李棠先后建言，下吏议，力直之，人以为难。未几，又坐免。母殁，归，饮食不入口者数日。竟以毁卒。"

王士禛《考功集序》："先兄考功平生诗不减二千馀篇，已刻者曰《表馀堂集》，曰《十笏草堂集》，曰《辛甲集》，曰《上浮集》。"另有《炊闻词》。

王士禄曾到过嘉兴，并游览当地名胜。《檇李诗系》卷四十一录其二诗，一为《晚过东塔寺二十韵》，一为《禾中》。

禾　中

江城还檇李，望古一踟蹰。老寺裴休宅，春沙范蠡湖。远烟明渚
鸟，斜日冷樯乌。太息东流水，年年浸绿芜。

是年，柳如是产女。

《清钱夫人柳如是年谱》（第19页）："顺治六年己丑，三十二岁，生女。"

《钱氏家变录》载"孝女揭"云："母归我父九载，方生氏。母命不辰，
止有一女。"

赵昭为参加柳如是之女的汤饼会而作有一首《采兰词》，并有一小引：

采兰词自引

虞山钱太史、柳君春日采兰，忽得双丫，复以并蒂植之庭中，命余
图焉。时席试汤饼会，诸名闺共赋《采兰词》，余亦成咏。

（忻宝华辑《檇李文系》卷四十二）

汤饼会，旧俗寿辰及小孩出生第三天或满月、周岁时举行的庆贺宴会，因备
有象征长寿的汤面，故名。

清顺治七年（1650）庚寅　四十一岁

一月，黄媛贞作贺岁诗四首。

庚寅新岁居园即景

一树梅花已报春，亭园风景乍相闻。吹箫楼远思千种，刺绣窗深梦
几分。山影逼空悬晓日，水光舒冷接春云。无心泉石登临处，草暖花香

鸟雀群。

春风庭院日初晴，少娥临妆镜水明。白遍梅花愁未释，青完兰叶梦先成。小桥波净鱼留影，曲径云闲鹤有声。短句从来随意得，茶烟初熟遣馀情。

晓日笼寒荡远思，东风无力卷帘迟。小楼花笑香依蝶，斗帐人闲语入诗。画里山川悲昔日，梦中图史愧今时。纵能援笔题幽景，渺渺云程未可期。

人间春色动林泉，几日轻阴未雨天。离思不关新草木，闲愁犹惜旧山川。读书声出幽篁里，理绣情寒古镜前。宛曲亭园诗即景，水云高捧月初圆。

（黄媛贞《云卧斋诗稿》）

春，黄媛介填词答宗姊黄德贞。

金菊对芙蓉·答宗姊月辉见怀之作

五易星霜，两迁村墅，思君几许魂消。看燕来雁去，梦断音遥。兵戈路绝空相念，唯虚却、月夕花朝。还家一载，城隅轻隔，似阻江潮。感伊投我琼瑶。美珠光溜彩，玉韵含韶。恨未能携手，愁寄纤毫。君家梅竹犹堪赏，待相逢、斗酒重浇。春光未老，花香正美，离思空劳。

（徐树敏、钱岳辑《众香词·乐集》）

黄媛介此词应作于其寓居杭州之前。词中的"五易星霜，两迁村墅，思君几许魂消"，应指其顺治二年（1645）六月在外避难至顺治七年（1650）的五年经历。"兵戈路绝空相念"，正说明逃难途中因兵荒马乱而音讯不通的境况和遭遇。而"还家一载，城隅轻隔，似阻江潮"句，则指其顺治五年（1648）冬还乡后至作词的时间恰好一年，虽然与黄德贞同处一城，却因黄媛介"两迁村墅"，故姊妹二人所居之地相距颇远，只能以诗词互致思念之情。另外从"两迁村墅"句，可知黄媛介返回嘉兴后居住于乡村或者城郊。

黄德贞，字月辉，海盐籍，嘉兴人。海盐黄泽曾孙女，明琼州府推官黄守正孙女，明万历五年（1577）进士孙成泰孙媳，孙弘祖子媳，文学孙曾楠妻。著有《冰玉集》《雪椒集》《避叶集》《蕉梦集》《劈莲词》《藏啸曲》，并辑有《名闺诗选》、《彤奁词选》。

《槜李诗系》卷三十四："少工诗赋。与归素英辈为词坛主持，共辑《名闺诗选》。二女兰媛、蕙媛俱能文。子渭璜亦名下士。"

华亭文人陈继儒曾为其《冰玉集》《避叶集》写有题诗。

春夏间，李景廉自汉川寄书信与刘正宗。

刘正宗《逋斋诗》卷一"庚寅"年有《李筠圃司业解常镇兵任后曾晤江上今自汉川寄札奉答二律》诗，此诗作于五月二十五日《苦风》之前数首。

刘正宗与李景廉、南洙源、徐宸、张文光等人皆有交往，而这些人又与黄媛介亦有交游。

刘正宗（1594—1661），字可宗，号宪石，山东安丘人。明崇祯元年（1628）进士。历任真定府司理、翰林院编修、东宫讲读官、侍讲、礼部会试副主考。著有《逋斋诗》《御墨楼诗选》《木天草》《雪鸿斋草》。

吕宏伟《德州墓志研究》（第61页）："清统一全国后，启用明朝旧臣，刘正宗遂到北京赴任。历官国史院编修、秘书院学士、吏部侍郎、吏部尚书、太子太保，顺治十四年（1657），为少傅兼太子太傅，十五年（1658）为文华殿大学士。……随后，刘正宗失宠于顺治皇帝，屡次被弹劾，最终顺治皇帝开罪于他。……直到乾隆登基，才为其平反昭雪。"

四月，南北文人在嘉兴举行"十郡大社"。

是年，以吴伟业、尤侗、朱彝尊、徐乾学、陆圻为首的江南士人在嘉兴南湖举行了盛大的文会——"十郡大社"，湖上一时名人云集，连舟百艘。

"十郡大社"是明亡入清之后的一次文人大聚会，其缘起与吴江的慎交社有着很大的关系。吴江的慎交社成立于清顺治六年（1649），与昆山的同声社并立，难分伯仲，二社虽与成立于明崇祯二年（1629）的幾社一脉相承，却各立门户，且水火不容。

尤侗《晦庵年谱》记载了"十郡大社"举行的缘由："顺治七年庚寅，宛平金冶公鋐孝廉来寻盟。盟者十子：彭云客珑、缪子长慧远、章素文在兹、吴敬生愉、宋既庭实颖、汪苕文琬，宋右之德宜、宋畴三德宏，金及予也。予与彭、宋、计甫草东举慎交社，七郡从焉。"

这些文学社团经吴伟业从中斡旋后和解，李玉栓《明代文人结社考》（第272页）云："由于吴伟业的调解，慎交、同声同意合盟，并于是年四月共举鸳湖之会。亦称十郡大社。"

为此尤侗特地前往衢州拜访时任金衢道观察的李际期，商定盟会之约。

尤侗《晦庵年谱》："秋，往衢州，访李庚生际期观察，遇陈公朗爣太史于柯山，订南湖之约。"

为"十郡大社"四处奔走的尤侗也是明末清初著名的文学家。

尤侗（1618—1704），字同人，更字展成，号悔庵、艮斋，晚号西堂老人、鹤栖老人、梅花道人等，长洲人。

《江苏艺文志·苏州卷》第一分册（第635页）："警敏，博闻强记，有才名。弱冠补诸生。历试不利，以乡贡谒选，授永平府推官。吏治精敏，不畏强梁，坐挞旗丁归。侗所作诗文，顺治朝流传禁中，上览而目之为'真才子'。康熙十七年（1678）以博学宏词召试，授检讨。分修《明史》，居三年告归。键户著书，求诗文者无虚日。三十八年（1699）帝南巡，侗献平朔颂、万寿诗，御书'鹤栖堂'三字赐之。四十二年（1703）夏南巡即家晋侍讲。明年卒。诗词古文，才思富赡而新警，体物言情精切流丽，每篇出，传诵遍人口。著有《西堂全集》。”

而李际期与陈爌都是很有政声的官员。

李际期（1608—1655），字应五，一字元献，号更生，河南孟津人，祖籍山西长子。李芳时孙，李如标子，李光期兄，李宗沆、李烺父。明崇祯十三年（1640）进士。入清，任户部主事，历任浙江提学道、浙江按察司佥事、浙江分巡金衢道等职。顺治十一年（1654）升刑部右侍郎，旋改左侍郎，晋工部尚书，改兵部。卒于任，年四十八岁。

李际期是一位很有作为的官员，《（嘉庆）孟津县志》卷七《人物列传一·忠直》记载了他任职浙江金衢道时为民减轻劳役粮赋之举："乙酉（1645）典晋试，丙戌（1646）视学两浙，廉明为一时冠。再迁金衢道，衢地粮时初改解本色，民大不便。际期乃为奏记抚军，略曰：'浙东南粮，仅绍、金、衢三府。而衢独山多田少，地冲人矮，且土独最瘠，米独最贵，路独最远，滩高水浅，运米又独最艰，每粮一石解至省城，公私杂费至赔银一两五钱有奇，一佥解役莫不倾家荡产。所以五邑绅矜耆民，无日不垂泣哀恳，涕尽而继之以血也。为今之计，莫若全复折色之旧，使民稍得保居力食，渐谋生聚，上也。……浙抚援其言，疏凡五上，乃允。"

陈爌，字云炫，号公朗，河南孟津人。陈颖宇孙，应天巡抚陈惟芝（1537—1612）子。顺治三年（1646）进士，选庶吉士，散馆授编修，官至陕西布政使。

《（嘉庆）孟津县志》卷七《人物列传一·忠直》："学最富，尤工书法。登顺治丙戌进士，由庶常历官宫詹。时宁奠之初，爌首疏请购遗书，整修学校，一时谓爌得其要者。岁戊子（1648）以典浙试，假归里门。值岁饥，尽出家资助赈，全活甚多。后任秦藩，周察利弊，兴革无不中。……卒于官。"

"十郡大社"于南湖举行，在嘉兴历史上实属文化大事，参与者来自全国各地，而且不乏当时的文学名士。在毛奇龄为诸暨骆复旦所作《骆明府倪孺人合葬墓志铭》多有提及："君骆姓，讳复旦，字叔夜，山阴人。义乌骆宾王后也。……尝同会稽姜承烈、徐允定，萧山毛甡赴十郡大社。连舟数百艘，集于嘉兴之南湖。太仓吴伟业，长洲宋德宜、实颖，吴县沈世奕、彭珑、尤侗，华亭徐致远，吴江计东，宜兴黄永、邹祗谟，无锡顾宸，昆山徐乾学，嘉兴朱茂暄、彝尊，嘉善曹尔堪，德清章金牧、金范，杭州陆圻，争于稠人中觅叔夜。既得叔夜，则环而拜之。越三日，乃歃血定交去。"（《西河文集》卷九十八《墓志铭八》）

参与盟会者达数百人之多，在社会上具有很大的影响力。当时轰轰烈烈的抗清运动已处于末势，但汉人被异族统治奴役，使广大具有爱国心的文人志士们心有不甘。他们游走各地，四处结盟，图谋复明。所以"十郡大社"具有的政治色彩多于文化因素。非常可惜的是，由于对清政府的血腥镇压心有余悸，大多数参与者都心照不宣、讳莫如深、谨言慎行，故留下的资料甚少，即使在嘉兴的方志中也未见有记载。自"十郡大社"以后，大多数参与者迫于无奈选择了不同的人生道路：或出仕为官，或隐居山林，或浪迹天涯，或出家为僧。至顺治九年（1652），清政府的"礼部颁天下学校卧碑第八条云'禁立盟结社'"（俞正燮《癸巳存稿》卷八《释社》）；至雍正时期，又更进一步规定凡结社者要被"定例拿究"，并大兴文字狱。在清政府高压政策之下，一时腥风血雨，不仅仅遏制了文人思想自由的发展，而且影响到后世整个社会文化、科学、技术的发展！

李渔移家杭州。

《李渔年谱》："顺治七年庚寅（1650），李渔四十岁，在杭州。居家杭州，'卖赋以糊其口'。渔有《卖山券》一文，谓'兵燹之后，继以凶荒，八口啼饥，悉书所有而归诸他氏'。所卖即新建不久之伊山别业。"

巧合的是，据黄媛介《湖上草》之《十无诗》小序所言，女诗人亦于此年寓居杭州，并因此而结识了一代戏曲大家李渔，后为其《意中缘》作序并点评。

五月二十三日（1650.6.21），钱谦益为黄媛介《湖上草》作序。

《清钱牧斋先生谦益年谱》："七年庚寅，六十九岁。夏，浙游。有《西湖杂感》诸诗。"

钱谦益所作《赠黄皆令序》落款为"庚寅长至日，虞山蒙叟钱谦益书于湖上之水阁"之句，此序时间为顺治七年（1650）的夏至日，而地点则为"湖上水阁"。钱谦益《赠黄皆令序》的落款与葛万里《清钱牧斋先生谦益年谱》中"浙游"的时间是相一致的。不过令人费解的是，钱序中所云时间"今年冬，余游湖上，皆令侨寓秦楼"竟与落款时间衔接不上。同样令人费解的是，在黄媛介《湖上草》中的《十无诗》序中有"庚寅十月，余初至湖上"。如果"庚寅十月"的确是黄媛介"初至湖上"的时间，则与钱谦益序中的落款有异，因为根据钱谦益序中所言早在十月之前即已在杭州见到了黄媛介，并受其所托为《湖上草》作序。亦可以推测此序或为钱谦益夫妇过嘉兴往杭州时应黄媛介之约而作。钱序为我们描述了穷困潦倒的黄媛介在杭州捉襟见肘的生活境遇：

赠黄皆令序

绛云楼新成，吾家河东邀皆令至止。砚匣笔床，清琴柔翰，挹西山之翠微，坐东山之画障。丹铅粉绘，篇什流传，中吴闺阃，侈为盛事。南宗伯署中，闲园数亩，老梅盘拏，柰子花如雪屋。烽烟旁午，诀别仓皇。皆令拟河梁之作，河东抒云雨之章。分手前期，暂游小别，迄今数年往矣。

今年冬，余游湖上，皆令侨寓秦楼。见其新诗，骨格老苍，音节顿挫。云山一角，落笔清远，皆视昔有加，而其穷亦日甚。湖上之人，有目无睹。蝇鸣之诗，鸦涂之字，互相题拂，于皆令莫或过而问焉。衣帔绽裂，儿女啼号，积雪拒门，炊烟断续，古人赋《士不遇》，女亦有焉。吁其悲矣！

沧海横流，劫灰荡扫，留署古梅老柰，亦犹夫上林之卢橘，寝园之樱桃，斩刈为樵薪矣。绛云图书万轴，一夕煨烬，与西清东观、琅函玉轴俱往矣。红袖告行，紫台一去。过清风而留题，望江南而祖别。少陵堕曲江之泪，遗山续小娘之歌。世非无才女子，珠沉玉碎，践戎马而换牛羊，视皆令何如？皆令虽穷，清词丽句，点染残山剩水间，固未为不幸也。

河东《湖上》诗："最是西泠寒食路，桃花得气美人中。"皆令苦相吟赏。今日西湖追忆此语，岂非穷尘往劫。河东患难洗心，忏除月露，香灯禅版，净侣萧然。皆令盍归隐乎？当属赋诗以招之。庚寅长至日，虞山蒙叟钱谦益书于湖上之水阁。

（钱谦益《牧斋有学集》卷二十、黄媛介《湖上草》）

从钱序中可知黄媛介逃难归来后"其穷亦日甚"，"衣帔绽裂，儿女啼号，积雪拒门，炊烟断续"，并结合自己的宦海沉浮为黄媛介遭遇深感不平，"古人赋《士不遇》，女亦有焉"。此句何尝不是钱谦益自己的心情写照呢！而生活的窘况，在黄媛介自己的作品中也是有所反映的：

五　绝

倾橐无锱铢，搜瓶无升斗。相逢患难人，何能解相救。

一日饥寒见，三年感愧深。君看水流处，一折一回心。

（胡文楷编著、张宏民增订《历代妇女著作考》（增补本）卷一六"清代十"，第663页）

另有《夏日纪贫》《苦雨思归仍留湖上感吟》等诗，真实地记录了女诗人当时的困苦生活。

九月九日（1650.10.4），黄媛介作《溪山幽居图》，王端淑题跋。

雅昌艺术网：编号：1933；形式：立轴，质地：纸本，墨色：墨笔，尺寸：105×34厘米，题跋一"两山松栎暗朱藤，一水中间胜武林。午梵隔云知有寺，夕阳归去不逢僧。庚寅重九，临陆天游墨法，天香女史黄媛介"，钤印："媛""介"，"世书阁"（朱文）。题跋二"余闻皆令名久矣！奈一江间隔，未睹其著作。迨去秋，宗母寿辰，得读其诗焉。韶秀大雅，殊有林下风味，叹赏者久之。今又得观此画，秀丽中具贞淑之格而无脂粉气，真闺中之秀也。因志数语以表钦慕之忱，并作相从谈艺云尔。映然女史王端淑跋"，钤印："映""然"（白文）。北京匡时国际拍卖有限公司，2016年6月8日。

此画的创作时间可以确定为此年，有黄媛介的题识"庚寅重九临陆天游墨法"，但王端淑的题跋不知道为何年所作，题跋云"迨去秋，宗母寿辰，得读其诗焉……今又得观此画，秀丽中具贞淑之格而无脂粉气，真闺中之秀也"。应该确定为此画作题跋时，两位女诗人已经相识，否则不会有"并作相从谈艺云尔"之句。顺治十一年（1654），汪汝谦为女校书张宛作诗四首，一时和者纷然，成《梦香楼集》，其中亦有黄媛介与王端淑，故两人相识的时间不会晚于顺治十一年。

"陆天游"即元代画家陆广。

陆广，字季弘，号天游生，吴（今江苏苏州）人。擅画山水，取法黄公望、王蒙，风格轻淡苍润、萧散有致。后人评其格调在曹知白、徐贲之间。能诗，工小楷。传世作品有《丹台春晓图》《仙山楼观图》《溪亭山色图》等。

黄媛介与山阴女诗人王端淑之间的友情。

黄媛介寓居杭州期间，结识了不少男女文人，山阴女诗人王端淑便是其中一位。两人的遭遇基本相同，因国破而家亡，王端淑之父王思任又因清兵南下绝食而亡。经历了沧桑之变的王端淑在《苦难行》一诗里抒发着不亚于黄媛介《离隐歌》的深刻感受："甲申以前民庶丰，忆吾犹在花锦丛。莺啭帘栊日影横，慵妆倦起香帷中。""一自西陵渡兵马，书史飘零千金舍。髻髦蓬松青素裳，误逐宗兄走村野。"（《映然子吟红集》卷三）

王端淑（1622—约1684），字玉映，号映然子，又号青芜子，山阴（今浙江绍兴）人。王思任女，宛平诸生丁圣肇妻，丁卜年、丁君喜母，丁君望、丁君卿嫡母。

张敏《王端淑研究》说她"自幼聪明，博览群书，过目不忘。经史子集，无不浏览；与人论文，终日不倦；诗文诸体，靡不涉笔"，迁泉《清画家诗史补编》称其"楷法二王，画宗倪、米"，邓汉仪《诗观》初编卷十二言其"初得徐文长青藤书屋居之，继又寓武林之吴山，与四方名流相倡和，对客挥毫，同堂□尘，所不吝也"。顺治间，欲援曹大家故事延入禁中教诸妃，力辞。著有《吟红集诗稿》《玉映堂集》及《史愚》《留箧》《恒心》《无才》《宜楼》诸集；辑有《历代帝王后妃考》；选辑《名媛诗纬初编》《名媛文纬》等。

关于王端淑的卒年，张敏在《王端淑研究》中认为其去世时年已八十余岁。而在曹溶《静惕堂诗集》卷二十四有一首与之有关的诗作：

伤映然子

浙有林间秀，风流嗣谑庵映然为王季重女。唾花增旅寂，绣佛写春酣。山月凭谁饯，寒花不上簪。竟虚瑶岛讯，海鹤自毿毿。

若以曹溶去世于康熙二十四年（1685），则王端淑并非如张敏文中所说寿至八十余岁，而是在康熙二十四年之前已然离世。

《（康熙）嘉兴府志》卷十八《诗歌上》录有王思任《骑马行简檇李同窗黄给事》诗，"黄给事"即黄承昊。同为官场中人，或许曹溶与王端淑之父王思任亦有所交往，否则不会特地写诗悼念这位才华横溢的女诗人。

曹溶（1613—1685），字秋岳，一字洁躬，亦作鉴躬，号倦圃、鉏菜翁，浙江秀水（今浙江嘉兴）人。明崇祯十年（1637）进士。著有《静惕堂诗集》《静惕堂尺牍》等，时称江东独步。

《（光绪）嘉兴府志》卷五十二《人物志·列传·秀水县》："为御史。尝劾辅臣谢升。又，熊开元参周延儒，廷杖，疏白其冤。入本朝（清朝），以御史视学畿内。历户部侍郎，出为广东布政使，左迁山西阳和道。……丁母忧，归。己未以博学鸿词征，复荐修《明史》，因疾不赴……溶文章沉思湛郁，诸体雄骏，尺牍小简尤精。诗原本汉魏，有气骨，与新城王士禛齐名。"

王思任（1574—1646），字季重，小字金星，号遂东，晚号谑庵居士，山阴（今浙江绍兴）人。工诗善文。著作有《王季重十种》。

吕明《王思任年谱·引言》："举万历二十三年（1595）进士。令兴平，补当涂。迁刑部，补湖广清吏司。寻令青浦，后补松江教授。升南工部主事，榷关芜湖。出为九江佥事，罢归。鲁王监国，晋詹事府少詹事、礼部侍郎。为官通脱，不事名检。性好谑浪，遇达官，亦疏放绝倒，不能自禁，以至所至皆镌降。清顺治三年，绍兴城破，绝饮食，卒于山中。"

王思任与王端淑的公爹丁乾学同朝为官，渊源颇深。

丁乾学（？—1627），字天行，山阴（今浙江绍兴）籍，家于京师。

《（康熙）大兴县志》卷五《人物》："万历乙未（1595）进士，改庶吉士，授检讨。壬戌分校，得孟兆祥、许士柔。甲子（1624）典江右试，得艾南英。逆奄魏忠贤擅窃国柄，发策以盗贼宦监，并问忠贤喉御史纠试臣语讥上公，遂矫旨夺其官。缇骑来逮，被殴伤而死。崇祯初，事始白，追赠侍读学士。"

爱屋及乌，连后来成为王端淑夫君的丁圣肇的名字都是王思任所命名的。

丁圣肇（1621—？），字睿子，号衢间散人。丁乾学三子，丁圣期、丁圣嘉弟，丁圣功、丁圣衡兄。天启二年（1622）前后与王端淑订婚。崇祯十六年（1643）任衢州府推官。

有意思的是，崇祯十七年（1644）春，因子嗣甚艰，遵循封建社会的三从四德的王端淑变卖嫁妆为丁圣肇纳妾陈素霞。后又因丁圣肇宠爱妾侍，而致夫妻反目，王端淑有诗《甲申春予脱簪珥为睿子纳姬暱甚与予反目》纪之。

陈素霞（1625—1652），字轻烟，南京（今属江苏）人。王端淑《名媛诗纬初编》卷十七载其"敬顺端谨，八年如一日。生性好咏诗。生息不禄，忧成疾。卒时年才廿八耳"。

王端淑与丁圣肇育有一子丁卜年，庠生。聘绍兴府庠生刘公执道女，娶淮安工部办事官杨际春之女。一女丁君喜，早夭。陈素霞亦生有二女：丁君望、丁君卿。（《映然子吟红集》卷二十四《皇明赐敕赠孺人先妣李氏行状代》）

王端淑对黄媛介当是倾慕已久，以下二诗可见一斑。一为《读鸳湖黄媛介诗》：

> 竹花吹墨影，片锦贮雄文。抹月含山谷，披云写右军。击音秋水寂，空响远烟闻。脂骨应人外，幽香纸上分。

（王端淑《映然子吟红集》卷八）

按，此诗即前文题跋中所言："迨去秋，宗母寿辰，得读其诗焉。韶秀大雅，殊有林下风味，叹赏者久之。"初读黄媛介诗，王端淑可谓一见倾心。

一为《为龚汝黄题黄皆令画》：

> 孤亭秋树色，即是云深处。写此数峰青，倒逐扁舟去。

（王端淑《名媛诗纬初编》卷四十二）

在《名媛诗纬初编》卷四十二《后集》尚有《次韵答汝南龚汝黄征和》，只知道龚汝黄为河南汝南人，一时无法找到有关此人的资料。

吴山夫妇携女离开杭州。

《清代闺阁诗集萃编》卷一《吴岩子诗》有《辛卯夏寓梁溪积雨侵入瓶兰甚香即事有赋》，"梁溪"即无锡的别称，从诗题可知吴山夫妇于顺治八年（1651）夏已至无锡。

吴山在杭州留下《娄东吴骏公太史向余东园地主今客西湖承赠佳章感次原韵》《罗敷令·夏日西湖雨霁》《罗敷令·夏夜湖中访荷》《青玉案·西湖七夕用贺方回韵》等诗词。

十月（1650.11—12），黄媛介正式移家杭州，作《十无诗》，为《湖上草》之始。

黄媛介《十无诗》序云："庚寅十月，余初至湖上……"

因此可见，黄媛介自丹阳返家一载有余，便携家小寓居杭州。

十无诗 有序

庚寅十月，余初至湖上，欲穷胜概。其点缀者十无八九，唯山水面目独存。昔人谓歌吹为风，粉汗为雨者，亦皆沦于朝岚夕烟矣！因见《十无诗》，适当其感，亦赋十章，以纪游历。

望无亭

扁舟如逐水鸥翔，尽说西泠藻荇荒。欲觅湖亭看远翠，墟烟空复映斜阳。

倚无楼

湖山无我化蒿莱，我至湖光一碧开。画阁朱楼何处是，寸心万感赋难裁。

乘无舫

云映波光水接山，临风凝立听潺湲。欲携丹笔穷山麓，遥想杯浮去复还。

放无鹤

十年魂梦此依稀，瞥眼山容染薄衣。苔没残碑人自远，客来不见素禽飞。

种无梅

昔时花事说芳菲，放鹤留云护翠微。谁惜一朝疏影尽，春来无复暗香飞。

攀无柳

西泠桥畔碧纹平，赢得游人去住轻。两岸只留烟色冷，不知谁识别离情。

绽无桃

桃根桃叶已摧攀，惭愧春风十里间。试问游人何处好，两湖犹有旧青山。

采无莲

平波一望绿如莎，默默看来恨转多。不见红衣凌水面，倚栏空赋采莲歌。

钓无鱼

澄泓碧水净无流，徒把鱼竿着意求。岂是空王慈力大，不教着饵更吞钩。

游无妓

湖光如镜兼如画，镜里画中人不来。一抹烟波憎艳丽，浣纱归去洛川回。

《湖上草》为黄媛介寓居杭州之作，自清顺治七年（1650）至顺治十年（1653）秋，前后三年有余。

黄媛介之所以至杭州居住，推测其原因有二：一是黄媛介必须以写卖书画养家，而以山水之胜的杭州则聚集了一批南来北往的文人骚客，还有一些附庸风雅之士，故有一定的市场。二是黄媛介因乙酉兵变而流落在外时，遭受了一些流言蜚语的中伤，这或许也是为了暂避乡人之谣诼。

陈寅恪的《柳如是别传》中册（第486页）也说："皆令既被劫复得脱，当时必有见疑于人之情事。而其兄尤引以为耻辱。故《离隐歌序》云'归示家兄，庶几免蔡琰居身之玷'，即指此而发也。皆令自经此役，其社会身份颇为可疑。"并列举了吴伟业《题鸳湖闺咏》、王士禛《观黄皆令吴岩子卜篆生书扇各题一诗用吴梅村先生题鸳湖西泠闺咏韵》、李良年《黄皆令归吴杨世功索诗送行》、商景兰《赠闺塾师黄媛介》诗中皆暗寓的黄媛介这种尴尬处境，作为例证。

而毛奇龄在《为妇陈何答黄皆令札子》亦有："而乡里小人素称交游，阳导而阴挤之，则又何也？则乡使夫人居吴越间，贱近贵远，未必能如长安道上，所在圜接。即或偶借光景，亦口承面奉，一旦遇有缓急，各袖手窃视

去。夫人之薄游不返，岂亦鉴于此乎？"（《兼本杂录》卷十二）

此时黄媛介的境况很是窘迫，在杭州以写卖字画以活，钱谦益、陈维崧等人曾亲眼所见。

《诗观》初集卷十二说她"后僦寓西陵，所居一楼，与两高峰相对。腷䴡、侧理是其经营，终不免卖珠补屋之叹"。

黄德贞赠词送行。

重返家乡的黄媛介为了生计，也为了远避乡人而寓居杭州，宗姊黄德贞填词赠别，字里行间表达了姊妹间眷恋惆怅之情：

苍梧谣·送皆令妹之西泠

溪。草绿花飞前路迷。丝丝柳，难系片帆西。

此词不知作于何年，笔者比较倾向为此年之作。

黄媛介在杭州的居所"秦楼"。

钱谦益《赠黄皆令序》云："今年冬，余游湖上，皆令侨寓秦楼。"邹漪《黄皆令小引》亦云："今年夏，予游湖上，皆令侨寓秦楼之侧，飞章叠韵，属和遥赓，其乐也。"

钱谦益作序的时间为顺治七年（1650），而邹漪序中所言"今年夏"则为顺治十一年（1654），因此可见黄媛介自顺治七年至顺治十一年四年间一直居住在杭州西子湖畔之秦楼。

"秦楼"一词，出自"萧史弄玉"之典故。春秋秦穆公之女弄玉好吹箫，弄玉所嫁萧郎亦擅吹箫，能以箫作鸾凤之音。其所居之楼为凤楼，又作"秦楼"。此典故既有佳偶天成之喻，又隐有男女偷情之意。故"秦楼"最初的含义纯指女子的闺楼，后来才被指为烟花之地。

而黄媛介所居秦楼实有其处，并非人们现在普遍意义上的烟花场所。

张岱《西湖梦寻》卷三《秦楼》云："秦楼初名水明楼，东坡建，常携朝云至此游览。壁上有三诗，为坡公手迹。过楼数百武，为镜湖楼，白乐天建。宋时宦杭者，行春则集柳州亭，竞渡则集玉莲亭，登高则集天然图画阁，看雪则集孤山寺，寻常宴客则集镜湖楼。兵燹之后，其楼已废，变为民居。"

苏轼曾为此楼作有《六月二十七日望湖楼醉书五绝》诗：

> 黑云翻墨未遮山，白雨跳珠乱入船。卷地风来忽吹散，望湖楼下水如天。
>
> 放生鱼鳖逐人来，无主荷花到处开。水枕能令山俯仰，风船解与月徘徊。
>
> 乌菱白芡不论钱，乱系青菰裹绿盘。忽忆尝新会灵观，滞留江海得加餐。
>
> 献花游女木兰桡，细雨斜风湿翠翘。无限芳洲生杜若，吴儿不识楚辞招。
>
> 未成小隐聊中隐，可得长闲胜暂闲。我本无家更安往，故乡无此好湖山。

不过，据萧山毛奇龄所作《黄媛介入越感赠》诗中有"八口贫随书画船"之句，黄媛介寓居秦楼之前与家人们应该有很长一段时间是过着船居生活的。

邓汉仪在其《诗观》初集卷十二亦说黄媛介"后僦寓西陵，所居一楼，与两高峰相对"。

"西陵"即西泠桥。田汝成《西湖游览志》卷二《孤山三堤胜迹》云："西泠桥，一名西林桥，又名西陵桥。从此可往北山者。"

黄媛介《和远山李夫人韵》首句便说"偶客西泠年复年"，明确她所居之处为西泠桥一带。

至顺治十三年（1656）陈维崧游杭州时，在其《湖海楼妇人集》中云：
"嘉兴黄皆令诗名噪甚，恒以轻航载笔格诣吴越间。余尝见其僦居西泠断桥
头，凭一小阁卖诗画自活，稍给便不肯作。""僦居"即租屋而居。陈维崧所
见黄媛介已从西泠桥迁居至断桥，所"凭一小阁"或即王端淑《名媛诗纬初
编》卷四十二中提到的"梅花楼"：

寄黄皆令梅花楼

买舠急欲探先春，风雪偏羁病里身。闻有梅花供色笑，客途如尔未
全贫。

冻笔涂残半是鸦，剡溪渺渺竟迷槎。相逢只恐梅花笑，谓我春来不
忆家。

清中后期杭州文人陈文述（1771—1843）所居之处即黄媛介昔日之断桥
旧居，其侧室文静玉作诗以记：

寓居断桥小楼当是黄皆令旧居也感赋一律

我忆黄皆令，当年在此楼。窗开明镜晓，门掩画桥秋。花月清游
在，林峦粉本收。记曾经月住，香影梦帘钩。

（恽珠《国朝闺秀正始集》卷九）

陈文述子妇汪端（1793—1839）亦有《段家桥访黄皆令故居》诗：

小桥杨柳蘸晴波，离隐诗成屋补萝。春雨画阑凭翠褏，晚山妆阁碾
香螺。游踪鹫岭花开雪，归梦鸳湖水漾罗。载笔朱门感迟暮，扫眉才子
似君多。

（汪端《自然好学斋诗钞》卷四）

　　黄媛介居住之所，无论是秦楼还是梅花楼，都依傍着西湖，可纵览美丽的湖光山色。后江西女诗人朱中楣过杭州时，曾与之比邻而居，每每晨起梳妆时可尽情地欣赏清秀婉丽的自然景色，因此作有《西湖小楼晓妆》诗。

　　如今历史上的秦楼与镜湖楼几经沧桑，早已不知所处。不过，在杭州北山路上位于西泠桥以东、北山路以南的滨湖地带——即秋水山庄与香格里拉饭店东门之间有一处镜湖厅景区，正与南面的孤山隔湖相望，不知是否即原镜湖楼遗址。

　　十月，绛云楼被焚，钱谦益与柳如是移居红豆山庄。

　　《河东君传》："庚寅冬，绛云楼不戒于火，延及半野堂，向之图书玩好略烬矣。"

　　清顺治六年（1649），钱氏夫妇从苏州返回常熟，移居红豆山庄，表面上安居乐业，暗中则与西南和东南海上反清复明势力联络。

　　十二月十一日（1651.1.2），佟国器迁福建布参政管。

　　《清代职官年表》第三册《布政使年表》（第1763页）："佟国器，十二、庚寅、十一，1.2；浙按授布参政管。"

清顺治八年（1651）辛卯　四十二岁

　　正月初二日（1651.2.22），董小宛卒。

　　孟森《董小宛考》："董小宛之殁也，在顺治八年辛卯之正月初二日，得年二十有八。……葬影梅庵。……越数年，陈其年偕巢民往吊有诗。迄今读清初诸家诗文集，于小宛之死，见而挽之者有吴薗次，闻而唁之者有龚芝麓，为耳目所及焉。"

张明弼扶病为作《冒姬董小宛传》。

正月，黄媛介为柳如是作山水画。

《闺塾师——明末清初江南的才女文化》（第 307 页）说"高居瀚对黄媛介于一六五一年为柳如是所绘的一幅风景画进行了分析，此画与柳如是的作品一样，被裱贴在同样的卷轴上，高居瀚推测，她们之间的友情可能也影响了相互间的艺术风格"。

查周书田、范景中校注的《柳如是集》，有一幅黄媛介赠柳如是的山水画，与柳如是的《月堤烟柳图》合装，上有黄媛介自题款识曰"辛卯春正写意奉寄河东夫人以博粲教，皆令黄媛介"，另有钱谦益《赠黄皆令序》，吴江郭麐、镇洋（今江苏太仓）彭兆荪、娄县（今上海松江区）樗寮居士（姚椿）、海盐朱泰修等人题跋。

此画岩山、树木、屋舍错落有致，题为《柳如是黄皆令山水图合卷》，现藏北京故宫博物院，应与《古代书画过目汇考》所著录的黄媛介《为河东夫人作浅绛山水》为同一幅作品。

黄媛介《山水》，落款"辛卯春正写意奉寄河东夫人以博粲教，皆令黄媛介"。钤印"如一道人"。

题跋一为钱谦益《赠黄皆令序》，因此序将在后文提及，故暂且略去，只录文章最后一段：

> 辛卯清和月，时与沈朗倩、杨曰补晤言小斋，谈及皆令近况，适见其小幅，因录序言于左。蒙叟谦益。

题跋二：

> 右河东君、黄皆令画各一，前后皆蒙叟所题，后人合装为卷。嘉庆

庚午，游琴川，获观于玉人天际之斋。

主人属题句爰用蒙叟韵作二首

天宝遗闻话昔游，秦时月尚挂梢头。山庄风景仍郭麐《灵芬馆四集》卷二为"思"前度，南渡党魁第一流《灵芬馆四集》卷二为"惜胜流"。玉《灵芬馆四集》卷二为"故"殿灵和终有恨，大堤烟雨不胜愁。蘼芜满地琴川路，一例销魂似玉钩。

鸳湖鸳侣旧同游，见说夗央易白头。诗草《灵芬馆四集》卷二为"笔"不教留闰集，闰人无奈作名流。明珠翠羽多生《灵芬馆四集》卷二为"前生"梦，剩水残山异代愁。我是江南断肠客，诚拈红豆为藏钩。吴江郭麐

题跋三：

萦烟惹絮三眠态，依稀尚湖春好。洗罢新松，行残旧药，用河东君句。想见砚濒云绕。沧桑电扫。认一角溪山，荒凉画稿。莫说蘼芜，夕阳冷照墓门草。南朝金粉梦香，有涂黄晕碧，彩伴同调。蕉萃青裙，高寒翠襄，一例昙花过了。零賤剩藻。指拂水岩边，风凄月悄。二百年来，题词人也老。

右调《齐天乐》题柳如是、黄皆令合装画，为玉人天际斋主人作。镇洋彭兆荪。

题跋四：

拂水风花湖上路，西泠晴雨画中诗。人闲邢尹何须避，都是沧桑梦醒时。

嘉庆己卯寒食日，寓吴门吉祥云室，为古云道人题，樗寮居士。

题跋五：

　　咸丰戊午冬日，余催转漕，于役琴川，信宿昭文县署，相传为钱蒙叟故宅，后圃有柳如是妆楼遗址。又至拂水岩下，访河东君墓，知嘉庆间陈云伯令常熟时曾修之。迤西即受翁冢，钱梅溪集刻苏文忠书曰："东涧老人墓。"石碣犹存，闻受翁后早绝。青山已逝，长埋逸代之才。白云能来，应慰平生之旧。不禁徘徊久之。去冬，妹婿朱泰修《竹南精舍骈俪文稿》为"张祥伯主政"出示此卷，系柳如是、黄皆令画卷各一帧，前后均牧斋手题。一则燕莺作伴，宛描桃叶渡之风光；一则烟墨如飞，深得梅花庵之笔趣。两美具而延平剑跃，双绝夸而合浦珠联。犹留乌玉玦之精神，未付绛云楼之烈炬，洵可宝矣。尔其长虹卧水，新蟾似钩，桃含宿霭之浓，柳受尖风之峭。加以阑干隐隐，帘幙重重，斯诚月堤烟柳之佳景也。宜其管搦鼠须，研磨鸲眼，五步楼而十步阁，二分月而十分春《竹南精舍骈俪文稿》为"三分月而二分春"。雅帧妾拈，新诗郎写。顾媚楼之于芝麓，合璧卿卿；管仲姬之于鸥波，抟泥我我。倚肩指点，脱手淋漓。簪花署居士之名，写意博先生之粲，何其乐也。若夫钟灵绣水，蕉萃青裙。传韵事于丹青，托深心于豪素。玩其赠柳夫人画，清而弥隽，纯乎大家；澹不可收，画有禅意。闻皆令尝为王阮亭写山水小幅，自题诗云："淡墨遥传千载意，孤峰只在有无间。"嗟乎！青绫设帱，婉辞名士之婚；班管摛华，早入宗工之赏。展《池北偶谭》所录，笔风流兮一枝，与河东臭味相投；人清绝兮双玉，宜后人之合装成卷也。仆于是窃有感矣。夫壮心未已，愿同梁氏之执桿；苦节弥贞，终冀乐昌之圆镜。乃柳既香镫禅版，绮债忏除；黄亦雪屋穷村，炊烟断续。且也朱丝毕命，暂支孝廉船之将倾；墨深如新，竟为《明诗综》所未采。徒存此晕碧涂黄之尺幅，易动人残山剩水之怆怀。姹女多才，喜尹邢之何须避面；文人骚节，觉沧桑之倍足关情。年来一角虞山，半罹兵火。想见玉钩冷落，谁传鬼唱于鲍家；兹犹红沫镌华，艳说款题于杨妹。祥伯缃芸护惜，珊网搜罗，嘱以馀闲，缀之小序。噫！玉台鉴赏，君是清河画舫之后身；彩伴招邀，我深苏小同乡之怅触。皆令，秀水人。九原可作，当恕其谰语无稽也。同治庚辰闰四月望后三日，海盐镜香朱泰脩题。

题跋六：

才女柳如是、黄皆令，闺秀之负奇气者也。于胜国甲乙之变，一劝所事之忠，一守清寒之志，其识见校当时文人之堕节者为何如哉！二百年来，片纸寸缣，皆当珍重，罕不易觏。今竟获睹双璧，合装成卷，展数数，忻幸不胜。卷前有蒙叟题句后识，风鹤中士女离合情状，尤足发人感慨。至两幅笔致，娟秀古澹，各擅其胜，美人林下风也。羡不能舍，亟购之，焚香静对，胜过琴川、秀水时酹杯酒矣！

妾心许殉稿砧忠，蒙叟柔肠事竟空。今列画诗平吊论，焚香应拜柳河东。

右题柳如是画

秋山一角写幽思，皆令多才数更奇。阅尽兴亡湖上草，伤心史是女郎诗。

右题黄皆令画。

光绪癸巳嘉平月，辟非老人张度题。

春，徽商汪汝谦时招黄媛介至"不系园"宴饮。

《诗观》初集卷十二有："地主汪然明时招至不系园，与闺人辈饮集，每周急焉。"黄媛介有诗为记：

汪夫人湖舫见招和然明先生韵

为有林泉韵主人，停岚飞雾倍生神。赋愁王粲登楼上，解珮灵妃去水滨。千顷湖波千古碧，一朝人物一番新。六桥柳淡烟光别，同是丹青画里身。

（黄媛介《湖上草》）

黄媛介寓居杭州期间，虽以写卖字画为生，仍摆脱不去困难的处境，幸亏得到一些朋友的帮助，才得以勉强度日。在这些朋友中，首推明末时即已寓居杭州的徽商汪汝谦。

汪汝谦（1577—1655），字然明，号松溪道人，徽州歙县（今属安徽）丛睦坊人。汪珣孙，万历四年（1576）举人汪可觉子，汪汝淳、汪汝泽、汪汝洽弟，汪汝瀶兄，汪玉立、汪继昌父。太学生。著有《不系园集》《随喜庵集》《绮咏》《绮咏续集》《西湖韵事》《梦草》《听雪轩集》《游草》《闽游诗纪》《松溪集》《梦香楼集》。

据徐学林编《徽州刻书史长编》第七卷（第 2697 页），性轻财乐施，亲朋得其周济者达数百人。博雅工诗，与当时名士董其昌、文徵明、陈继儒交往深厚。明末移居武林（今杭州市），招集名流，为湖山诗酒会，并置舟西湖，题曰"不系园"，成为风雅领袖。

汪汝谦之所以帮助黄媛介，不外乎以下两个原因：

首先，与钱谦益、柳如是夫妇有着很大的关系。钱谦益与汪汝谦关系密切，明末时即有往来，钱谦益《牧斋有学集》卷三十二《新安汪然明合葬墓志铭》有："崇祯癸未（1643），余游武林之西溪，然明偕冯二云将，访我绿萼梅树下，酌酒谭燕，欢若平生。"《牧斋初学集》卷十八《东山诗集》有《西溪永兴寺看绿萼梅有怀梅二株螓虷可爱是冯祭酒手植》诗。汪汝谦还为柳如是与钱谦益牵线搭桥，陈寅恪先生说"钱柳姻缘之完成，然明为最有力之人"。不仅于此，汪汝谦曾经出资为柳如是出版《湖上草》与《尺牍》诸书，可见钱谦益夫妇与汪汝谦之间非同一般的交情。

其次，还在于汪汝谦自身所具有的文人气质与豪侠之心，这位素有"黄衫豪客"之称的富商有着相当雄厚的财力。

古代男女交往毕竟还是有限制的，所以汪汝谦多以其妻吴氏之名出面邀请黄媛介等女客参加闺人雅集，如吴山、王端淑等人也都受到此等待遇。目前能够看到的黄媛介作品中有三首诗是与汪汝谦之妻相关的，并有与汪汝谦的唱和诗。贤惠的吴氏夫人时常出面请黄媛介至湖中画舫参加宴游，并"与闺人辈饮集"，共赏湖光山色。

关于吴氏的资料并不多见，据《牧斋有学集》卷三十二《新安汪然明合葬墓志铭》记载，吴氏"与然明齐年，以丁酉（1657）四月卒……相夫刑家，具著仪法。……字庶出子愈于己出，闺门颂之"。

明末清初，杭州地区经济发达，作为江南名胜之地，吸引了无数富商巨贾、达官显贵、文人墨客、闺秀名媛，以及娼优妓伶在此流连忘返。许多富豪及官员都在西湖周围建有别墅与宅院，如嘉兴的冯梦桢在孤山有快雪堂，山阴商氏在涌金门有楼外楼，山阴张岱家有寄园，黄汝亨在南屏山有寓林，而汪汝谦也分别在缸儿巷与西溪建有住宅与横山别墅。

至顺治二年（1645）清兵南下，当时驻在杭州的潞王朱常淓开门降清。计六奇《明季南略》卷十："时潞藩避杭州。六月，杭人拥戴之。贝勒以书招王，王度力不能拒，又不忍残民，遂身诣营，请勿杀害人民。贝勒许之，遂按兵入杭，市不易肆。"

尽管遭遇了如同天塌地陷一般的改朝换代，而杭州自明万历以来崇尚休闲奢华的风气并未因此稍减，刀枪未动的杭州城继续沉浸在歌舞升平、纸醉金迷之中。

杭州西湖画舫早已有之。正如汪汝谦《不系园记》所言："自有西湖，即有画舫。武林旧事，艳传至今。"明末，与汪汝谦交好的黄汝亨建造了"浮梅槛"，一时仿效纷起。

从厉鹗的《湖船录》中可知汪汝谦的游舫除了不系园，还有随喜庵、观叶、水团瓢（一作小团瓢）等。丁午《湖船续录》又载，汪汝谦另有一叶湖船"雨丝风片"。

所谓的"不系园"，在《诗观》初集记载中实为一浮游于西湖之上的豪华画舫，由汪汝谦构建于明天启三年（1623），并为辑唱和之作《不系园集》，一时和者众多。

厉鹗《湖船录》云："不系园，汪然明制。计长六丈二尺，广五之一。入门数武，堪贮百壶。次进方丈，足布两席。曲藏斗室，可供卧吟。侧掩壁厨，俾收醉墨。出转为台，台上张幔，若遇惊飙蹴浪，倚树平桥，卸阑卷幔，犹然一蜻蛉艇耳。陈仲醇榜曰'不系园'"。

汪如谦的画舫常常聚集着文人雅客，其中不乏名人，如陈继儒、董其昌、黄汝亨、吴伟业、茅元仪、葛征奇、王思任、李明睿、周亮工、施闰章、李渔、曹溶、祁彪佳、吴其贞，等等。除此，汪汝谦还与很多名媛才姝交往，如明末有王微、杨慧林、林天素、王玉烟、梁澹宜、柳如是、沙宛在、吴楚芬等，清初则有黄媛介、吴山、卞梦珏、王端淑等。

出自风尘的名姝们多才多艺、轻歌曼舞，为汪汝谦的诸画舫增光添彩："王修微、杨云友能诗，林天素能画山水兼能琵琶，王玉烟能走马，吴楚芬能歌。"黄裳《绛云书卷美人图——关于柳如是》说："汪然明是徽人而客居杭州的商人，平时喜与侠妓名姝往还，常为她们排忧解难。"

斗转星移，在汪汝谦画舫上曾经逗留过的名姝们如同过眼云烟一般随风而逝：王微、杨慧林已不在人间，柳如是嫁为人妇，林天素则远去闽乡，而王玉烟、梁澹宜亦不知去处。新来的"闺人"座上客中不仅有嘉兴的黄媛介，还有当涂的吴山、卞梦珏母女，山阴女诗人王端淑也在其中，或许还有长洲吴琪与吴江周琼，她们与以前的名姝又有所不同，多出身于官宦人家或书香门第，而汪汝谦还是王端淑的父执辈。因而晚年的汪汝谦追昔抚今，不免百感交集地在《西湖纪游》中叹道：

余髦矣，抚今思昔，未免有情。偶值岩子吴校书寓游湖上，词采翰墨，媲美蘘倚，触目成吟，为西湖曲，感废兴之倚伏，嗟聚散之难期。

暮春，黄媛介过分守杭嘉湖道张安豫寓所。

是年春黄媛介作《暮春过张森岳先生园侨夫人姬以新诗见示同赋》《过张森岳先生园赋》二诗。

暮春过张森岳先生园侨夫人姬以新诗见示同赋

闲穿花竹度危城，稳籍云门白鹿行。惊坐看君临玉树，乍来愧我似浮萍。弦逢钟子音逾逸，马遇孙阳骨更清。把酒联吟留韵事，只今回忆不胜情。

（王端淑《名媛诗纬初编》卷九）

诗中有"闲穿花竹度危城""乍来愧我似浮萍"之句，正是黄媛介四处漂泊、无以为家的真实写照。她还在诗中还引用了几个典故："弦逢钟子音逾逸"，引春秋战国时期楚国钟子期与伯牙互为知音的故事；"马遇孙阳骨更清"，借伯乐善于识马的故事，伯乐姓孙，名阳。黄媛介在此表达了自己的感遇之恩。由此可见，她与张安豫内眷关系颇为亲密，或其女性家人向黄媛介学作诗亦未不可。

黄媛介于顺治五年（1648）冬返回嘉兴，时华亭（今上海松江区）人张安豫任杭嘉湖道观察。

重刊本《（光绪）浙江通志》卷一二一《职官十一·分守杭嘉湖道》："张安豫，字森岳，华亭人。恩贡。顺治五年（1648）任。"于顺治七年（1650）去职，由山东平度人官靖共接任。

当时"杭嘉湖道"官署设在嘉兴。《（光绪）嘉兴府志》卷七《公署二》：

"杭嘉湖道署，在府治西北灵光坊，旧为按察司，后改嘉湖分巡道署。"至今嘉兴仍有一条东西向的"道前街"，与精严寺街平行。

现根据黄媛介《湖上草》，可以肯定其寓居杭州的时间当在顺治七年（1650）十月。在此期间，她与分守杭嘉湖道的张安豫家眷应该是延续着在嘉兴时的交往。当张安豫于顺治五年（1648）到任时，黄媛介尚在外地，而至顺治七年黄媛介寓居杭州时，张安豫已离任。不过按照《（嘉庆）松江府志》卷五十六《古今人传八》之说，张安豫离职后并未马上就任新职，而是赋闲了一段时间："擢分守嘉湖道。失上官意，绖吏议，士民倍道，走三衢讼怨，事白。补长芦盐运分司，以忤辒使，拂袖归。卒年五十六。"据此则《暮春过张森岳先生园侨夫人姬以新诗见示同赋》一诗应作于顺治八年（1651），或许此时张安豫亦移家湖上。

张安豫，字子建，号森岳，华亭（今上海松江区）人。明成化二年（1466）进士张弼（1425—1487）六世孙，张德瑜孙，张以讷子，张世维、张世绅父。廪监（朱福生《张弘金家族成员事迹考》）。

《（雍正）浙江通志》卷一五五《名宦十·金华府·国朝》："顺治三年（1646）由贡生任金华知府。时婺城初下，民多窜伏山谷，安豫设法招徕，并戢暴兵，严告讦，蠲免力役，民乃少休。越明年，岁大祲，多方赈济，全活无算。郡庠毁于兵，鸠工重建。朔望课士，不期年而郡多弦诵声。通济桥为栝苍、太末孔道，以兵燹废，修复之。他如鼓楼、星君楼皆所鼎新。又造营房，以安师旅；筑石坝，以资水利；严保甲，以清奸宄；调供亿，以济征闽大兵。治行推第一，擢分守嘉湖道。"

"侨夫人"者，情况不明。按黄媛介诗题所言，此女子亦会诗，就目前为止尚未见一些诗歌总集中有所记载。

春，李景廉卒。

刘正宗《逋斋诗》卷二"辛卯"年有《哭李筠圃二首》诗，此诗作于

《春分夜雨》与《四月晦日过陆访野鹤留酌》之间，故确定李景廉去世于此年春天。

"野鹤"即山东诸城人丁耀亢字号。

春，黄媛介为浙江南关署中古梅芙蓉石作诗二首。

此二诗为黄媛介应时任浙江南关监督的陆朝瑛之请而作。其一：

南关署中古梅迄宋以来四百馀年矣主政宣珂陆公索言以表其异因赋：

为历烟霜老翠痕，新惊花发识文园。虬枝自喜连云静，铁骨偏怜傍玉温。龙汉换来终不改，沧桑变后只常存。遥看紫气临关署，仙客骖霞自古尊。

其二：

又赋芙蓉石

矫矫明霞散锦屏，芙蓉浴露出空青。半疑石丈栖天界，全似花丛近帝扃。历看数朝知岁月，幸依清署识仙灵。古梅瘦影遥相峙，绝胜金人立汉庭。

黄媛介宗姊黄德贞亦为作《芙蓉石》诗一首（其序云："在杭州南关署中，为陆主政赋"）：

郁林曾诧翠玲珑，榷署光凝挂笏雄。半壁烟岚矜玉立，一帘香雨冒花丛。筠依夕影寒生碧，苔掩秋棱色印红。自是珠宫分蕊出，坚贞应与使君同。

（沈季友《檇李诗系》卷三十四）

"主政宣珂陆公"即陆朝瑛。

重刊本《（光绪）浙江通志》卷一二一《职官十一》"南关监督"条："陆朝瑛，顺治七年（1650）任。"

又据重刊本《（光绪）浙江通志》记载，陆朝瑛于顺治八年（1651）去任。

陆朝瑛，榜名范朝瑛，字石斋，吴县（今江苏苏州相城区、吴中区）人，占籍无锡参加科举。清顺治四年（1647）进士。

《（光绪）无锡金匮县志》卷十六《进士·国朝》："范朝瑛，复姓陆，吴县籍，丁亥进士。"

中式后授户部山东司主事，管德州仓粮储。顺治七年（1650）任浙江南关监督，顺治八年（1651）去任。顺治十一年（1654）任陕西乡试副考官。后任户部陕西司郎中。顺治十三年（1656）改山东按察司金事、分巡济南道。顺治十六年（1659）任陕西布政使司参议，分守商雒道。

巧合的是，曾经帮助过黄媛介的丹阳令许宸与陆朝瑛先后都任职于陕西商雒道。

《（雍正）陕西通志》卷二十三《职官四·本朝文职·抚治商雒道》："许宸，河南内乡人。顺治八年（1651）以金事任。"

《（雍正）陕西通志》卷二十三《职官四·本朝文职·抚治商雒道》："陆朝瑛，江南吴县人。顺治十六年（1659）以参议任。"

陆朝瑛于顺治十七年（1660）任职贵州分巡贵宁道，至康熙三年（1664）去职。

《（乾隆）贵州通志》卷十七《职官》"分巡贵宁道"："陆朝瑛，无锡人。进士。顺治十七年任。"

至康熙三年（1664）由建德徐士仪接任。

在《江苏艺文志·无锡卷》上册（第277页）亦记载了一位陆朝瑛，为清初无锡人。与黄传祖共同编纂了《扶轮新集》十四卷，顺治十六年

（1659）刻本。

疑此陆朝瑛即为"南关监督"者，《扶轮续集》的编纂者黄传祖为无锡人，与占籍无锡参加科举考试的陆朝瑛应该颇有渊源，后来两人共同编纂了《扶轮新集》。而黄传祖《扶轮续集》之所以采录黄媛介《离隐歌》诸诗，应该得力于陆朝瑛。

四月，黄媛贞观剧作诗以纪。

辛卯孟夏日再集阶六廷彦寓雨中观三姬演戏分得十一真十二文代作

红娇绿艳送馀春，莺语吹香湿绮尘。闲舫再登偕燕饮，高斋更集隐佳人。应教醉韵临西子，欲遣痴魂拟太真。满目笙歌行乐地，催归一派夜光匀。

响彻笙歌隔院闻，芳亭集饮日初曛。杯传酒梦临云壮，烛引茶烟入雨文。香绕清歌开越扇，花迎媚舞展湘裙。疏灯深照添馀况，为惜良游夜已分。

（黄媛贞《云卧斋诗稿》）

《携李诗系》卷四十一有陈台孙《辛卯孟夏朔日同人社集鹤州草堂分韵》诗。

"阶六"即陈台孙。

陈台孙（1611—？），字阶六，一作皆六，号楚江，山阳（今江苏淮安市淮安区）人。崇祯十三年（1640）进士，知富阳县，寻改平湖县，迁吏部主事。顺治二年（1645）归故里，参与张养重、阎修龄、靳应升等人组织的"望社"。嗜饮酒，自号"楚州酒人"。著有《楚州酒人传》。

《（同治）重修山阳县志》卷十三《人物三》："抗直敢言，尝上疏请裁冗员，节财用，开众正，杜群枉，时论韪之。终于陇右道。诗、古文皆有名。"

"廷彦"应是平湖诗人沈廷彦,《(光绪)平湖县志》卷十四《选举下》记其为府学恩贡生。

七月七日(1651.8.22),黄媛介自嘉兴重返杭州。

黄媛介《湖上草》有诗《五日怀归》,有句"七月七日别乡来,五月五日犹未回"。

此诗应作于黄媛介寓居杭州后的第三年,因黄媛介《湖上草》之《十无诗》小序很清楚地写明"庚寅(1650)十月,余初至湖上",是为黄媛介"初至"杭州的时间,所以这一年不会发生"七月七日别乡来"之说。如果是顺治八年(1651)所作,那么顺治九年(1652)春吴伟业客游嘉兴,为黄媛介新诗集《鸳湖闺咏》题诗作序,便与"五月五日犹未回"在时间上自相矛盾了。但是也可以解释为,由杨元勋而非黄媛介至嘉兴请吴伟业为之题诗作序,因为邓汉仪《慎墨堂诗拾》卷九《新秋杨世功自金陵来》诗夹注有:"杨乃钱宗伯、吴祭酒门下客",如此则黄媛介是完全可以在顺治九年发出"五月五日犹未回"的感叹了。

《十无诗》后第一首即《天竺进香因登见心阁》诗,故顺治八年的七月七日为黄媛介自嘉兴返回杭州的时间。

七月八日(1651.8.23),黄媛介在杭州天竺进香。

《湖上草》开篇第一组诗《十无诗》后即是《天竺进香因登见心阁》一诗,其诗题后自注有"七月初八日",故推断此诗应作于寓居杭州的第二年,即顺治八年。

天竺进香因登见心阁

觉路初登即见心,对窗一碧写高岑。蝉声欲断泉声近,尘念应除道念深。

七月十五日（1651.8.30），黄媛介作《中元看水灯》。

《湖上草》有《中元看水灯》诗，此诗无法断定为留居嘉兴之作还是寓居西湖观灯之作，因嘉兴有南湖，杭州有西湖，皆可于湖上观灯。此诗虽然未标明年代，初步推测为顺治八年所作。

中元看水灯

焰里莲开水面春，慈光千点破迷津。回头忽见当湖月，静彻冰壶无一尘。

八月，余怀客嘉兴。

《余怀年谱》（第742页）："清顺治八年辛卯……八月，寄居嘉兴天宁寺，寓九竹僧寮。中秋夜，同好友俞汝言、屠爌、王公沂集朱茂昉山楼会饮。作《鸳湖中秋诗》。"

余怀在嘉兴留有《吴江词》《采莲曲》《陈参军懋仁》《钱孝廉千秋》《吴徽军天泰》《南湖宴饮歌贻舟中同座》《东溪草堂歌为朱子蓉作》《向朱子葵使君乞黄竹制杖歌》《星带草堂歌》《听莺堂歌为徐朱草作》《云间沈尔调写老树道人顾曲图歌》《题道开所赠钱舜举画二桥图歌》《雪夜观蓝田叔蓝次公画山水歌》《中秋同俞右吉屠闇伯集朱子葆山楼待月》《游集鹤洲草堂》《曹秋岳太仆招集园亭》《重过东溪访朱子蓉》《客醉李遇林衡者即同诸子晚集朱子葆山楼》《同姜如农雍辰生寓南宫清庆山房兼呈沈秋涧羽士》《吴巨手移居明月楼招同人宴集》《鸳湖中秋诗》《过槜李访杨季平值其偶病诗以讯之》《赠朱子葵鹤洲草堂》《过褚砚耘园亭兼呈屠闇伯》《赠屠闇伯》等，以上诸诗编成《鸳湖》集。

此次嘉兴之旅，余怀与黄媛介是否得以相识，目前尚未见有记载，俟考。

八月十日（1651.9.24），吏部右侍郎熊文举改吏部左侍郎。

《清代职官年表》第一册《部院汉侍郎年表》（第538页）："吏部左侍郎熊文举，八、乙卯、十，9.24；原吏右授。"

八月十日（1651.9.24），李元鼎任兵部右侍郎。

《清代职官年表》第一册《部院汉侍郎年表》（第538页）："兵部右侍郎李元鼎，八、乙卯；原官起用。"

九月，黄媛介作诗贺南洙源升任浙江按察使司副使。

贺宪台生鲁南公

山云深处是皇羲，全浙生民卧锦帏。葛岫已成镌德岭，圣湖今作纪廉池。军容肃穆神能静，讼牍清闲政自宜。多士词氛尤向化，甘棠桃李共葳蕤。

（黄媛介《湖上草》）

黄媛介此诗应为祝贺南洙源升迁所作。

《清实录顺治朝实录》卷六十："顺治八年辛卯（1651）九月戊寅，南洙源，为浙江布政使司参议，兼按察使司佥事、驿传道"。

南洙源，字生鲁，号东山，山东濮州（今河南濮阳市范县濮城镇）人。明万历五年（1577）进士南兆曾孙，南泗源、南沂源、南淮源兄，南櫀父。善书法，有《南生鲁六真图歌并引》；编纂《濮州志》，著有《镜人集》。

《（乾隆）濮州志》卷三："明崇祯丁丑（1637）进士。授大名府司李，厘奸剔弊，吏畏民怀。适滑、浚间巨盗猖獗，公监五府军，亲冒矢石，一战而河北大定，以军功升南兵曹，出守保定府。值岁荒，设厂西郊，煮糜赈济，全活甚众。擢井陉兵备道，甫抵任，即遭闯逆之祸，间道归里。本朝起用，官至湖广左布政使。"

顺治五年（1648），南洙源曾任浙江驿传道。

重刊本《（光绪）浙江通志》卷一二一《职官》十一："清军驿传道康熙四十九年（1710）裁并运使。……南洙源，山东濮州人，进士，顺治五年任。"

顺治九年（1652）由辽东人孟继昌接任。

南洙源是一位很有作为且敢于担当的官员。

《（雍正）畿辅通志》卷六十八《名宦》："由户部郎出守保定。岁大祲，人相食。洙源不请上官，发仓赈救，曰：'家有薄产，可鬻以补，倘待请，民命休矣。'至今郡人于其诞日醵钱祝之。"

秋，许宸任职商雒。

《（康熙）内乡县志》卷九《艺文下》载高佑釲《许按察使传》："辛卯，迁陕西抚治商雒道，兼管屯田、驿传，驻札商州布政司右参议兼按察司佥事。"

《（康熙）内乡县志》卷九《艺文上》载彭而述《过内乡许香岩园亭时香岩宦游商雒寄怀四绝句》诗，内有"可奈梧桐叶渐老，桂香风雨锁高斋"。

刘正宗《逋斋》卷二"辛卯"年亦有《送许菊溪治兵商雒》诗。

佟国器调福建左布政使。

《清代职官表》第三册《布政使年表》（第1176页）："顺治八年辛卯（1651），福建左布政使，佟国器。"

黄媛介在杭州仍以写卖字画为生。

《诗观》初集卷十二说黄媛介："后僦寓西陵，所居一楼，与两高峰相对。隃糜、侧理是其经营，终不免卖珠补屋之叹。"

"隃糜"，古县名，西汉置，治所在今陕西千阳县城东侧龙王殿村西。以产墨著名。后世因以"隃糜"为墨或墨迹的代称。引申指文墨。

侧理，指"侧理纸"，纸名。《拾遗记》卷九："南人以海苔为纸，其理纵横邪侧，因以为名。"

是年，黄媛介奉贺嘉兴推官韩充美转仪部。

奉贺韩司理转仪部作

> 兰署含云馥，葵樽裛露香。醇辉凝远近，初景辟明光。世把鸿芬烈，人瞻凤彩扬。万流皆仰镜，多士尽登堂。美玉能齐洁，清风早擅芳。怜才披草莽，化俗比虞唐。俸咏曾相恤，恩波远莫量。已难今古有，能许岁时忘。首吏咸模则，山闺敢颂棠。燕云随望永，鸳水去思长。秋气同琴爽，诗筒倚鹤装。太平滋雨化，指日丽朝阳。

（黄媛介《湖上草》）

《（光绪）嘉兴府志》卷三十六《官师一·推官》："顺治四年，韩充美，即墨进士。"《（同治）即墨县志》卷七《选举·进士》："（顺治三年）韩充美，礼部主事。"

司理，推官的别称。仪部，明初礼部所属四部之一，用为对礼部主事及郎中的别称。

韩充美，字在中，山东即墨刘家庄人。明崇祯六年（1633）举人，清顺治三年（1646）进士，任礼部主事。顺治四年（1647）任嘉兴府推官，顺治八年（1651）任山西乡试主考官。

值得探究的是，在朱茂时《琐记》第六十一段中对这位韩充美司李颇有微词，起因于嘉兴的"乙酉兵变"。兵变时，朱茂时家恶仆张益趁火打劫，伙同家人将其放鹤洲别业财物抢掠一空，房屋付之一炬，邻居也被殃及。为此，朱茂时将其控官，此案归韩充美审理，韩因先前索贿朱茂时仲弟朱茂暲不成而拒之不理。原文如下：

> 叙儿十九日到鹤洲，馀炎未熄。后控之直指，发韩司李审报。韩为别事索子萃弟赂不遂，迁怒于予，终不肯具狱，宪驳亦若罔闻，后捏称身故，熰提存案。予三十年缮造付之一炬，可叹也。

文中"叙儿"即朱茂时长子朱彝叙。

是年，《扶轮续集》刻印。

黄传祖、陆朝瑛编纂的《扶轮续集》共十五卷，清顺治八年（1651）刻印，现藏扬州大学图书馆。

《扶轮续集》卷七录有黄媛介《离隐歌》诗。

清顺治九年（1652）壬辰　四十三岁

三月二十四日（1652.5.1），熊文举殿试读卷。

《清代职官年表》第一册《部院汉侍郎年表》（第539页）："熊文举乞养。三、乙未、廿四，5.1；殿试读卷。"

三月，吴伟业客嘉兴。

《曝书亭集》卷四十四《跋〈绥寇纪略〉》云："梅村吴先生以顺治壬辰舍馆嘉兴之万寿宫，方辑《绥寇纪略》。"

在吴伟业的《补禊》诗序中，可以看到他逗留嘉兴期间与朱茂时诸兄弟及当时嘉兴一些僧俗文人之间的交往：

上巳，为朱茂时、朱茂昉、朱茂暲招饮鹤洲，同集者有道开和尚、沈孟阳、张南垣父子及妓女畹生、楚云，即席口占数诗赠楚云。

（《吴梅村全集》卷六）

朱茂昉、朱茂暲皆为黄媛介姊夫朱茂时之弟，二人所居"山楼"与"东溪"虽不如朱茂时"放鹤洲"名闻遐迩，却也雅致有趣，在不少文人的著述中都有所提及。

朱茂昉（1615—1685），字子葆，号山楼。朱大启第四子。庠生，承父荫入太学。朱荣《秀水朱氏家谱》："迁东门外角里街。居室曰'山楼'。著有《山楼诗稿》。"

朱茂暲（1624—1690），字子蓉，号东溪。朱大启第六子，朱茂时弟。著有《镜云亭集》《东溪草堂诗馀》《松溪唱和诗》。

《（光绪）嘉兴府志》卷五十三《秀水文苑》："县学生。擅诗文，古风豪俊，专师太白，评者比之出水芙蓉。兼工书法。"

《（光绪）嘉兴府志》卷十五《古迹·园宅》记载了朱茂暲的东溪别业："东溪，文学朱茂暲别业，在南湖旁，有镜云亭。明朱茂暲《东溪歌》：'锦鸟迷沙日，飞花一水香。采莲声欲断，秋煞渌川长。''水色明晴画，江花忆去年。前溪好风月，未可即回舡。'徐贞木《题镜云亭》诗：'旧接裴家岛，纡回径不分。水流无限月，客卧几重云。麦气迎秋近，枫香隔岸闻。空亭谁鼓瑟，惆怅忆湘君。'"

"道开和尚"即自扃。

自扃（1601—1652），字道开，号闿庵，吴门周氏子。

《（民国）吴县志》卷七十七《列传·释道·长洲》："出家虎丘，师事苍雪、彻汰、如河。通贤首、慈恩二宗旨，归讲《圆觉》于虎丘，讲《涅槃》于华亭，讲《楞迦》于武塘，妙义云委，如瓶泻水。兼通书画。顺治壬辰（1652）六月，自携李归虎丘东小庵，邀苍公坐榻前，手书诀别，曰：'一事无成，五十二载。一场懯懳，双手拓开。'敛容掷笔而逝。"

"张南垣"即明末清初江南著名园林家张涟，吴伟业尝过其所，为作《张南垣传》。

张涟（1587—1671），字南垣，华亭（今上海松江区）人，中年后迁居嘉兴。所建园林有松江李逢申的横云山庄、嘉兴吴昌时的竹亭湖墅、太仓王时敏的乐郊园、吴伟业的梅村、常熟钱谦益的拂水山庄。所创盆景也绝妙无伦，与叠石时称"二绝"。其子张然、张熊亦精叠石造园之术。人称"山石张"，世业百年不衰。

《（嘉庆）松江府志》卷六十一《艺术传》："居西郊，后移家秀水。少学画，好写人物，兼工山水。遂以其意叠石。其所叠邱壑，皆有仿效荆关董、巨、吴、王、倪、黄，一一逼肖。故画遂掩，而叠石特名。"

"沈孟阳"者，情况不明。

上巳后三日，意犹未尽的吴伟业又与嘉善蒋玉立、蒋云翼，平湖陆埜，嘉兴朱茂暘，吴门僧自扃至嘉兴鸳湖社集，有《补禊》一诗。

蒋玉立，字亭彦，嘉善人。蒋芬子，蒋云翼、蒋玉章兄。顺治十一年（1654）拔贡。

《（光绪）嘉善县志》卷二十四《文苑》："少从张溥游。讲求实学。以副贡入都，名满长安。父芬有疾，夜不解带，厕牏必躬浣，里人称其孝。诗文峭厉，力追正始。偕钱继振诸人会文柳洲，海内敦槃，推为英绝。著有《泰茹堂集》。"

蒋云翼，原名会贞，字鸣大，嘉善人。

《（光绪）嘉善县志》卷二十四《文苑》："榜姓李，名会贞。顺治十一年（1654）举人。官泾县令。"

蒋玉立、蒋云翼与兄弟蒋玉章并有才名。

蒋玉章，一名璲，字篆鸿，号禹书。顺治八年（1651）副贡。

《（光绪）嘉善县志》卷二十四《文苑》："生九岁能诗。然不多作，或竟日止成一篇。出为同人所推。著有《三迳草》《威灵集》。人称'武塘三蒋'。璟子昌陞有文行。"

陆垫（1627—1687），一作野，字我谋，号旷庵。临安教谕陆瀹原子。母朱氏为朱国祚幼女，故陆垫亦为朱彝尊表叔。著作甚富，稿多不存，所刻止《旷庵词》一卷。

《平湖经籍志》卷十："清顺治时诸生。少与赵沺、陆菜、沈皞日、陆世栻、陆来章、沈起雷称'当湖七子'。"

吴伟业为黄媛介作《题鸳湖闺咏》与《黄媛介诗序》。

《吴梅村年谱》（第192页）："春，之嘉兴……又尝为女诗人黄媛介诗集题诗、撰序。"

《吴梅村年谱》（第196页）："《题鸳湖闺咏》……可知此诗当作于绛云楼焚于火之后。据《钱牧斋先生年谱》，该楼毁于顺治七年（1650）。而此诗在《梅村家藏稿》诗前集，当作于伟业仕清前。自顺治七年至仕清前，伟业唯于本年春曾至嘉兴小住，故必作于此年，而《黄媛介诗序》当亦作于此年。"

吴伟业游嘉兴时，因朱茂晭之故而结识赋闲在家的前贵阳太守朱茂时。朱茂晭的居所在真如寺西，距其兄朱茂时的放鹤洲别业很近。吴伟业被邀至放鹤洲游玩期间，与当地的诗人们一定免不了诗词唱和之雅兴，作有《题朱子葵鹤洲草堂》一诗，黄媛贞也有《壬辰春日集饮鹤洲限韵》诗，此诗是否为吴伟业诗的和作，俟考。既然吴伟业与黄媛介姊夫朱茂时兄弟多有交往，又加之杨元勋曾为吴伟业门生，由于这样的双重关系，黄媛介的诗文得到了吴伟业的赞赏。吴伟业并为其新诗集写序题诗。

吴伟业《题鸳湖闺咏》四章：

石州螺黛点新妆，小拂乌丝字几行。粉本留香泥蛱蝶，锦囊添线绣鸳鸯。秋风捣素描长卷，春日鸣筝制短章。江夏只今标艺苑，无双才子扫眉娘。

休言金屋贮神仙，独掩罗裙泪泫然。栗里纵无归隐计，鹿门犹有卖文钱。女儿浦口堪同住，新妇矶头拟种田。夫婿长杨须执戟，不知世有杜樊川。

绛云楼阁敞空虚，女伴相依共索居。学士每传青鸟使，萧娘同步紫鸾车。新词折柳还应就，旧事焚鱼总不如。记向马融谭汉史，江南沦落老尚书。

谁吟纨扇继词坛，白下相逢吴彩鸾。才比左芬年更少，婿求韩重遇应难。玉颜屡见莺花度，翠袖须求烟雨寒。往事只看予薄命，致书知己到长干。

（《吴梅村全集》卷六）

黄媛介《和吴梅村〈题鸳湖闺咏〉》四章：

月移明镜照新妆，闺阁清吟已雁行。花里双双巢翡翠，池中六六列鸳鸯。黄粱熟去迟仙梦，白雪传来促和章。一自蓬飞求避地，诗成何处寄萧娘。

罢吟纨扇礼金仙，欲洗尘根返自然。风扫桃花余白石，波沉荷叶露青钱。山中自护烧丹井，世上谁耕种玉田。磊磊明珠天外落，独吟遥对月平川。

石移山去草堂虚，漫理琴樽葺故居。闲教痴儿频护竹，惊闻长者独回车。牵萝补屋思偏逸，织锦成文意自如。独怪幽怀人不识，目空禹穴旧藏书。

往来何处是仙坛，飘忽回风降紫鸾。句落锦云惊韵险，思萦彩笔惜才难。飞花满径春情淡，水涨平堤夜雨寒。忆昔金闺曾比调，莫愁城外小江干。

（吴伟业《梅村诗话》十）

《鸳湖闺咏》应为黄媛介寓杭期间返回嘉兴时的作品。其寓居杭州期间的作品集《湖上草》，未见有黄媛介《和吴梅村〈题鸳湖闺咏〉》四章，亦未见吴伟业所作诗序。因此《鸳湖闺咏》很可能是一部新的诗集，而吴伟业所作《黄媛介诗序》即为《鸳湖闺咏》之序。

黄媛介诗序

夫槜李雅擅名家，独推闺咏，《玉鸳草》青娥居士范君和妻姚氏，《月露吟》白雪才人黄学士家项氏。虽寒山之再世缥缈，才兼粉绘；汾湖则一时琬琰，迹类神仙。而皆取意由拳，分流长水。岂非楼名烟雨，赋就裁云；湖号鸳鸯，词工织锦耶！

黄媛介者，体自高门，夙亲柔翰。横塘杨柳，春尽闻莺。练浦芙蕖，月明捣素。照影灵光之井，纸染胭脂。看花会景之园，香分芍药。固已妍思落于纨扇，丽咏溢于缥囊矣！逮夫亲故凋亡，家门况瘁。感襄城之苟灌，痛越水之曹娥。恨碎首以无从，顾投身其奚益。蔡琰则惟称亡父，马伦则自道家君。陨涕何言，伤心而已。从此女儿乡里，恨结罗衣。乃闻新妇山头，妆开石镜。惟长杨曾经献赋，而深柳可以读书所居深柳读书堂。点砚底之青螺，足添眉黛。记诗中之红豆，便入吹箫。共传得妇倾城，翻为名士。却令家人窃视，笑似诸生。所携唯书卷自随，相见乃铅华不御。发其旧箧，爰出新篇。即其春日之诗，别仿元和之体，可为妙制，允矣妍辞。

仆也昔见济尼，早闻谢蕴。今知徐淑，得配秦嘉。是用览彼篇章，加之诠次。庶几东海重闻桃李之歌，不数西昆，止载蘼芜之赋尔。

（《吴梅村全集》卷三十一）

吴伟业不仅为黄媛介新诗集题诗并写序，还在《梅村诗话》中对黄媛介评价甚高：

> 黄媛介，嘉兴人，儒家女也。能诗善画。其夫杨兴公聘后贫不能娶，流落吴门。媛介诗名日高，有以千金聘为名人妾者，其兄坚持不肯。余诗曰"不知世有杜樊川"，指其事也。媛介后客于虞山柳夫人绛云楼中。……吴岩子偕其女卞元文皆有诗名，媛介相得甚。媛介和余诗曰……此诗出后，属和者甚众，妆点闺阁，过于绮靡。黄观只独为诗非之，以为媛介德胜于貌，有阿承丑女之名，何得言过其实，此言最为雅正云。

《梅村诗话》中提到的"黄观只"即黄涛，将在后文详述。

嘉兴文人李肇亨亦有和诗：

和吴梅村先生《鸳湖闺咏》四首次原韵

杭有卞玄文，禾有黄皆令，皆闺秀之能诗者。先生游武林，为卞作《西泠闺咏》，今又为黄作《鸳湖闺咏》。

佳人何处斗春妆，树锁轻烟隔几行。未许楼台藏燕子，空教湖水号鸳鸯。彩笺传遍红窗语，锦字新赓白社章。千古风流同感寓，也应肠断杜韦娘。

篇章粉黛挟飞仙，锦瑟当年一惘然。朱户频窥银屈戍，青郊谁并玉连钱。数行墨雨融脂水，十指春风拂砚田。不学多情郑交甫，珊珊佩影隔晴川。

雾阁霞窗近玉虚，凤闻仙子好楼居。风前写恨挥镂管，花外传声驻钿车。镜里湖山知邈矣，砚头烟雨亦萧如。邢樊倘合群真会，愿作青鸾寄短书。

　　要从粉队立诗坛，琴奏思归镜舞鸾。花发菖蒲赓岂易，香迷蝴蝶梦先难。深围绣箔月将堕，独对金尊酒欲寒。屈指流光成荏苒，几回无语拍阑干。

（李肇亨《梦馀集》卷三）

　　李肇亨（1592—1664），字会嘉，或作会泰，号率圃，又号蝶庵，别署爽溪钓士，僧名常莹，号珂雪，又号醉鸥。李应筠孙，太仆李日华子，李新枝、李昂枝、李琪枝父。乡贡生。精画理，擅山水及书法。与赵文度齐名，气息浑古，风韵静穆，不入时人蹊径。常以书法写葡萄甚妙。尤工诗，与谭贞默同主鸳社。著有《学易堂笔记》《古今妇女变名记》（又名《古今妇女双名记》）、《琴言阁新咏》《写山楼草》《率圃吟稿》《梦馀集》，另有《墨君画语》（《嘉兴历代人物考略增订本》第 323 页）。

　　三月下旬，吴伟业作《南湖春雨图》。

　　此图上方手题"南湖春雨图"，并录《鸳湖曲》全诗；末署"右《鸳湖曲》，壬辰三月下浣补此图，吴伟业"，下钤朱文"骏公"，白文"吴伟业印"；右上方押角朱文长印"灌隐"。

　　吴伟业此次客居嘉兴，时勺园已被清兵占据，破败不堪，昔日的名园风光早已难觅其踪。追昔抚今，感慨万千的吴伟业挥毫作《南湖春雨图》。此图现藏于上海博物馆。

　　春，黄媛介寄诗金坛张明弼。

　　自金坛返回江南的黄媛介，时时不忘曾经在危难之中帮助过自己的张明弼，并寄诗以示怀念之情：

寄呈琴牧师

忆别桃源恰四春，家山风俗总劳神。鸳湖水在尘盈面，西子烟空月笑人。乱后未能逃姓字，愁来终若动车轮。风前苦访中朝士，闻说华阳尚隐沦。

（王士禄《然脂集》卷三十六《诗部》二十六）

诗中有"风前苦访中朝士，闻说华阳尚隐沦"句，可见黄媛介对于当年曾经在困苦之中帮助过自己的张明弼与夫人很是关心与挂念，时常向友人打问他们的消息。

《然脂集》录诗题为《寄呈琴牧师》，因张明弼擅长筑琴，故自号为"琴牧氏"；称师者，为黄媛介对张明弼之尊称。首句有"忆别桃源恰四春"，当是黄媛介顺治五年（1648）离开金坛的年份，时隔四年则为顺治九年（1652）。

春，黄媛介答张文光诗二首。

此诗为黄媛介流寓杭州时与汪汝谦唱和之作：

次汪然明先生代西子赋答张樵明明府原韵二首

离官心好恨离山，去往神情各未闲。远岫时时堆翠黛，桃花岁岁发红颜。政成名重携琴去，舄往身轻趁鹤还。他日忆湖疑对镜，湖光镜水正相关。

无端离思正凄寒，烟柳凄迷尚未残。聊寄空亭迟宿梦，且邀明月与同欢。一杯水色能留赏，几派云光不忍看。当记淡妆浓抹意，从来灵秀已堪餐。

（黄媛介《湖上草》）

汪汝谦的原作未能看到。在《松溪集》中另有一首《怀张樵民先生昔为钱塘令》诗：

> 秋尽燕台雁不飞，沧江故老思依依。遥知衮绣飓鸣凤，犹忆棠阴护采薇。避马尽教当路肃，谏书宁为太平稀。凭君坐致雍熙业，莫忘江头有钓矶。

据《中州先哲传》卷二十三载，张文光于顺治二年（1645）任钱塘县令，顺治九年（1652）任吏科给事中。黄媛介于顺治七年（1650）寓居杭州，应该是通过汪汝谦或者吴山得以结识风雅县令张文光。从诗的内容看，张文光即将离任，故有"离官心好恨离山，去往神情各未闻"之句，另有"政成名重携琴去，舄往身轻趁鹤还"与"他日忆湖疑对镜，湖光镜水正相关"，都含有卸任别去之意。

张文光（1593—1661），字谯明，一作樵明、樵民，祥符（今河南开封）人。与施闰章、宋琬、丁澎、周茂源、严沆、赵宾七人在京城时常往来，相互酬唱，时人称为"燕台七子"。

袁行云《清人诗集叙录》第一册（第78页）："崇祯元年（1628）进士，崇祯十年（1637）之前历任曲阿县、丹徒县知县。明亡后清初入仕，顺治二年（1645）任钱塘县知县，历官吏科给事中、江南参政、江南池太道、按察副使。顺治十四年（1657）曾建议朝廷加封孔子为'至圣先师'被采纳。他的诗词悲壮有力，仿杜甫诗风。著有《斗斋诗》。"

《（康熙）开封府志》卷二十六《人物三》："初仕曲沃、丹徒，再仕钱塘，所在多惠政。入清，升兵垣，继补吏垣。凡有裨于民生国计者，不惮详为条陈，未尝讦人之私以于名。戊戌（1658）左迁池太、宪副，未几，署臬篆。夏月亲临囹圄，凡系无辜者，即行开释。后以讹误解任，寓居江宁。会海寇猖獗，偕总督郎将军哈协力守御，海寇平。"

张文光作为一位儒官，与女诗人吴山、卞梦珏、黄媛介等皆有交往。数年后，张家也娶了一位女诗人马士琪，是为张文光孙媳。

《国朝中州诗钞》卷二十八《闺秀》："马士琪，字韫雪，祥符诸生张应垣室也。本四川西充人。父云锦为南城知县，后侨居金陵，时应垣祖谯明先生适官其地，为应垣聘焉。于归久之，应垣卒，家益贫。茹苦数十年教成其次子，举康熙乙卯乡试（1675）。善为诗，不轻示人。丁亥（1707）偶染疾，自疑不起，取所作焚之。未几，疾愈长。子新搜其遗稿得三百馀首，名曰《片石斋烬馀草》。"

春，黄媛贞参加放鹤洲雅集。

壬辰春日集饮鹤洲限韵

却从何地笑弹冠，春到池亭草木宽。绮席悬灯留夜饮，小山邀月待人看。樵归曲径随时乐，钓罢扁舟敢自安。未识杜陵千古意，学将诗酒赋江干。

（黄媛贞《云卧斋诗稿》）

五月初五日（1652.6.10），黄媛介在杭州作《五日怀归》诗。

《湖上草》有一首《五日怀归》诗：

七月七日别乡来，五月五日犹未回。堤柳如丝和缕系，庭榴似火向谁开。浮云几肯留人住，啼鴂常惊到梦催。何故久羁名胜地，尽翻湖浪入蒲杯。

此诗虽然未标明年份，推测应作于黄媛介自顺治八年（1651）重返杭州后一年——即顺治九年。

夏，黄嫒介与浙江幕官桑芸唱和。

和西鲁笈云桑公赠韵

公讳芸，由台中出司臬幕。

明湖千顷艳芙蕖，漫自临空赋子虚。勤画梅花慵换米，饥餐菊实倦番书。山闱职业劳谦久，学士风诗赏誉初。寄谢高情能别俗，便知寥落是深居。

（黄嫒介《湖上草》）

"西鲁笈云桑公"即陕西榆次桑芸。

桑芸（1603—1660），字笈云，号韧兰，榆次（今山西晋中市榆次区）城内人。嘉兴府通判桑日知、平陆县教谕桑日襄父，雍正十年（1732）岁贡桑金章祖父，乾隆元年（1736）副贡桑洵、乾隆十年（1745）进士桑淇曾祖父。崇祯十三年（1640）进士。顺治间擢升贵州道御史，巡按直隶。因对挟贿行私的官吏敢于严苛，以致触犯权贵，被谪浙江知事。顺治十五年（1658），顺治帝召见之，称其为"第一清官"。工词翰，著作有《笈云先生集》。

《（同治）榆次县志》卷八《人物传上·才品·乡贤》："少贫，借书读之，即不忘。善为文，为明提学金事袁继咸所赏。崇祯庚辰（1640）进士。顺治初官行人，擢贵州道御史，巡按直隶。时当大乱后，民多逃徙。芸见道上婴儿遗弃者百馀人，恻然曰：'谁非赤子，而令失所若此？'出俸金觅人乳养之，多赖以活。民有所疾苦，即以章闻。因有所不便，触势要者，谪为浙江幕官。起大理寺正，转光禄寺少卿，外补河南参政。垦荒地数千顷，以业贫民。……迁广西按察司使，抵桂林，守兵方虐民，芸力为绳禁。有重狱累岁不决，芸悉以理断结之。迁河南右布政使。未几，再为广东左布政使。赴官，道病卒。"

桑芸因得罪权贵而贬为浙江臬幕，后因顺治皇帝提倡大臣直谏，复召为大理寺正，转光禄寺少卿。故嘉兴杜臻在《笈云桑先生传》中有"既而当宁明鉴孤忠，起擢大理寺正，升光禄寺少卿"的记载。桑芸离开杭州的时间应在顺治十年（1653）。

《清史稿》卷五《本纪》五《世祖二》："十年春正月庚午，谕曰：'朕自亲政以来，但见满臣奏事。大小臣工，皆朕腹心。嗣凡章疏，满、汉侍郎、卿以上会同奏进，各除推诿，以昭一德。'辛未，谕：'言官不得捃摭细务，朕一日万几，岂无未合天意、未顺人心之事。诸臣其直言无隐。当有必旌，戆者不罪'。"

康熙二十三年（1684）桑芸之子桑日知曾出任嘉兴府通判。

夏，钱谦益与柳如是有嘉禾之行。

《清钱牧斋先生谦益年谱》："自记夏游长水。"

钱谦益、柳如是夫妇此次嘉兴之旅，应该与黄媛介得以重逢。柳如是或为此次重逢写有《赠黄若芷大家四绝句》：

> 节比青陵孝白华，斋心况复事毗耶。丹铅点染从游戏，只似诸天偶雨花。
>
> 栴檀云气涌香台，莲漏初残贝叶开。丈室扫除容宝座，散花天女故应来。
>
> 晕碧图黄谢物华，香灯禅板道人家。中庭只有寒梅树，邀得仙人绿萼华。
>
> 鸥波亭向绛云开，沁雪虚庭绝点埃。墨竹数枝香一缕，小窗留迟仲姬来。

（钱谦益《牧斋有学集》卷二）

《柳如是别传》下册（第943页）："黄若芷即黄媛介。"

近阅《娄东文化丛书第一辑（沙溪古镇）》一书（第86页），黄若芷并非黄媛介，而是另有其人，即太仓沙溪女诗人黄若：

> 明末清初心怀复明大志的江南名妓，后来又成为钱谦益小妾的柳如是，与黄若也有交往，并且关系非同一般。她曾作过《赠黄若芷大家四绝句》。

专门研究钱谦益的苏州市图书馆卿朝晖先生亦持相同观点，他援引《（嘉庆）直隶太仓州志》卷四十三："黄若，字若芝，翼圣女。适杨玠。若芝少仿文俶（淑）画翎毛花草，人争购之。及寡，遂不复作。削发奉佛，守节四十三年。"又引《有学集》卷三十一《黄子羽墓志铭》："嫁于杨而寡，依其父学佛者，其女若也。"因此认为："与柳如是诗'节比青陵孝白华，斋心况复事毗耶。丹铅点染从游戏，只似诸天偶雨花'正契合。"（卿朝晖《钱牧斋年谱》未刊）

卿朝晖先生的这种说法有其根据，浙江古籍出版社的路伟先生对于此说颇为赞同，以为"黄和柳关系比较亲密，以姊妹相处，'大家'的称呼就比较客气生分了"，由于所能见到的黄媛介资料并不完善，至今未见到黄媛介有"若芝"一字，姑且在此提及，俟考。

夏，黄媛介为浙江北关监督许焕作祝寿诗。

黄媛介《湖上草》有《寿北关主政尧文许公代外》：

> 官阶驯鹤已知书，松柏交生连理株。堂载斗山星并出，门高礼乐世相孚。山中慢展蓬莱障，袖里秘藏函谷图。紫气自逢生甫后，荷花千顷艳明湖。

因其诗中有"荷花千顷艳明湖"句，故推断为夏季所作。

"许尧文"即太仓许焕，于顺治八年（1651）至顺治九年（1652）任浙江北关监督。

重刊本《（光绪）浙江通志》卷一二一《职官十一》"北关监督"条："许焕，字尧文。顺治丁亥（1647）进士，八年（1651）任。"

据重刊本《（光绪）浙江通志》记载，许焕于顺治八年（1651）任职北关监督，顺治九年（1652）去职。《寿北关主政尧文许公代外》一诗应作于顺治九年。

许焕，字尧文，太仓（今属江苏）人。许应源子。清顺治二年（1645）举人，顺治四年（1647）进士。顺治八年（1651）任浙江北关监督，九年（1652）去任。顺治十四年（1657）任嘉兴知府，十八年（1661）去任。康熙九年（1670）知兴化府，十六年（1677）去任。善画。

《江苏艺文志·苏州卷》第二分册《太仓市》（第1625页）记载许焕著有《止止楼随笔》十卷，另有《燕台草》。

此人与吴伟业既为同里，又为同学，吴伟业曾为之作《送许尧文之官莆阳》诗二首。

重刊本《（光绪）浙江通志》卷一二〇《职官十》"督关"条："督理杭州北关一员。《大清会典》：本朝设关榷税，历年建革不一。有征商税者，有征船料者，有兼征船料商税者。所收课税解归户部。凡差官监督，顺治元年题准各关，专差户部汉司官一员，照例撰给敕书精微批文。"

《江苏艺文志·盐城卷·淮阴卷》（第373页）记载在清中后期的山阳也有一位名为许焕的人，著有《止止楼随笔》二卷。而上海图书馆则藏有《止止楼随笔》十卷，前有山阳许焕作于清咸丰七年（1857）的自序。另查《（民国）太仓州志》卷二十五《艺文》"许焕"条，只录有《燕台草》，未见有《止止楼随笔》。

许焕，山阳（今江苏淮安）人。诸生许超孙，拔贡许汝衡侄。同治癸亥

（1863）进士。曾任安徽霍山县令。

《江苏艺文志·盐城卷·淮阴卷》（第 373 页）："许焕，字绚文，号兰轩，清山阳人。汝衡侄。同治二年（1863）进士。官安徽霍山知县。《止止楼随笔》二卷（子部杂学类），咸丰七年（1857）许氏止止楼刻本，北京图书馆。"

也就是说，在清代江苏曾经有两位同名同姓却不同籍贯又不同时代的官员与文人"许焕"：一为明末清初的太仓人许焕，一为清中后期的山阳人许焕。

经查国家图书馆目录，《止止楼随笔》为十卷，应与上海图书馆藏本是同一部分，《江苏艺文志·盐城卷·淮阴卷》记载卷数有误，而太仓许焕的同名书亦未找到，俟考。

八月仲秋日（1652.9.17），黄媛介作《芙蓉梅竹》扇面。

形式：扇面；墨色：设色；质地：金箔；题跋："壬辰仲秋日，画呈玉翁先生大词宗教政，弘农黄媛介。"（嘉兴博物馆藏）

此"玉翁"不知为何人，按此画如今尚留存于嘉兴博物馆，故推断"玉翁"应为嘉兴人氏。既称之为"大词宗"当为善作诗文者。若此则是年的春夏之间，黄媛介应返居于嘉兴。

秋，山阴王端淑买舟往杭州访孙妙音。

《名媛诗纬初编》卷四十二《寄吴梦勋别驾夫人孙姊妙音》序云："夫人与予契阔者十几年矣。壬辰秋，闻至武林，急买舟过访，而夫人已抱病去，怅然返棹，因作俚句寄之。"

孙妙音，杭州人。

《名媛诗纬初编》卷三十二："山西太原府通判吴存诚妻，爱才博雅。"

从王端淑诗序中，可见王端淑此去杭州并未与黄媛介相见，因其未遇孙妙音，故而"怅然返棹"。

孙妙音夫君吴存诚曾任职于山西太原府。

《（雍正）山西通志》卷八十一《职官九·太原府·管粮通判》："吴存诚，江南歙县（今安徽歙县）人。恩贡，顺治元年（1644）任。"

初冬，汪汝谦往嘉兴看望女校书张宛，返杭时黄媛介作诗送行。

汪汝谦《松溪集》有《壬辰初冬游嘉禾饥寒之客云集遂售田二十一亩分应之腊月得次儿信差足自慰因述禾中感遇补诗八章》诗，其一：

> 西湖抛却到鸳湖，笑我来游一事无杜诗"咸阳客舍一事无"。泉石幽香偏吐艳，琴书冷韵每操觚时访香隐校书。莫怀羁旅情多感，犹喜同声兴不孤。漫道临邛应重客，文君有待合当炉香隐隐居，不轻易见人。

其二：

> 萧条岁暮动行旌，犹集南宫感送迎南宫祠在嘉兴南门内。时俗不堪谈雅道，新诗偏喜见多情。但看此时趋炎热，有愧当年负宿名。莫问胸中怀磈磊，炼师堤酒向予倾余别南宫，杨世功袖黄皆令诗篇云："谁识君家惟仗侠，空囊犹解向人倾。"时炼师曹朗元携酒饯别，感赋次黄皆令韵。

从汪汝谦诗中可知，黄媛介是年冬天在嘉兴，应是暂回家乡小住，正如陈维崧所言"恒以轻航载笔格诣吴越间"。

汪汝谦诗中所提到的"次儿"即汪继昌，顺治六年（1649）进士，时在洪承畴麾下任职。

汪继昌（1617—1683），字徵五，号梅岸。汪玉立弟，汪文孙父。

陈虎《汪汝谦研究综述》："顺治五年（1648）举乡荐，六年（1649）

成进士。历官广西左江参议、湖广按察司副使。其人'懔然诺，快施与'。酷嗜书，集古金石文，日仿数纸，长于尺牍，并工诗。著有《梅圻斋诗文集》。"

张宛，一作张婉，字婉仙，一字小青，松江人。

《名媛诗纬初编》卷二十一《新集》："本姓沈，近依西湖汪然明先生不系园，梁溪邹流绮与之倡和。婉仙以艳冶之容，具文藻之质。生本云间，来游湖畔。赖然明先生珍重，遂成一时佳话。故人亦有遇与不遇耳。"

王端淑文中所提"近依西湖汪然明先生不系园，梁溪邹流绮与之倡和"，为顺治十一年（1654）事，将在后文述及。

《名媛诗选翠楼新诗·族里》："今居西湖。淡妆浓抹，亦复相宜。"

是年，金坛张明弼卒。

《（民国）重修金坛县志》卷九《人物志四·文苑》记载张明弼："（崇祯）丁丑（1637）成进士。授揭阳令。……晚达得第时，年已五十四。年六十九卒。"

是年，黄媛介为李明睿南昌阆园作诗十章。

此诗为吴伟业作于辛卯年（1651）的《阆园诗》十章之和作。

吴伟业原作：

阆园诗十首并序

阆园者，李太虚先生所创别墅也。广厦层轩，回廊曲榭，门外有修陂百顷，堂前列灌木千章，采文石于西山，导清流于南浦。绿菱被沼，紫奈当窗，芳枳树篱，修藤作架。白鹤文鹇，飞翔广圃。鸀鹆黄鹄，游泳清池。岂止都蔗为乡、素馨成幄已哉！况经传惠远，厨藏金粟之仪。山近麻姑坛，拟玉台之观。果名罗汉，花号佛桑，绀室闻钟，丹泉洗药，兹为灵境，夫岂尘区。而吾师偃仰茂林，从容长薄，千里致程乡之酒，十年探禹穴之书。叔夜铜枪，可容一斗。茂先宝剑，足值千金。焚香而明月满帘，斗茗而清风入座，张华灯而度曲，指孤屿以题诗，若将终身焉，洵可乐也。不谓平原鹿走，一柱蛟飞，始也子鱼已下虞翻之说，既而孝顷遽来周迪之军。浪激亭湖，丘焚樵舍，马矢积桓伊之墓，鼓声震徐孺之台。将仙人之药白车厢，俱移天上；岂帝子之珠帘画栋，尚出人间。云卿弃药圃而不归，少陵辞瀼溪而又往。放舟采石，浪迹雷塘。爱子则痛甚元规，故园则情同王粲。望匡山而不见，指章水以为言。嘿嘿依人，伤心而已。于是稽生授简，赵子抽毫。重邀大别之云，再续小园之赋。庶几峰连北固，不异香炉。潮上邗沟，居然溢口。心乎慰矣，叹也何如。伟业幸遇龙门，曾随兔苑。自灌园于海畔，将负笈于山中。顾兹三径之荒，已近十年之别。愿依杖屦，共肆登临。弟子舁陶令之舆，兴思彭泽。故吏逐谢公之屐，寄念东山。爰托五言，因成十律。华林园追陪之宴，而今渺然。浣花潭话旧之游，于兹在焉。

先生家住处，门泊九江船。彭蠡春来水，匡庐雨后天。芰荷香石浦，秔稻熟湖田。独坐凭栏久，虚堂且晏眠。

有客扶藜过，空山猿鸟知。苔侵萝迳屐，松覆石床棋。楚米炊菰早，吴羹斫鲙迟。柴门相送罢，重定牡丹期。

性癖耽书画，蹉跎遍两京。提携诗卷重，笑傲客囊轻。小阁尊彝古，高人池馆清。平生无长物，端不负虚名。

兴极歌还哭，狂来醉复醒。床头倾小榼，壁后卧长瓶。月出呼渔艇，花开置慢亭。门前流水急，数点暮山青。

绝壑非人境，丹砂废井留。移家依鹤砦，穿水遇龙湫。白石心长在，黄金药可求。何时弃妻子，还伴葛洪游。

我爱东林好，还家学戴颙。经台凭怪石，麈尾折青松。书卷维摩论，溪山曹洞宗。欲修居士服，持偈问黄龙。

倦策登临减，名山坐卧图。避人来粟里，投老乞菱湖。旧业存榆柳，新斋待竹梧。乱离知又至，安稳故园无。

陶令休官去，迎门笑语忙。那知三迳菊，却怕九秋霜。十具牛谁种，千头橘未荒。可怜思爱子，付托在沧浪。

青史吾徒事，先朝忝从臣。十年搜典册，万卷锁松筠。好友须分局，奇书肯借人。劫灰心力尽，牢落感风尘。

早买淮阴棹，仍登江上楼。晓来看北固，何处似南州。王谢池台尽，齐梁寝树秋。天涯忧国泪，岂为故乡流。

（《吴梅村全集》卷四）

黄媛介和作

阆园诗十首为豫章李太虚先生赋和吴梅林先生原韵

堂筑修陂外，常乘书画船。春生花照地，秋至水连天。香发闻芳杜，鸿飞识渚田。山居知气候，无事只高眠。

居近神仙里，丹经早自知。堂成初似画，世变已如棋。溢口云归晚，庐峰鸟下迟。依依天际想，去住是前期。

禹穴探奇岁，搞毫赋两京。坐嫌天地窄，行觉水云轻。精舍钟声静，香炉烟气清。十年耽异致，蓬阆岂虚名。

世外成孤往，尘中岂独醒。乱离悲父子，蟹绝耻罍瓶。已着登山屐，还留问字亭。近来游北固，遥羡楚峰青。

境逐沧桑换，身同诗卷留。望云生绝壑，见月老寒湫。道在心无染，名高世正求。聊将少君隐，共赋鹿门游。

南浦流还洁，东篱菊正颐。藉云眠瘦石，拂翠倚长松。家徙柴桑里，心参南北宗。悟时尘已尽，术法可降龙。

欲起东山卧，其如著述忙。栖迟无岁月，涉历有冰霜。出处江湖阔，还家松菊荒。远怀尘外虑，清浊任沧浪。

岛屿草长绿，山川皆画图。人宗推北斗，山水说西湖。老凤栖深竹，新雏隐翠梧。天涯知己外，相见故人无。

忧国如忧己，平生忠直臣。老梅常傲雪，劲竹久生筠。浩气存千古，安危在一人。晚家山水外，行处绝飞尘。

乍来湖上驻，作赋且登楼。气象犹溢浦，烟光似润州。庾公还对月，宋玉自悲秋。挹翠西泠畔，涓涓闻远流。

（黄媛介《湖上草》）

熊文举《黄皆令越游草序》中有："近从李宗伯见皆令《阆园诗十律》，严整肃穆，大雅不群，叹息闺秀中所罕见。乃里中远山夫人过武林，见映然子，亦推皆令为宗范。"

值得推敲的是，黄媛介的这十首诗究竟写于何时何地？后在汪汝谦《松溪集》中看到《同李太虚先生冯云将顾林调张卿子订五老会》一诗，清吴庆坻《蕉廊脞录》卷三亦有"吾杭自明季张右民与龙门诸子创登楼社，而西湖八社、西泠十子继之。其后，有孤山五老会，则汪然明、李太虚、冯云将、张卿子、顾林调也"。由此得知，汪汝谦与李明睿、冯云将、顾林调、张遂辰曾于顺治初年在杭州结文社"孤山五老会"。可见，李明睿自寓居扬州以后，也曾多次游访杭州。汪汝谦为香隐校书张宛仙作《梦香楼集》是发生在顺治十一年（1654）的事情，该集刊印于顺治十二年（1655）花朝，即二月初二日，上有李明睿等人的和作。可知顺治十一年（1654）夏秋之际，李明睿当在杭州无疑，至秋冬之际黄媛介已入山阴为闺塾师，因此《阆园诗十首》当作于此年。

江西省图书馆所藏《黄皆令诗》录有《为李太虚先生赋阆园诗和吴梅村太史韵六首》，其中四首与沈季友《槜李诗系》重复，而江西省图书馆藏黄媛介《湖上草》则录有全部十首和诗。

李明睿既为吴伟业老师，又与汪汝谦交好。

李明睿（1585—1671），字太虚，南昌（今属江西）人。天启二年（1622）进士，著名文人谭元春、吴伟业座师，也是一位风雅之士。

《（光绪）江西通志》卷一三九《列传六·南昌府六·国朝》："选庶吉士，历坊馆，罢闲六七年。廷臣交荐，用宫允，起田间。时闯贼覆秦，京师震动，总宪李邦华密疏请太子监国南都，备不测。上疑不决，明睿特请面对：'太子幼，必上自出，乃可有为。'不用其策，及寇逼，范景文等重理前说，不及事矣。"

施祖毓《李明睿钩沉》：入清后，顺治元年（1644）任礼部左侍郎，同年十一月因"朝参，行礼不恭，命革职为民"。

李明睿罢官后，即在南昌构造名园——阆园。

《（光绪）江西通志》卷一一四《胜迹略二·署宅一·南昌府》："（阆园）在永和门内，明李宗伯明睿构，弋阳王旧邸也。有山腰宫阁、古石堂、碧栏池、浣花池、天池诸迹。尝自言阆园以池胜、以竹胜，尤以松胜，他园不敢望焉。建圣沙楼，藏书其中。"

顺治五年（1648），李明睿因"南昌兵变"而避乱广陵（今江苏扬州）。顺治十一年（1654），孙枝蔚作有《太虚园中观女乐》诗。后又恢复了南昌永和门内的阆园，还养了一班水平不错的戏班子。晚年的李明睿几乎成了大江南北文人骚客的朝拜者，他的阆园成了聚会的中心。康熙十年（1671），与吴伟业同年去世（《李明睿钩沉》）。

"五老会"成员略述如下：

冯云将（1575—1654后），小字鸂儿，字鸂雏，秀水（今浙江嘉兴）人，寓居杭州。冯梦桢子，冯权奇弟，吕焕婿，冯延年父。与钱谦益、柳如是夫妇相契。室名曰"西溪山堂"（《嘉兴历代人物考略（增订本）》上册，第279页）。

张遂辰（1589—1668），字卿子，一字相期，号西农，祖籍江西，随父迁居杭州。编有《张卿子伤寒论》，著有《湖上白下集》。

厉鹗《冬城杂记》卷上《张隐君卿子》："少颖异，于书无不窥，工为诗。以国子生游金陵，时名大起。见赏于董尚书其昌、陈征君继儒。明末，潜名里巷，为医自给，能探丸起人死，人争迎致之，卜筑东城。诗格益澄澹孤峭，多自得之语，在西泠流派外，可自名家。"

"顾林调"者，字无考。《重修浙江通志稿·著述》记其为杭州人，著有《五经解注》一书。因此，汪汝谦在《同李太虚先生冯云将顾林调张卿子订五老会》诗中称其"林调顾君才最高，五腹经笥名山藏"。

清顺治十年（1653）癸巳　四十四岁

二月二十四日（1653.3.23），李元鼎革职。

《清代职官年表》第一册《部院汉侍郎年表》(第 540 页)："兵部左侍郎李元鼎，二、辛酉；革。"

春，陈维崧出游吴山越水间。

《陈维崧年谱》(第 96 页)："客嘉兴，流连五十日，与俞汝言、屠燧、朱茂暭、朱茂昉诸人游。"

《陈迦陵文集》卷一《俞右吉诗集序》："嘉禾为吴越之冲，邑岩而逼，势所比争。……今年维崧客游禾，流连五十日，越日必过右吉谈。右吉居东门外某氏园，面大河，背崇墅，绝不闻道上车马声。暇则饮于朱公子家楼。朱公子茂昉者，亦维崧友也。时与酒徒数人醉后大呼，脱帽掷地，一时皆以为狂生、狂生，虽维崧与诸公，亦以为吾非狂，谁当狂也。"

陈维崧《湖海楼诗集》卷二《送沈馨闻归嘉禾兼示禾中旧游仍用前韵》描述了他的嘉兴之行：

灯下追昔游，酸风吹夜阑。忆在槜李城，折节延古欢。相逢必老
辈，脱口无疑难。城南鸳鸯湖，水势百丈宽。故人俞右吉与屠阇伯，邀
我出郭看。是日记大醉，折胁坠马鞍。细事极不忘，展转萦肺肝。娄家
包子厨嘉兴娄包最有名，脆美载食单。又有三弦老嘉定陆君阳时寓禾，竟上
高楼弹。别来十载强，抚事增长叹。今冬客江北，萧条风雪寒。一揖惊
瘦沈，欢呶投匕餐。琐屑询里巷，急遽焉能殚。侧闻角里街，旧物多凋
残。君归语所知，陈子颇平安。独是不能书，穿锤库口干。所以阙鲤
鱼，老泪徒弥漫。檐前雪渐消，滴沥何时乾。

沈蕙缠，又作沈蕙镶，字馨闻，号三实居士，人称独行先生，秀水长溪
（今嘉兴南汇）人。沈自邠曾孙，沈凤（1581—1603）孙，沈大迁长子，沈
修诚父。少补校官弟子，覃研著作，文誉鹊起，至性奇笃。卒年五十九。著
有《谥法考》一卷。（《嘉兴历代人物考略（增订本）》上册，第 440 页）

《迦陵词全集》卷一《望江南·宛城五日追次旧游漫成十首》之六：

重五节，记得在嘉兴。也共朱郎朱子蓉茂晹湖上饮，菖蒲花底醉难
胜。别后见何曾。

陈维崧此次嘉禾之游与朱彝尊相识定交，赠以诗，时朱彝尊尚未解作
词。却不知此行是否与黄媛介相识。

三月，钱谦益、柳如是游武林。
《清钱牧斋先生谦益年谱》："季春，游武林。"

四月，慎交社、同声社复会于嘉兴南湖。
嘉兴鸳湖之集，当日名士莅会者更多。

《明代文人结社考》（第 277 页）："四月，复会于鸳湖，从中传达者研德、子俶两人，专为和合之局。"

四月十一日（1653.5.7），佟国器由闽左布政使擢福建巡抚。

《清代职官年表》第三册《布政使年表》（第 1766 页）："顺治十年癸巳，福建左布政使，四，丙午，十一，5.7；迁闽抚。"

冬，邓汉仪在杭严道观察吕翁如署中任事。

邓汉仪《诗观三集》卷八"朱尔迈"条："癸巳冬，校文吕金事署中，极赏人远作。"

"吕金事"即时任分巡杭严道吕翁如。

吕翁如，保定清苑（今河北保定市清苑区）人。明崇祯十三年（1640）进士。

重刊本《（光绪）浙江通志》卷一二一《职官》十一"分巡杭严道"条："吕翁如，直隶保定人。进士。顺治十年任。"

其任期至顺治十三年（1656）结束，由河南洛阳人郭一鄂接任。

邓汉仪《慎墨堂笔记》记载吕翁如是一位强取豪夺之人："本朝初年为户部主事，榷浒墅关。时江南新定，力请于大部。谓：商贾不通，乞减其额。部允其请其实，商船因战乱而停泊各处，至是辐辏，吕入私橐计二十万。"后"吕后任杭严道，患恶疮死于官"。

邓汉仪于顺治十年（1653）冬在分巡杭严道吕翁如署中任事，同时又入查继佐敬修堂从学，并作有《钱塘江行》诗。此时的邓汉仪已在为其诗歌总集《诗观》广泛征诗，他可能是通过查继佐而接触到朱尔迈的作品，虽然朱尔迈不过二十岁出头，比邓汉仪年轻很多，还是得到了邓的赏识，后将其作品收录《诗观三集》。因此，邓汉仪于顺治十年冬至顺治十一年（1654）期间应该暂居于杭州，到顺治十一年至顺治十二年（1655）间又为山西巡抚陈应泰幕客。

入清后，邓汉仪没有参加科举考试，而是到处游学，足迹遍及大江南北，直至康熙十八年（1679）召试博学鸿词，官中书舍人，"使其苦守了大半辈子的遗民人格蒙羞。但他的被荐和授衔是被迫的，他始终和清廷保持一定距离，他是生活在清初这个特定时代的遗民中的一个"（王卓华《邓汉仪事迹考略》，《玉林师范学院学报（哲学社会科学）》2011 年第 3 期，第 82 页）。

蔡芳盈《邓汉仪与诗歌研究》第三章《邓汉仪的诗歌创作》第三节《快意孤舟游历情》载其在明亡后，"选择避居他乡"，自苏州徙居祖籍泰州，顺治四年（1647）至扬州故地重游，作《扬州怨》十首。第二节《艰难言死抒志情》又云其"从顺治八年（1651）始北游，经河南、河北，到京师，后涉洹水，过郑州，抵南阳，于顺治十年（1653）秋返泰州；顺治十二年（1655）再客京师，一年后返扬州。顺治十三年（1656）冬随龚鼎孳至广东，游岭南，中途曾泊舟滕王阁，次年清明节，自岭南归至江西，即顺治十三年至顺治十四年（1657）间。"

邓汉仪文中提到的朱尔迈为海宁女诗人葛宜夫君。

朱尔迈（1632—1693），字人远，号日观，海宁（今属浙江）人。朱学礼孙，朱嘉徵子，朱灏、朱淳、朱治、朱濬、朱芬父。

明诸生。负才思，喜游历，曾四入京师，西至四川。晚居西村，与老梅霜竹为伴。著有《日观集》《平山堂集》《仲尼弟子传》《经世书》《草木春秋》《扶桑阁诗集》《扶桑阁文集》《海昌会话》。（《海宁州志稿》卷二十九《人物志·文苑》、卷十三《艺文志·典籍六》）

葛宜（1635—1671），字南有，海宁（今属浙江）人。明崇祯元年（1628）进士葛徵奇从孙女，岁贡生葛徵璠孙女，葛定辰第三女，诸生葛松姊妹，朱嘉徵孙媳，诸生朱尔迈妻，监生朱灏、诸生朱淳、太学生朱治、朱濬、女诗人朱芬母，葛冷姑母。有《玉窗遗稿》。

吴骞《〈玉窗遗稿〉序》："其诗虽天真，刻露不及淑真，而缠绵委致

得诗人敦厚温柔之旨，似或过之，良由所遭各不同耳。"(《海昌备志》卷四十二《闺秀》)

查继佐出自海宁名门，为女诗人蒋宜夫君。

查继佐（1601—1676），字伊璜，号与斋，自号东山钓史，海宁（今属浙江）袁花人。查大宗子，查继伸弟。

生有异才，工诗文词曲。明崇祯六年（1633）举人。浙东授职方主事。明亡后不复出，寄情诗酒，一时推风流人豪。晚辟敬修堂于杭之铁冶岭，讲学其中。著有《罪惟录》《国寿录》《敬修堂诗集》等；并有杂剧《续西厢》《鸣凤度》，传奇《三报恩》《非非想》等。（《海宁州志稿》卷二十九《人物志·文苑》、卷十二《艺文志·典籍四》）

蒋宜，字悟真，一字翼德，号明萱，法号本英，号灯萱大师、燃灯大师，仁和（今浙江杭州）人。蒋心斋与潘氏女，查继佐侧室，查嗣勖、查嗣昌、查嗣昇母。著有《悟真录》《蘂阁闲吟》等。

《海昌备志》卷四十二《艺文》："继佐没，弃家为尼，号灯萱大师。"

黄涛为《鸳湖闺咏》题诗。

和韵题《鸳湖闺咏》

难兄五载忆游仙，尔后才名更籍然皆令偕外往来虞山、白下，兄平立寓书责其女伴唱和为非礼，惧不敢见，兄殁乃归。同井但传书画史，一生不识粉脂钱。闻琴女学猗兰操，抱璞人输种玉田。自挽鹿车归旧里，悔多题咏遍山川。

（黄传祖《扶轮广集》卷十一"七律二"）

从黄涛"难兄五载忆游仙"句看，这首和诗应作于顺治十年（1653），距黄鼎去世的顺治五年（1648）恰好五年。

《梅村诗话》："此诗（《鸳湖闺咏》）出后，属和者甚众，妆点闺阁，过于绮靡。黄观只独为诗非之，以为媛介德胜于貌，有阿承丑女之名，何得言过其实，此言最为雅正云。"

虽则《梅村诗话》言及《鸳湖闺咏》"出后，属和者众"，目前可见唱和者唯有黄媛介、黄涛、李肇亨与王士祯四人。

黄涛（1609—1672），字观只，一字冠只，号符愚山人，嘉兴人。黄洪宪曾孙，黄承玄孙，黄卯锡与女诗人项兰贞长子，黄相如父。明崇祯十五年（1642）解元。华亭陈子龙门生。《（光绪）嘉兴府志》卷五十一《文苑》载其入清后，"为龙游县教谕，秩满，擢滋阳令，未赴卒"。著有《赋日堂诗稿》一卷（金蓉镜抄本，含《拘幽草》《羁旅诗》）、《檇李古迹诗》一卷。

是年，石申督学江南内翰林院。

《（康熙）江南通志》卷一〇六《职官·提督学政》："石申，滦州人。进士，顺治十年任下江。以上系内院。"

《（康熙）江南通志》卷一〇六《职官·督学内翰林院》："顺治十年任下江，十二年停差。"

据《（康熙）江南通志》载："翰林督学前此未有，顺治十二年（1655）缘江南改直隶为省，议照各省例，俱用道臣，督学停差。"

清朝江南翰林督学仅此一任，由即墨人蓝润督学上江，石申督学下江，上江即今之安徽省区域，下江即为今之江苏省区域。

清顺治十一年（1654）甲午　四十五岁

四月，汪汝谦在《松溪集》中提到黄媛介等才女。

汪汝谦诗中有句"庭前绿映逢初夏"，故此诗应该作于四月：

次儿请假归省督师赠余风雅典型匾额儿归因叙亲友随任十无一存僮仆亦亡十七余慨八十老人一切当谢使馀年得闲即儿辈养志感怀述事复拈八章自此当焚笔砚矣之四

> 世事看来总戏场，如何偏我独多伤。每逢按剑无男子，尤喜谭诗遇女郎昔逢王、杨、林、梁诸女史，今遇吴岩子、玄文、黄皆令、王端淑诸闺阁。昔慨侯门怀短铗，今看彩服上高堂。庭前绿映逢初夏，喜视儿孙序雁行。

汪汝谦作此诗时，已年近耄耋，居西湖数十年，经历鼎革，迎来送往，阅人无算，追昔抚今，不胜感慨。

五月五日（1654.6.19），黄媛介作诗以纪。

江西省图书馆藏《黄皆令诗》有《甲午湖居午日》诗：

> 尊前莫放客心遐，坐里团圞便是家。系缕何烦妆翡翠，书符还用压灵砂。湖纹写篆皆成句，径草为龙自辟邪。分付葵榴不须折，绕阑多是午时花。

"湖纹写篆皆成句"后注有评语"午节诗妙语"，宋文人朱松（1097—1143）在《和端午》诗中有句"异乡逢午节，卧病此衰翁"，故端午节亦简称"午节"。

"午时花"即太阳花，为马齿苋科马齿苋属松叶牡丹，多生长于田野、山坡、路旁、沟边，以及屋顶，夏、秋两季开花。

五月，王端淑移家青藤书屋。

王端淑《青藤为风雨所拔歌》诗序："青藤书屋，天池先生故居也。向时为老莲寓，今予徙居焉。藤百尺，缘木而上。甲午五月，忽大风雨，藤尽拔，予怜之，辄起援笔作《青藤为风雨所拔歌》。"（《名媛诗纬初编》卷四十二）

"天池先生"即明末著名文人徐渭。

徐渭（1521—1593），字文长，号天池山人、青藤老人等，山阴（今浙江绍兴）人。著有《南词叙录》《四声猿》《歌代啸》等，传世画作有《墨葡萄图》《山水人物花鸟》《牡丹蕉石图》《青藤书屋图》《骑驴图》等。

《图绘宝鉴续纂》卷一："天资聪颖，立就千言。诗书歌曲，下笔成章。能书小楷行草，亦不下于祝枝山之奇奇怪怪也。又能画山水人物，以及花果虫蟹，虽点钩三二笔，自与凡俗不同。其文集海内未有不阅者。"

"老莲"即明末另一位著名文人陈洪绶。

陈洪绶（1598—1652），字章侯，号老莲等，诸暨（今属浙江）人。著有《宝纶堂集》，传世画作有《晋爵图》《梅花书屋图》《蕉林酌酒图》等。

《图绘宝鉴续纂》卷二："明经不仕，天资颖异。博学好饮，豪迈不羁，大有晋人风味。能书善画，花鸟人物，无不精妙，中年遂成一家。奇思巧构，变幻合宜，人所不能到也。诗文醉后立成，书画兴到急就，名盛一时。"

夏，黄媛介养疴西泠。

黄媛介为沈颢、方月人所作《沈颢与夫人画像》题识云："甲午夏日，养疴西泠。"

夏，黄媛介为沈颢及夫人方月人作《沈颢与夫人画像》。

《沈颢与夫人画像》题识："甲午夏日，养疴西泠，月人沈夫人远寄索画并嘱诸咏，草草报命，俱未能精。容画成日，觅鹅溪绢十幅，致君一屏，为卧游何如？"

赠朣禅（五首）

吟 囥

朣苦吟五十馀年，撚髭走瓮，即是击竹拈花，囥地一声，顿空法界。

真气山川合，至文天地存。吟非击竹意，得道总忘言。

著 书

朣禅文字结习，著书充栋，名山之藏，兴复不浅。

不落寻常字，文思老更摅。数行挥洒后，半榻苦吟余。种树因耽道，还山为著书。古人隐几后，玄妙已相孚。

莲 定

朣受印莲宗，单持入定，所谓禅净既兼，利如角虎。

远公心印独能传，法法俱生定里天。禅净从来无两意，既为师祖必生莲。

山 心

朣禅垂手在市，禅心则山，于是掩关受岁，一坐十劫。

我笑陶隐居，埋名栖碧山。身虽寄岩壑，心犹恋人间。岂似先生高，迹涸神独闲。静至日为岁，法尘了无关。□定寂窦中，小坐旷劫还。

味 像

像非色相，味领澄怀。大地山河，妙明所现。

岂是人间相，还疑天上人。欲呈空里色，已结想中身。像现既非色，怀虚不立尘。还持个中意，自证亦难真。

　　已上为臞禅赠五番黄媛介

　　"臞禅"即苏州沈颢，黄媛介《湖上草》有诗《赠沈朗倩夫人方月人》，而沈颢则字朗倩。

　　沈颢（1586—1661后），一作沈灏，字朗倩，号石天，吴县（今江苏苏州相城区、吴中区）人。

　　《江苏艺文志·苏州卷》第一分册《苏州市、吴县市》（第558页）："明诸生。性豪放好奇。工书画诗文。顺治十八年（1661），年七十六，曾为华亭叶欣题所作山水册。著有《画麈》《画传灯》《浣花闲话》《蟭阿杂俎》《枕瓢集》《焚砚集》。"

　　《图绘宝鉴续纂》卷二："善山水，笔墨秀稚，丘壑奇怪，晚年忽略，止可以笔墨之外求之。"

　　另有赠沈颢夫人方月人诗五首：

赠月人沈夫人

侍　禅

臞禅入定，一切遍周，侍者候出，依然在定。

醉后御风三弄，静来面壁九年。不是个人相倚，那得火宅生莲。

翻　经

昔有专奉莲经，幽香喷液，月人手翻口诵，慧业将成。

花竹幽深处，春来尚闭关。衣中自有饰，指上不留环。绣佛犹馀暇，翻经只未闲。好参龙女意，证道片时间。

绣　像

昔人丝绣平原，志气谊也。佛恩广大，摄度有情，薄言绣之，金针在手。

有丝不复绣平原，有丝不绣山花繁。金针彩丝日在手，绣佛思报古佛恩。眉间珂毫绕千亿，或时应现檀金色。识得如来在日身，大小长短随愿力。

腕　兰

天寒袖薄，出腕香生。楚雨湘云，迷离入梦。

佳人独光韵，幽致逐物成。气味与兰俱，芳丛自腕生。回风被虚景，袅袅如有情。何日可贻余，报君有坚琼。

课　笯

庞婆有子，业已车金，卖笯安禅，荣于一经五鼎。

金既无用，鬻笯何益。有子能经，无宗可法。物徒累身，遗瓢意惬。所课笯篱，惟俭是德。

"月人沈夫人"情况不甚清楚，长洲女诗人吴琪在《沈颢与夫人画像》的题跋中有"月人伯媛"，故其名或为伯媛，字月人。从黄媛介的诗与画中可知沈月人精于刺绣。

此《沈颢与夫人画像》现藏于台湾何创时书法艺术基金会，是为黄媛介人物画之首见，故弥足珍贵。其画风颇受晚明画坛"波臣派"影响，具有西洋画明暗线特点。曾于顺治十年（1653）六月为朱茂时绘有《朱葵石像》的上虞人谢彬便是这一画派的典型代表。此画册曾往南京、杭州展览。

汪汝谦《梦香楼集》亦有沈颢和诗。

吴琪为《人物册页》作有题跋：

古云：代不数人，人不数句，句不数传。夫慷慨之士，沦落不遇，烟没云沉者几多矣！况雕虫小技，委之红粉乎？虽然，予盟姊皆令一代班曹，文章学业言妙天下，非名山概论也与。予月人伯媛，道德相尚。莲花并拈，名因不朽。理到机忘，所以轻仙骨而近佛心耳。将来悟无生忍，相期九品须台。此册将为左券乎？传不传略见焉。予心切向慕，末由景从，书后以志瞻仰云。

从题跋中可知黄媛介与吴琪曾经结拜为姊妹。

吴琪（？—1672），一作淇，字蕊仙，一字叶仙，号佛眉，长洲人。吴康侯女，管予嘉妻。其夫曾入洪承畴军，后因坐事死于狱中，家道败落。曾设帐授女徒为生。后削发为尼，法名上鉴，号辉宗。著有《香谷焚馀草》《锁香庵词》等。

《诗观》初集卷十二载："世居姑苏之花岸。蕊仙生而颖悟，五岁时辄过目成诵。父母见其慧性过人，为延师教读，髫龄而工诗，及笄而能文章，益昼夜攻苦不辍。父母见其善病，屡止之不得也。犹精于绘事，一时女郎脱簪解佩，求其片纸者日相望。"

王端淑在《名媛诗纬初编》卷二十三《闰集下》称："其诗超清颖秀，高步一时。"

如《春晴晚眺》诗广为众多诗歌总集所采录：

积雨经旬鹤未过，小楼闲眺费吟哦。帘开燕子归来晚，门掩梨花落处多。新水小桥通蕙畹，乱山古寺入烟萝。云开树杪看浮梓，画出春帆送绿波。

（沈德潜《清诗别裁集》卷三十一）

出自宦门的吴琪不仅工诗，且又善画。

《玉台画史》卷三载吴琪"尤好大略，精绘染。松陵周飞卿琼赠诗云：'岭上白云朝入画，尊前红烛夜谈兵。'盖实录也。尤侗《鹧鸪天·题女史吴冰仙画》：'拂水佳人堕马妆，春来响屧满横塘。绣襦甲帐无消息，暮雨潇潇空断肠。　笔翡翠，砚鸳鸯。吴绫三尺写红窗。青山碧水无人处，乱点桃花赚阮郎。'"

吴琪与另一位吴江籍女诗人周琼关系亲密，二人经常结伴游览各地风景名胜。

周琼，字飞卿，一字羽步，晚号性道人。

《诗观》初集卷十二："少警悟。工诗。曾为某大老侧室，继又适士人。士人为一缙绅所中，陷囹圄，自度不能脱，乃命羽步往江北避其锋，托所知。栖一大姓者庑下，经年箧中金荡尽。所居陋甚，破窗颓壁，几不蔽风雨。然羽步意致翛然，略无怨尤意。喜纵观古史书，爱吹弹，时作数弄以遣兴。郡中人士有以诗寄赠者，羽步即依韵和答，诗俱慷慨英俊，无闺帏脂粉态。"

吴琪与黄媛介相识于何年何地目前不得而知，"乙酉兵乱"后，黄媛介曾于顺治四年（1647）入苏州寒山，而吴琪亦与周琼于顺治间作"六桥、三竺之游"，只是无法确定具体年代。因而吴琪与黄媛介或相识于苏州，或相识于杭州，笔者比较倾向于后者。

《诗观》初集卷十二"吴琪"条有："慕钱塘山水之胜，乃与才女周羽步为六桥、三竺之游，晤慧灯禅师，为故大夫若青公季女。蕊仙遂洗心皈命于大张兰若。慧灯令之薙发，命名上鉴，号辉宗，盖不复问人间事云。"

黄媛介曾为吴琪、周琼合作的《比玉新声集》作有序言。

傅湘龙《邹漪〈诗媛八名家集〉辑刊初考》：吴琪"常与才女周琼'樽前红烛夜谈兵'或作六桥、三竺之游"。二人合刻诗集《比玉新声集》，同病相怜的女遗民黄媛介为之撰序。

目前黄媛介为《比玉新声集》所作之序已不可见，只在陈维崧《妇人集》中录有残句：

比玉新声集序

不意唐山房中而后复闻正始，惜未能借江醴陵五色笔，展薛红度十样笺，倩卫茂漪手书之，藏诸白闲靓闷间耳。

夏，邹漪游西湖。

江西省图书馆藏《黄皆令诗》"小引"有："今年夏，予游湖上，皆令乔寓秦楼之侧，飞章叠韵，属和遥赓，其乐也。"又云："予与世功交同管、鲍，得求皆令画扇题诗。皆令不以予无文，且为扶病序其《湖上游草》，谆谆奖勉，有逾恒辈，余甚感之、甚重之。"

黄媛介在为瞿禅、沈月人所作《仕女图册》题识亦有"甲午夏日，养疴西泠"之说，故邹漪文中"今年夏"即为甲午年，有两点与之相合：一是夏季，二是生病。因而邹漪往杭州与黄媛介交游当在顺治十一年（1654）。

《名媛诗纬初编》卷二十一《新集》中"张宛"条亦有"甲午夏日偕邹流绮先生过朱萼堂"一说，由此可以确定邹漪于顺治十一年到杭州的时候，正是黄媛介养疴之际。

由邹漪的"小引"中可见，他与杨元勋早已相识，且为知心之交，故有"予与世功交同管、鲍"，邹绮在这里借用春秋时期管仲与鲍叔牙友情来作比喻。

邹漪此次往杭州或为其编纂《诗媛八名家集》收集资料，因"小引"中有黄媛介"且为扶病序其《湖上游草》"之说，《诗媛八名家集》一书至顺治十二年（1655）刊行。

邹漪是吴伟业的门生，出身于世家，也是一位出版家。

邹漪（1615—?），字流绮，又字西村，无锡人。邹式金子。

《江苏艺文志·无锡卷》上册（第291页）："博学多闻，好著述。平时交游多知名士。吴伟业著《绥寇纪略》，半出漪手。《国朝耆献类徵》有传。因出版吴伟业的《鹿樵纪闻》，遭到逮捕下狱。"

著有《明季遗闻》《明季遗闻拾遗》《启祯野乘初集》《启祯野乘二集》《流漪诗集》《红蕉集》，另辑有《诗媛八名家集》八种（王端淑《王玉映诗》一卷、吴琪《吴蕊仙诗》一卷、吴绡《吴冰仙诗》一卷、柳是《柳如是诗》一卷、黄媛介《黄皆令诗》一卷、季娴《季静姈诗》一卷、吴山《吴岩子诗》一卷、卞梦珏《卞玄文诗》一卷）、《诗媛十名家选》（胡文楷谓邹漪刻《诗媛八名家集》后，复增顾文婉、浦映渌二家，成此书）、《名家诗选》二十四种、《五大家诗钞》五种。

康熙十三年（1674），邹漪刻印出版了吴伟业的《绥寇纪略》（原名《鹿樵纪闻》）。

无锡邹家既是阀阅世家，又是书香门第，邹漪之父邹式金也是一位雅人，琴棋书画无所不能，还是一位戏曲家。

邹式金（1596—1677），字仲愔，号木石、香眉居士。邹龙光孙，邹兑金兄。

《江苏艺文志·无锡卷》上册（第256页）："崇祯十三年（1640）进士，官南京户部郎中。清顺治三年（1646）在福建依朱聿键，官泉州知府。曹务委积，能立断之，因忤郑芝龙解职返。康熙十三年（1674）与邹漪刻吴伟业《绥寇纪略》成。少工古文辞，思致清逸。亦工画山水，康熙十五年（1676）与徐枋、王翚等二十人合作山水巨卷成。精通音律，能调歌吹笛。"著有《宋遗民录》《香眉语录》《香眉亭诗》《风流冢》《春风吊柳七》《杂剧新编》，其中《风流冢》写宋代词人柳永与名妓谢天香悲欢离合故事。而其一生最大贡献是编纂杂剧剧本总集《杂剧新编》（即《杂剧三集》），收剧本三十四种。

女诗人吴山与邹式金应有所交游，其《吴岩子诗》中有《题邹木石先生姜王姬小影》诗六首：

序罢牙签万轴书，闲过小院午初馀。多情花草骄春色，收拾诗笺半卷舒。

芙蓉帐梦笔花红，彤管惊人粉黛空。蕙腕兰心临妙染，清香薰逐过池风。

玉笛追随佩素衣，案头左右未轻违。眼前风景裁成字，谱作新声向月飞。

不斗铅华逐柳丝，雅无媚骨石相知。坐中鸟语填词句，月落灯前教侍儿。

一天月色染青裳，秋水神清彻底凉。身在广寒原性近，夜深犹带桂枝香。

小影由来静里容，清歌妙舞笔何宗。纵令摩诘诗多画，不尽霓裳一曲中。

（《吴岩子诗》，邹漪《诗媛八名家集》）

卞梦珏亦有《题邹木石先生姜王姬小影》诗。

夏，黄媛介为邹漪题鹥宜斋斋额。

《黄皆令集》有《题邹流绮鹥宜斋斋额故漳海黄石斋先生书赠》诗，目前尚无法断定黄媛介是否到过无锡，而邹漪在顺治十一年（1654）到过杭州已是不争之事实。故黄媛介很可能于此年夏季应邹漪之请为其宅第题"鹥宜斋"斋额。邹漪虽然只比黄媛介年轻了几岁，但是对黄媛介很敬重，《小引》中有"谆谆奖勉，有逾恒辈，余甚感之、甚重之"云云。

黄媛介题诗：

题邹流绮鹥宜斋斋额故漳海黄石斋先生书赠

筑室宜幽地，春生五柳间。栏纡因近水，阁敞半依山。月落颜空照，风回梦未还。遥思书篆日，落笔兴高闲。

"黄石斋"即明末重臣、民族英雄、学者黄道周,亦即前文所言女诗人蔡润石之夫君。

黄道周(1585—1646),字幼玄,一字螭若,号石斋,漳浦铜山(今福建东山县铜陵镇)人。著有《儒行集传》《石斋集》《易象正义》《春秋揆》《孝经集传》等,后人辑成《黄漳浦先生全集》。

《静志居诗话》卷二十:"天启壬戌(1622)进士。改庶吉士。授编修,历中允,以言事镌级,俄落职。寻起官,以谕德掌司经局,再迁少詹事,协理府事,与经筵讲随。谪江西布政司都司,逮至京,廷杖,下诏狱,遣戍。福藩称制,进礼部尚书。南京既下,犹督师出婺源。师溃,执系故尚膳监,不屈。丙戌二月,死于市。"

黄媛介在诗题《题邹流绮鹥宜斋斋额故漳海黄石斋先生书赠》中特意提及"故漳海黄石斋先生书赠",应是表达了对黄道周不屈于清廷的敬佩之意。

黄媛介此诗一出,闺秀中和者甚众,如长洲吴绡、吴琪,常熟瞿珍等,她们之间的联系者应该同为邹漪。

吴绡和诗:

题邹流绮鹥宜斋 · 次黄皆令韵

幽人一亩宅,烟景异尘间。云影沉清水,泉声落近山。金鹇穿柳去,玄燕拾花还。过客徘徊处,应怜半日闲。

(吴绡《啸雪庵诗集》)

瞿珍和诗:

题邹流绮鹥宜斋 · 次黄皆令韵

伊人何处是,遥望碧霄间。幽恨题芳草,闲情画远山。晚风吹月上,孤鸟带云还。愿作幽栖伴,论诗韵自闲。

(邹漪《红蕉集》)

瞿珍，字若婉，常熟（今属江苏）人。

《名媛诗纬初编》卷二十一《新集》："系宦家女，因乱落籍烟花。虽在此中，非所愿也。丁、戊间，某太史学院纳之，归都中。幼好笔墨，工图史。美姿容。著有《月吟》等刻。无锡邹子流绮选入《红蕉集》。"

邹漪《红蕉集》曰："姿色倾城，雅好舟居。尝轻舟荡桨，往来鸳溪、虎阜间。砚匣笔床，青琴柔翰，闺阃云林，传为韵事。"

吴琪亦有和诗《题邹流绮鹭宜斋·和黄皆令韵》，至今未见。

夏，黄媛介为邹漪作《吕霖生吏部以姬赠邹流绮漫赋小言奉贺》。

吕霖生吏部以姬赠邹流绮漫赋小言奉贺

龙缨金策不须留，道在虚无静可求。欲与赤松寻伴侣，懒从红粉老温柔。封侯自识仙郎贵，择婿当为少年谋。天上秋期犹未度，双星先照合欢楼。

（黄媛介《湖上草》）

"吕霖生"即金沙（今江苏常州市金坛区）吕兆龙。

吕兆龙（1592—?），字霖生，号静铭。吕钟曾孙，孝子吕希圣孙，吕思正子。明万历四十三年（1615）举人。崇祯十年（1637）署昆山教谕。十三年（1640）进士，授中书舍人。

《（康熙）金坛县志》卷九《政绩》："（明崇祯十年）丁丑（1637）署昆山教谕，日以文行，与诸生切劘，汲引后生，如恐不及。崇祯庚辰（1640）登第，授中书舍人。壬午（1642）顺天同考，门下李震成、杨思圣、于嗣登皆名宿，致显官。甲申（1644）流寇围京城，疏论数事甚切，直不用，寻南归，绝意人间事。周乡里，恤宗族，里人咸德之。"

吕兆龙与邹漪之父邹式金为同榜进士。明崇祯十三年（1640）庚辰科殿试金榜，邹式金为二甲第三十三名，吕兆龙为三甲第九十一名，如此则吕兆龙是邹漪的父执辈。

吕兆龙又与张明弼同是金坛人。据余怀《板桥杂记》之《轶事》载两人甚是交厚："岁丙子（1636），金沙张公亮、吕霖生，盐官陈则梁，漳浦刘渔仲，雉皋冒辟疆盟于眉楼，则梁作盟文甚奇，末云'牲盟不如臂盟，臂盟不如神盟'。"

因为邹漪与张明弼的两层关系，黄媛介为吕兆龙赠姬邹漪事作诗也在情理之中了。

邹漪作为世家子，风流倜傥，交际甚广，与名流、名媛、名妓皆有往来，他在《红蕉集》中记载了一位女诗人叶文："善画兰，亦工诗。风姿绰约，如飞鸟依人。初配严某，困于贫，流落吴门。余得把晤，诗酒往还三年。一□后，归武林张绣虎为副室。"

邹漪与这位叶文过从甚密，故后者寄诗于邹漪，情意绵绵：

寄邹流绮

几度黄昏后，怀君怯上楼。娟娟松外月，偏炤别离愁。

（王端淑《名媛诗纬初编》卷二十）

叶文与黄媛介亦有交游。

叶文，字素南，松陵（今江苏苏州吴江区）人。适兵部张贲孙。姿容莹然。

《名媛诗纬初编》卷二十："素南莹满丰厚，出语哓哓，洵是三吴名手，况皆令许其能诗，定非谬。然雨中雅集一题，究未捉笔，何也？想未遇知音故耳。然予不足道也，知音舍皆令而谁一哂。"

《众香词》："素南善写兰竹，工诗词。初适严某，困于贫，落魄吴门，偶识云间许太史，往来甚久，常有寄诗曰'荒斋萧瑟帘栊静，好梦云间许翰林'之句。后归武林张绣虎，出游塞外而没。"

从王端淑的文字中可知叶文虽然出自烟花柳巷，却因善画、工诗而得到黄媛介的赞许，引为知己。两人应结识于杭州，因叶文后归"武林张绣虎为副室"。

"张绣虎"即张贲孙，一名张贲，字祖名，又字绣虎，一作秀虎、绣武，钱塘（今浙江杭州）人。明崇祯间选贡。清顺治十五年（1658）因丁酉（1657）北闱科场案流徙尚阳堡（孙克强、裴喆《龚鼎孳〈定山堂集〉版本考述》）。

查阅《清代职官年表·部院汉侍郎年表》，见清顺治十年（1655），的确有一位吕姓官员担任过吏部右侍郎，即江南武进（今江苏武进）人吕宫：

> 吕宫，顺治十年（1653）闰六、乙亥、十二，8.4，吏部右侍郎；学士授。十二、丁卯、五，1.23；迁弘文大学士。

这位吕宫虽然任职时间不足半载，确是货真价实的"吕吏部"。

吕宫（1603—1664），字长音，一字苍忱、庭忱，号金门，武进（今江苏常州）人。清顺治四年（1647）状元。授秘书院修撰，历官至弘文院大学士加太子太保。顺治皇帝赞其"文章简明，气度娴雅"。著有《五经辨论》《群书通解》《金镜录》等。据《江苏艺文志·常州卷》（第208页）称其"撰述甚富，授门人吴侗校理，遂失之"。

《清史稿》卷二百三十八《列传》二十五载其因大学士陈名夏事，"给事中王士祯、御史王秉乾劾宫为名夏党。宫引罪乞罢"。以后又以身体欠佳而"乞假"，"十二年（1655），以修《资政要览》书成。加太子太保。宫复疏申请，赐貂裘、蟒缎、鞍马，命驰驿回籍，俟病痊召用"。

按：此王士祯者并非后来的文坛大佬，据黄文彬《"王士祯参劾吕宫"史实考编》一文认为是直隶枣强人王桢之误，康熙三十二年（1693），王士祯曾应其子王廷鸾之请撰写了《中宪大夫太常寺少卿王公墓志铭》。

但是，这位吕吏部于顺治十三年（1656）病假返乡，隐居十载，闭门著书，直至去世，如此低调，似乎不太会热衷于交际。所幸的是，在《康熙常州府志》卷十六《乡科》"崇祯六年辛酉科"条目中发现了端倪，其中记武进中式考生有吕宫，无锡中式考生有邹式金，二者为同科举人，因此吕宫与吕兆龙一样也是邹漪的父执辈。

顺带一提，吕宫与明朝末科状元、同乡杨廷鉴（1603—1665）为连襟，吕宫与礼部尚书、海宁陈之遴与女诗人徐灿夫妇又是儿女亲家。

因黄媛介诗题"吕霖生吏部"名不符实，牵涉吕兆龙、吕宫，故存此二吕，供有兴趣的朋友们继续考证。

查继佐《敬修堂·钓业》第五篇中对张贲孙评价甚高："中书张贲孙，奇才也。臣素服其经济，未获谋晤。顷□坐论，尽多应变之能，且弄槊如线，百射不能及也。"

《两浙輶轩录》卷十三尚录有一位"张缵孙，字宗绪，钱塘人。有《粤游草》"，不知是否与张贲孙为昆仲行。

最早在《然脂集》卷三十三《诗部》二十六读到黄媛介《吕吏部以婢赠邹流霞赋贺》一诗，原以为诗中之"吕吏部"或为吕崇烈，后见黄媛介《湖上草》中有《吕霖生吏部以姬赠邹流绮漫赋小言奉贺》，内容相同，因此排除了吕崇烈。

但是，这里颇有存疑之处。根据史料记载，吕兆龙从未任职吏部，明朝时任中书舍人，不过是一个从七品的小官。李自成入京后，李天根《爝火录》卷一记"吕兆龙欲投水，被执，一夹，授伪成都府同知"。以李自成的大顺政权非常短暂，吕兆龙不可能赴四川上任，《（康熙）金坛县志》卷九《政绩》所记"寻南归，绝意人间事"之说还是可信的。

而吕崇烈在清顺治十年（1653）任职礼部右侍郎，后改左侍郎，曾经以为黄媛介诗中"吏部"为"礼部"之误，现将吕崇烈资料附录于下，以作探究。

吕崇烈（1595—1666），字伯承，山西安邑运城人。吕国祚子，吕坪父，曹于汴门人。明崇祯十六年（1643）进士，改庶吉士。

《（康熙）平阳府志》卷二十二："德性沉静，学有本源，接曹于汴之传。倡理学，乡会典试，雅称得人。讲学于宏运书院，至老不辍。有《讲学语录》行于世。"

夏秋之际，黄媛介和汪汝谦《梦香楼集》。

此集乃汪汝谦为云间（今上海松江区）香隐校书张宛仙所作，编刊于顺治十二年（1655）花朝（农历2月2日）。在此之前，汪汝谦曾于顺治九年（1652）前往嘉兴专程访女校书张宛仙，与之订有盟约。顺治十一年（1654）仲夏，张宛仙往杭州赴汪汝谦约。六月十九日雅集结束，在炎炎暑气与氤氲花气熏蒸之午后，张宛仙入睡于梦香楼中，汪汝谦特请工于写真的画家谢彬为其妩媚睡态写照《海棠睡未足》一图。

汪汝谦《梦香楼集》序云："予家藏有紫檀床，沙小泉良工所制，汉玉鸳鸯嵌枕、绿结伽南香山、嘉文锦席，皆清供几榻之具，未遇可当赏者。六月十九，宛仙过予朱葊堂，因铺设以待。其日酷暑熏蒸，香山与兰花芬馥，宛仙神情若倦，因试枕之，不觉熟睡。予启北窗，绿荫笼榻，香风袭人，观其艳态，真海棠睡未足也。遂拈四绝，并以咏物。"

良工遗琢足奇观，十载归予未合欢。今喜名姝应下榻，嫣然犹作海棠看紫檀床。

兰芬入室动微凉，夏木垂阴朱葊堂。莫谓珊瑚曾作枕，今耽汉玉锁鸳鸯汉玉鸳鸯枕。

香山供榻杂花间，栩栩销魂蝶梦还。为问巫山空作赋，何如今日看霞鬟伽南香山。

杨妃睡态意如君，席卷湘纹一片云。玉质冰姿浑却暑，银钩双褪石榴裙_{嘉文锦席}。

（汪汝谦《梦香楼集》）

张宛仙也作诗唱和并写有序：

予昔于鸳水遇然明先生，先生有诗订游西湖于兹，三年始得践约。六月十九过朱萼堂，琴尊书画，雅集名流。予时倦暑，先生因设檀床、玉枕、文席、香山，清供具备，有诗纪事，和者盈帙。予因步韵以志主人情重，亦一时佳话。云间张宛仙，旧字小青。

一榻清供助艳观，令人珍重若为欢。梦魂不禁寻芳蝶，博得东君带笑看紫檀床。

绿阴庭际影生凉，风韵何如半野堂。深入睡乡犹未足，应耽玉枕是鸳鸯_{汉玉鸳鸯枕}。

香生阆苑我云间，芬馥撩人梦往还。莫使巫云轻出岫，风来犹恐乱云鬟_{伽南香山}。

朝来雅集喜随君，冰簟鲛绡映水云。一卷湘纹轻似练，因怀捧砚待书裙_{嘉文锦席}。

（汪汝谦《梦香楼集》）

《名媛诗纬初编》卷二十一《新集》中所载张宛仙之序却有所不同，其云："甲午夏日偕邹流绮先生过朱萼堂，予时倦暑，汪然明先生因设檀床、玉枕、文席、香山，清供具备。有诗纪事，步韵和之。"

时寓杭州的黄媛介应该受到汪汝谦之请，亦作诗和之：

朱萼辉辉覆紫房，檀床香暖废银床。缟衾莫使横当玉，掩映窗中白日光。

美人琢玉类鸳鸯，无故装成入睡乡。不是主翁拈韵事，何由神女会襄王。

凉榭深留夏木阴，曲栏广幪不生尘。重扉昼掩防尤密，留取香山伴玉人。

卧起风标并出群，梦中无意去为云。图写帐额休轻揭，直是贪眠席锦文。

（汪汝谦《梦香楼集》）

《梦香楼集》所录的文人和诗竟达数十首之多，如李明睿、赵玉森、李令皙、王臣荩、顾卟、饶璟、施闰章、张陛、李渔、程先禋、冯鹓雏、黄媛介、叶生、张遂辰、陈奕培、俞祥、陈绍英、胡演、姚崇文、吴孔嘉、钟禾士等人的诗作，尚有沈颢、关键、吴湘、吴士权、江远、江念祖、王秦、缪沅、韦克振、赵陛、吴渭、卫贞元、沈光裕、王端淑等人之作，因"词意不无重复，且和章已繁，不及备录"（《梦香楼集》）。

钱谦益《牧斋杂著·苦海集》中亦有《为汪然明题宛仙女史午睡图》一诗。

值得注意的是，题诗作者中的张陛即山阴张岱从弟，后为黄媛介入山阴为闺塾师的第一位居停主。

唱和者中还有一位谢彬，曾于顺治十年（1653）为黄媛介姊夫朱茂时作《朱葵石像》。

谢彬（1601—1681），初名份，字文侯，号仙臞，上虞（今浙江绍兴市上虞区）人，后随父居钱塘（今浙江杭州）。少时为莆田（今属福建）曾鲸弟子。尤以绘于明崇祯十一年（1638）的《渔家图》著称（今藏浙江省博物馆）。

《图绘宝鉴续编》卷二："善写小像，一经彼笔，世无俗面。至于数人合幅，或举家合庆，神情浃洽，眉目照映，海内称首望也。"

浙江图书馆《梦香楼集》藏本为光绪十二年（1886）刊本。

夏秋之季，施闰章游西湖获黄媛介所赠扇面。

《施愚山先生年谱》卷一："顺治十一年甲午，先生三十七岁。丁大母艰。春游泾川，有《人日泾川诗》。夏秋，先生往浙中，由西湖至兰亭、剡溪、娥江、禹陵而返。著有《越游草》。"

就在《黄媛介年谱》进入排版时期，收到浙江古籍出版社路伟先生发来的施闰章所作《次闺秀黄皆令扇头韵二首》，出自其诗集《越游草》（中国国家图书馆·中国国家图书馆数字图书馆·中华古籍资源库，善本书号"A03018"）。

次闺秀黄皆令扇头韵二首

闻尔佳名已十春，流连端不负良辰。安贫出汲亲提瓮，渐老工诗惯研轮。远水晚霞频极目，高楼明月独伤神。携来满握皆珠玉，笑我犹多折角巾。

才人今古合长贫，叹息深闺老此身。笔墨寄情闲更远，湖山避地懒偏真。家声谢韫差堪并，女史班昭迥绝伦。自是谪仙为淑媛，肠中不必转车轮。

施闰章杭州之行，得到了寓居于此的黄媛介所赠扇面与题诗，并与之唱和，这次的交际为他日后写作《黄皆令小传》作了铺垫。此诗之前尚有《沈朗倩索赠醉后走笔应之》一诗，可知沈颢与其夫人方月人仍逗留于西湖。

施闰章（1619—1683），字尚白，一字屺云，号愚山、媲萝居士、蠖斋，晚号矩斋，宣城（今属安徽）人。清顺治六年（1649）进士，授刑部主事。创"宣城体"，为"燕台七子"之一，位"清初六家"之中，列"海内八大家"之内。著有《学馀堂文集》《试院冰渊》等。

沈德潜《清诗别裁集》卷三："康熙己未（1679），召博学宏辞，官翰林院，授侍讲。'南施北宋'……宋（琬）以雄健磊落胜，施（闰章）以温柔敦厚胜，又各自擅场。"

秋，钱谦益、柳如是游武林。

《清钱牧斋先生谦益年谱》："秋，游武林。"

秋，黄媛介作诗二首告别杭州。

黄媛介《湖上草》有《别湖》诗二首，本以为作于其赴京之际，其实不然，应作于其入山阴之前，黄媛介或许以为此去山阴可作长期逗留。

别湖二首

水态林情领略馀，辎车欲驾尚萦纡。暂游亭上怜招鹤，久住湖头愧羡鱼。山似居停多屈曲，云如亲侣共安舒。风前别去应同叹，遥见文星照碧虚。

赋别秋风湖上亭，梦思烟水醉魂醒。来时千树悬情碧，去后双峰挂眼青。诗画无程俱入赏，湖山有韵总书屏。可怜谁是真风雅，空致云霄下客星。

是年，黄媛介作诗挽分巡嘉湖道张吉士母。

奉挽粮道松霞张公太夫人

汉水产明月，昆仑韫夜光。层山极天峻，风雨时播扬。洪波诞巨麟，母圣子得良。母仪备父师，苦节凌冰霜。百年一日心，琢玉成珪璋。方当享耆颐，何遽归云乡。无情与道合，谁曰属杳茫。神气无出入，天地同其常。微言颂徽烈，彤管增馀芳。

（黄媛介《湖上草》）

此诗在《别湖》诗之前，因无法确定月份，故放在其后。

重刊本《（光绪）浙江通志》卷一二一《职官》十一记载：张吉士，顺治七年（1650）至顺治八年（1651）任浙江粮储道，符合黄媛介诗题中"粮道松霞张公"之说。

《（乾隆）平原县志》卷八《人物》记载："补嘉湖兵备。以哭母卒。"

按，重刊本《（光绪）浙江通志》载张吉士于顺治十年（1653）至顺治十一年（1654）任分巡嘉湖道，《（乾隆）平原县志》又载其任职嘉湖道时"以哭母卒"，故张吉士与其母张太夫人皆去世于此年。

张吉士（？—1654），字松霞，平原（今属山东）人。明崇祯十三年（1640）进士，任陕西苑马寺录事，升平阳府推官。清顺治三年（1646）授陕西武功县知县，升兵部主事，历郎中，出为浙江水利道，改粮储道，再补嘉湖道。

《（乾隆）平原县志》卷八《人物》："性至孝，侍父疾五年无怠色。以进士令武功，时山寇窃发，戎马绎骚，吉士外调刍饷，内画守御，抚戢遗黎，邑以安枕。晋职方郎，历浙江督粮道，漏卮尽杜，漕弊一清，补嘉湖兵备。以哭母卒。吉士博极群书，学兼体用，性理通鉴，史传俱有评纂。"

是年，黄媛介为《西湖画卷》题诗。

题西湖画卷

朝餐湖上云，夕饮湖中水。具此云水心，画水云亦起。

此诗为《湖上草》最后两首诗之一，应作于此年。

是年，黄媛介为嘉兴吴统持"卍斋"作回文诗。

回文为卍斋主人赋

分泉理径拟山林，细柳疏烟合翠阴。云匼半栏纤画卍，白留虚室定闲心。文移古字奇经纬，德构弘章大雅深。闻处到惊真朴素，芬芳共道乐书琴。

因此诗为《湖上草》最后一首诗，应作于此年。

"卍斋主人"即吴统持（约1606—1654后），字巨手，号卍斋，秀水（今浙江嘉兴）人。蒲圻知县吴弘济（1559—约1620）孙，吴天泰从子。

《（光绪）嘉兴府志》卷五十三《秀水隐逸》："弱冠饩于庠，文名藉甚。崇祯中与妻项珮偕隐鸳湖，焚香读《易》，饘粥不继。尝卖卜，遍游齐鲁燕赵，称'胥山樵子'。著《典林》《明月楼集》。"

吴统持之妻项珮为嘉兴籍女诗人，与黄媛介为诗友，《鼓吹新编》卷十三录有其所作《寄黄姊皆令侨寓西湖》诗一首：

彤管相知十二年，每歌离隐惜烽烟。江潭花月秦楼梦，篱落松风栗里禅。问字几行招鹤赋，行吟一叶钓鱼船。只今戎马河山黯，避入溪源何处边。

项珮，一作项佩，字吹聆，一字吟聆，秀水人。项镛孙女，凤阳府同知项元濂女，项天相姊妹，女诗人项贞女、项兰贞族姑。著有《藕花楼集》八卷。（《嘉兴历代才女诗文徵略》上册，第48页）

据《（光绪）嘉兴府志》卷十五《古迹二》载，"卍斋"位于秋泾桥。除此，"又有明月楼在鸳湖滨"。

冬，黄媛介在风雨中渡钱塘江至萧山西兴镇（今浙江杭州市滨江区）。

黄媛介入山阴的时间当在顺治十一年（1654）秋冬之际，因顺治十二年

（1655）元宵节时，黄媛介已在山阴参加与诸位女诗人的雅集，有《乙未上元吴夫人紫霞招同王玉隐玉映赵东玮陶固生诸社姊集浮翠轩迟祁修嫣张婉仙不至拈得元字》一诗为证，可以考虑女诗人在山阴度过了顺治十二年的春节与元宵节。

黄媛介入山阴时，正遇风雪天或雨天。

《诗观》初集卷十二说她"继从风雪中渡西兴，入梅市"。

毛奇龄《黄皆令〈越游草〉题词》则记载了杨元勋的一段描述："吴门黄皆令，以女士来明湖有年，既而入越，有《越游诗》。其外人杨子云：'皆令渡江时，西陵雨来，沙流温汾，顾之不见，斜领乃踟蹰于驿亭之间，书奁绣帙，半弃之傍舍中。当斯时，虽欲效扶风櫜笔撰述《东征》，不可得矣。'"（《西河集》卷五十九）

西兴渡在萧山县城西十二里处，初名固陵，六朝名为西陵，五代吴越改今名。为浙东运河起点，水陆交通便利，古代在此设渡置有驿站。

通过杨元勋的叙述，可知黄媛介是只身携带行李渡江前去山阴的。曾经隔江目送妻子蹒跚身影的杨元勋，用无比辛酸的言辞向毛奇龄描述了亲眼目睹黄媛介在雨中登岸后艰难跋涉于泥泞之中的场景，且行李散落于地，寥寥数语展现了黄媛介为了生计而颠沛流离的困顿遭遇。

杨元勋未能伴行的原因，可能还需要留在杭州或是返回嘉兴照料年幼的子女们。

萧山毛奇龄为黄媛介入山阴作诗送行。

黄媛介入山阴，毛奇龄为作送行诗《黄媛介入越感赠》：

飘泊明湖又一年，寒花相对意茫然。三秋病入兼葭路，八口贫随书画船。南国久无刘妹赋，东征应有惠姬篇。

（《西河集》卷一九〇）

黄媛介与毛奇龄结识于何年何处，目前尚无法考证，但二人间颇为熟稔，故为作《送黄媛介令子归伊舅氏》《黄媛介入越感赠》《黄皆令〈越游草〉题词》《〈梅市倡和诗抄稿〉书后》《为妇陈何答黄皆令札子》诸诗文。

毛奇龄（1623—1713），又名甡，字大可，号西河等，萧山（今浙江杭州萧山区）人。儒士毛应凤孙，毛秉镜子，毛万龄、毛锡龄、毛慧龄弟。与兄毛万龄并称为"江东二毛"，又与仁和（今杭州）毛先舒、遂安（今浙江淳安）毛际可合称为"浙中三毛，文中三豪"。著有《西河集》。

《（民国）萧山县志稿》卷十六："四岁识字，总角与伯兄万龄并知名，人呼为'小毛生'。受知推官、华亭陈子龙，补诸生。会明亡，里中贼飙起，奇龄窜迹城南山，筑土室读书其中。……康熙十七年（1678）荐举博学鸿词科，列二等，授检讨，纂修《明史》。在馆七年告归，遂不复出。……侨居杭州，讲学著书。……遗集分经集、文集二部，合四百九十有八卷"。

顺治七年（1650），毛奇龄曾至嘉兴参加南湖"十郡大社"，即便此时与黄媛介尚未结识，也应该对其诗名有所耳闻。顺治八年（1651）以后毛奇龄因遭仇家构陷而离家避祸，辗转于海陵（治今泰州）、山阳（今江苏淮安市淮安区）、彭城（治今徐州）等地。

《（民国）萧山县志稿》卷十六："顺治三年（1646），江南下，杭州不守，明遗臣上虞徐人龙，馀姚熊汝霖、孙嘉绩，山阴郑遵谦辈括闾左为民兵，与故武宁侯王之仁、保定伯毛有伦以宁波备倭军合军西陵，截江而守，共推鲁王监国。有伦至萧山，人龙荐奇龄为监军推官，辞不赴。时马士英奔杭州，依方国安，军钱塘江岸，与西陵军相犄角。奇龄语有伦，请绝方、马，国安闻言大恨，遣卒捕之，脱走龛山，依有伦弟靖南将军有俶军。……八年（1651）复诸生，奇龄负才纵横，好臧否人物，多冤家。有摘其词曲语以为谤讪，谋讦而杀之，按验不实，得不坐。乃欲藉他人事构之死，因变姓名为王彦，字士方，避地靖江之海陵。未几渡淮，客山阳于张吏部新标园亭。"

毛奇龄离家避难应在黄媛介入山阴之前。

周怀文《毛奇龄研究·附录〈毛奇龄年谱〉》云毛奇龄于顺治十一年（1654）因"遭怨家发墨篋，其书尽失，出走"。

可见毛奇龄间或返乡，继而又离家四处漂泊，至康熙八年（1669）始返乡，"康熙己酉，予暂还城东里居"。并为黄媛介作《〈梅市倡和诗抄稿〉书后》，此时，黄媛介已然去世，"距向遗此稿时，约若干年。皆令女君已亡于京师也"。

毛奇龄《黄媛介入越感赠》有"飘泊明湖又一年"句，应指黄媛介寓居杭州之事，"明湖"即为"明圣湖"之简称，亦即西湖。

《西湖游览志》卷一《西湖总叙》："西湖，故明圣湖也。……汉时，金牛见湖中，人言明圣之瑞，遂称'明圣湖'。以其介于钱塘也，又称'钱塘湖'。以其输委于下湖也，又称'上湖'。以其负郭而西也，故称'西湖'云。"

黄媛介山阴（今浙江绍兴）之行的相关者。

黄媛介于顺治十一年秋冬间入山阴，至顺治十二年（1655）十一月间离去，将近一年的时间。当黄媛介返禾过萧山，李文达妻郑庄范有诗《乙未仲冬赠黄皆令西归》赠行，"西归"应指其返回吴地之意。但顺治十三年（1656）春，黄媛介又返回山阴，应该是受到祁彪佳夫人商景兰的邀请到祁家继续她的闺塾师生涯，直到顺治十三年（1656）秋冬之际再度离去。

值得探究的是，黄媛介此去山阴究竟是因为汪汝谦的介绍，还是通过王端淑的推荐，又或许与张岱有着一定的关系。

首先，曹淑娟在《流变中的书写——祁彪佳与寓山园林论述》一书中认为，黄媛介之所以去绍兴可能是得到汪汝谦的引介，是因为汪汝谦与祁彪佳交情甚厚，与张岱亦熟稔。而黄媛介去山阴后，先是至张陛家为闺塾师，再至商景兰家执教，窃以为曹淑娟的论述还是比较可信的。

其次，王端淑与黄媛介的相识相交应始于杭州，因遭遇相同，情趣相投，于是便互相欣赏，引为挚友。山阴与嘉兴一样也是文化之邦，官宦世族比比皆是，文化传承源远流长，对家中妇孺的教育也是不分男女尊卑的。作为同处一邑的闺阁诗人，王端淑与商景兰彼此间必有所往来，在前者的《映然子吟红集》卷十一有《商盟姊梅帐谑》诗。所以当黄媛介到了山阴以后，王端淑将这位在杭州结识的闺密介绍给家乡需要闺塾师的官宦人家也在情理之中。

再次，山阴张岱家祖上在杭州曾有一处园林，名"寄园"。《张岱诗文集·琅嬛文集》卷一《西湖梦寻序》有"前甲午、丁酉，两至西湖，如涌金门商氏之楼外楼、祁氏之偶居，钱氏、余氏之别墅，及余家之寄园一带湖庄，皆成瓦砾"的记述，张家的寄园在明清易代之际遭毁，但其于"甲午、丁酉，两至西湖"，即顺治十一年（1654）与顺治十四年（1657）两度重游杭州，而顺治十一年之行可能通过汪汝谦而得以与黄媛介相识。张岱对黄媛介的才华赞赏备至，有《赠黄媛介女校书》诗为证，故将黄媛介推荐至其弟张陛家为闺塾师也是极有可能的事情。

黄媛介在山阴的第一位居停主张陛与夫人胡应佳。

黄媛介在山阴的第一位居停主应为张陛，黄媛介于顺治十二年（1655）作有《怀季贞居亭夫人》诗，时在"乙未"年，"季贞"即张陛妻子胡应佳夫人。

居停即"居亭"，意即寄居的处所。

第二位居停主应为商景兰，时在"丙申"年，黄媛介有《丙申予客山阴雨中承丁夫人玉映过访居停祁夫人许弱云即演鲜云童剧偶赋志感》诗为证。

祁家有四位知书达理、工诗善词的年轻女孩，还有两位同样妙解文翰的儿媳，其中的长女祁德渊与次女祁德玉已经嫁为人妇，而三女祁德琼与季女祁德茝不过十几岁，或许尚待字闺中，故祁夫人亦在诗中口口声声称黄媛介为"闺塾师"。既然"丙申"年，商景兰是黄媛介的居停主，那么"乙未"年，张陛家应该就是黄媛介的居停主，这样就可以解决时间顺序问题了，即黄媛介先在张家，后去祁家为闺塾师。

黄媛介称为"居亭主"的"季贞夫人"胡应佳是张陛之妻，张陛是张汝霖季弟张汝懋孙，与张岱为叔伯兄弟。

张陛，字登子，号小隐。张汝懋子。邑廪生。著有《救荒事宜》《漫游草》。

《（嘉庆）山阴县志》卷十五《乡贤·人民志第二之七》："家有恒产，对乡里困苦百姓多出资解难。崇祯庚辰（1640）大饥，陛请于母董氏，鬻家产得米千馀石办赈，活人万馀。考授内阁撰文中书。顺治戊子（1648）母病，告归。辛卯（1651）抵广东，巡抚李瑞吾命视四会县事，旋调博罗。康熙丙辰（1676），授延平府同知，署邵武府。"

张陛之父张汝懋曾任京官。

张汝懋，号南华老人，山阴人。张元忭四子，张汝霖弟。

《（嘉庆）山阴县志》卷十四《乡贤二》："汝懋，万历癸丑（1613）进士，知休宁，有惠政，擢御史。官至大理寺丞。"

张陛之妻胡应佳，字季贞，亦出自会稽阀阅世族，为太仆寺少卿胡琳孙女。

《名媛诗纬初编》卷十五："季贞好善乐施，爱贤礼士，乡党目为贤妇。及死之日，道路悲号，为之罢市，即囹圄诸犯，亦哭泣旬日，其得人心如此。为人庄重，不苟言笑，恒戒子女以忠孝立身：'尔父尔母不足法也。'诗不经意，故所著不多。嗟乎！诗一技耳，何足为季贞轻重哉！"

胡应佳为人贤惠，善良庄重，且教育子女有方，在乡里很有德声。

从胡应佳有《赠别黄皆令》一诗，可以看出她一直体弱多病，自黄媛介到张家后，张夫人就一直卧病在床，无力教育诸女。而张陛自顺治八年（1651）便"抵广东，巡抚李瑞吾命视四会县事，旋调博罗"，这些情况或许就成了张家要聘请一位闺塾师的缘故。

胡应佳的祖父胡琳是一位以清廉著称的官员。

胡琳，字伯玉，号璞完。高、曾、祖、父及琳皆为进士。

《（道光）会稽县志稿》卷十八《人物·宦绩》："而琳以中书舍人历官仆卿。世为廉吏，家无中人产。脱粟布衣，无疑寒畯兼之。宽仁浑厚，为世所推重云。"

冬，黄媛介访梅市祁夫人商景兰。

黄媛介至山阴后，或于是年冬日慕名往梅市访祁彪佳夫人商景兰。顺治十二年（1655）正月五日，黄媛介与祁夫人等宴集世经堂观剧，黄媛介有诗《春王五日同媚生祁夫人诸姊姒燕集世经堂观鲜云童剧》，又有《乙未上元吴夫人紫霞招同王玉隐玉映赵东玮陶固生诸社姊集浮翠轩迟祁修嫣张宛仙不至拈得元字》，可见黄媛介与祁家在顺治十二年之前已经结识，商景兰三女祁德琼于顺治十二年亦有《吴夫人上元燕集以病不克与遥和黄皆令原韵》。

祁德琼《喜黄皆令过访》一诗应作于冬天，符合黄媛介于此年冬季拜访商景兰之说：

> 孤月当轩吐，晴烟万树开。江花迎客路，画舫到门来。暮雪幽庭句，秋风上苑才。须留十日话，还访旧楼台。
>
> （祁德琼《未焚集》）

山阴祁氏家族之才女文化不亚于嘉兴的黄氏家族、吴江的沈氏家族与叶氏家族，以及桐城的方氏家族，都是经过数代积淀而形成了自己家族浓郁的文化色彩，又都因为朝代更替而遭受种种不幸。

作为忠于前朝官员的配偶商景兰与黄媛介一样经历了国破家变的惨痛，并为此而写了不少相关的诗作。因此有《喜嘉禾黄皆令过访却赠》，表达了两位女诗人因"谈深香绕坐"而"照发自精神"的喜悦之情：

双烛喜留宾，樽浮夜色新。谈深香绕坐，帘卷月随人。掩扇愁无奈，凌波思绝尘。明珠囊底价，照发自精神。

（王端淑《名媛诗纬初编》卷十一）

如今绍兴梅市祁彪佳的四进老宅只剩下破败不堪的第三进台门，尚留有五开间二层小楼，梅花瓣木窗棂古朴精致。据云此楼由祁理孙出资为明鲁王抗清之用所建，现已易他姓。丰沛的河流水潭环绕着老宅的前后左右，石板路上至今还留有拴船的铁环。祁家门前小河名为"商漕江"，又名"商家潭"，由商景兰之父商周祚出资疏浚，作为陪嫁。因而商景兰诗中所言"江花迎客路，画舫到门来"，足以说明黄媛介是坐船过访祁家的。

山阴祁氏家族才女荟萃，《诗观》初集卷十二："二媳四女，咸工诗。夫人每暇日登临，则命媳女辈载笔床砚匣以随，角韵分题，一时传为胜事。闺秀黄皆令入梅市访之，赠送倡和甚盛。予览其诗册，书法遒婉，皆可爱。"

《静志居诗话》卷二十三："（祁彪佳）公怀沙日，夫人年仅四十有二。教其二子理孙、班孙，三女德渊、德琼、德茝，及子妇张德蕙、朱德蓉。葡萄之树，芍药之花，题咏几遍。经梅市者，望若十二瑶台焉。"

因此，黄媛介的拜访令祁家女性成员不胜欢欣雀跃。三女祁德琼有《喜黄皆令过访》诗；长女祁德渊更是闻讯后以"怀人追访戴，作赋慕登楼"的心情，"急放木兰舟"赶回娘家，并在诗中表达了与黄媛介失之交臂时的失望与无奈：

访皆令不遇

漫传佳客至，急放木兰舟。阔岸千山远，寒波夹浦流。怀人追访戴，作赋慕登楼。更惜缘仓卒，空帘静玉钩。

（王端淑《名媛诗纬初编》卷十三）

祁德渊（？—1693后），初名贞孙，字㲋英。万历四十四年（1616）进士姜一洪子媳，文学姜廷梧妻。有《静好集》（一作《祁㲋英诗》），与朱德蓉、张德蕙等合作有《东书草堂稿》。

《名媛诗纬初编》卷十三：“㲋英以绝色绝才为诗，从无艳态，一归大雅，盛唐气格，直接蛾眉，忠敏之家教使然也。然历下殊非至境，景陵尽入时蹊，今人须眉如戟，而止拾糟粕，非北面历下，则臣事景陵，甘心奴使，见此自应愧死地下。”

祁德渊夫君姜廷梧（1627—1668），字桐音。《（光绪）徐姚县志》卷二十三《列传十五》称其“为文颖脱而出。日求儒雅士，以高文远韵相酬酢”。著有《芳树斋集》十二卷，《待删集》《甲乙诗钞》等。夫妇二人生有五子五女。

毛奇龄《西河集》卷九十一《姜桐音墓志铭》：“祁公长女贤有文章，每与君倡和，或君远游，则必诒诗相问讯。有诗一卷，藏于家，名《静好集》。子男五人：长兆熊，郡文学；次兆鹏；次兆骈，邑文学；次兆骥，次兆鹄，俱幼。女五人。”

《（嘉庆）山阴县志》卷十四《乡贤二》：“姿度绝异。陈子龙司李越郡，一见相器重。一洪死国，遂日放林皋，绝意仕进。配祁忠惠女，贤而有文，每相与倡和，廷梧诗久益工。将卒，尚赋长律二十馀篇。有文集行世。”

姜廷梧后因“通海案”牵连入狱，李瑶《绎史摭遗》卷十五：“已罹祸下狱，久乃得释。寻以中湿病卒。”

在夫君姜廷梧早世后，祁德渊以其无可挑剔的贞操被载入了姜氏家谱的贞女传中。

《姜氏世谱·女贞志》：“廷梧早亡……（祁德渊）夫丧三年服阕，犹缟衣茹素，誓不易服，以策励诸子。康熙癸酉年（1693），长子兆熊举于乡，方从其请，距廷梧殁已二十六年矣。”

毛奇龄特为作《祁夫人易服记》。

祁德渊与姜廷梧有一女姜倩，字徽懿，也是一位女诗人，《(乾隆)绍兴府志》卷七十八《经籍志二》记其有诗集《南楼草》与《纫芝草》。

而作为祁家季子祁班孙之妻的朱德蓉，应该比出阁的小姑祁德渊先遇黄媛介为快了：

黄皆令过访

万峰皆落日，轻薄远村迷。客渡江风急，帆收暮色低。佳人归阆苑，妙句出深闺。明发山阴道，登临续旧题。

(王端淑《名媛诗纬初编》卷十六)

朱德蓉(1637—1690)，一作德容，字赵璧，会稽(今浙江绍兴)人。太师朱燮元孙女，朱兆宪女，朱用调姊妹，祁曜徵嗣母。与张德蕙、祁德渊等合作有《东书草堂稿》。

《名媛诗纬初编》卷十六："夫妇工诗。""读诸诗，脱尽板气，已著钱刘胜地矣！何必杜工部，始为今日之第一人也。"

朱德蓉是否有自己的诗集，似未见有记载，或许是嫁入祁家后因耳濡目染而学会了作诗。

朱兆宪(1604—1662)，字叔起，号见符。朱燮元三子，朱用调父，祁班孙岳父。邑庠生。袭广威将军上骑都尉锦衣卫指挥佥事，加二级。娶明万历四十四年(1616)进士周洪谟女为妻。(朱增《山阴白洋朱氏宗谱》卷十四、卷二十)

朱用调(1632—1686)，字子彝，号固亭。袭荫四品世职。著有《固亭遗稿》。朱彝尊《静志居诗话》评其诗曰："子彝五律，原本襄阳、太白，故以跌宕见长，诵之如食哀家梨，但觉甘脆。"魏耕有多首诗与之酬唱，可见交情甚深。

朱用调妻祁德芷(1631—1682)，字楚佩，为祁彪佳叔伯兄弟祁熊佳之

女。"宗谥淑文。子七：昉、晒、旸、暐、眤、晫、昕"。(朱增《山阴白洋朱氏宗谱》卷二十一)

朱德蓉夫君祁班孙，人称"祁六公子"。

祁班孙（1632—1673），字奕喜，山阴人。能诗文，有盛名。曾参与吴江沈自晋的《南词新谱》编纂工作。无子，以兄理孙次子曜征为嗣子。(周巩平《明清两代浙东祁氏家族的戏曲家群体与曲目整理活动》)

《清史稿》卷五〇一《遗逸二》："父彪佳，明苏松巡抚。班孙次六，人称'六公子'，彪佳尝受业于刘宗周，宗周将兵江上，班孙与其兄理孙馨家饷之。祁氏藏书甲江左，班孙兄弟以故国乔木自任，豪宕喜结客。家居山阴之梅墅，园林深茂，登其堂，复壁大隧，莫能诘也。慈溪布衣魏耕者，狂走四方，思得一当。班孙兄弟与之誓天，称莫逆。或告变于浙大吏，四道捕耕，并缚班孙兄弟去。既谳，兄弟争承，祁氏客乃纳赂而宥其兄。班孙遣戍辽左，理孙竟以痛弟郁郁死，而祁氏家亦破。旋班孙遁归，祝发于吴之尧峰，寻主毗陵马鞍山寺，所称咒林明大师者也。班孙好议论古今，不谈佛法，每语及先朝，则掩面哭，然终莫有知之者。康熙十二年卒。发其箧，有《东行风俗记》《紫芝轩集》。且得其遗教，命归祔，乃知为山阴祁六公子，遂得返葬云。……自班孙兄弟殁，澹生堂书星散，论者谓江东文献一大厄运也。"

冬，黄媛介与祁家诸才媛游密园。

密园位于梅市（即今梅墅村）梅墅直江东岸，与西岸的祁彪佳故居隔河相望，两岸以梅源桥相接。如今残存一座祁彪佳筑建的假山，据说疑似祁承爜《密园前后记》中的"拙似岗"遗迹。江南著名藏书楼澹生堂即在密园。黄媛介到访祁家，因此游览与之毗邻的密园也在情理之中。

黄媛介有诗记之：

密园唱和同祁夫人商媚生祁修嫣湘君张楚纕朱照璧咏

曲径移芳破晓烟，迷濛风景倍林泉。栏疏逾见孤亭敞，树密难知落日圆。近木流霞通户牖，拂云高阁住神仙。霜时尚有花开落，洒洒红英色倍鲜。

（王端淑《名媛诗纬初编》卷九）

诗句中有"霜色黄看橘柚圆"，故此诗应作于初冬时节。

商景兰原作：

游密园

漠漠平林带碧烟，泠泠寒涧出流泉。湖光淡接楼台迥，霜色黄看橘柚圆。鸡犬洞口寻避世，云霞笔底赋游仙。穿芳不倦等临兴，更爱梨花一种鲜。

（王端淑《名媛诗纬初编》卷十一）

祁德琼和作：

和黄皆令游密园

朔气晴开万户烟，寒林落日点红泉。十年往事悲星散，千里交情共月圆。松径犹能邀令客，桃源应信有群仙。搴芳踏尽池塘路，泥印莲花步步妍。

（祁德琼《未焚集》）

密园亦为绍兴著名园林，为祁彪佳之父祁承㸁所建。

《越中园亭记》卷五《密园》："先子（祁承㸁）生平有园林之好。上公车时，即发箸构此，然亦止密阁、夷轩、澹生堂数处耳。嗣后，俸馀所入，尽用置园。旷亭一带，以石胜；紫芝轩一带，以水胜；读书斋一带，以幽邃胜；蔗境一带，以轩敞胜。先子于此具有匠心焉，载《密园前后记》及《行园略》中。"

祁承爜（1563—1628），字尔光，号夷度，又称旷翁，晚号密园老人，山阴人。祖、父皆为进士。万历三十二年（1604）进士，官至江西布政使司右参政。自幼喜读书，并酷爱藏书，于图书"生死以之"，为明代著名藏书家、目录学家，其澹生堂藏书九千多种，十万余卷，多于天一阁藏书三万余卷。

作为祁氏家族的女家长，商景兰与黄媛介可谓一见如故，两位女诗人的相遇，无疑为她们的生活带来了无比的喜悦之情。在这里黄媛介如鱼得水，可以与诸闺秀们悠游山水，陶冶情操，吟咏酬唱，极尽风雅，而商景兰毫无官宦贵妇之成见，有的只是彼此间的欣赏与依恋。

冬，黄媛介登览祁家藏书楼。

游览密园之际，黄媛介在商景兰、祁德琼母女陪同下登临祁家名闻天下的藏书楼——澹生堂，商景兰有《登藏书楼刻韵》诗：

淡日黄云覆朔烟，十年遗恨在甘泉。玉堂不惜随风破，金掌何时滴露圆。旧有赐书堪供客，新悲纨扇拟求仙。登高已让君能赋，枯木惭无雨后鲜。

（王端淑《名媛诗纬初编》卷十一）

祁德琼亦有诗纪之：

同皆令登藏书楼

树杪危楼御史台，牙签万轴倚云开。知君此日登临后，不数王家作赋才。

（祁德琼《未焚集》）

诗中所言祁家藏书楼"澹生堂"位于祁家父子两代精心打造的密园之中，商景兰诗中有"十年遗恨在甘泉"句，又有"登高已让君能赋"句，与祁德琼"不数王家作赋才"能够对应，故此推测黄媛介应在商景兰、祁德琼母女陪同下参观了藏书楼。

冬，祁德琼作诗送黄媛介返郡城张陛家。

送黄皆令往郡城

风急孤帆去，骊歌动远愁。飞花空曲径，落叶满荒丘。月影留悬榻，云光送客舟。别离当此际，长使忆同游。

因张陛家居郡城，当时的绍兴府治设在山阴，而祁家在柯岩乡间。祁德琼此诗应作于黄媛介离开祁家之际。

是年，许宸任职通政司左参议。

高佑釲《许按察使传》："甲午，擢通政司左参议。"（《（康熙）内乡县志》卷九《艺文》下）

清顺治十二年（1655）乙未　四十六岁

正月初五日（1655.2.10），黄媛介与商景兰诸名媛宴集观剧。

《诗观》初集卷十二载有黄媛介《春王五日同媚生祁夫人诸姊姒宴集世经堂观鲜云童剧》诗：

东风暖拂华堂春，高张绮筵水陆陈。森森荀王皆兰荪，依依钟郝相敬亲。红妆锦袖灯前出，含嗔含笑娇无力。绝胜金钗十二行，能留珠履三千客。乱离亲见惊中原，瞥眼流亡亦断魂。尽道诙谐过剧盂，渐惊声价逼黄幡。添杯劈脯重烧烛，一度一回看不足。乐府重翻字字新，风华动合开元曲。

（邓汉仪《诗观》初集卷十二）

虽然此诗并未写明创作年代，前文已提及黄媛介第一次入山阴时间为顺治十一年（1654）秋冬之际至顺治十二年（1655）仲冬，第二次入山阴时间为顺治十三年（1656）春至顺治十三年冬，因黄媛介于顺治十三年的三月三日在杭州西泠作《山水图》一幅。故此"春王五日"应为顺治十二年之事，而非顺治十三年。

诗题中所提到的"鲜云"，为祁鸿孙家班伶人。

孙丹妍《陈洪绶与晚明戏曲及曲家》："绍兴祁氏家族历代为官，书香门第，其中祁豸佳、彪佳、骏佳诸兄弟，奕远、奕喜诸子侄辈皆为一时名士。祁豸佳与祁奕远分别蓄有家班，他们精通曲律，常自创新剧或自度曲子，教授伶人，阿宝、鲜云等名优皆出于门下。"

张岱《祁奕远鲜云小伶歌》诗亦对"鲜云"的演技大加赞赏："鲜云小倎真奇异，日日不同是其戏。"（《张岱诗文集·张子诗秕》卷三）故黄媛介亦在诗中借用南朝梁武帝《河中之水歌》"头上金钗十二行，足下丝履五文章"句，又用司马迁《史记》卷七十八《春申君列传》："春申君客三千馀人，其上客皆蹑珠履以见赵使，赵使大惭"之典故来形容祁鸿孙家班与伶人鲜云出色的表演。

"世经堂"位于密园。《祁忠敏公日记》第九卷《弃录》"己卯岁"（1639）四月十八日记有："姜崝愚过访，与游寓山，商出处之道。渠极赞予归志之决。再游柯山，饭于约室。崝愚小憩于烂柯山房，啜茗笛亭。同之游归密园，举酌世经堂。"

可以说黄媛介在山阴生活期间，除了教书、游园、雅集，观剧也是一项重要的娱乐活动。

晚明盛行戏曲，无论是职业戏班还是家庭戏班都达到了前所未有的鼎盛，"至明中叶以后，制传奇者，以江浙人居十之七八，而江浙人中，又以江之苏州，浙之绍兴居十之七八。此皆风习使然，不足异也"（《王国维戏剧论文集》）。故在此期间绍兴涌现了一批有着很高文化素养的戏曲理论家与戏曲作家，其中包括祁彪佳与张岱。他们不仅是晚明著名作家，也是最为重要的曲评家。

祁彪佳之父祁承爍非常痴迷于听歌征曲，他的澹生堂藏书便收集了不少戏曲剧本，编为词曲类。在祁承爍的影响下，其子侄辈个个都热衷于参与戏曲活动，有的还进行了自己的创作。祁承爍长子祁麟佳，不但好观剧赏曲，还撰有杂剧《太室山房四剧》；三子祁骏佳（1594—1671）也是一位戏曲作家，撰有杂剧《鸳鸯锦》；四子祁彪佳最为出色，有"曲癖"与"音律之癖"，不仅撰有传奇《全节记》、杂剧《鱼儿佛》，还著有《远山堂曲品》《远山堂剧品》。祁承爍之弟祁承勋有子祁豸佳（1594—1683 后）更是远近闻名的异才，身具多种才艺，"余友祁止祥有书画癖，有蹴鞠癖，有鼓钹癖，有鬼戏癖，有梨园癖"（《陶庵梦忆》卷四《祁止祥癖》）。他除了经常指导家乐演出，还撰有杂剧《眉头眼角》与传奇《玉麈记》。祁家人除了进行艺术创作之外，祁豸佳与祁鸿孙还都组有自己的家班，经常出演自己编写的新曲或时新剧作，轰动一时，成为远近梨园佳话。

而张岱家从祖父辈就开始蓄养家班，自其祖父张汝霖至张岱一辈先后组有可餐班、武陵班、梯仙班、吴郡班、苏小小班、茂苑班，等等，名伶亦层出不穷。张岱的《琅嬛文集》中就有数篇与戏剧、伶人相关的作品，如《曲中妓王月生》《祁奕远鲜云小伶歌》《祭义伶文》等。张岱也是一位精通曲律的大行家，经常参与各种演剧活动，优伶们对其异常敬畏，称在他面前演出为"过剑门",意即须万分小心谨慎,以免出乖露丑。张岱还写有杂剧《乔衙内》、传奇《冰山记》。

清政权的建立,使得许多忠于明王朝的汉族士大夫家族遭到了灭顶之灾,即便没有参与反清复明活动,也有很多家庭因战乱而致没落。当黄媛介到山阴时,祁家除了家长祁彪佳自沉于寓园池中以表明自己不做贰臣的坚决态度,其家族的经济状况似乎并未在改朝换代中受到很大的影响,从商景兰与家人的生活可见端倪。虽然精于戏曲癖好的祁麟佳、祁彪佳等人已然逝去,但是同样精于此道的祁鸿孙等人仍然蓄养家班并进行表演,且其姬人许弱云亦为名伶。所以说黄媛介此次山阴之行,得以身临其境地观赏名满江南的山阴戏曲表演,应该是充满了快乐的。在这里她不仅结识了很多志同道合的新朋友,闲暇时还与众姊妹们一起观看戏剧表演,故在其诗作中有所表现。

正月十五日(1655.2.20)元宵节,黄媛介参加吴夫人胡紫霞雅集。

黄媛介在山阴与众多闺阁诗人可能成立有诗社,黄媛介有诗《乙未上元吴夫人紫霞招同王玉隐玉映赵东玮陶固生诸社姊集浮翠轩迟祁修嫣张婉仙不至拈得元字》纪之,胡紫霞亦有诗《上元雅集同黄媛介王玉隐玉映陶固生咏》。由于年代久远,资料多有流失,当时参与雅集的女诗人们留存下来的作品已不多见,现从仅存的吉光片羽中可以欣赏她们在观剧时的愉悦。

胡紫霞:

上元雅集同黄媛介王玉隐玉映陶固生咏

梐枑迎仙佩,清光满上元。高才同道蕴,逸致等东园。续史颂彤管,评文降玉轩。十年穷赋学,三百灿词源。皓魄开星户,明珠入夜樽。凝寒惟促字,多病未抽轮。凤褚来佳韵,鸡窗共讨论。唱酬吾未敢,风雅尔犹存。何当又把袂,一醉醒诗魂。

(王端淑《名媛诗纬初编》卷十二)

黄媛介：

乙未上元吴夫人紫霞招同王玉隐玉映赵东玮陶固生诸社姊集浮翠轩迟祁修嫣张婉仙不至拈得元字

握麈同仙侣，开宴值上元。才华推闺学，风雅集梁园。竹翠遥分径，花香近绕轩。盘如行玉馔，坐拟似桃源。画烛重添炬，琼浆屡泛樽。月圆开宝镜，灯灿转珠轮。佳句谁先得，元思共欲论。相看言未已，分手意犹存。归棹各南北，偏多惊旅魂。

（王端淑《名媛诗纬初编》卷九）

按，黄传祖《扶轮广集补遗》中诗题为《上元日承吴老夫人见招同映然子一真师并诸社姊分十三元》。

王端淑：

上元夕浮翠吴夫人招同黄皆令陶固生赵东玮家玉隐社集拈得元字

上元逢雅集，诗律重开元。丽藻归彤管，逍遥拟漆园。墨香浮画栋，花气袭明轩。彩笔千秋梦，黄河万里源。疏灯摇翠竹，修月对清樽。捡韵调丝茧，空华转法轮。寸心谁自得，五字共深论。兢发春宵思，相期古道存。奇情追左鲍，招有落梅魂。

佳气延春日，和风霭上元。拂花开绮席，爱客近文园。拔篆香分玉，挥毫翠落轩。红灯辉彩袖，素影耀清源。四壁悬名迹，多年寄酒樽。峰峦云入座，天汉月盈轮。把臂留新契，含颦惊异论。兰亭书可续，莲社韵犹存。况忆传柑会，相将欲断魂。

（王端淑《名媛诗纬初编》卷四十二）

商景兰三女祁德琼因病未赴雅集，仍以诗唱和：

227

吴夫人上元燕集以病不克与遥和黄皆令原韵

金钥启千门，银花散上元。绮宴临绿水，朱履集芳园。歌绕风侵石，云空月满轩。何需思良苑，于此及桃源。

（祁德琼《未焚集》）

"浮翠轩"为吴国辅居所，王端淑《映然子吟红集》卷九有《中夜闻雁次浮翠轩吴夫人韵》诗。

参加胡紫霞夫人雅集的几位女诗人。

从黄媛介《乙未上元吴夫人紫霞招同王玉隐玉映赵东玮陶固生诸社姊集浮翠轩迟祁修嫣张婉仙不至拈得元字》诗可知，参加雅集者皆为当时绍兴极具才情的名门闺秀与贵妇，其中有胡紫霞、王端淑、王静淑、赵东玮、陶履坦、祁德琼、张嫣等人。

胡紫霞，号浮翠山人，山阴（今浙江绍兴）人。嘉靖三十八年（1559）进士吴兑曾孙媳，吴有家嗣孙媳，吴孟益（1576—1591）嗣子媳，吴国辅继妻，吴卿祯继母，吴理祯、吴夔祯、吴祥祯母。著有《浮翠轩集》，惜未传世。

《名媛诗纬初编》卷十二："姿容端好，治家严肃。……善诗，博雅爱才。篇什甚多，不以示人。……金吾公任侠重才，所至多四方奇士。而夫人佐以韵事雅会，琴樽诗画，备极名胜，江南逸地。晋人尝齿山阴公及夫人居州山，其地大不盈拳，而名播三吴。有寺鹫峰，高寒幽峭，鸣泉泱泱，万竹阴阴，真清绝地也。诗人常游而赏之，故夫人之诗，别情别致，一辟时蹊。惜其年之不永，夺予知己，可叹也！"

从王端淑为胡紫霞所作小传中可知，吴家园林位于绍兴灵鹫峰大香林葑里村，此山因建于东晋时期的鹫峰寺而闻名。与吴家交情甚厚的书画家陈洪绶就有《鹫峰寺即事》诗："鹫峰寺里稻花香，战鼓咚咚闻道场。半属军粮半属豆，山僧未必得亲偿。"吴凤翥《梓里记》一文中记载："寺之右厢，大司马环洲公读书处也。"

"环洲公"即为明万历朝时任兵部尚书的吴兑。

这位吴夫人与王端淑交情匪浅，在王氏的《映然子吟红集》中有大量与其相关的诗作，如《中夜闻雁次浮翠轩吴夫人韵》《明妃梦回汉宫次浮翠轩吴夫人韵》《雪压桃花同浮翠夫人咏》，等等。尤其是在王端淑家境日下，流离在外时，数次得到这位吴夫人的帮助，如《感遇诗呈浮翠轩夫人》等有记载。同样，黄媛介在山阴也结识了王端淑的这位知心闺密，闺阁诗人相聚一堂，彼此唱酬，极尽风雅。

胡紫霞夫君吴国辅（1594—1668），字治成，号蓍生，山阴（今浙江绍兴）。吴兑曾孙，吴有孚孙，吴孟明次子，吴有家嗣孙，吴孟益嗣子，吴卿祯、吴理祯、吴夔祯、吴祥祯父。邑庠生。天启七年（1627）广东武解元。

吴隐等纂修《山阴州山吴氏族谱·一支大分》第四册："崇祯登极，覃恩授锦衣卫镇抚，升正千户，掌衣左所千户印。改授指挥佥事，加三级。荐升南镇抚司佥事。娶道墟章氏，继娶赏祊胡氏。生子二：理祯、夔祯；女一，适馀姚吏部尚书沈应文孙庶吉士振嗣；吴夔祯嗣吴邦屏。"

吴国辅也是一位文化人，明崇祯十一年（1638）曾根据四明（今浙江宁波）沈定之旧稿编辑而成《今古舆地图》三卷。

胡紫霞与吴国辅长子吴理祯（1642—1659），字治文。郡庠生。

吴隐等纂修《山阴州山吴氏族谱·一支大分》第五册："以曾孙吴寿昌贵，赠奉直大夫、詹事府右春坊右赞善。娶周家桥左庶子周凤祥女。以侄吴瀛为嗣。"

胡紫霞与吴国辅次子吴夔祯（1645—1695），字克谐，号蓍溪。

吴隐等纂修《山阴州山吴氏族谱·一支大分》第五册："以子洐贵，封宣武将军，东宫侍卫。娶富盛知县童炜女名胜，子四：吴瀛、吴澂、吴洲、吴洐。"

吴理祯与从兄吴卿祯都与当时的反清志士魏耕交好，魏耕《雪翁诗集》中有《客吴卿祯园斋最久酒中为长句奉别兼示令弟理祯》一诗。

胡紫霞与吴国辅之女吴祥祯（？—1660），曾受业于王端淑，后为翰林沈振嗣妻。

沈振嗣，字玉集，余姚丰霖人。明隆庆二年（1568）进士沈应文孙，崇祯十二年（1639）举人沈景怡子。清顺治十五年（1658）进士，官翰林院庶吉士。

《两浙輶轩录补遗》卷一录有其诗《松林道中》，并引张廷枚曰："太史弱冠即掇巍科，卒年二十岁。诗无存者。"

赵东玮，法名智琦，字梵慧，山阴（今浙江绍兴）人。学博赵之兰女，刑部主事朱应曾孙媳。

《名媛诗纬初编》卷十三："未一载夫亡，誓不他适，居悠然堂，遂号悠然子。与姒陶履坦为生死友，交相倡和。后以称比丘尼，为三日法子云。"

赵东玮与陶履坦所嫁夫君同为朱氏家族中人，皆因夫君早亡，又都出家为尼，她们以诗唱和，共慰平静而又孤寂的余生。

赵东玮和作：

季夏稽散子见寄次和

未解高林暑，望中犹翠榆。自从子去后，岂惜我形孤。淡月疏星下，寒炉烟篆除。不辞频过此，携手共悠居。

（王端淑《名媛诗纬初编》卷十三）

陶履坦原作：

季 夏

暮色笼香影，天边尽白榆。鸟还巢木远，人近夜窗孤。拂调神清旷，谈元俗累除。素心临皓月，长愿集悠居。

（王端淑《名媛诗纬初编》卷十三）

陶履坦，字固生，号稽散子，法名智明，会稽（今浙江绍兴）人。明嘉靖二十六年（1547）进士陶承学孙女，陶荣龄女，陶祖龄、陶望龄侄女，陶履群、陶履卓从姊妹，朱赓孙媳，朱敬衡子媳，朱骃元妻。

《名媛诗纬初编》卷十七："诗深秀清婉，酷肖其人。"早卒。

陶家与朱家皆为山阴望族。

陶履坦的祖父陶承学（1518—1598），字子述，号泗桥，会稽人。著有《字学集要》四卷。

《（乾隆）绍兴府志》卷四十八《人物志》八《乡贤》五："初任中书，历南京御史。时仇鸾得宠骄横，言者多罢斥，承学抗疏纠之，出知徽州府。徽故多讼，乃能敏于断决。……历南京礼部尚书。"

黄媛介曾去陶家园林所在处曹山游览，并作有《游曹山过采菊堂赠仲仪陶夫人时夫人已薙发》一诗：

访胜闲登采菊堂，眼中仿佛见柴桑。虚亭静对千峰翠，古树阴成六月凉。香象饮河唯见鼻，青狮望母只无肠山有象鼻峰、望母青狮石。维摩洞口逢君说，但学无生味最长。

（王士禄《然脂集》卷三十三《诗部》二十六）

这位陶仲仪应该就是陶履坦，在黄媛介于顺治十一年（1654）至顺治十三年（1656）间至山阴游曹山时，陶仲仪已经"薙发"皈依佛门，故有"游曹山过采菊堂，赠仲仪陶夫人，时夫人已薙发"之说。

曹山有陶家的园林"畅鹤园"，陶家也是张岱的外祖家。

祁彪佳《越中园亭记》之四《畅鹤园》："从樊江而南数里，有曹山焉。

平地介立，峻石孤峙，土人锤凿久，穴山之腹，汇为池沼。其削壁之坳洼者，则因之以构亭榭，刻翠流丹，高出云表，望之如仙居楼阁，以为是蓬瀛蜃幻，与波涛相上下者也。创园者，为二守人表陶公，其长公宗臣，从而新之。自采菊堂以上，曲廊层折，至秘霞轩，至晋砚斋，至绀雪窝，皆新构也。飞栋雕楹，缨带罗阜，方且共诧幽奇。及登陟狮子岩，则又平台豁然，万峰献态，无不狂叫，为畅绝。山水园亭，两擅其胜。越园向推天镜，此当高出一头地矣。"

曹山亦名"曹家山"，与云石山为吼山的两个组成部分，被誉为"江南武陵源"。

张嬿，字婉仙，绍兴人，文学龚荣春妻。

《名媛诗纬初编》卷十三："聪慧不凡，手指盈尺，越之妆束，衣饰皆其手创。诗自婉练，是近日正雅，且出口自然，不似专以虚字为工者。"

有　感

已看河似练，却见月如钩。团扇初辞暑，娇莺不耐秋。

海水随潮落，江流逐浪平。悠悠更东去，秋思独屏营。

（王端淑《名媛诗纬初编》卷十三）

祁德琼（1636—1662），字修嫣，山阴（今浙江绍兴）人。祁彪佳与商景兰三女，王以宁孙媳，诸生王谷韦妻。著有《未焚集》。

《名媛诗纬初编》卷十六："修嫣诗凝重，不以姿态为工，故平调能雅，时出腴语，声光透远。若挽大娘之剑，颠仙飞动，发后羿之弦，白日惊沉。"

夜　坐

坐久明灯乱，寒风入彩帏。阑干七十二，何处笛声飞。

（徐世昌《晚晴簃诗汇》卷一八三）

祁德琼夫君王谷韦，字鄂叔，号云舟，山阴（今浙江绍兴）人。王以宁孙，王谷振兄。清康熙九年（1670）进士。著有《谷韦诗文集》。

陶元藻《越画见闻》卷中："修嫣工书画，闺中砥砺，若良师友，遂亦善画。谷韦与弟谷振，同官部曹，后出为淮安太守。其在都时与王原祁同年友善，讨论画理，然不喜干墨，专用湿笔。以为今之为太仓派者，用干笔枯燥堆积，全失前辈精神。杜诗云'元气淋漓障犹湿'，知古人原不重干墨。谷韦天资敏妙，又嗜古不倦，其于干湿之际辨之真矣。"（于安澜《画史丛书》第四册）

王以宁（1567—?），字祯莆，号咸所，山阴人。明万历二十六年（1598）进士。万历二十七年（1599）接替秦尚明，担任南直隶常州府宜兴县知县。建崇文书院，亲自讲学。历官御史，巡按广东。官至福建布政使司参政。

初春，黄媛介与祁家才媛游寓山。

所谓"二月梅花三月桃"，梅花的花期在每年末至次年春，故黄媛介与祁家母女至寓山赏梅应在二三月间。

寓山位于现绍兴市柯桥区柯岩风景区，实为两座并不相连的小山丘，祁家寓园因其而名，祁彪佳《寓山注序》："顾独予家旁小山，若有夙缘者，其名曰'寓'。"

《（乾隆）绍兴府志》卷七十二《古迹志二》："寓园，在城西南二十里寓山之麓。崇祯初，御史祁彪佳依山作园。"

寓园出自园林大家祁彪佳之手，《寓山注序》云："园开于乙亥（1635）之仲冬，至丙子（1636）孟春，草堂告成，斋与轩亦已就绪。迨于中夏，经营复始。榭先之，阁继之，迄山房而役以竣。自此则山之顶趾，镂刻殆遍。惟是泊舟登岸，一径未通，意犹不慊也。于是疏凿之工复始，于十一月自冬历丁丑（1637）之春，凡一百馀日。曲池穿牖，飞沼拂几，绿映朱栏，丹流翠壑，乃可以称园矣。而予农圃之兴尚殷，于是终之以丰庄与幽圃，盖已在孟夏之十有三日矣。若八求楼、溪山草阁、抱瓮小憩，则以其暇，偶一为之，不可以时日计。此开园之岁月也。"

在《寓山注》中，祁彪佳所记载的寓园景致大大小小有数十处：水明廊、读易居、呼虹幌、让鸥池、踏香堤、浮影台、听止桥、沁月泉、溪山草阁、茶坞、冷云石、友石树、太古亭、小斜川、松径、樱桃林、选胜亭、虎角庵、袖海、瓶隐、孤峰玉女台、芙蓉渡、迴波屿、妙赏亭、小峦雉、志归斋、天瓢、笛亭、酣漱廊、烂柯山房、约室、铁芝峰、寓山草堂、通霞台、静者轩、远阁、柳陌、幽圃、抱瓮小憩、丰庄、梅坡、海翁梁、试莺馆、归云寄、即花舍、宛转环、远山堂、四负堂、八求楼等多处胜景。

春天，当黄媛介与祁家诸才媛沐浴着稍带暖意的春风登临寓山游赏梅花时，曾经开创此园并精心构造的主人已经永远离去了。而其灵柩仍然悬于山上的亭子里，正所谓"梅花绕径魂无主，明月当轩梦不来"。富有才情的闺秀们相携着行走在寒意仍未消去的山路上，她们自惨痛的鼎革之乱中劫后余生，大有"国破山河在，城春草木深"之叹，祁夫人商景兰可谓触景生情，赋诗以纪：

同皆令游寓山

笙歌空忆旧楼台，竹路遥遥长碧苔。一色湖天寒气老，万重山壑暮云开。梅花绕径魂无主，明月当轩梦不来。世事只今零落尽，岂堪佳客更徘徊。

（王端淑《名媛诗纬初编》卷十一）

祁德琼：

同皆令游寓山

一舟携远客，池馆白云边。归鸟寒栖树，苍松暮拂烟。看山高阁上，待月画楼前。堂构今零落，无心整翠钿。

（祁德琼《未焚集》）

黄媛介亦有诗二首：

同祁夫人商媚声祁修嫣湘君张楚纕朱赵璧游寓山分韵二首

名园多异植，花绕曲栏边。山抱苍潭水，林藏碧树烟。栖乌啼月下，回棹泊霜前。酒罢同归阁，开衾纳翠钿。

佳园饶逸趣，远客一登台。薛老苍烟静，风高落木哀。看山空翠湿，觅路乱云开。欲和金闺句，惭非兔苑才。

（沈季友《携李诗系》卷三十五）

当年祁家母女子妇偕同黄媛介一起游览寓山，还能够领略男主人亲自构筑的景致，睹物思人，大有"物是人非事事休，欲语泪先流"之感。如今，在经历了三百五十年的变迁后，昔日的寓园早已灰飞烟灭，在原址上建造了一座占地百余亩的现代化的镜湖大酒店。入园后，两座微微耸立的东西寓山仍然会展现在人们面前，虽然青山不改，只是昔日雅景不再。隔河而望，东北处为龙头山，而西北处即为祁彪佳《寓山注》中所言的柯山，亦即古称"万壑千岩"之所在。

三月十五日（1655.4.21），佟国器由福建巡抚改南赣巡抚。

钱实甫《清代职官年表》第二册《巡抚年表》（第1526页）："福建（汉）佟国器，三、庚子、十五，4.21，南赣互改。"

夏，黄媛介作《南华山馆》诗。

张陛祖父张汝懋号南华老人，其居所便是张氏家族著名园林——南华山馆，在张家为闺塾师的黄媛介应是睹名思旧，故作诗纪之：

南华山馆

久住我未得，有时乡梦飞。长零曼卿泪，欲作故园归。碧树藤花艳，金波藕叶肥。虚廊凉气永，忍与便相违。

（王士禄《然脂集》卷二十八《诗部二十一》）

此诗应作于夏季，有"碧树藤花艳，金波藕叶肥"句。

从黄媛介长诗《离隐歌》中已经得知她在嘉兴的旧居曾经有一处堂名亦为"南华"，故其有《南华馆古文诗集》，可惜的是"南华馆"毁于嘉兴的"乙酉兵乱"。无独有偶，黄媛介在绍兴为张陛家闺塾师时的居所亦名为"南华"，因而在诗中有"长零曼卿泪，欲作故园归"句，应是女诗人勾起了对自己曾经的书斋——南华馆的追思。

南华山馆，又作"南华山房"，是明末清初山阴著名的园林之一，祁彪佳在其《越中园亭记》卷三对"南华山房"有如下描述："宫谕张文公构此为游息地。中有遂初堂、观畴阁。主人张芝如先生向与先子读书其间，著有《和张子韶论语颂》。鸡窗同卧起，气谊千古。东偏亭台为六符君新构，不似古朴本色矣。"

祁彪佳文中所提到的"张芝如先生"，疑为张陛之父张汝懋；"先子"，即其父祁承爜。南华山馆为张岱曾祖张元忭所构著名园林，为其游览栖息之地，又与居地旁建楼为讲学场所，曰"不二斋"。

张元忭（1538—1588），字子荩，号阳和。明嘉靖二十六年（1547）进士张天复（1513—1573）子，张汝霖（约1561—1625）父。著有《云门志略》《山游漫稿》《槎间漫笔》《不二斋稿》等。

《（嘉庆）山阴县志》卷十四《人民志第二之六》："生有异质，好读书。素羸弱，母戒勿过劳，乃藏灯幕中，俟母寝始诵。……隆庆五年（1571）元怦以廷试第一，授修撰。尝抗疏救御史胡泽。……阁起，官进左谕德，值经筵。先是，元怦以帝登极恩，请复父官，诏许给冠带。至是，复申前请，格不从，遂得疾卒。天启初，追谥文恭。"

张氏家族雅爱园林艺术，始自张岱高祖张天复，其后陆续有所营造，自此开创了山阴园林建造之先河。自张天复始至张岱止，历四代之人，经百年之久在绍兴陆续建有骱园、天镜园、表胜庵、不二斋、巘花阁、悬杪亭、筠芝亭、镜波馆、苍霞谷、万玉山房、南华山馆诸园，使之成为越中翘楚。另在杭州西湖还建有寄园。

祁彪佳夫人商景兰之妹商景徽曾经游访过南华山馆，并作有《游南华山馆》诗：

> 秋水芙蓉映晓霞，随风荡桨到南华。佳人尽向池边立，浑似妆台镜里花。

（《越中闺秀诗》卷二）

人世沧桑，如今已经很难寻觅张家南华山馆的痕迹了，祁彪佳《越中园亭记》记载此馆位于城南，即现在的绍兴越城区，查阅绍兴地图后，发现现在的绍兴儿童公园附近还有一处被称作"南华"的地方，不知是否为张家南华山馆旧址。

是年，张岱作《赠黄皆令女校书》诗。

黄媛介于顺治十二年（1655）至山阴张陛家为闺塾师，因张陛在外为宦，无法得知他对黄媛介的评价。张岱却有诗盛赞黄媛介的才华横溢：

赠黄皆令女校书

从来福德逊东坡，王氏为妻朝云妾。王氏静敏略知书，朝云初解

《金刚》偈。未闻书画与诗文，一个名媛工四绝。余见嘉禾杨世功，齐眉淑女生阀阅。右军书法眉山文，诗则青莲画摩诘。才子佳人聚一身，词客画师本宿业。巾帼之间生异人，何必须麋而冠帻？清照夫妻遭乱离，尔负我戴来古越。越中近日盛女师，柳絮才高多咏雪。夫人刻韵共拈诗，障面避之口嗫嚅。譬如叶公好画龙，真龙入室惟奔蹶。大巫既见小巫走，布鼓雷门声自咽。炉峰镜水富烟云，收拾胸中且作别。余独有言问世功，如此福德作何答？惟有长斋绣佛前，聊复以斯消罪孽。

（张岱著、夏咸淳校点《张岱诗文集》卷三）

此诗应作于顺治十二年，时张岱尚在山阴家中，因有"尔负我戴来古越""越中近日盛女师"等句。韩金佑《张岱年谱》记载其至顺治十三年（1656），因浙江提学佥事谷应泰"欲作《明史纪事本末》之事而向张岱购买《石匮书》，张岱欣然予之，并应邀参与编修《明史纪事本末》一书，因此从中获取了崇祯一朝大量史料，为《石匮书后集》的编纂提供了依据"。

张岱出身于仕宦之家，自幼养尊处优，又受到了良好的文化教育，是一位非常有名的文学家，尤擅散文。

张岱（1597—1684），初字维城，后字宗子，又字天孙、石公，号陶庵，晚号六休居士、蝶庵居士、古剑老人、渴旦庐等，山阴（今浙江绍兴）人。张元忭曾孙，张汝霖孙，张耀芳子。广西右布政使刘世谷次女婿，张鉽、张镳父。

《（嘉庆）山阴县志》卷十五《乡贤三》："及长，好结纳海内胜流，园林诗酒之社，必颉颃其间。家累世通显，服食豪侈。畜梨园数部，日聚诸名士，度曲征歌，诙谑杂进。及闲以古事挑之，则自四部七略以至唐宋，说家荟萃琐屑之书，靡不该悉。"

鼎革之后，张岱以遗民终老。又因家境衰败，穷困潦倒，生活已到了朝不保夕的地步。

《（嘉庆）山阴县志》卷十五《乡贤三》："明亡，张岱避乱剡溪山。素不治生产，至是家益落。故交朋辈多死亡，葛巾野服，意绪苍凉。"

《张岱诗文集·张子诗秕》卷二《甲午儿辈赴省试不归走笔招之》："我年未至耄，落魄亦不久。奄忽数年间，居然成老叟。自经丧乱馀，家亡徒赤手。恨我儿女多，中年又丧偶。七女嫁其三，六儿有两妇。四孙又一笋，计口十八九。三餐尚二粥，日食米一斗。昔有附郭田，今不存半亩。败屋两三楹，阶前一株柳。二妾老如猿，仅可操井臼。呼米又呼柴，日作狮子吼。日出不得哺，未明先起走。……"

贫困中的张岱仍然笔耕不辍，《自为墓志铭》述："好著书，其所成者有《石匮书》《张氏家谱》《义烈传》《琅嬛文集》《明易》《大易用》《史阙》《四书遇》《梦忆》《说铃》《昌谷解》《快园道古》《傒囊十集》《西湖梦寻》《一卷冰雪文》行世。"（《琅嬛文集》）

七月，汪汝谦卒。

《牧斋有学集》卷三十二《新安汪然明合葬墓志铭》："及乎弥留待尽，神明湛然。要云将诸人，摩挲名迹，吹箫摘阮，移日视荫，乃抗手而告别。""然明生：万历丁丑（1577）八月，卒：乙未（1655）七月。"

《李渔年谱》："汪然明卒，渔协冯云将为之营葬。"

汪汝谦去世时，全靠冯云将与李渔为之营葬。而此时黄媛介应该仍然客居于山阴为闺塾师。

"云将"为秀水冯梦桢（1548—1595）之子冯云将，此人寓居于杭州，与汪汝谦、李渔等人交好。据施闰章在其《蠖斋诗话》中所记载的明末著名怨妇冯小青（1595—1613）即是这位冯云将的小妾，而《嘉禾徵献录》卷二十一则记载冯小青为冯梦桢孙冯延年之妾。

是年，黄媛介为张家嫁女作贺诗。

合欢诗赠闺秀张铒

绛帷香暖自生春，十五盈盈梳裹新。翠凤冠高偏称额，金鱼佩重稳宜身。蓝田玉自当年种，孔雀屏当此日陈。却扇窗前同照镜，悬知未语暗情亲。

（王士禄《然脂集》卷三十三《诗部》二十六》）

此诗应该作于黄媛介为张陛家闺塾师之时，因为张家子女皆以金字偏旁命名，如张岱有子名张鋡、张镳，其《张岱诗文集·张子诗秅》卷四有诗《鋡儿许造一小划船徜徉千岩万壑之间为老人终焉之计先以志喜三首》，再如张岱季弟张岷有子张镇。此张铒者不知是否为张陛与胡应佳之女，若张铒为张家之女，则是在黄媛介任闺塾师时成婚，黄即作诗以示庆贺。

虽然张陛家有几位女儿不甚清楚，不过其从兄张岱有七位女儿，他在《甲午儿辈赴省试不归走笔招之》诗中云："恨我儿女多，中年又丧偶。七女嫁其三，六儿有两妇。"（《张岱诗文集·张子诗秅》卷二）"甲午"即顺治十一年（1654），也就是说在黄媛介到张家任教前的这一年，张岱不仅中年丧妻，家中还有几个尚未出阁的女儿。

十一月，黄媛介离开山阴。

李文达妻郑庄范有诗《乙未仲冬赠黄皆令西归》，可见黄媛介离开山阴的时间当在十一月，此"西归"应指黄媛介返回嘉兴，胡应佳《赠别黄皆令》有"忽闻归去心何急，梦到鸳湖草色森"，从此句中得知黄媛介实在是因为一件很突然的事情而不得不离去。

作为居停主的胡应佳对黄媛介的离去很是恋恋不舍，作诗为赠：

赠别黄皆令

闺阁声名世已钦，偶来吴越少知音。诗高不美文君赋，行立常怀道蕴心。君在客乡频作句，我因卧病苦成吟。忽闻归去心何急，梦到鸳湖草色森。

慕得芳名意暗钦，玉峰仙子下鸾音。绿窗笔墨浮沉事，翠幕琴丝尔我心。纵在龙山非久客，每怀禾水动幽吟。病中最怕添言别，须记梧轩一树森。

（王端淑《名媛诗纬初编》卷十五）

商景兰亦有诗赠别：

送别黄皆令

微调起鹏歌，悲风绕座发。人生百岁中，强半苦离别。念君客会稽，釜不因人热。兹唱归去辞，佩环携皎月。执觞指河梁，愁肠九回折。流云思故岛，倦禽厉归翮。帆樯日以远，胶漆日以阔。同调自此分，谁当和白雪。交深多远怀，忧来不可绝。伫立望沧波，相思烟露结。

（商景兰《锦囊集》）

十一月，黄媛介过萧山，女诗人郑庄范赠诗送别。

离开山阴，黄媛介途经萧山，女诗人郑庄范有诗赠别：

乙未仲冬赠黄皆令西归

欲穷名胜极扶桑，为棹兰舟过越乡。花鸟幽闲稿上绣，山川丽绮镜中光。湘湖云暗听骊曲，北干风高进桂觞。明发吴门霜露溥，应知离思共微茫。

（王端淑《名媛诗纬初编》卷十五）

"湘湖云暗听骊曲"中的"湘湖"即萧山著名湖泊湘湖,因其风景秀丽而被誉为杭州西湖的姊妹湖。《萧山湘湖孙氏宗谱》中有"湘湖八景"之说:龙井双涌、跨湖春涨、水漾鸣蛙、湘湖秋月、尖峰积雪、越城晚钟、柴岭樵歌、湖中落雁。

嘉兴著名词人朱彝尊也曾到此游览,并为其填词一首《摸鱼子·莼》。

郑庄范,字予敬,上虞(浙江绍兴市上虞区)人。明万历三十八年(1610)进士郑祖法女,萧山文学李文达妻。

《名媛诗纬初编》卷十五:"夫妇皆能诗,称高隐。两嗣日燿、日焜髫年游泮水,且勤学,予敬可谓有子矣"。"予敬幽娴婉丽,敬老慈下,可称才妇。予自西湖归,得交予敬,见其丰仪婉丽,深生敬仰。后从黄皆令得所赠西归诗读之,为避三舍。"

郑庄范之父郑祖法(1591—1626),曾任工部屯田主事、福建延平知府。著有《蓬然子》《蕉鹿梦传奇》。

《(光绪)上虞县志校续》卷四十一《轶事》:"少读书聪颖。年十九,乡荐联捷南宫。居官廉洁,供给只蔬食,亲戚奴仆俱不堪,有散去者。后以病告归,闭门著书。多与释家者友。"

郑庄范是一位既有才情又很善良的美丽女子,她的夫君李文达后来应了夫人的要求刊刻了《梅市倡和集》,此集为黄媛介客居山阴时与诸位闺阁女诗人唱和之作。

李文达(约1613—1672),又作李甲、李达,字兼汝,萧山(今浙江杭州萧山区)人。郑祖法婿,李日燿、李日焜、李日煜父。文学。

山阴(今浙江绍兴)杨宾在《祁奕喜李兼汝合传》中描述了李文达的为人:

> 好结客,萧山为绍兴门户,四方宾客过其地,虽深夜叩门,无勿留者。有缓急必倾身为之,不计厉害。以是浙东西名士,以恢复为言者,

莫不识之。

（杨宾《杨大瓢先生杂文残稿》）

顺治十八年（1661），其家庭在"通海案"中遭受到了不幸，康熙元年（1662），李文达与商景兰幼子祁班孙一起被流放至辽东宁古塔。幸运的是，李文达后来在朋友杨越的帮助下成功逃离流放地，著名作家余秋雨在《流放者的土地》中对此有着一段较为详细的叙述。

《祁奕喜李兼汝合传》的作者杨宾是杨越之子，他的文章中记录了李兼汝在戍所的经历与结局：

> 甲携其妾同府君、班孙徙宁古塔。甲负气，又老不能自活，依府君以活。久之，妾又死，思归，日夜泣。是时，守将以班孙遁，故出入必稽，不敢行。明年甲益不欲生，府君忠之。乃以大瓮覆牛车，而匿甲瓮中，令仆御以出。而亲送之至扬子河，甲乃行。然不敢归其家，暮叩祖锡门，不遇，遇祖锡仲子濩，濩匿之苏州光福山。壬子（1672）秋，其子日燿、日焜举于乡，乃归，至杭州殁。

（杨宾《杨大瓢先生杂文残稿》）

王端淑文中所提到的"髫年游泮水"者，为郑庄范与李文达二子：长子李日燿、次子李日焜。

李日燿，康熙十一年（1672）举人（《（民国）萧山县志稿》卷十三《选举表》）。

李日焜，字次晖，李班邑父，李开嵝（渼）祖父。

康熙壬子（1672）与兄日燿同举于乡。任海盐教谕、衢州府教授（《（乾隆）萧山县志》卷二十五《人物》三、《（民国）萧山县志稿》卷十六《人物列传三》）。

李家绵延数代皆有文声。

李班邑，李文达孙，李日焜子。诸生。有声。镌《逊志轩文》行世（《（民国）萧山县志稿》卷十六《人物列传三》）。

李开嵊，李文达曾孙。乾隆三年（1738）举人。著有《笴园集》（《（民国）萧山县志稿》卷十六《人物列传三》）。

邹漪刊刻《诗媛八名家集》八种八卷。

国家图书馆藏网上目录：《诗媛八名家集》，文献类型为善本，责任者为邹漪，出版、发行者为邹氏鸎宜斋，出版发行时间为顺治十五年（1658）。

此集共四册八卷，含黄媛介《黄皆令集》、吴山《吴岩子诗》、柳是《柳如是诗》、王端淑《王玉映诗》、吴琪《吴蕊仙诗》、季娴《季静娕诗》、吴绡《吴冰仙诗》、卞梦珏《卞玄文诗》。

邹漪《诗媛八名家集》"凡例三"："予与睿子、文玉、予嘉、世功，谊称兄弟，稔知诸夫人宏才绝学，僭为表章。"

"睿子"即王端淑夫君丁圣肇，"文玉"即吴绡夫君许瑶，"予嘉"即吴琪夫君管勋，"世功"即黄媛介夫君杨元勋。

黄媛介匆匆离开山阴是否与此书出版有关，俟考。

邹漪刊刻的《诗媛八名家集》共采编了八位女诗人的作品，在这些女诗人之间存在着一种内在的关联，而这个主要的联系人应该就是黄媛介。其中的七位女诗人，有六位都与之有所交游，即吴山（岩子）、柳是（如是）、王端淑（玉映）、吴琪（蕊仙）、吴绡（冰仙）、卞梦珏（玄文）。

到目前为止，未发现与黄媛介有交往的只有泰兴女诗人季娴。

季娴（1614—1683），字静娕，一字宸月，号元衣女子，江南泰兴县季家市（今江苏靖江市季市镇）人。吏部季寓庸女，清初直臣季开生（1627—1659）、藏书家季振宜（1630—？）、词人季公琦、嘉兴府同知季舜有姊，礼部尚书李思诚子媳，文学李长昂妻。著有《学古馀论》一卷、《前因纪》一卷、《学禅诨语》一卷、《百吟篇》《近存集》《季静姝诗》一卷、《雨泉龛诗选》《雨泉龛合刻》八卷、《闺秀集初编》五卷（《江苏艺文志·扬州卷》下册，第1120页）。

《名媛诗纬初编》卷十八："夫人名重淮南，所订《闺秀诗选》传播海内，非一日矣！诸名姝得夫人品定，可藉以不朽。"

恽珠《国朝闺秀正始集》卷二："开生，字天中，以事谪戍尚阳堡。父老家贫，静姝迎养，克尽孝道，又督侄读书，时论称之。"

明时的泰兴属扬州府通州管辖，与黄媛介曾经流寓的镇江府金坛县相距不是很远。故黄媛介至金坛张明弼墙东园暂住时，两位诗名早已远播的女诗人彼此间应该有所耳闻，并有所倾慕。

季娴的一位兄弟季舜有于康熙十七年（1678）曾任嘉兴府同知，"输千金重建烟雨楼"，今嘉兴南湖烟雨楼北墙外侧尚嵌着"嘉兴郡司马季公清廉正直万民去思碑"，供游人观瞻。

季舜有，字天选，江南泰兴季家市（今江苏靖江市季市镇）人。

《江苏艺文志·扬州卷》下册《泰州》（第1135页）："顺治十四年（1657）乡试，以副解历官翰林院典籍、内阁中书。擢南宁府同知，再补嘉兴，四权邑篆，催科不扰。捕太湖巨盗沈文侯，奸薮遂空。解官后，尤谦厚乐施，里多称颂。著有《寄巢诗集》。"

是年，商景兰赠诗黄媛介。

赠闺塾师黄皆令

门锁蓬蒿十载居，何期千里靓云裾。才华直接班姬后，风雅平欺左氏馀。八体临池争幼妇，千言作赋拟相如。今朝把臂怜同调，始信当年女校书。

（商景兰《锦囊集》）

商景兰夫君祁彪佳于顺治二年（1645）自沉于寓山池塘，至顺治十二年正是十年，与诗中"门锁蓬蒿十载居"相合。

祁彪佳（1602—1645），字虎子，又字幼文、弘吉，号世培，别号远山主人。天启二年（1622）进士，官至御史。清兵进迫杭州时，受到清廷招聘的祁彪佳在家中投水自尽。长于戏剧研究，著有《远山堂曲品》《远山堂剧品》。

当年祁彪佳与商景兰的婚姻如同吴江叶绍袁与沈宜修的婚姻一样受到了人们的赞赏与羡慕，而且夫妻二人婚后生活一直很是幸福美满。

朱彝尊《静志居诗话》卷二十三《闺门》："祁、商作配，乡里有金童玉女之目。伉俪相重，未尝有妾媵也。"

王端淑在《名媛诗纬初编》卷十一："人伦荣贵，可谓至矣！"

是年，许宸任职顺天府府丞。

高佑釲《许按察使传》："乙未，迁顺天府府丞，提督学政，声望日隆。"（《（康熙）内乡县志》卷九《艺文下》）

清顺治十三年（1656）丙申　四十七岁

春，陈维崧游杭州。

《陈维崧年谱》（第109页）："春，在杭。与毛先舒、吴百朋、陆圻诸人游，夜宿陆圻寓中，极论陈子龙遗事。"

陈维崧在杭州期间，亲眼得见黄媛介仍往返于吴越间，以卖画为生，从时间上颇为相合，因黄媛介于顺治十二年（1655）冬自山阴返回，至顺治十三年上巳日后又入山阴，故陈维崧春游杭州时，黄媛介尚在彼处。

《湖海楼妇人集》："余常见其僦居西泠断桥头，凭一小阁卖诗画自活，稍给便不肯作。"

陈维崧（1625—1682），字其年，号迦陵，宜兴（今属江苏）人。有《湖海楼诗集》《迦陵词》《陈迦陵文集》。

《清史稿》卷四八四《文苑一》："祖于廷，明左都御史。父贞慧，见《遗逸传》。维崧天才绝艳，十岁，代大父撰《杨忠烈像赞》。比长，侍父侧，每名流宴集，援笔作序记，千言立就，瑰玮无比，皆折行辈与交。补诸生，久之不遇。因出游，所在争客之。尝由汴入都，与朱彝尊合刻一稿，名《朱陈村词》，流传至禁中，蒙赐问，时以为荣。逾五十，始举鸿博，授检讨，修《明史》。在馆四年，病卒。维崧清癯多须，海内称'陈髯'。"

春，王端淑滞留萧山。

王端淑《予客游半载至丙申春尚滞萧邑浮翠吴夫人以扁舟相接赋此志歌》（《名媛诗纬初编》卷四十二）。

三月初三上巳日（1656.3.28），黄媛介在杭州作《山水图》与《闲居图》各一幅。

黄媛介于上巳日作《山水》图，时代：清；形式：轴；质地：绫本；墨色：墨笔；创作年代：丙申（顺治十三年，1656）；尺寸：94.5×39.5厘米。左上有黄媛介小楷题识："远际生微雨，虚亭落翠阴。依依新绿满，人道已春深。丙申上巳日，写于西泠。鸳水黄媛介。"钤印："媛介之印""黄氏皆令"（白文），起首钤："德山草堂"（朱文），编号：沪1—2374，上海博物馆收藏（《中国古代书画目录》第四册，第212页）。

《闲居图》，雅昌艺术网：编号：0322；形式：扇面；质地：金笺；墨色：水墨；尺寸：16×47厘米；题款："丙申上巳写似牧斋词宗正。鸳水黄媛介。"钤印："媛""介"（朱文）；鉴藏印："马曰璐藏本"（朱文）、"孔"（朱文）。拍卖公司：保利香港拍卖有限公司拍卖会：保利香港二〇二一春季拍卖会"飞鸿片影——明清红金扇面专题",拍卖时间:2021年4月23日。

马曰璐(1701—1761),字佩兮,号南斋、半槎道人,安徽祁门人,后迁居扬州。与兄曰琯并称"扬州二马"。编有《丛书楼书目》,另著有《南斋集》。

"孔"即孔广陶,广东南海南庄罗格(今佛山市南海区)人。其藏书与伍崇曜"粤雅堂"、潘仕成"海山仙馆"、康有为"万木草堂",合称"广东四大藏书家"。

上巳节,为中国汉民族传统节日,也是袚禊的日子,即春浴日,又称"女儿节"。三月三日上巳节与九月九重阳节相对应,汉刘歆《西京杂记》称:"三月上巳,九月重阳,使女游戏,就此袚禊登高。"

三月后,黄媛介再往山阴。

黄媛介再度入山阴,当在上巳日之后,其在《山水》画上题识为"丙申上巳日,写于西泠",故黄媛介在上巳日之前应该寓于杭州。是年有《丙申予客山阴雨中承丁夫人玉映过访居停祁夫人许弱云即演鲜云童剧偶赋志感》,则黄媛介当于此年春暮又重返山阴。

古时吴越以钱塘江为界,王士禛《香祖笔记》卷六有:"今浙西之杭州、嘉兴称吴地,钱塘江以东乃为越地。"故唐诗:"到江吴地尽,隔岸越山多。"

黄媛介重入山阴的第二位居停主商景兰。

黄媛介到祁家担任闺塾师的时间应该在顺治十三年(1656)春至此年的初冬之间,祁家三女祁德琼有《初寒别黄皆令》诗,当作于黄媛介离开祁家之时。

再度入山阴的黄媛介应该是受到祁彪佳夫人商景兰之邀到祁家为闺塾师的,四位女儿中年龄稍长的祁德渊与祁德玉亦已出阁,所以黄媛介的主要工作是教育两位较小的女儿祁德琼与祁德茝,这也说明了祁德琼为什么与黄媛介之间唱和最多的原因。不过在祁家两位年幼女孩的诗中并未见对黄嫒介以"师"称之，推测黄嫒介或许处于亦师亦友的地位。

出身世代官宦人家的商景兰比黄嫒介年长近五六岁，当后者来访时，商景兰正值五十岁，因祁彪佳的去世，所以她在祁家占有着支配地位。

此时祁家的男性家长祁彪佳已于十年前为了效忠于灭亡的明王朝而毅然自沉于家中的放生池中，以此决绝的态度表达了他不愿意为清王朝效劳的决心，充分显示了一名中国士大夫的高尚气节。

经历了国变夫亡的商景兰，并未因此而沉沦，而是坚强地担负起家庭重任。她在《悼亡》诗中写道："公成垂千古，吾犹恋一生。君臣原大节，儿女亦人情。折槛生前事，遗碑死后名。存亡虽异路，贞白本相成。"虽然商景兰很清楚自己是不可能追随夫君去为明王朝殉节的，但是这种丧夫之痛一直萦绕心头，挥之不去，在《送别黄皆令》一诗中这样表达了自己的心情："人生百岁中，强半苦离别""执觞指河梁，愁肠九回折"（《锦囊集》）。

商景兰的娘家商家疃距离梅市夫家很近，有河道可以直通祁家。

商景兰（1604.10.8—1676.9.24），字媚生，会稽（今浙江绍兴）人。商周祚第三女，祁承㸁子媳，祁彪佳妻，祁同孙（1621—1636）、祁理孙、祁班孙、祁德渊、祁德芷、祁德琼、祁德茝母。著有《锦囊集》（一名《香奁集》）。

《妇人集》："会稽商夫人，以名德重一时，论者拟于王氏之有茂宏，谢家之有安石。"

据《祁忠敏公日记》所载，商景兰与祁彪佳共生有三子五女，长子同孙早夭，张岱《公祭祁夫人文》有云："夫人生丈夫子二，生道蕴女五。一子才如长吉，召赋玉楼；一子英迈出群，亭亭玉立。非夫人之画荻丸熊，焉能有此令嗣乎？五女颖敏知书，才高柳絮，施罄结缡，皆适阀阅大家，非夫人之胎教身仪，焉克有此淑女乎？"（《张岱诗文集》卷六）

《祁忠敏公日记》卷七《山居拙录》记有"（四月）初十日，雨。为次女受姜光扬聘，何芝田以执柯至。晚举酌。是日得倪三兰、郑玄子书，手复之”，此次女即祁德渊，为文学姜廷梧妻。

但在卷十五《乙酉日历》又记："（二月）十九日，阴雨。朱絃菴亲翁以选婚，欲娶予次女。予以婿尚幼，且为嗣子正在服中，乃至内宅托八弟妇坚辞之，又作书絃菴以达意。"此"朱絃菴亲翁"应为兵部郎中朱兆宣，故此次女为祁德玉，即文学朱尧日妻。

因此，在祁德渊之前应该还有一位长女，或早夭或过继，故祁彪佳与商景兰应该育有三子五女。

然而在《山阴祁氏家乘》中却未曾有此说，而且大多数史料均记载祁彪佳与商景兰有二子四女，如《诗观》初集卷十二"有二媳四女，咸工诗"。

商景兰能书善画，德才兼备，未出阁前便与姊妹们受到了父亲商周祚的良好教育与精心培养。

商周祚，原名国祚，字明兼，号等轩，会稽（今浙江绍兴）人。商辂七世孙，商为正孙。明万历二十九年（1601）进士。

《（康熙）会稽县志》卷二十三《人物志·列传》："令邵武，召拜给事。时神宗厌薄言官。考选命数年不下，台省员缺，科臣止一二人，兼摄数科。周祚典繁理剧，人服其才。其在垣诸疏，如清场弊、驳内批、减福府、封田禁，皇城内市议撤税以赈饥民，请发帑以固边鄙，皆有裨时政。巡抚八闽，海寇猖獗。周祚设策荡平，闽人尸祝。升少司马，总督两广、平大藤峡、除建阳猺，大有战功。寻升南大司马。以母年老，请告归养。丁丑起冢宰。时苏州司李周之夔以私怨讦奏娄东张溥、张采，苛求复社，几起大狱，周祚力持平，乃得解，士林多之。力请终养，疏十二上，得归里。"

山阴梅市。

祁家居于山阴柯桥梅市（今浙江绍兴柯岩街道梅墅村）。

《寓山注序》言："予家梅子真高士里，固山阴道上也。方干一岛，贺监半曲，惟予所恣取。"

《名媛诗纬初编》卷十一："梅市，固子真高隐地，山水园林之盛，超越辋川，能无笔底江山之助乎！"

可见梅市的命名来自西汉时期的著名隐士梅子真。

梅子真，即梅福，西汉九江郡寿春（今安徽寿县）人。少求学于长安，有文才，曾补南昌尉。西汉元始五年（5），因王莽篡汉，梅福便弃妻子隐居。

《（乾隆）绍兴府志》卷七《建置志》一《坊里》："梅市，在城西十五里，属山阴县梅市乡，乡有梅福里，旧经云《梅福传》：有人见福于会稽，变姓名为市门卒。《十道志》云：'即梅福为监门处'，陆左丞《适南亭记》：梅山少西有里曰'梅市'，即此。"

黄媛介与徐夫人商景徽

黄媛介在山阴交往的闺阁诗人除了祁家各位才媛外，还有商景兰之妹商景徽。

黄媛介有诗《赠徐夫人》：

> 未整新妆便不同，栏前小立落飞鸿。人看尽道无相匹，只有图中与镜中。（邓汉仪《诗观》初集卷十二）

商景徽，字嗣音，商周祚次女，上虞徐咸清妻，女诗人徐昭华母。

胡文楷编著、张宏生增订《历代妇女著作考》（增订本）卷一四"清代八"（第503页）："能诗。鼎革后，夫妻偕隐，合著《小学》一书，自一画至多画，正形声，明训义，名之曰《资治文字》。著有《咏雏堂诗草》（一作《承堂集》）。"

沈善宝《名媛诗话》卷一："嗣音年八十，容貌如二十许，犹吟诗读书不衰。"

商氏姊妹的婚姻都是门当户对的，商景徽嫁为上虞徐咸清妻。

徐咸清（？—约1689），字通朗，号仲山，上虞（浙江绍兴市上虞区）人。明兵部尚书徐人龙（1561—1635）子。蓬莱诗社创始人之一。

《（乾隆）绍兴府志》卷五十三《人物志》十三《儒林》："以荫为监生。性强记，一岁能识字，比长，遂精字学。康熙十七年（1678）开博学鸿词科，郡县荐咸清至都，谒高阳李霨。高阳工小学，与论字，咸清多辨诘是非。及廷试，不中选，归。十馀年卒。"《清史列传》卷七十《文苑一》："尝取《训纂》《说文》《玉篇》《玉海》，以正字形；取《切韵》《唐韵》《广韵》《集韵》，以正字声。而纵考经、史、子、集，暨唐、宋、元诸大小篇帖，凡有系于《说文》者，悉搜采以正字义，名曰《资治文字》，凡一百卷。毛奇龄称其'订证之确，引据之博，为古今巨观'。"

商景徽与徐咸清有一女徐昭华，字伊璧。骆加采妻，毛奇龄女弟子。

《（乾隆）绍兴府志》卷五十三《人物志》十三《儒林》："昭华尝执经于毛奇龄，亦有诗才。咸清洞精字学，又博极坟典。"

《西河诗话》："昭华画蝶工甚，遂命题画蝶五绝，限东韵，昭华立成，云：'峡蝶翻飞去，翩跹彩笔中。虽然图画里，浑似觅花丛。'诵之，一座惊叹。予喜为和诗云：'滕王有遗谱，描之深闺中。羞杀东园蝶，翩翩满绿丛。盖言羞时辈也。'……予别有观昭华画幛诗曰：'吾郡闺房秀，昭华迥出尘。书传王逸少，画类管夫人。紫水和泥染，青山带露皴。蝶衣联绣褶，花片滴朱唇。阁上烟云晓，阶前草木春。祇愁频对镜，图作洛川神。'此诗颇传人间。后昭华画真有追管夫人处。"

徐昭华有《徐都讲诗》传世。其《桃叶渡歌》颇有古风：

> 可怜桃叶渡，落日行人暮。双桨打清波，春风缓送桃叶过。只今桃叶渡头稀，艇子江头归不归。（徐世昌《晚晴簃诗汇》卷一八四）

至今未见黄媛介与徐昭华有诗词唱酬。

黄媛介在山阴与几位佛门弟子的交游。

一为尼静因。

在王端淑的《名媛诗纬初编》中录有两位法名"静因"的女诗人。

《名媛诗纬初编》卷十五"尼静因":"马淑祉,字生生子,法名静因,会稽人。右参议维陛公女,马淑禧姊,应天府丞金公兰子、文学机妻,子进士煜。年未四十而卒。有《遂闲居遗草》。"

另在《名媛诗纬初编》卷二十六亦有"尼静因"者:"号谷虚,南京人。归绍兴商氏,早寡,入空门。通宗旨,为善知识,然亦工吟咏,恨不多得。今读其诗,乃知其悟心宗匠也。"

从地域与人际关系看,与黄媛介有交往者应该是后者。

关于"尼静因",据李贵连《老大嫁作商人妇　脱却红妆入空门——女尼谷虚生平考述及其与祁氏家族女性交游探析》中考证,谷虚俗名"沙六",一名"沙绿",毛奇龄在《满庭芳》序中称其擅长唱曲:"沙绿:妓,一名沙六,商氏姬也。度曲称妙一时,既乃为尼于果园,名谷虚矣。"

商景兰与这位谷虚关系甚好,在祁彪佳《祁忠敏公日记》卷十一《小捄录》"(四月)二十五日":"与内子及女尼谷虚、诸女婢采茶寓山。"

商景兰有数诗与谷虚有关:《喜谷虚师往密园》《坐谷虚大师新居对月二绝》《忆秦娥·雪中别谷虚大师》《诉衷情·雪夜怀女僧谷虚》等。

"果园"为祁彪佳姊夫何芝田家位于峡山的一处园林,祁彪佳曾有《丙子夏予卜筑寓山何芝田亦开果园率而奉答》,并在《越中亭园记》卷三写道:"予姊适何芝田,崇信佛道,于峡山前构此以为静修地。北倚山,南亦面山,东与西若环若拱,白石清泉,坐而取之有馀也"。《(乾隆)绍兴府志》卷三《地理志》三《山》:"峡山,在府城西南二十里,两山夹水。"

张德蕙有《题果园禅室》诗:

一径倚青莲，双环锁碧天。乌啼深树里，花发草堂前。簟冷宜趺坐，窗幽惬静缘。夜深清磬出，参破几多禅。

（王端淑《名媛诗纬初编》卷十五）

谷虚因是商氏家族某人的姬妾，在夫君去世后又因商景兰的关系到祁彪佳姊夫家的果园静修。

王端淑与这位遁入空门的商氏妇关系也颇为密切，不仅在《映然子吟红集》中有多首与之相关的诗作，还在《名媛诗纬初编》中对其评价甚高：

谷虚师，佛门翘楚，曹溪正宗，盖其性灵，不减沦落。未几即能脱卸铅华，认得本来面目，可谓有功于禅教者。诗则雅致萧疏。

即便已是出家人，静因也对黄媛介颇为倾赖，或许是出于"道侣原相结，禅心孰与通"的缘故吧。黄媛介由于受到兄长黄鼎的影响也是一位佛教徒，她曾在南京以写《孝经》度困苦："乙酉鼎革，羁旅建康，所谓风景不殊，举目有江湖之异。嘉禾黄皆令书此，以志困苦。愿书《孝经》千卷，散布人间。"（《明黄媛介写经砚》）

黄媛介的到来，令这位已经遁入空门的静因也动了访客之心：

访黄皆令不遇

遥闻佳客至，双桨度江风。道侣原相结，禅心孰与通。云翻寒袖影，花落小池红。不见孤舟返，愁予暮色中。

（王端淑《名媛诗纬初编》卷二十六）

诗中表达了一位心如缟素的女子拜访"佳客"未遇的惆怅心情,"不见孤舟返,愁予暮色中"。

王端淑对此诗的评价为:"通宗旨,为善知识。然亦工吟咏,恨不多得。今读其诗,方知其悟心宗匠也。"

一为尼慧先。

黄媛介在山阴期间还过访了一位慧先尼,"风山堂新浪博客"《第5位:嘉兴女诗人、闺塾师黄媛介〈南华馆集〉目录(第一版)》有《过龟山静室从慧先问禅》诗。

绍兴有两座龟山,一座在城内,一座在城南。关于这位尼慧先,暂时未能找到与之相关的资料。

春,黄媛介于商景兰家观许弱云演童剧。

黄媛介再至山阴时,王端淑亦从杭州返乡,王端淑《名媛诗纬初编》卷四十二有诗《予客游半载至丙申春尚滞萧邑浮翠吴夫人以扁舟相接赋此志感》。王端淑返回山阴的时间当在春天,因黄媛介有《丙申予客山阴雨中承丁夫人王玉映过访居停祁夫人许弱云即演鲜云童剧偶赋志感》,诗中有"九曲春生旅恨长,东风隐隐见垂杨"句。王端淑是与黄媛介一起观赏许弱云演剧,后者也有诗为纪:

丙申予客山阴雨中承丁夫人王玉映过访居停祁夫人许弱云即演鲜云童剧偶赋志感

九曲春生旅恨长,东风隐隐动垂杨。看山携酒人非戴,带雨回舟客是王。坐里飞元忘尔汝,帘前刻烛奏宫商。为听几曲伶歌后,归后怜君复褰裳。

(王端淑《名媛诗纬初编》卷九)

255

这首诗除了又提到了小伶鲜云，还提到了一位许弱云，此人原为北里妓，后为祁鸿孙姬人。

毛奇龄《满庭芳》序云："亡友祁兵宪，姬弱云，初北里有名，兵宪亡，后从六云。甡饮桐音斋，询其事，赋得长调，金秉叔和歌焉。"

"甡"即为毛奇龄原名。

"北里"在古代是一种舞曲名，该曲萎靡粗俗。又唐代长安平康里，因在城北，亦称"北里"，为妓院所在地，遂用为妓院的代称。孙棨《〈北里志〉序》："诸妓居平康里……比常闻蜀妓薛涛之才，必谓人过言，及睹北里二三子之徒，则薛涛远有惭德矣。"

毛奇龄在此称许弱云为"北里妓"者，应指其通歌舞之意。

许弱云在夫君祁鸿孙去世后，或许亦一心向佛，故"后从六云"，此"六云"即沙六妓，亦即尼静因。毛奇龄在祁德渊夫君姜廷梧家的"桐音斋"饮酒时，听说了尼静因与许弱云的遭遇，心生感慨，于是填词一阕：

满庭芳

> 沙绿，妓，一名沙六，商氏姬也，度曲称妙一时。既乃为尼于果园，名谷虚矣。亡友祁兵宪姬弱云，初北里有名，兵宪亡后从六云。甡饮桐音斋，询其事，赋得长调，金秉叔和歌焉。

> 石氏悬楼，王朗开阁，伤心睹此芒芒。上宫碧玉，本是旧名倡。縬帐空悬日暮，西陵下、几曲沧浪。如何地，漳台望久，回首见空王。双双。寻侣伴，幽吟梵磬，仿佛伊凉。把杨枝滴露，暗洗朝妆。满目天花散尽，云床冷、梦断高唐。褰慊坐，水田衫子，不叠旧衣箱。

> （毛奇龄《西河集》卷一三四）

祁鸿孙（1611—1656），字奕远，山阴人。交游广阔，祁承爍孙，祁麟佳嗣子，祁凤佳子。庠生。

周巩平《明清两代浙东祁氏家族的戏曲家群体与曲目整理活动》："通晓音律。参与吴江沈自晋《南词新谱》编纂工作。娶华舍赵氏，生三子：昉徵、晫徵、瞻徵，另有二女，俱早殇。"

祁鸿孙与叔父祁彪佳同时受业于明末儒学大师刘宗周（1578—1645）门下。其性情豪爽，"独喜豪奢，为人通放不羁，读书不守章句，广交游以延声名"。后病卒于江苏。

祁凤佳（？—1643），字德公。增广生（《明清两代浙东祁氏家族的戏曲家群体与曲目整理活动》）。

祁麟佳（1580—1629），字元儒，号太室山人，山阴人。祁承爜长子，祁凤佳、祁俊佳、祁彪佳、祁象佳兄。郡庠生。

黄海兰《明清山阴祁氏家族戏曲活动的研究》（第11页）："工诗，善词曲。著有《太室山房四剧》(《救精忠》《庆长生》《红粉禅》《错转轮》)、《问天遗草》。"

黄媛介此去山阴有《赠弱云夫人》诗，从诗句中可知黄媛介与许弱云早已相识，"十年前已识仙裙"，从顺治十二年（1655）或者顺治十三年（1656）往前推十年即顺治二年（1645）或者顺治三年（1646），若以顺治三年为准，则黄媛介与许弱云相识在金陵是比较可信的。所以在山阴又与许弱云重逢，黄媛介甚是感慨："乱后伤神惟白发，却从名下始知予。"

赠弱云夫人

十年前已识仙裙，丽质丰姿媚有余。宋玉真堪赋神女，文君端合嫁相如。娇藏金屋春偏早，花护雕阑香欲舒。乱后伤神惟白发，却从名下始知予。

（曾灿《过日集·名媛诗》）

夏，黄媛介与祁德琼唱和。

从现有的资料看，祁德琼所留下的与黄媛介相关的诗作最多，其中不乏两人的唱和之作。

黄媛介：

和韵听雨同祁修嫣湘君赋

树色参差帘影垂，迷离云水动幽思。涓涓檐溜开萍叶，阵阵林风乱竹枝。客里关山惊望远，村中烟火觉□□。

（王士禄《然脂集》卷三十三《诗部》二十六）

秋，黄媛介与祁家诸女泛湖采摘菱角。

秋季正是菱角成熟的季节，黄媛介与祁家诸女到湖中采摘菱时，是否也想起了自己家乡著名的南湖菱。

黄媛介：

采菱同祁修嫣湘君赵璧

轻舟放桨喜潺湲，碧柳丹枫落日间。欲采湖菱愁指滑，背人先自脱金环。

褰得菱蓬水溅衣，曝时犹得趁斜晖。中流不是狂风起，应把全湖尽摘归。

（邓汉仪《诗观》初集卷十二）

黄媛介此作将女儿家的心态刻画得淋漓尽致，"欲采湖菱愁指滑，背人先自脱金环"。

祁德琼和作：

采菱和黄皆令

　　采菱歌逐绿云飞，画舫轻随暮色归。枫叶两堤摇碧水，湖光一带入罗衣。

（祁德琼《未焚集》）

　　"修嫣"即祁家三女祁德琼，"湘君"即祁家四女祁德茝，"赵璧"即祁家季子祁班孙妻朱德蓉。

**　　秋，黄媛贞子朱彝谟殇。**

　　据黄媛贞《云卧斋诗稿》中记载，黄媛贞与朱茂时生有三子，前面的两个儿子未及周岁便已早殇，"先生二子，周晬埋堙"。而唯一存活下来的儿子朱彝谟也只活到了十二岁，"长及垂髫，惟汝一人"，表面的安逸生活其实难掩黄媛贞心中的悲苦。因为自己贫寒的家境，又因为在朱家的侧室地位，她尝尽了世态炎凉之苦，这些情感在《悼亡儿彝谟诗十绝》与《祭亡儿文》中有所流露。

**　　秋，黄媛介应祁家诸女之请，作《题索句图》。**

　　黄媛介应祁家诸位闺秀之请，在一幅《索句图》上题诗，其中隐含了祁家儿媳与女儿的字号：

题索句图

　　广庭渐觉秋光好，碧虚无云净如扫。桂树含香月影迟，疏桐浥露凉思老。嗅兰微颦知楚缥，思来得句激复扬。姊妹娣姒孰最良，文心幽致皆相当。赵璧检韵倚石傍，囊有素琴未欲张。岂如织女锦七襄，唯君下笔先成章。发英独立何所将，双眉妩妩思偏长。回文字字含瑶芳，卞容怀愁意独庄。谁能吹箫引凤皇，修嫣姿态不可方。宛如素娥月中央，珠

259

玑错落满锦囊。风来偏觉罗襦飏，湘君逶迤锵鸣珰。美目盼兮回中肠，异书初展下数行。孝绰诸妹推三娘，我美阿母教独详。琢磨美玉成珪璋，千秋令闻日复彰，越人无不歌我商。

（王士禄《然脂集》卷九《诗部十四》）

诗中"楚纕"即商景兰次子媳张德蕙，"赵璧"即季子媳朱德蓉，"彀英"即长女祁德渊，"卞容"即次女祁德玉，"修嫣"即三女祁德琼，"湘君"即季女祁德茝，黄媛介很巧妙地将祁家二媳四女的字写进了诗中。

张德蕙，字楚纕，山阴（今浙江绍兴）人。张元忭玄孙女，张汝霖曾孙女，张尔葆孙女，张萼女，祁彪佳与商景兰次子祁理孙妻。

《名媛诗纬初编》卷十五评其诗作："为诗淳朴，有盛唐遗意"。"楚纕谢庭白雪，今之大家作手，咸以道韫称之。"

赠湘君

兰房独起迟，无语对罗帏。此意无人解，深闺未嫁时。

（徐世昌《晚晴簃诗汇》卷一八三）

张尔葆即张岱仲叔，故张德蕙亦为张岱从女。

张尔葆（1576—1644），初名联芳，字葆生，号二酉。张汝霖次子。上舍生。

《（乾隆）绍兴府志》卷七十："甫弱冠，即有名画苑，少年以写生入能品。后喜松江一派，遂与李长衡、董思白齐名。"

韩金佑《张岱年谱》："喜习古文辞。先在陈州为幕僚，其间阻击倭寇。后升孟津县令。六年后升扬州司马。喜收藏，精鉴赏，收藏无算。有一子张萼。"

张萼（？—1646）为张岱从弟。

《琅嬛文集》之《五异人传》有："弟萼，初字介子，又字燕客。海内知为张葆生先生者，其父也。母王夫人，止生一子，溺爱之，养成一谋暴鸷拗之性。""丙戌，清师入越，燕客遂以死殉"。

张岱《琅嬛文集》卷四《家传·附传》记张萼在其父去世后："任诞不羁，不事生业，仲叔计数万辄尽。宧橐又数万，亦辄尽。仲叔好古玩，其所遗尊罍、卣彝、名画、法锦，以千万计，不数日亦辄尽。"

祁理孙（1627—1687），字奕庆，号杏庵，法名智昙。郡庠生。

《明清两代浙东祁氏家族的戏曲家群体与曲目整理活动》："恩荫中书科中书舍人。曾经参与吴江沈自晋《南词新谱》的编纂工作。生有二子：祁昌徵、祁曜徵，四女。"

周金标《朱鹤龄及其〈杜诗辑注〉研究》（第 57 页）："明思宗崇祯十七年（1644），清军入北京，彪佳受福王命，巡抚苏松，督沿江诸军，携理孙之任，每参与谋议。清师入浙，彪佳殉节，兄弟遂绝意仕进，以读书养母为事。理孙醇谨长厚，班孙慷慨豪迈，皆负重名。有张煌言友魏耕，奔走四方，谋复明室，与理孙兄弟称莫逆。耕遭怨家密告谋反，并谓与祁氏兄弟有连，清吏遂围其家，索耕不得，逮理孙、班孙而去。兄弟争承其狱，卒以班孙遣戍辽左。"

谢爱珠《名媛之冠——商景兰研究》（第 106 页）："理孙痛母哭弟，从此，尪嬴致疾，每日惟闭门屏迹，坐卧室中，康熙十四年（1675）痛发于喉而卒。……后人检有《诗学内传》六卷，诗稿若干卷。"

祁德玉是祁家姊妹中唯一未见与黄媛介有相关诗作之人，但在后者的《题索句图》中有所提及。

祁德玉（1630—1717），字卞容，山阴人。太师忠定公朱燮元孙媳，朱兆宣子媳，朱用舟妻，朱俶母，朱佁、朱亿嗣母。

《名媛诗纬初编》卷十五："卞容夜光自珍，不欲使枣梨气浑兰菊。故闻其篇什甚富，而扫迹灭形，高自标持。才之一字，竟不屑道。与学邯郸、效愁西子大异，减米瘦腰，未免求好太过。"

从《名媛诗纬初编》中可知祁德玉亦能诗，不过在其母商景兰《锦囊集》中却有数首代祁德玉之作，如《代卞容寄妹》《代卞容闺怨》《代卞容怨诗》，等等。

《两浙辖轩录》卷三引孙度之语："梅市祁忠敏一门，为才子之数，忠敏群从则骏佳、豸佳、熊佳；公子则班孙、理孙、鸿孙、公孙、耀徵；才女则商夫人以下，子妇楚纕、赵璧；女卞容、湘君。阖门内外，隔绝人事，以吟咏相尚。青衣家婢，无不能诗，越中传为美谈。"

祁德玉的夫家也是山阴巨族，夫君朱用舟（1632—1673），改名朱尧日，字子升。邑庠生。配祁氏，生一子俶，早卒。继用梅公次子佖、四子亿为嗣（朱增《山阴白洋朱氏宗谱》卷十四、卷二十一）。

朱用舟祖父朱燮元（1566—1633），原名懋赏，字懋和，号恒岳，一号石芝，山阴白洋村人。配庄氏。兆宁、兆宜、兆宪、兆宣父（朱增《山阴白洋朱氏宗谱》卷十四）。

《（乾隆）绍兴府志》卷四十八《人物志》九《乡贤》："万历二十年（1592）进士，除大理评事，迁苏州知府、四川副使，改广东提督学校，以右参政谢病归。起陕西按察使，移四川右布政使。天启元年（1621）就迁左将，加兵部尚书兼督贵州、云南、广西诸军务，以平乱功，加少保，进少师。著有《督蜀疏草》《朱襄毅疏草》。"

朱用舟父朱兆宣（1613—1672），字季芳，号绂菴。朱燮元四子，朱用舟、朱用梅父。由太常寺典薄历官奉政大夫、兵部车驾司郎中。配张氏（朱增《山阴白洋朱氏宗谱》卷十四、卷二十）。

祁彪佳与商景兰季女祁德茝（1638—？），字湘君。明崇祯七年（1634）进士沈烺晃子媳，诸生沈萃祉室。著有《寄云草》。

《名媛诗纬初编》卷十六："湘君艾年慧性，而诗独清隽，虚字俱老，无七才子习气。由此而进，木落霜降，渐入高老矣。"

惜　花

花事阑珊又一年，当门岩壑总依然。落红满地休轻扫，也算留春在目前。

（徐世昌《晚晴簃诗汇》卷一八三）

沈煃晃，字叔子，山阴人。

《（嘉庆）山阴县志》卷十四《乡贤二》："崇祯甲戌（1634）进士。授中书。事父以孝闻。力为昆季营婚娶。座主薛国光权倾中外，凡速化者多倚附之。煃晃元旦一投刺外，绝不私通。薛每憾之，十年不调。后薛败，煃晃独不与。册封闽藩，却千金馈。移铨部，乞假归。居马坞山，键户著书终焉。"

秋，黄媛介至胡应佳夫人旧居。

黄媛介重返山阴时，张陛的妻子胡应佳夫人或已随宦，黄媛介旧地重游，不免感慨系之：

怀居停季贞夫人

以我今时坐，知君旧日居。帘前敷桂树，池畔狎游鱼。翠湿千峰近，红凋万木疏。恐君他日至，我独赋归欤。

（邓汉仪《诗观》初集卷十二）

令黄媛介颇为伤感的是，当胡夫人返家时，自己可能已经离去，故有"恐君他日至，我独赋归欤"之句。

初冬，黄媛介离开山阴。

是年初冬，黄媛介离开绍兴返回嘉兴，祁家的诸位才媛纷纷作诗表达自己的难分难舍之情。

王端淑《名媛诗纬初编》卷十一与卷三十五分别录有商景兰二首送别诗词：

又送皆令

别去云山杳，怀人道路间。一帆江上出，双鬓月中还。

青玉案·即席赠黄皆令言别

一帘萧飒梧桐雨。秋色与、人归去。花底双尊留薄暮。云深千里，雁来寒渡。客有愁无数。　　片帆明日东皋路。送别恨重重烟树。越水吴山知何处。舞移灯影，筝绸弦柱。且尽杯中趣。

按，商景兰《锦囊集》作《青玉案·即席赠友言别》。

张德蕙送别诗：

一曲骊驹送酒卮，离亭斜日影迟迟。王孙芳草归途见，驿使梅花去后悲。秦望云深遮客棹，吴江枫冷系人思。遥知月照孤帆处，正是风吹悬榻时。

（商景兰《锦囊集附》）

朱德蓉送别诗：

送别黄皆令

青青杨柳枝，飘摇大道旁。大道多悲风，游子瞻故乡。执杯送行客，泪下沾衣裳。忆昔弭远棹，明月浮景光。杯觞极胜引，歌舞开华堂。好鸟得其侣，举翼齐翱翔。胶漆两不解，金石安可方。分袂起仓猝，永夜生悲伤。吴山何渺渺，越水亦茫茫。芙蓉被秋渚，采采有馀芳。愿言赠所思，曰归纫为裳。

（商景兰《锦囊集附》）

祁德渊送别诗：

送黄皆令

西湖江上雁初鸣，水落寒塘一棹轻。绕径黄花归故里，满堤红叶送秋声。片帆南浦离愁结，古道河梁别思生。此去长途霜露肃，何时双鲤报柴荆。

（商景兰《锦囊集附》）

祁德琼送别诗：

初寒别黄皆令

梧桐秋色老西风，樽酒华堂烛影红。别思寒深随雁翼，空留明月五湖中。

（祁德琼《未焚集》）

祁德茝送别诗：

送别黄皆令

画阁联吟恰一年，此时分袂两凄然。云间归雁路何处，林里飞花香可怜。远客青山皆别思，仙舟明月已无缘。怀君日后添离梦，寂寞荒村渡晚烟。

（商景兰《锦囊集附》）

黄媛介赠别诗:

别祁太夫人并弢英诸社姊舟中作

归去心偏急,临岐复自伤。离帆如箭速,来路等天长。书字谁先达,嬉游慎勿忘。可怜相望处,只有树苍苍。

(王士禄《然脂集》二十八《诗部二十一》)

山阴(今浙江绍兴)徐缄赠诗送别。

送皆令同外渡钱塘

沙头挐玉瓶,挥手共飘零。潮落江心狭,云归天目青。楼船龙子国,词赋女人星。底事陶彭泽,饥驱不暂停。

(汪启淑《撷芳集》卷十四)

徐缄与祁家皆居于梅市,故此诗应作于山阴,从诗题看杨元勋后来亦随黄媛介至山阴暂居,或与徐缄亦有所交游。徐缄不仅仅作诗赠别黄媛介,还曾赠诗王端淑,有《赠闺秀王玉映》。

徐缄(?—1670),字伯调,山阴梅市人,诸生。著有《岁星堂诗集》《旅中三体诗》《越中三子合刻稿》(何之杰撰)、《雪屋未刻集》。

《(嘉庆)山阴县志》卷十五《乡贤》:"初擅制举业,为'云门五子'之一。复以诗古文争长海内,中丞祁彪佳爱其才,使二子从游。移缄家居梅市。彪佳死,与宣城施闰章交最相得。尝著《读书说》。"

《清诗纪事》第一册(第137页)引胡思敬《九朝新语》:"扁舟箬笠,弋钓自娱,落落焉,与世俗鲜有所谐,故时人亦无所知者。"又引杨钟羲《雪桥诗话续集》:"山阴徐缄伯调,魁梧自负,施尚白比之徐青藤。"

《感旧集》卷十三称其"喜出游,所至饬厨馔,争相为欢。四方请教,日益辐辏"。

徐缄曾经到过嘉兴，在《槜李诗系》卷四十一录其一首《南湖》诗：

> 昨夜南湖雨点齐，蓼花滩没板桥低。美人晓起搴珠箔，无限白云飞出溪。

徐缄与黄媛介或结识于嘉兴，或结识于山阴。

秋冬之际，孙枝蔚游杭州，为黄媛介诗集题诗。

段莹《孙枝蔚年谱》："清世祖顺治十三年丙申，一六五六，三十七岁：是年孙枝蔚游浙江。……秋，至海宁，访查继佐，于其宅观女剧。……又至杭州，寓居吴山云居寺。"

孙枝蔚此次杭州之游，为黄媛介诗集题诗，此诗收录于孙枝蔚《溉堂前集》卷九（丙申）。

题黄皆令诗集后

> 蜀纸粲来重薛涛，堪怜陌柳与墙桃。诗中独识关雎意，合赠曹家玉带袍元末钱塘士女曹妙清，工诗。有砚，名玉带袍。

孙枝蔚（1620—1687），字豹人，又字叔发，号溉堂，自号浊翁，三原（今属陕西）人。工诗词，多激壮之音。著有《溉堂前集》九卷、《溉堂续集》六卷、《溉堂后集》六卷及《诗馀》二卷。

《（乾隆）三原县志》卷九《人物·理学》："世业盐筴。甲申之乱，年二十四，走江都学贾，三致千金。一日，忽自悔曰：'丈夫当读数千万卷书耳。何至龌龊，学富家为？'于是折节读书，遂以诗名世。年六十，举博学宏词，诏授中书舍人。枝蔚貌魁梧，性伉直。初以明季流离，好讲兵事。家在三原，毁于贼。比从京师归，复走江都，王阮亭云：'古诗能发源十九首，汉魏乐府兼有温储之体，以少陵为尾闾者，今惟先生一人。'其为诗沉雄奇古，兴至即书，不事雕饰，而意致洒如，自命在杜、韩、苏、陆诸公间。馀子不屑也。"

是年，许宸任职江南等处提刑按察使司按察使。

高佑釲《许按察使传》："岁丙申，上方以'爱养苍生为急，择卿贰侍从之臣，增秩出为藩臬'，谓之借才。公加级出，为江南等处提刑按察使司按察使。至任，焚香告天下：'不敢妄杀一人。'"

华亭沈佺有《送内乡许菊溪按察江南》诗。

清顺治十四年（1657）丁酉　四十八岁

正月，海宁女诗人陈皖永生。

杨大晟《素赏楼稿》跋略："丁酉（1717）春正月，吾母六十正诞，子妇谋乞言称寿，殊不色喜，为诗四章，切戒晟勿作无益，晟勿敢违。"

陈皖永（1658—1726后），字儒先，一字伦光，号汲云老人，海宁人。陈祖苞孙女，陈之暹第五女，陈之遴、陈洁侄女，陈敳永、陈慈永、佟陈氏妹，杨雍建次子媳，杨中讷弟媳，杨中默妻，国子监生杨中哲嫂，杨庭玉、杨雅度、杨开绪母，女诗人杨守俭、杨守闲叔母。著有《素赏楼诗稿》《素赏楼稿》《破啼吟》。

陈皖永四姊佟陈氏亦为一女诗人，佟国器次子佟世南妻。

佟陈氏，名字不详。陈祖苞孙女，举人陈之暹第四女，陈敳永妹，浙江巡抚佟国器子媳，词人佟世南妻。著有《佟陈氏稿》。

《海昌备志》卷四十二《艺文·才媛》引《佟陈氏稿》原跋云："佟陈氏为海昌次升封翁女，大司空学山嫡妹，未出阁时所作秀慧之致，已见一斑。"

佟世南，一作世男，字梅岑，一作梅岭，满洲（辽东）人。佟国器次子，佟世韩弟，佟世章、佟世临、佟世康兄，佟镶、佟锭父。康熙年间任临贺知县。善填词，长于小令，修辞婉丽，意境幽美，曲折含蓄，词风与纳兰性德相近。著有《东白堂词》《鲦话》《附耳书》等。《全清词·顺康卷》存词六十二首。向为词选家、词论家所看重，陈廷焯《白雨斋词话》卷三评论纳兰性德词时，将其与《东白堂词》相比较："容若《饮水词》，在国初亦推作手，较《东白堂词》似更闲雅。"游国恩《中国文学史》："与他风格相近的作家有佟世南、顾贞观。佟亦满洲人，词亦缠绵婉约。"

因佟国骧所修《辽阳佟氏宗谱》较为简单，故佟世南是否为佟国器继室钱氏亲生子，目前不得而知。

春，黄媛介为毛奇龄夫人陈何代作寄怀诗。

顺治十四年（1657），黄媛介自山阴归杭州，时毛奇龄尚漂泊在外，遇毛奇龄妻陈何，杨元勋嘱其请毛奇龄为黄媛介选定游越唱和诗稿。

毛奇龄《〈梅市倡和诗抄稿〉书后》："皆令自梅市还归明湖，遇予室人阿何于城东里居。其外人杨子命予选皆令诗，而别录皆令与梅市所倡和者为一集，因有斯稿，盖顺治十五年（1658）也。"

黄媛介代陈何作诗寄与毛奇龄：

代毛西河太史之妇陈何作子夜歌寄外

白露收荷叶，清明种藕枝。君行方岁暮，那有见莲时。

（黄秩模《国朝闺秀诗柳絮集》卷二十七）

《西河诗话》："陈何寄《子夜歌》二章，盖忆予作也。其《自序》云：'外子以避仇未归，检皆令《子夜歌》，用其词则是贷皆令作者。'"（《两浙𫐓轩录》卷四十）

陈何贷皆令作《春怀诗》云："蝴蝶寻旧树，燕子补新巢。只有清江客，春来渐渐遥。"（《全浙诗话》卷五十一）

陈何，萧山人。邑庠生陈于仁女（《萧山毛氏宗谱》第十世）。

四月，汪汝谦妻吴夫人卒。

《牧斋有学集》卷三十二《新安汪然明合葬墓志铭》："与然明齐年，以丁酉四月卒，年八十有二。"

八月十四日（1657.9.21），朱中楣夫妇至苏州。

《石园全集》卷十六有李元鼎《十四夜乘月泛舟过浒墅已漏下四鼓远山同儿子乘官舫先渡关行凌晨放棹率尔成韵》诗。

八九月间，朱中楣随夫君李元鼎客居西湖。

《石园全集》卷十五有朱中楣所作《清平乐·丁酉重阳前二日移居湖庄小楼欲觅舟游而风雨竟夕》词：

> 宵清漏长。共卧湖庄上。才与西湖小结邻，未识湖山情况。　　相将泛彼游航。争奈天公妒赏。故令风风雨雨，却来装点重阳。

卷十六亦有李元鼎《住西湖小楼数日风雨连绵重九泛舟忽尔晴霁同内人儿子裕快游及夜泊苏堤而月上断桥矣》诗。

李元鼎、朱中楣夫妇客居杭州的时间当在九月，因有"丁酉重阳前二日移居湖庄小楼"句，当于重阳日之前便已至杭州，或在八月末。《石园全集》卷十六有《丁酉秋日舟次京口适梅君有金陵之行约同虎丘玩月及抵湖墅而鸿音尚杳漫赋一律》诗。

朱中楣（1622—1672），一作朱中湄，字懿则，一字远山，时人称远山夫人。庐陵（今江西吉安）人。明宗室、弋阳府中尉朱议汶次女，兵部侍郎李元鼎继妻，李振祺继母，礼部尚书李振裕、李振祊母，工部尚书熊一潇岳母，翰林院编修熊本外祖母。

《清代诗文集汇编》第九册《石园全集》前介绍朱中楣："自幼聪颖，才质甚高。崇祯十二年（1639）归李元鼎。亲历明末清初之世事更替，丈夫李元鼎之宦海沉浮，百感交集，悉寓于词，风格卓然，有才名。与夫李元鼎合有《石园全集》。"

父朱议汶（1595—1649），字逊陵，系出瑞昌王府，为镇国中尉朱统鍌第三子。

李元鼎《寿汪宜人七十序》："翁兄弟十人，行居三，称'白眉'。博极群书，善临池。乐与贤大夫游。复以其馀工岐黄术济人，索书问医，户外之屦常满。"

夫李元鼎（1595—1672），字吉甫，号梅公，又号石园，吉水（今属江西）人。明天启二年（1622）进士。官至光禄寺少卿。

《清代诗文集汇编》第九册《石园全集》前介绍李元鼎："曾降李自成，原官起用。清顺治元年（1644），多尔衮入北京，降清，授太仆寺少卿，寻转太常寺卿，迁兵部右侍郎。未三年，以坐荐人事免，因战乱，辗转南返不得归，滞留他乡。顺治八年（1651），为清廷召回，复任兵部右侍郎，改左侍郎。顺治十年（1653），坐任珍贿赂案事论绞，顺治帝恩诏免死，杖徒折赎，寻举家南归至终。以历事三朝，颇遭物议。擅长书法，精于诗文，尤工于词，有才名。与妻朱中楣合有《石园全集》。"

子李振裕（1642—1710），字维饶，号醒斋，吉水（今属江西）人。康熙九年（1670）进士。由庶吉士历官刑、工、户、礼四部尚书。尝督学江南。著有《白石山房稿》十三卷。

九月七日（1657.10.13），李元鼎、朱中楣夫妇移居湖庄小楼。

《石园全集》卷十五有朱中楣《清平乐·丁酉重阳前二日移居湖庄小楼欲觅舟游而风雨竟夕》诗。

九月九日（1657.10.15），李元鼎、朱中楣夫妇游西湖。

《石园全集》卷十六有李元鼎《住西湖小楼数日风雨连绵重九泛舟忽尔晴霁同内人儿子裕快游及夜泊苏堤而月上断桥矣》诗。

九月，黄媛介在杭州结识江西女诗人朱中楣。

朱中楣此次到杭州游玩，正值随夫君李元鼎举家南返的途中，风景如画的西子湖令这位女诗人诗兴大发：

西湖小楼晓妆

远近青山落镜中，画眉何用彩毫工。轻调花露胭脂色，点染西泠一夜枫。

（李元鼎、朱中楣《石园全集》卷十七《随草续编》）

美丽的景色令朱中楣流连忘返，深深沉浸在历代文人笔下的意境中，而更加可喜的是与她"比邻而居"的中年妇人居然是同道中人——女诗人黄媛介，遂作《客秋偶憩西子湖与皆令比邻而居瀹茗谈诗方谐夙愿惜匆遽别去值此春光能无怀念因赋却寄时戊戌三月上浣日也》诗（《石园全集》卷十七《随草续编》）。

也正因为"比邻而居"，使得朱中楣见到了黄媛介幼女杨本善，一位如同母亲般聪明且有才情的女孩，以至于在朱中楣返回家园后仍然念念不忘而述之笔端，为作《犹记闲坐湖楼皆令携幼女过访发方覆额遂能诵诗写法帖楚楚可人今依然梦想间并裁小诗似之》诗。

两位女诗人在杭州不期而遇，大有相见恨晚之感。可惜的是，相聚的时间非常短暂，当朱中楣又要跟随夫君踏上返乡旅程时，作诗留别新结识的诗友：

西湖喜遇黄皆令率尔言别诗以赠之

想像湖山有廿年，今来悔不及花前。苏堤柳短偏宜月，净寺僧高可问禅。影倒雷锋翻夕照，灵生天竺倚朝烟。匆匆漫逐秋帆远，欲托离情倍怆然。

（李元鼎、朱中楣《石园全集》卷十七《随草续编》）

黄媛介亦作和诗一首，并书于扇面作为赠别之礼。如下：

形式：镜心；质地：纸本；尺寸：15.5×47.5厘米；题识："《和远山李夫人韵》：偶客西泠年复年，每当风雨菊花前。孤山不放林逋鹤，灵隐唯参雪窦禅。葛岭苍霞犹似昔，苏堤新柳乍如烟。相逢喜遂登龙颠，只恐临岐共怅然。云客词宗正。鸳水黄媛介"；印鉴："媛介之印""山在堂"。拍卖公司：北京匡时拍卖有限公司；拍卖日期：2008年5月23日。

黄媛介印鉴"山在堂"可能为其在杭州所居之所。

小春，朱中楣夫妇抵故里。

《石园全集》卷十七《随草续编》有朱中楣《丁酉小春抵里》诗。

十一月五日（1657.12.9），吴江女诗人叶小纨卒。

沈光熙《吴江沈氏家谱》卷六"沈永桢"条："配叶氏，顺治丁酉年（1657）十一月五日卒，年四十五岁。"（《明清之际汾湖叶氏文学世家研究》第184页）

叶燮《存悆草述略》："迨伯季两姊氏早亡，仲姊终其身，如失左右手，且频年哭母，哭诸弟，无日不郁郁悲伤，竟以忧卒。"

是年，张岱往杭州访灵隐寺具德和尚。

张岱在《西湖梦寻》卷二《灵隐寺》有："明季昭庆寺火，未几而灵隐寺火，未几而上天竺又火，三大寺相继而毁。是时唯具德和尚为灵隐住持，不数年而灵隐早成。……具德和尚为余族弟，丁酉岁，余往候之，则大殿、方丈尚未起工。然东边一带，闳阁精蓝凡九进，客房僧舍百什馀间，桌几藤床，铺陈器皿，皆不移而具。"

具德和尚为灵隐寺重建立下了汗马功劳！

释弘礼（1600—1667），字具德，俗姓张，山阴（今浙江绍兴）人。清顺治五年（1648），豁堂禅师请具德和尚至灵隐寺主事。自顺治六年（1649）

开始，历十八年，将遭受战火损坏的灵隐寺修复一新，《灵隐寺志》载："自建造以来未见若斯盛者也！"灵隐寺重兴之后，具德和尚退居杭州双径寺，命弟子戒显任住持。康熙六年（1667），赴扬州天宁寺为巨渤和尚封塔，衲子云拥，应机说法，千言不竭，七日后圆寂。有《语录》三十卷行世。

吴伟业为作有《灵隐具德和尚塔铭》（《吴梅村全集》卷五十一）。

豁堂法师也是一位得道高僧。

释正嵒（1597—1670），字豁堂，号隋山、菽庵、耦馀、藕渔，晚号南屏隐叟，俗姓郭，仁和（今浙江杭州）人。能诗，有《同凡草》二卷、《灵隐豁堂禅师住海虞三峰清凉院语录》。

比丘明复《中国佛学人名词典》："七岁知茹素，十岁舍入灵隐寺充行童。十五谒无尽祖灯禅师于天台，师大奇之。更遍参憨山、达观诸尊宿，皆以为玄奘知达之流亚，赞叹勉励而遣之。后谒三峰法藏于净慈，问答次，藏诃曰：'此皆依识解卜度，正为生死根本，以是求禅，幽北适而南辕也。我这里无此逐日长进底禅。'嵒闻大愧，提撕七昼夜，于静板声中，疑碍忽消，藏公为之印可。迨后横山宏成以久秘衣珠，晚叹乏嗣，或告以嵒，嵒凄然师事之，人以之比美迦叶、阿难之付授。寻出主皋亭显宁，后迁主灵隐，继席净慈。康熙五年（1666）罹诬入狱，转谳江宁。嵒于狱中说法，吏因尽为所化。次年（1667）冬，事白获释，归居净慈普宁村院。以九年（1670）七月预示寂时，届时无疾，起居如恒，集众付嘱，自撰《掩庵偈》而化，寿七十四。有语录著行世。"

清顺治十五年（1658）戊戌　四十九岁

二月，海宁陈之遴获罪流徙辽东尚阳堡。

《清史稿》卷二四五《陈之遴传》："十五年（1658），复坐贿结内监吴良辅，鞫实，论斩。命夺官，籍其家，流徙尚阳堡，死徙所。"

陈之遴（1605—1666），字彦升，号素庵，晚号素庵老人，海宁（今属浙江）人。陈祖苞子，陈苍永、陈坚永、陈容永、陈奋永、陈堪永父。

虞坤林《海宁历代人物名录》（第 187 页）："崇祯十年（1637）进士第二，榜眼及第。授翰林院修编。入清后，累迁翰林院侍读学士，授礼部左侍郎、都察院左都御史、礼部尚书，调任户郎尚书，官至弘文院大学士加少保兼太子太保。后坐结党营私罪被贬谪，死于关外。工诗，善书。与吴梅村为儿女亲家。曾在明末领修盐官占鳌塔。有《旋吉堂集》、《浮云集》十一卷、《浮云续集》二册、《命理要言》十卷《补遗》一卷、《命理要旨》六卷、《素庵外纪》、《百一稿》八卷。"

陈之遴继室为著名女诗人徐灿，在京城时与朱中楣互相唱酬，徐灿有《夏日留别朱远山李夫人》诗，朱中楣有《和陈海宁夫人韵时夫人携长公孝廉归娶有诗留别》诗。在苏州时与赵昭亦有来往，徐灿有诗《题子惠马夫人几上画石》《寄子惠马夫人》。在尚阳堡谪所，又与嘉善女诗人朱又贞同病相怜，有《怀德容张夫人》《寄德容张夫人》等作。

徐灿（1617 或 1618—约 1698 后），一作粲，字明霞、明深，号湘苹，晚自谪所归，号紫箬，长洲（今江苏苏州相城区、吴中区）人。徐榘女。

《海宁州志稿》卷三十九《列女志·贤媛》："善画。事太夫人孝。从夫宦游，不获时亲定省，誓愿画大士像一藏，介太夫人寿。好为长短句，著有《拙政园诗馀》。之遴序云：'得温柔敦厚之旨，佳者追宋诸家，次亦楚楚无近人语。' 从之遴谴居奉天，七载而螯，子坚永辈先后夭。夫人练裙蔬食，虽吟咏间作，不以示人。康熙十年（1671），沥血手疏，乞归先臣骸骨，得请旋里。以夫贵，封一品夫人。"

据目前所掌握的资料，徐灿与黄媛介未曾有过交游，不过在徐灿为嘉兴女诗人归淑芬编纂的《古今名媛百花诗史》（吴江芦墟庞龙德抄本）所作之《叙》中言及黄媛介："如归素英高夫人皆隐花村，久著《云和阁诗集》。若与项孟畹、黄皆令咸籍籍耳目者，余幸蒙恩。"写此序时，黄媛介已去世多年，从字里行间中足可见徐灿对项兰贞、黄媛介的仰慕之情。

三月上旬，朱中楣作诗怀念黄媛介。

返回故乡后的朱中楣对风景如画的西子湖回味无穷，更令她怀念不已的是与之"比邻而居"的女诗人黄媛介：

客秋偶憩西子湖与皆令比邻而居瀹茗谈诗方谐凤愿惜匆遽别去值此春光能无怀念因赋却寄时戊戌三月上浣日也

> 萧萧叶落泛归航，载得湖山返故乡。滕阁烟深怀帝子，鹤亭春老忆文娘。步摇拟趁莺花色，条脱闲粘笔墨香。此日长堤新绿满，画楼吟罢更飞觞。

> （李元鼎、朱中楣《石园全集》卷十七《随草续编》）

同时，令她念念不忘的还有黄媛介聪明伶俐的幼女杨本善：

犹记闲坐湖楼皆令携幼女过访发方覆额遂能诵诗写法帖楚楚可人今依然梦想间并裁小诗似之

> 瑟瑟轻罗澹澹妆，柳梢莺语乍调簧。乌云应拂春山小，红蕊初含夜雨香。鸳水毓灵多鲍谢，蝇头妙楷逼钟王。梦回犹记殷勤别，几欲笺诗燕子忙。

> （李元鼎、朱中楣《石园全集》卷十七《随草续编》）

春暮，李元鼎偕熊文举宴集李明睿沧浪亭。

《石园全集》卷八有李元鼎《春暮偕熊雪堂少宰黎博庵学宪宴集太虚宗伯沧浪亭观女伎演牡丹剧欢聚深宵以门禁为严未得入城趋卧小舟晓起步雪老

前韵得诗四首》诗。

六月六日（1658.7.6），佟国器由南赣巡抚改浙江巡抚。

《清代职官年表》第二册《巡抚年表》（第 1528 页）："南赣（汉）佟国器，六、壬申；改浙抚。"

王士禛赴殿试，居二甲，授扬州府推官。

《王渔洋先生年谱》（第 32 页）："先生赴殿试，居二甲。二甲前十人为知州，馀及三甲若干人以前为推官，馀皆知县。先生授扬州府推官。"

十月，黄媛介作山水画于杭州。

雅昌艺术网：编号：1130；形式：册页（四开）；墨色：水墨；质地：纸本；尺寸：画 16.5×20 厘米 ×4，字 16.5×20 厘米 ×4；题跋：（一）黄媛介"遥念山中松菊好，风前乘兴放帆归。皆令"，钤印："媛介"（白文）、"皆令"（白文）、"皆令书画"（朱文），对题："寒沙远向石鸥倾，秋水长天漾月明。极目烟波千顷碧，一行新雁不胜情。"钤印："程汝捷印"（朱文）、"虎文"（白文）；（二）黄媛介画，钤印："媛介书画"（朱文），对题："家贫犹富买山钱，遥引湖光出钓船。到得秋来黄菊放，一觞一咏即神仙。"钤印："程汝捷印"（白文）、"虎文"（白文）；（三）黄媛介画，钤印："媛介书画"（朱文），对题："疑从华子冈头望，可似浣纱湖上游。廿四桥烟水榭满，前□风凉为谁留。"钤印："程汝捷印"（朱文）；（四）黄媛介画，题款："戊戌小春月，写于西泠。黄媛介。"钤印："媛介"（白文）、"皆令"（朱文）、"闺秀"（朱文）；对题："缥缈三峰削未能，薛涛小幅写峻嶒。只今无数秋波转，多与行云作友朋。皆令书画绝秀，余甚爱之，偶咏数语，俟与西陵印可，然未知在何日也。"钤印："程汝捷印"（白文）；签条："明末黄皆令画册。遐翁珍赏。"鉴藏印："遐庵"（四次，朱文）。

后页：叶恭绰题："皆令高才不偶，而画笔流传极少，此作高简清逸，何减当时九友。余每读之，辄为骏公惜也。余藏珍散画，此册仍在箧中，正以识者少耳。秋窗展阅，辄题数语以诒后之得者，非作衒玉想也。想皆令亦有同感耶。叶退翁时年八十有四。"

裱边："黄皆令印"，叶恭绰题："此牙章于乙丑得于沪上，不知何人手刻，三百年来完整如新，置行箧中，忽忽又经年矣。适检画簏得此册，因钤如上，亦延津之，偶合也。共和丙寅（1926），退庵。"钤印："退"（朱文）。

拍卖公司：中国嘉德国际拍卖有限公司，拍卖会：中国嘉德2020秋季拍卖会"中国古代书画"专场，拍卖时间：2020年12月4日。

叶恭绰，广东番禺（今广州市番禺区）人。叶衍兰孙。著有《退庵汇稿》《历代藏经考略》《退庵诗稿》《退庵词》《矩园馀墨》《叶恭绰画集》；另编有《全清词钞》《广东丛书》。

"程汝捷"不知为何人。徐雁平编写的《清代家集叙录》（第27页）《白田郑氏一家言》（江苏宝应）记"另有一册《宝应郑氏赠言录》"其卷二有"汤廷琏、张绂、程汝捷、叶燮、王式丹、陶蔚等人之作"云云。另在嵇永仁《抱犊山房集》卷二《同社》一诗小注有"江左谓王惟夏、吴何仲、程虎文、侣匏诸子"。

嵇永仁（1637—1676），字匡侯，号东田，别号抱犊山农，常熟（今属江苏）人。

"王式丹"即王昊（1627—1679），一字惟夏，号硕园，江南太仓（今江苏太仓）人。据此程汝捷应为江南一带人士，与黄媛介或为同时代人，或稍晚些。

是年《梅市倡和诗》刻印。

客居山阴为黄媛介自乙酉遭乱后过得比较舒心的一段生活，其间结识了许多闺中诗友：商景兰与商景徽姊妹，及商景兰诸女德渊、德玉、德琼、德宦，儿媳张德蕙、朱德蓉等，王静淑、王端淑姊妹，赵东玮、陶固生妯娌及胡紫霞、胡应佳、许弱云、尼静因、尼慧先，等等，诸位女诗人将相聚唱酬之作集结成帙，名为《梅市倡和诗》，由女诗人郑庄范之夫李文达刊行于世。

《西河集》卷六十一《〈梅市倡和诗抄稿〉书后》云："《梅市倡和诗抄稿》者，闺秀黄皆令女君所抄稿也。皆令自梅市还归明湖，遇予室人阿何于城东里居。其外人杨子命予选皆令诗，而别录皆令与梅市所倡和者为一集，因有斯稿，盖顺治十五年（1658）也。既而李子兼汝已刻《梅市倡和诗》。"

是年，黄媛介为李渔喜剧《意中缘》作序。

单锦珩《李渔年谱》："《意中缘》问世，女诗人黄媛介为之作序。"

除黄媛介为《意中缘》作序，海宁范骧、杭州孙治、海宁徐林鸿亦为《意中缘》作有序言，范骧序落款时间为："时顺治己亥中春，东海社弟范骧文白氏漫题于连山草堂。"故将黄媛介作序时间亦定为此年。

黄媛介序：

意中缘序

不慧自长水浮家西湖，垂十年所矣。湖曲一椽，日与落照晚峰相狎，饥思煮字，闲或看云。每叹许大西湖，不能生活一担簦女士，岂西子不能让人耶？然而三十年前，有林天素、杨云友其人者，亦担簦女士也。先后寓湖上，藉丹青博钱刀，好事者，时踵其门。即董玄宰宗伯、陈仲醇征君亦回车过之，赞服不去口，求为捉刀人而不得。今两人佩归月下，身化彩云久矣！笠翁先生性好奇服，雅善填词，闻其已事，手腕栩栩欲动，谓邯郸宁耦厮养，新妇必配参军，鼓怜才之热肠，信钟情之冷眼，招四人芳魂灵气，而各使之唱随焉。奋笔绵章，平增院本家一段风流新话，使才子佳人良愿遂于身后。嗟夫！孽海黑风，茫无岸畔，从来巾帼中抱才负艺者，多失足于此。苟不幸而失足，斯亦已矣，何至形销骨毁之后，尚乞灵于三寸不律，为翻月籍而开生面耶？抑造物者亦有悔心，特请文人补过耶？此不慧之所以心悲意怜，而欲倩巫阳问之湖水也。

　　鸳湖黄媛介皆令氏题。

　　李渔（1611—1680），初名仙侣，后改名渔，字谪凡，号笠翁，兰溪（今属浙江）人。自幼聪颖，素有才子之誉。酷爱戏曲，自组家班，至各地演出。著有《笠翁十种曲》（含《风筝误》）、《无声戏》（又名《连城璧》）、《十二楼》《闲情偶寄》《笠翁一家言》等；改定《金瓶梅》，倡编《芥子园画谱》。

　　《两浙輶轩录》卷八引《金华诗录》："笠翁少游四方，自白门移家杭州，居湖上，碧波翠岚，环映几席，自喜其家与山水为邻。……负才子名，妇人孺子无不知有李笠翁者。所作率胸臆，构巧思，不必尽准于古。最著者词曲，其意中亦无所谓高则诚、王实甫也。旁及窗牖、床榻、服饰、器具、饮食诸制度，悉出新意，故倾动一时。生平著述，汇为一编，曰《一家言》。"

　　《意中缘》写于顺治十年（1653），李渔自顺治七年（1650）至顺治十八年（1661）客居于杭州。时杭州为明清时期家班集中地之一，而汪汝谦家班在明末清初颇负盛名。

　　《意中缘》剧情叙述的是明末大文人董其昌与陈继儒的故事。两人皆以书画名于世，因厌倦应付日日登门求写字画者，遂相约至杭州朋友江秋明处散心。邂逅了杭州女子杨云友与寓居于此的福建名妓林天素，两人皆才色双绝，又长于绘画，并赖以为生。自此在董其昌与杨云友、陈继儒与林天素之间演绎了一段才子佳人的美丽故事，其间林天素返闽途中遭遇山贼，幸得江秋明的一位将军朋友营救，才得以完璧而归。而杨云友又因为是空和尚的从中作梗而节外生枝，最后杨云友巧施妙计，使得董、杨二人终成好事。

　　《意中缘》中的几位男女主角的确实有其人，陈继儒、董其昌、杨慧林、林雪都是生活于明末的才子佳人。

陈继儒（1558—1639），字仲醇，号眉公、麋公，华亭（今上海市松江区）人。

《明史》卷二九八《隐逸传》："长为诸生，与董其昌齐名。……工诗善文，短翰小词，皆极风致，兼能绘事。又博闻强识，经史诸子、术伎稗官与二氏家言，靡不较核。屡奉诏征用，皆以疾辞。"

存世作品有《潇湘烟雨图》《梅花册》《云山卷》等，著有《小窗幽记》《吴葛将军墓碑》《妮古录》《珍珠船》《皇明书画史》《书画金汤》《墨畦》等。

董其昌（1555—1636），字玄宰，号思白、香光居士，华亭人，祖籍山东莱阳，祖父以军功封苏州卫。万历十七年（1589）进士，授翰林院编修，官至南京礼部尚书。

《图绘宝鉴续纂》卷一："十七岁学字，纸费盈屋，遂成名于海宇。后学画，先摹黄子久，再仿董北苑，如闻元之黄、王、倪、吴，二米真迹，以重价购之。元人画贵，乃其作始。赏鉴法书名画，可谓法眼。字画俱佳，名垂千古。"

存世作品有《岩居图》《秋兴八景图》《昼锦堂图》等，著有《画禅室随笔》《容台文集》等，刻有《戏鸿堂帖》。

杨云友（？—1627后），名成岫，又名慧林，别号林下风，钱塘人。张遂辰侧室。

《历代画史汇传》卷六十八："工山水，诸墨妙。工诗，与林天素齐名。"

吴建国、傅湘龙《汪然明与晚明才姝交游考论》："诗、书、画三绝，书法二王，《明画录》《无声诗史》等有载。董其昌、陈继儒等均重之，论者一般将其与林天素并置品题，如董其昌以禅宗南北之分评判，认为林天素如'北宗卧轮偈'，杨云友如'南宗慧能偈'，这与禅宗著名菩提、明镜的公案如出一辙。董其昌以此比附林、杨二人，无疑认为杨云友的绘画境界更胜一筹，且'吾见其止'与'殆未可量'的标签，已然高下立见。"（《中国文学

研究》2010 年第 4 期，第 39 页）

林雪（？—1645 后），字天素，闽人，寓西湖。

徐沁《明画录》卷五："能诗，有士女风。后寓西湖，作山水，笔姿秀逸，娟娟可爱。"

《玉台画史》卷五："工书，善画，临摹古幅，尝乱真。董思白赠以诗曰：'片云占断六桥春，画手全输妙与真。铸得干将呈剑客，梦通巫峡待词人。'"

为《意中缘》作序的其他三位文人依次为范骧、孙治和徐林鸿，其中的仁和（今浙江杭州）文人孙治与黄媛介仲兄黄鼎曾经有所交游。

范骧（1608—1675），字文白，号默庵，晚号爱日老人，海宁人。范騋、范骐兄。明贡生。与葛定远（辰婴）、葛定象（大仪）、葛定辰（爰三）、朱嘉徵（岷左）、朱左升（方庵）、朱一是（近修）、朱永康（石盘）、袁秼（丹六）、查诗继（二南）、梁次辰（天署）、张华（书乘）有"观社十二子"之称。著有《海昌县志略》一册、《日记》一卷，《得闲草》一卷、《十三经评注》一百卷、《古韵通补》十卷、《爱日堂文集》二十卷等。

《海宁州志稿》卷二十九《人物志·文苑》："性孝友。为文尚经术，放黜百家。方之广川董子，书法效钟王。同乡先正吴本泰一见称异，悉以书籍与之，环堵萧然，著述不辍。俄以史祸被逮，已而得释。志气如常。令下郡国，辑修邑乘。骧考献征文，书将成而卒。"

孙治（1619—1683），字宇台，号祉翁，又号西山樵者，仁和（今浙江杭州）人。陆圻妻弟，女诗人陆莘行舅父。诸生。与陆圻、陈廷会、柴绍炳、沈谦、毛先舒、张纲孙、丁澎、虞黄昊、吴百鹏号称"西泠十子"。

《清史稿》卷四八四《文苑一》："笃友谊，陆培死，以孤女托为择婿，得吴任臣。及立嗣，又以甥女嫁焉。有《鉴庵集》。"

徐林鸿，字大文，号宝名，海宁人。徐元倬子，张秦亭表兄。尝客冯溥家，与吴农祥、王嗣槐、吴任臣、毛奇龄、陈维崧共称"佳山堂六子"。著有《两间草堂诗文集》四十卷、《两间草堂杂志》。

《海宁州志稿》卷二十九《人物志·文苑》："钱塘县学生。学通古今，工于奏议。督抚大吏交引以自助。善写人胸臆，赋才浏亮。古诗上通齐梁，近体和平婉丽。康熙十七年（1678）诏举博学宏词，巡抚特疏荐之。尤笃交谊，汉阳王世显、南昌王猷定死于杭，太仓王昊、四明周容客死京邸，皆经纪其丧，复收遗稿付其孤。"

除了为李渔《意中缘》写有序外，黄媛介还写有眉批，署名"禾中女史"。

《柳如是别传》中册（第371页）："笠翁此书请黄媛介作序，盖以皆令与戏中女主人类似之故。黄序自写其身世之感，辞旨颇佳。此书卷上复载'禾中女史（卷下作'闺史'）批评'之语。"

是年，黄媛介作《白描观音图》册页。

《白描观音图》十开，封面题为《白描大士象》，形式：册页；质地：绢；墨色：墨笔；款识："戊戌春日斋敬写，弟子行仙。"创作年代：顺治十五年（1658）。编号：辽1—343，辽宁省博物馆。《中国古代书画目录》第十五册。

此册页于康熙二年（1663）为笪重光购得并收藏，其题跋如下：

> 西湖黄媛介乃馀杭女史名流也。少聪悟，即授玉麟、具德两和尚谛语，而立愿书经绘画诸佛菩萨法相。尤精工仇十洲、李龙眠笔意。癸卯余就医湖上，适僧人持大士十愿册子乞跋，余以市金购之，拜题供奉阁中，惟祈百疾消踪，万缘来庆。庶便作画之，虞女转男身矣。康熙癸卯十月望日，江上信人拜供。

笪重光（1623—1692），字在辛，号君宜，又号蝉光、逸叟、江上外史、江上信人、郁冈扫叶道人等，句容（今属江苏）望仙乡（今白兔镇）茅庄村人。幼好学。清顺治八年（1651）举人，九年（1652）进士，官御史，巡按江西。不久因弹劾纳兰明珠与余国柱二相国而声震朝野，遭排挤，顺治十六年（1659）辞官而去。晚年隐于道教圣地茅山。（唐明觉《镇江书画》第58页）

笪重光善诗文，有《松子阁集》。又于书画很有造诣，与姜宸英（1628—1699）、汪士鋐（1658—1723）、何焯（1661—1722）并称"康熙四大家"，传世名画有《松溪清话图》等，著有《书筏》《画筌》等。

题跋中提到的"玉麟"和尚即为通琇禅师（1614—1675）之表字，亦作玉林，明末清初时期临济宗僧人。《文化无锡》（第264页）称其出自江阴望族杨氏家族，因受佛教徒的父亲杨振陵的影响，十九岁时在宜兴磬山禅院出家。二十二岁便为湖州报恩寺主持。曾于顺治十六年（1659）三月与次年应世祖之召入宫，留供于万善殿中，进号"普济能仁国师"。后又主持过临安天目寺、宜兴善权寺。这位佛学大师还精通文学，是一位诗僧，有《玉林通琇国师语录》十二卷行世。

"具德"和尚已在前文提及，不再赘述。

清顺治十六年（1659）己亥　五十岁

佟国器任浙江巡抚。

《（光绪）浙江通志》卷一二一《职官》十一《文职·巡抚都察院》："佟国器，辽东人。由拔贡，顺治十六年以右副都御史任。"

三月九日（1659.3.31），滦州（治今河北滦县）石申由翰林学士升吏部右侍郎，后改左侍郎。

《清代职官年表》第一册《部院汉侍郎》（第546页）："三、庚子；翰读学升。九、壬申；改左。"

在浙江巡抚佟国器夫人钱氏与肃王妃赵氏的资助下，杭州天主教"救世主堂"开始建造。

周萍萍《十七、十八世纪天主教在江南的传播》第五章《女性信徒》（第 248 页）载："1645 年，清兵南下，关桥附近的教堂驻满了军队。兵荒马乱之际，教徒对此万分惊恐。恰好佟国器时任浙江巡抚，驻节杭州，他劝卫匡国神父重新建造一座大的教堂。卫匡国听从建议，在佟巡抚妻子等人的资助下，他在杭州城天水桥附近建造新教堂。"

佟国器虽为清封疆大吏，又为皇亲国戚，可谓尽享荣华富贵，但是在其夫人钱氏潜移默化的影响下，对基督教早已心存敬慕。

萧若瑟《天主教传行中国考》卷五《自崇祯末至永历末》（第 263 页）："前在北京时，已饫闻圣教道理，久为心折，特以多宠之故，未能受洗；其夫人则先已进教，圣名亚加大。此次国器统兵南下，遍历江苏、浙江、福建、江西各省，到处访问神父所在，加以保护，慨捐巨款。重修福州、赣州、吉安、建昌各圣堂。刊印圣教经书多种，作序弁其首，以广流传。后以战功授浙江巡抚，驻节杭州，嫌旧堂湫隘，捐俸金若干两，劝卫匡国神父重建宏敞者。期年，堂工告竣，悉依洋式。规模之华丽，为各省圣堂之冠。国器于公馀之暇，辄来堂中，与卫神父谈道。"

以上资料显示佟国器夫人钱氏与黄媛介当时同处于杭州城内，她们之间是否因此而相识呢？是否为后来黄媛介扶病过南京被佟夫人收留养疴埋下了伏笔？应该是很有这种可能的。

《天主教传行中国考》卷五《自崇祯末至永历末》（第 262 页）亦提到"南京修大堂两座，一名救世堂，一名圣母堂，一切用款，皆出自教友捐助。有赵姓大员之夫人，圣名儒斯大捐钱最多"，在儒斯大名后注有"疑即肃王豪格之妃"。

是年，王士禛谒选为扬州府推官。

《王渔洋先生年谱》："顺治十六年己亥（公元一六五九年），先生二十六岁。是年，先生谒选得江南扬州府推官。"

王士禛（1634—1711），字子真、贻上，号阮亭，又号渔洋山人，人称王渔洋，新城（今山东桓台）人，常自称济南人。

《昭代名人尺牍小传》卷五："顺治乙未（1655）进士。以扬州司理入为户曹，特改翰林，官至刑部尚书。乾隆间补谥'文简'。诗为一代宗匠，与朱竹垞并称'朱王'。善古文，兼工词，称'王桐花'。著有《带经堂集》《渔洋三十六种》。"

是年，黄媛贞为从子朱彝宗作挽诗。

己亥送春日挽虎臣长君兼悼六郎

十分春色黯然过，忍觅丹青仿俊模。凤枕香深情已断，慈帷痛绝倩谁扶。病侵肤发言犹壮，恩重勤劬报未苏。兰业日新馀剩稿，蕙心伤尽少遗孤。悲风素帐英魂肃，冷月空闺少女呜。倘遇六郎烦致语，衰颜母氏泪痕枯。

"虎臣"即朱彝宗，为朱茂时侄子，朱茂昉长子。

朱彝宗（1637—1659），字虎臣，姚深婿。邑庠生。早逝（朱荣《秀水朱氏家谱》）。

"六郎"即黄媛贞与朱茂时之子朱彝谟，由此可知朱彝谟在家中诸子中行六。

黄媛介或于此年往扬州为闺塾师。

黄媛介此行应与已定居于扬州的吴山、卞梦珏母女相邀有关。吴山母女先后在杭州、无锡、苏州、扬州等地迁徙，最后的定居地是扬州，故母女俩将黄媛介介绍至同时寓居于扬州的赵友沂家做闺塾师也是合乎情理之事。

魏禧《魏叔子文集》之《青山集叙》（第406页）："夫人家青山，既转徙江、淮，无常地。有《西湖》《梁溪》《虎丘》《黄陵》诸集，最后汇次之，以《青山》名。"

时扬州举人刘峻度之妻陈少君已卒于顺治十四年（1657），冒襄《巢民诗集》卷四有作于"丁酉年"《挽刘峻度陈少君》诗。刘峻度在元配陈少君去世后，再娶卞梦珏为继室，应在顺治十五年（1658）或以后，至顺治十七年（1660）王士禛任职扬州府推官时，刘峻度已与卞梦珏成婚。

卞梦珏自幼受到母亲吴岩子的言传身教，工诗善吟，为众多大家所赞赏，钱谦益与吴伟业曾经为作催妆诗。

邓汉仪在《诗观》初集卷十二记卞梦珏："幼颖慧，当六七龄时，即信口成五七言句。岩子教以文史，靡不博通。及随至西湖，见其母含毫濡墨，时时吟眺于青峰远树间，玄文亦倚韵辄和。诗篇流吴越间最多，母爱之甚，谓必得贵且才者字之始称快。而择配维艰，玄文用是赋摽梅，年益长矣！迨父奄逝，母子俱客广陵，刘孝廉峻度乃纳聘焉。峻度性磊落，喜与天下之贤豪长者相结赠贻，宴会滋繁。而玄文虑能猝办，用是弗复肆志诗书，即间一吟咏，辄辍笔。未几称疾，年三十四而卒。所著有《绣阁诗集》。峻度恸之，为梓其遗稿以传。"

卞梦珏与刘峻度成婚时，王士禄填词为贺：

贺新郎·花烛词·为刘峻度赋

银汉期犹渺。讶今朝、人间牛女，桥成何早。妙誉天人三妹擅，前度刘郎还晓。那待得、秋风吹到。试向玉巵娘子问，也低头、无语微微笑。应听取，郎君了。　　佳期择向朱明好。正薰风、荷香兰气，洞房清宵。隔巷停车知不事，咫尺仙源非杳。易盼到、麻姑仙爪。闺里青山原解画，描新眉、莫遣新人恼。须摹下，张家稿。

（王士禄《炊闻词》卷二）

卞梦珏去世以后，吴山次女卞德基续嫁刘峻度。王士禄《刘峻度夫人卞元文挽诗四首》有句云"莫道佳人难再得，渠家小妹又天人"，其句后又有夹注"峻度将与夫人妹续婚"。河北真定梁清标也在《永遇乐·寿卞母吴岩子》提及姊妹同嫁一夫之事："中郎有女，二乔得配，仙令结缡双妙。"（《全清词·顺康卷》第四册，第2208页《棠村词》）

在姊妹相继嫁为刘峻度妻后，吴山便依其而老，《青山集叙》中有："夫人依女夫刘子峻度以老。……峻度以豪达名广陵，事夫人如母，二十年如一日。"（《魏叔子文集外篇》第460页）

所以，吴山的晚年生活比较稳定安逸，从她的诗中可领略到这种惬意：

早春峻度理葺涉园读书荐隐斋

出处不在迹，隐然惟寓心。到园欣拂石，入座默闻禽。新月当楼古，晴窗掩竹阴。愿言留宿莽，三径益深深。

（邓汉仪《诗观》初集卷十二）

吴山的女婿刘峻度，名师峻，一字师度，江都（今江苏扬州）人。刘彦度兄。著有《北岳恒山历祀上曲阳考》一卷（《江苏艺文志·扬州卷》上册第74页）。

刘峻度的文采或许远远不如往来于扬州的某些大文人，但这并不影响他与文人们的交往并成为至交，在一些文人的作品中都能见到他的身影，如宋琬《二乡亭词》卷上便有与之相关的词一阕：

点绛唇·刘峻度席上听女郎度曲

子夜清歌，隔帘疑在青天外。琼箫玉管。莫把莺喉碍。　　纱帽笼头，卸却残妆戴。娇羞坏。广场无奈。初学男儿拜。

又如陈维崧的《水调歌头·宋荔裳曹顾庵王西樵招集刘峻度葭园即席限韵》、黄永的《卖花声·长店访刘峻度寓中适遇方孝标兄弟以清风镇宋娟诗见示》，等等，因而在刘师峻所交往的朋友中一定也有寓居于扬州的官宦子弟赵而忭。

之所以认为黄媛介于此年去扬州，是因为熊文举于康熙元年（1662）到京城任职时，见到黄媛介已在赵司空家"训其诸孙女"。当王士祯于顺治十七年（1660）到扬州任时，黄媛介或于顺治十六年（1659），或于顺治十七年（1660）亦至扬州赵而忭家中为闺塾师。时间不可能早于顺治十六年之前，因为在顺治十五年（1658）时黄媛介尚有与女诗人朱中楣的杭州之会。

所以，黄媛介此行无疑是受到定居于扬州的吴山母女之推荐，并受到寓居于此的赵而忭之请，而成为赵家闺塾师的，后又随之去了京城，是为黄媛介第一次北上。

几位赵姓朝官。

熊文举在其所作《黄皆令越游草序》提到"重来长安，知皆令馆于大司空赵公署中，训其诸孙女"。

《清代职官年表》第一册《部院汉侍郎》中自顺治二年（1645）至康熙年间共有三位赵姓侍郎出现，他们都与熊文举同朝为官，故熊文举对他们很是熟悉。

一为赵京仕，陕西城固人。天启二年（1622）进士。

《（康熙）城固县志》卷七《贤达》："任洪洞令。擢工科给事中，后以事迁谪，历转通政司左参议。明亡，为国朝录用。历升户部侍郎，总督仓场，加少保。年七十卒于家。"

一为赵继鼎（1577—1659），字景毅，号台衡，德州城东（今属山东）赵辛庄人。赵铄孙，赵汝南子，赵起睿父，赵廷讲祖父，赵善庆曾祖父。明天启二年（1622）进士。初授福州府推官，历任都察院浙西道御史、山西道监察御史、大理寺丞、太常寺卿，清顺治六年（1649）由太常迁都察院右都御史。

《（乾隆）福建通志》卷二十九《名宦一》："福州司理，公明坚决，不畏强御。凡所平反，多得情。奸滑敛迹，号'赵铁面'。"

一为赵开心（？—1663），字灵伯，湖南长沙人。

《（乾隆）长沙府志》卷三十《人物》："家贫，授经邻邑，奉甘旨，鞠育诸弟。明崇祯甲戌（1634）进士。初任武定知州，后补赵州。为内监所纠，旋得释。补永平司李、监军，升兵部主事。后事本朝，授陕西道御史。知无不言，擢金都御史，旋晋左都。开心历官两朝，清白如一，囊无馀资。"

《（同治）长沙县志》二十三《人物一》："生而伟岸，性孝友。……扶进善类，解推不吝于桑梓。尤笃以直言。被黜，未几复补左都御史。屡复屡黜，而直声懔然。"

根据钱实甫《清代职官年表》第一册《部院汉侍郎年表》记载，赵京仕出现的时间为顺治二年（1645），任户部侍郎；赵继鼎出现的时间为顺治六年（1649），出任都察院；赵开心为顺治十二年（1655）由太仆寺卿迁户部右侍郎；熊文举则为顺治八年（1651）。赵京仕于顺治八年（1651）致仕，赵继鼎于顺治十一年（1654）致仕，而赵开心却一直在京城为官，后又任职工部尚书，故熊文举文中所提到的赵司空即为赵开心的可能性较大，明清之际亦称工部尚书为司空。

赵开心宦海沉浮，数次罢官。《清史稿》卷二四四"赵开心"条云其于顺治三年（1646）在左金都御史任上，因"坐事，罢"，至"八年（1651），召起原官，旋超擢左都御史"。又因儿子赵而忭"为唐王时举人，九年（1652）开心疏乞许而忭会试，礼部议不许，开心坐夺职，永不叙用"。顺治十年（1653）又复原官，历任户部侍郎、太仆寺少卿。康熙元年（1662）擢总督仓场户部侍郎，加工部尚书衔。不久即因儿子赵而忭之死而悲伤过度，死于客邸。

黄媛介至扬州为赵而忭家闺塾师。

虽然至今未见有这方面的确切记载，而且就目前为止也未见黄媛介自己有与此相关的作品留存，不过可以通过他人的作品证明黄媛介曾经前往扬州为赵而忭家女师，这应该是不争之事实。时任扬州推官的王士禛曾为吴山、卞梦珏、黄媛介作有《观黄皆令吴岩子卞篆生书扇各题一诗用吴梅村先生题鸳湖西泠闺咏韵》诗，此场景无疑是发生在扬州。

而且赵开心在罢官期间，曾长期寓居于江南扬州，在很多文人的作品中都有所提及，如龚鼎孳有《送秋兼送客为洞门及友沂返广陵也是日秋尽伯紫孝威同赋》诗（《定山堂诗集》卷八）；吴伟业有《曹秋岳龚芝麓分韵赠赵友沂得江州书三字》（《吴梅村诗集笺注》卷九），其夹注云"赵而忭，长沙人，寄籍江都，都宪开心子。官内阁中书舍人"；康熙五年（1666），宋琬至扬州过赵而忭故居曾凄然填词《苏幕遮·过广陵赵宪故居怀友沂中翰泫然而作》（《二乡亭词》卷二）。

赵而忭（约1624—1662），字友沂，湖南长沙人。赵开心长子，赵永怀父。

《（同治）长沙县志》卷二十三《人物一》："少负奇才，读书过目不忘。善雅谈，髫年即以试艺见知于高汇旃、堵牧游。丙戌（1646）湖广补乡试，登贤书。后游京师，钱牧斋、龚孝升咸与唱和，诗文有才子之目。由任子授中书舍人。性豪迈，喜交游。年未四十卒。所著有《孝廉船》《虎鼠斋》等集。"

赵而忭一生坎坷，因是明隆武政权（1645—1646）举人而连累父亲赵开心丢官,迟至"清顺治三年(1646)补乡试,登贤书,后授中书舍人"。顺治十年(1653)又因"陶汝鼐反清案"而逮捕下狱,如此几经坎坷,亦可谓命运多舛了。

"陶汝鼐反清案"牵连甚众。

陶汝鼐(1601—1683),字仲调,一字燮友,号密庵,湖南宁乡西冲山人。崇祯六年(1633)举人,崇祯十六年(1643)中会试副榜,官广东教谕。少奇慧,工诗文词翰,海内有"楚陶三绝"之誉。顺治十年(1653)以叛案下狱,幸得友人搭救,免于一死。晚年祝发沩山,号"忍头陀",从此遁迹天涯。

《清诗纪事》第一册(第31页):"弘光(1644—1645)时为何腾蛟监军,永历(1646—1662)时授翰林院检讨。入清不仕。有《荣木堂集》三十六卷。"

《明诗综》卷六十八《诗话》:"先生壮岁好游,自吴入越,与先人订侨、札之分,尝留檇李度岁。晚际屯离,出监军事,捍御乡邦,著力暨章、堵两公,尽瘁略同。读《哀湖南赋》,凄戾过于兰成。诗虽未脱竟陵之派,然觉爽气殊伦。"

一年后赵而忭方得出狱。

赵而忭《虎鼠斋集自序》亦云:"甲午(1654)放归淮泗。"正谓顺治十年狱解后事也。

虽然赵而忭寓居扬州,却时常往来于京师间,与两地文人多交好,如龚鼎孳、冒襄、吴伟业、吴绮、邓汉仪等人都有诗词唱和。

赵而忭《同孝升丈即席次邓孝威见送韵》:

> 自信无良策,穷年抱犊衣。春携三月去,天放一人归。白简谁言事,青山愿息机。深思前路好,孤艇送馀晖。

(徐世昌《晚晴簃诗汇》卷三十二)

题中的"孝升丈"即龚鼎孳,在他的《定山堂诗集》中亦有多首与赵友沂相关的诗作:《和赵友沂录别诗》(卷一)、《和友沂》(卷一)、《黄石公招同赵洞门宴集斋中送赵友沂返楚限韵》(卷一)、《和友沂》(卷一)、《为赵友沂题所藏杨龙友画册和钱牧斋先生韵》(卷四)、《送友沂读礼返湘江和蔺次韵》(卷四)、《赠友沂和伯紫韵》(卷七)、《酬友沂赠别四首》(卷七)、《友沂订游平山堂连朝风雨不果》(卷七)、《送秋兼送客为洞门及友沂返广陵也是日秋尽伯紫孝威同赋》(卷八)、《寄怀友沂》(卷八)、《友沂南还集吴雪舫斋同秋岳分赋长安一片月五韵》,等等。

冒襄《巢民诗集》中亦有着数首与之相关的诗作,如《甲午皋月送赵友沂入都四章和邓孝威原韵》《秋日寄赵友沂燕邸闻候考中翰故末及之》,还有写于康熙丙午年(1666)的《追忆友沂乔梓》。

如今赵而忭的作品已不可多见,《全清词·顺康卷(补编)》第一册(第567页)有赵而忭为悼念董小宛之作:

> 壬辰秋末,应辟疆命悼宛君,赋得七阕录寄,非敢觞哀,聊当生刍耳。

传言玉女

> 惹梦千山,错料古人红雪。凤桐鸳梓,但柔心九结。脂粉世界,允矣光匀玄阙。银台而后,又逢奔月。　卜夜鼍更,到于今、憾未歇。百年名姓,倩朱笺开揭。欢娱自评,失意何妨明说。怜他长在,履新佳节。

顺治七年(1650)朱中楣曾作《季春送总宪赵洞门夫人归广陵》诗为赵而忭之母送行。至顺治八年(1651),吴伟业曾应赵而忭之请为其母作《赵母张太夫人六十序》云:"御史大夫赵公膺天子再命将大用,而其子孝廉君奉母张夫人居于维扬之邸舍,今年夏,孝廉为书而乞言于当世。"(《梅村家藏稿》卷三十八）张太夫人当卒于顺治十六年（1659），冒襄《巢民诗集》卷三作于壬寅年（1662）的《哭赵友沂十首次其年韵》其一有句："还家逾万里，哭母正三年。"

赵而忭虽然无法与当时的大文豪们比肩，亦不失为一风流豪迈之文人，可惜著述已不见流传。

至于赵而忭诸女情况尚不清楚。

是年，李良年与朱一是、屠爌、朱彝尊、周筼和沈进等人唱和不绝。

《梅里词派研究》附录二《李良年年谱》（第314页）："按：朱彝尊《曝书亭集》卷四，顺治十一年（1659）有一首《过筏公西溪精舍怀罗浮友人留白下》。这是一首联句诗，共有十三人参加，这十三人是：朱一是、屠爌、屠焯、李镜（明远）、周筼、缪泳、郑玥、沈进、朱彝尊、李绳远、李良年、李符和悬崖大师。"

"悬崖大师"即筏公。

行筏（1619—1677），字悬崖，俗姓周，嘉兴梅里（今王店镇）人。周筼从弟。著有《观澜草》《白云草》等集。

李稻塍、李集《梅会诗选》二集卷十六："薙度于天童密云和尚，为古南牧云之法子，驻锡观澜精舍。"

清顺治十七年（1660）庚子　五十一岁

正月，钱谦益偕柳如是登灵岩、天池诸山。夏，游武林。

《清钱牧斋先生谦益年谱》："十七年庚子，七十九岁。夏往武林。"

施闰章卸山东学道任，归里。

《施愚山先生年谱》卷二："顺治十七年庚子，先生年四十三岁。自山左得代，归里。集自山左数年以来诗文刻为《观海集》，有自序。"

二月，黄媛贞偕闺友游放鹤洲并作诗以纪。

庚子春仲风和景媚偕陆夫人同游鹤洲新筑即景

轻舟远泛春波曲，柳烟细绕江南绿。花气吹来襟袖香，小桥怯上玲珑木。如云点缀何名山，奇峰炯出非人间。笑语依依不能去，拾翠携红相往还。矼右路曲折，萦回千万步。行入深深境转幽，主宾相忘白日暮。半阁晴飞霞彩新，碧泉流出春盈盈。风花满目适归兴，远村灯火湖光平。

（黄媛贞《云卧斋诗稿》）

诗题中的"陆夫人"即黄媛介前诗所提到的朱茂暻未亡人。

二月十六日（1660.3.26），浙江巡抚佟国器被革职。

《清代职官年表》第二册《巡抚年表》（第 1530 页）："浙江（汉）佟国器，二、辛丑，十六，3.26，革。"

《天主教传行中国考》卷五《自崇祯末至永历末》（第 264 页）："卫神父去世后，佟国器忽被人参劾落职。康熙亲政，始得昭雪。晚年徙居南京，领洗进教，圣名弥额尔。"

余怀访嘉兴曹溶，下榻倦圃。

李金堂《余怀年谱》（第 727 页）："清顺治十七年庚子（1660），余怀四十五岁。'留滞吴地又一年'，余怀此年在吴地，其间曾访曹溶并下榻倦

圃。"(《平原吟稿》)

倦圃为曹溶别墅,位于城南之范蠡湖畔,亦为嘉兴一胜景。

《魏叔子文集》卷十五《说》(第 714 页):"曹秋岳先生有游息之园在嘉兴城西偏,宋岳倦翁宅址也。多古树,又多水焉,高高下下,水出其间,倦翁手植梅今在墙际,名曰'倦圃'。"

"岳倦翁"即抗金名将岳飞之孙岳珂(1183—1243),字肃之,号亦斋,晚号倦翁,祖籍相州汤阴(今属河南)。于宋嘉定十年(1217)出知嘉兴,后便留居嘉兴。

作为嘉兴的著名文人,曹溶将倦圃建造成景色错落有致的雅居,《(光绪)嘉兴府志》卷十五《古迹》二《园宅》:"倦圃,在城西南隅,曹侍郎溶别业。本宋赵郡王府遗基,侍郎得而经营之。以城为屏障,有二十景:丛筼迳、积翠池、浮岚、范湖草堂、静春庵、圆谷、芳树亭、溪山真意轩、容舆桥、漱研泉、潜山、锦淙洞、采山楼、狷溪、金陀别馆、听雨斋、橘田、留真馆、澄怀阁、春水宅。多名流题咏,临清周之恒为写《倦圃二十景图》,系以诗。朱彝尊有记。后归汪氏,又名铁舟园。园左水一曲,即范蠡湖也"。

不少文人墨客曾经过访倦圃,如诗人杜濬曾为作《倦圃诗为秋岳赋》:

此地推林壑,朱家放鹤洲。绣衣心更远,倦圃地偏幽。万竹千霄上,双桥信水流。绕园无限好,收拾在扁舟。

(许瑶光修、吴仰贤纂《(光绪)嘉兴府志》卷十五《古迹》二《园宅》)

余怀在嘉兴留有《嘉禾道中》四首、《自松陵至槜李舟中杂咏》六首、《寄题曹司农秋岳倦圃吟》等;在嘉善留有《过武塘泊舟宝慈庵门留题寄诸子》二首等;在海盐留有《自伍胥塘至海盐县舟中杂咏》四首、《到平原下陈历史署斋》等诗作。

三月，王士禛赴扬州推官任，在任五年。

《王渔洋先生年谱》："顺治十七年庚子（公元一六六零年），先生二十七岁。三月，至扬州。西樵有寄先生五古诗。"

王士禛自顺治十七年（1660）至康熙四年（1665）任扬州府推官，政暇，"昼了公事，夜接词人"，"与诸名士游无虚日"，是一位风雅的人物。

在扬州赵而忭家为闺塾师的黄媛介结识了广交文友的王士禛，曾为其作画一帧，上有题诗：

为新城王阮亭写山水小幅并自题

懒登高阁望青山，愧我年来学闭关。淡墨遥传缥缈意，孤峰只在有无间。

（王士禛《池北偶谈》卷十二）

王士禛在观赏了三位才女黄媛介、吴山与卞梦珏联袂作画的场面后分别作诗赞赏不已：

观黄皆令吴岩子卞篆生书扇各题一诗用吴梅村先生题鸳湖西泠闺咏韵

归来堂里罢愁妆，离隐歌成泪数行。才调只因同卫铄，风流底许嫁文鸯。萧兰宫掖裁新赋，香茗飘零失旧章。今日贞元摇落客，不将巧语忆秋娘。皆令。皆令别有《离隐诗》。

纨扇凝香小字斜，似同金椀寄秦嘉。景阳宫畔文君井，明圣湖头道韫家。绣阁新词名漱玉，朱丝妙格字簪花。烟波风雨钱塘路，望断西陵油壁车。岩子。诗用"雨丝风片烟波画舡"八字为韵。

双峰南北尽红蕖，昼静琼闺敞碧虚。鹦鹉雕笼初教赋，樱桃小阁独摊书。名篇绮密知难并，诸妹天人总未如。若许他年寻白社，丹青帘外藕花居。篆生。扇书有"白社丹青"之句。诗品云："兰英绮密，甚有名篇。"又：刘孝绰诸妹有"天人之目"。

（《王士禛诗文集》三《渔洋集外诗》卷一）

从诗的内容看，王士禛应该是在同时结识黄媛介、吴山、卞梦珏三位女诗人的，或许是在刘峻度所召集的一次雅集上，三位才媛各书其扇以助雅兴。在为黄媛介所作第一首诗中，王士禛用唐朝杜秋娘的典故来比喻黄媛介的聪明才华与不幸遭遇，"今日贞元摇落客，不将巧语忆秋娘"。

"贞元"（785—805）为唐德宗李适（742—805）的年号，"秋娘"为唐朝叛臣李锜的侍妾杜秋，在李锜被斩后入宫，受到唐宪宗李纯（778—820）的宠幸。元和十五年（820）启穆宗李恒（795—824）即位时，命其为儿子漳王李凑（？—835）傅姆，大和五年（831）因遭受谗言，李凑被其兄唐文宗李昂（809—840）废黜为巢县公，杜秋娘亦被放归故里。晚唐著名诗人杜牧（803—852）于大和七年（833）过金陵时见其穷困潦倒之景况，遂作《杜秋娘诗》，简述其身世与遭遇。

五月五日（1660.6.12），黄媛贞作《端阳哭母》诗

黄氏姊妹之母可能于是年去世，在黄媛贞《云卧斋诗稿》"庚子"年后写有《端阳哭母》一诗：

> 悠悠往事不胜悲，虚此浮生亦枉为。远望白云犹母在，暗垂清泪避人知。龙舟满棹愁回首，蒲酒盈樽强赋诗。痛感遗言如在耳，慈颜再晤总难期。

（黄媛贞《云卧斋诗稿》）

六月，桑芸卒于蒙城双涧舟次。

杜臻《笈云桑先生传》："特擢河南右藩，摄左藩事，篆一切钱谷兵饷，兼综统理。劳瘁日增而疾剧。不三月，迁粤东左藩，抚病前驱。抵江右南

昌，弊甚不能支，殁于蒙城之双涧舟次。时，顺治庚子六月也。二嗣君扶榇
归殡。赐祭葬，礼有加焉。"（"豆丁网·古典文学资料"，2013 年 12 月 23 日
上传）

九月，王端淑定居于杭州吴山。

杨叶《王端淑年谱初稿》："顺治十七年九月，王端淑一家客游杭州，即
一直定居于吴山。"

此时，黄媛介或仍旧寓居扬州或已北去京城。

十二月十五日（1661.1.15），宋琬任浙江提刑按察使。

重刊本《（光绪）浙江通志》卷一二一《职官十一》："提刑按察使"条：
宋琬，字玉叔，山东莱阳人。顺治丁亥（1647）进士。顺治十八年任。

《清代职官年表》第三册《按察使年表》（第 1988 页）："宋琬，十二，
丙申；宁绍道参政授。"

是年冬，黄媛介或北去京城。

此说是根据黄媛介宗姊黄德贞所填词一阕《踏歌辞·送皆令北游》：

踏歌辞·送皆令北游

飞絮萦香阁，横波绕画帘。都将烦恼意，付与别离船。白雪长安声
价重，盼瑶天。

（程千帆主编《全清词·顺康卷》第一册，第 466 页）

词中有"白雪长安声价重"一句，意指黄媛介京城之行，长安自唐以后常在
诗文中被作为都城的通称，如李白《金陵》诗之一"晋家南渡日，此地旧长

安"，施闰章亦有《奉使粤西答长安诸公送别》。白雪，古琴曲名。《乐府诗集》卷五七《白雪歌序》："琴集曰：白雪，师旷所作，商调曲也。"句中白雪似借喻黄媛介诗词作品高雅，一旦传入京城，身价倍增。

是年，朱中楣产女李振袚。

曹月《明末清初女文人朱中楣研究》："明崇祯十二年（1639），朱中楣归李元鼎，1642 年生子李振裕，1660 年生女李振袚。"

李振袚（1660—1722），小名六六。熊一潇继妻，熊本母，熊学鹏祖母。虽然李振袚未能如母亲般成为一位女诗人，但是她的孙子熊学鹏却传承了家学。

方苞《工部尚书熊公继室李淑人墓志铭》称其"幼秉母教，好读书，识大义，而不事吟咏。……以大义佐熊公，幼事父母，治家教子，曲得其次序，皆无溢美可知"（《方望溪全集》卷十一）。

熊一潇（1638—1706），字汉若，号蔚怀，南昌（今属江西）人。先世为丰城挈岗村人，后迁南昌东坛。廪贡生熊维宽孙，明崇祯十五年（1642）举人熊冯子，宜兴县丞熊一湘兄，康熙四十四年（1705）举人熊学熹、岷州知州熊学烈、广东巡抚熊学鹏（？—1779）祖父，内阁中书熊大懋、广西临桂知县熊大樊伯父。著有《浦云堂诗文集》。

《（乾隆）南昌县志》卷二十一："康熙甲辰（1664）进士，改翰林院庶吉士。授御史，有直声。擢太仆寺少卿，典试江南。学士宋衡、谕德杨大鹤并出其门。迁顺天府尹，疏豁地租，以苏民困。北闱号舍，旧覆以席，不蔽风雨，一潇捐赀易以瓦，至今乡会试士子赖之。迁刑部右侍郎，值三藩兵变后大狱起，一潇以宽平持之。改兵部督捕侍郎，时逃人例获之，犹连坐。一潇请定匿逃者罪止家长，余不问。转吏部，晋工部尚书。……累官四十余年，清介自持，家无长物。"

清顺治十八年（1661）辛丑　五十二岁

春夏之际，施闰章游西湖。

《施愚山先生年谱》卷二："是岁春夏，先生游西湖，有《湖上吟》，小刻其诗。……先生自题小影云：'辛丑春夏，久客西湖。秋，自里门奉命分守湖西。'"

夏，钱谦益为王端淑《名媛诗纬初编》作序。

钱谦益为《名媛诗纬初编》作《名媛诗纬叙》，落款为"顺治辛丑六月虞山八十叟钱谦益书于杭城寓所"。

夏仲，许宸卒于家。

高佑釲《许按察使传》："辛丑夏仲，遘疾卒于家，年六十二。邑人公举崇祀乡贤祠。"

是年，赵而忭卒。

《吴梅村全集》卷十七有《哭中书赵友沂兼柬其尊甫洞门都宪》（辛丑）。

《陈迦陵诗文词全集·湖海楼诗集》卷一有《哭赵舍人而忭》（辛丑）。

《巢民诗集》卷三有《哭赵友沂十首次其年韵》（壬寅），冒襄之诗晚于陈维崧《哭赵舍人而忭》一年后作。

赵而忭的去世非常突然，又是英年早逝，令友朋辈大为伤感，其父赵开心更是痛彻心扉。

是年，黄媛介仍在京城赵家为教。

熊文举《黄皆令越游草序》："重来长安，知皆令馆于大司空赵公署中，训其诸孙女"。

此"重来长安"即康熙元年（1662），可见赵而忭之死并未影响黄媛介在赵家继续从事闺塾师工作。

秋，李渔《比目鱼》传奇问世。

《李渔年谱》："《比目鱼》传奇问世。"

王端淑为其作序，扉页有"辛丑闰秋山阴映然女史王端淑题"。

祁理孙、祁班孙兄弟因魏耕"通海案"遭牵连。

全祖望《鲒埼亭集》卷十三《祁六公子墓碣铭》叙其事原委："慈溪布衣魏耕者，狂走四方，思得一当、以为毫社之桑榆。公子兄弟则与之誓天称莫逆。魏耕之谈兵也，有奇癖，非酒不甘，非妓不饮，礼法之士莫许也，公子兄弟独以忠义故，曲奉之。时其至，则盛陈越酒，呼若耶溪娃以荐之。又发澹生堂壬遁剑术之书以示之。又遍约同里诸遗民如朱士稚、张宗道辈以疏附之。壬寅（1662）或告变于浙之幕府，刊章四道捕魏耕。有首者曰：'苕上乃其妇家，而山阴之梅墅乃其死友所啸聚。'大帅亟发兵，果得之，缚公子兄弟去。既谳，兄弟争承。祁氏之客谋曰：'二人并命，不更惨欤！'乃纳赂而宥其兄，公子遣戍辽左。其后理孙竟以痛弟郁郁而死，而祁氏为之衰破。然君子则曰：'是固忠敏之子也！'"

"通海案"发生在顺治十六年（1659），因郑成功领导的反清斗争而起，与"奏销案""哭庙案"合称"江南三大案"。

谢国桢《明清之际党社运动考》附录四《记清初通海案》："当顺治十六年己亥五月郑成功会同张煌言舣舟北上直抵京口，突破镇江，煌言则率师深入，破芜湖，传檄诸郡邑，抚有江南北府四州三县二十四，声势颇壮。未几，成功为清将郎廷佐、梁化凤所败，诛其将甘辉、余新。煌言亦以孤师无援，为清师所挫，沿英、霍山由徽州潜通。当时明季遗民潜与之通，亦有不逞之徒藉资煽动者。清廷于此辈不逞之民目为通海，辄致严刑。次年庚子

（1660），清廷即有着议政王贝勒大臣九卿科道在江宁会审之事。所审者为金坛叛逆、镇江失机、吴县抗粮等案，盖皆与通海有关。"

清廷在江浙闽大肆搜捕与郑军有联系者，受株连者甚广，积极参与反清斗争的魏耕、钱缵曾、朱士稚等百余人被杀，山阴很多世家亦遭祸及。

薛瑞录《清史文苑》之《魏耕和清初的"通海案"》（第20页）："祁氏和朱氏两家都是明朝的显宦，富甲乡里，一直成为魏耕他们的'啸聚之所'，故该地的通海之狱也牵累了许多人。祁家和朱家均被查抄，家口入狱。祁班孙被遣至宁古塔（今黑龙江省海林县境内）；祁理孙出狱后忧愤而死。朱士稚被绞死。绍兴人李达、杨迁因协助安葬魏耕而遭遣戍，杨宾之父杨安城和义士李甲也因抚养钱缵曾之子而被流放宁古塔。"

当年黄媛介至山阴时，朱德蓉与婆母商景兰，与嫂氏张德蕙及诸小姑吟诗酬唱，一门风雅，其乐融融，令人艳羡。而"通海案"发，则使得鼎革之后尚得以苟延残喘的祁家又遭受到了一次重创。

全祖望《祁六公子墓碣铭》叙述了祁家曾经拥有的美好时光："孺人朱氏者，工诗。其来归也，与君姑商夫人、姒张氏、小姑湘君，时相唱和。商夫人字冢妇曰楚纕，字介妇曰赵璧，以志闺门之盛。"

祁班孙与朱德蓉并无子女，遂抚朱德蓉娘家侄女，此女即祁班孙仲妹祁德玉与朱德蓉兄弟朱尧日之幼女，《祁六公子墓碣铭》："公子被难，孺人尚盛年。朱氏哀其茕独，以侄从之，遂抚为女。孤灯缊帐，历数十年未尝一出厅屏也。其所抚之女，后归杭之赵氏，是为吾友谷林征士之母。"

此"谷林"即赵昱（1689—1747），字功平。贡生。弟赵信（1701—?），字辰垣。国学生。兄弟同举。家有池馆之胜，喜购书。连江陈氏世善堂书散出，皆归之（《清史稿》卷四八五《文苑二》）。

又据全祖望《鲒埼亭集》卷十九《赵谷林诔》载："谷林太孺人朱氏，山阴忠定公燮元曾孙女也，其所自出为祁氏，忠敏公外孙女也。壬寅、癸卯之间，忠敏子班孙以故国事谪沈阳，少妇家居，朱氏以太孺人侍之，因抚为女。谷林之尊人东白先生亲迎。"

祁家素以藏书著称，祁彪佳曾祖父祁清与祖父祁汝森便已开始聚书无算，至其父祁承爍建著称于全国之藏书楼"澹生堂"，根据祁承爍编撰的《澹生堂藏书目》记载所藏图书有九千余种，十万余卷。祁彪佳继承先人之志，于崇祯十二年（1639）又建"八求楼"，藏书三万余卷，以收藏戏曲文学书籍为主。

至祁理孙、祁班孙兄弟，仍然传承着家族藏书传统，并编撰数代先人积累的藏书目录。

周金标《朱鹤龄及其〈杜诗辑注〉研究》（第57页）称："（祁理孙、祁班孙）二人饱读经史，理孙为清初目录学家，家世富藏书，其'澹生堂'藏书名闻江左，又创建'读书楼'，广储图书。编撰有《奕庆藏书楼书目》（一作《祁氏读书楼书目》）六册，著录图书一五九八种，四万馀卷。"

直至祁家衰败之后，曾经令天下藏书家艳羡不已的祁氏藏书开始冰消雪融，藏书中的精华归宁波黄宗羲（1610—1695）与桐乡吕留良，其余归仁和赵昱家。可能是睹物思人，作为祁氏家族后人的赵昱之母朱氏很是感慨。

赵昱《春草园小记》："吾母见之，复凄然曰：'六舅父坐事遣戍沈阳，旋出家为僧，终于戍所。五舅父暮齿颓龄，嗜书弥笃，焚香讲读，守而不失。惜晚岁以佞佛视同土苴，多为沙门赚去。'"

清康熙元年（1662）壬寅　五十三岁

春，王士禛与扬州诸名士集于红桥修禊。

《渔洋山人自撰年谱》卷上："其春，与袁于令箨庵诸名士，杜于皇浚、邱季贞象随、蒋釜山阶、朱秋崖克生、张山阳养重、刘玉少梁嵩、陈伯玑允衡、陈其年维崧修禊红桥，有《红桥倡和集》。山人作《浣溪沙》三阕，所谓'绿扬城郭是扬州'是也。'和者自茶村而下数君，江南北颇流传之，或有绘为图画者。于是过扬州者，多问红桥矣'。"（《王士禛全集》第六册，第 5068 页）

山阴祁德琼卒。

商景兰于清康熙十三年（1674）为祁德琼《未焚集》作序云："吾女德琼之长逝也，盖十有二年矣。"

商景兰季子祁班孙因魏耕"通海案"遣戍辽左。

《名媛之冠——商景兰研究》："次子班孙涉魏耕'通海案'遣戍辽左。"

《明遗民文人魏耕、祁班孙研究》："壬寅年，魏、祁双双遭难，魏耕被戮，班孙远戍。"

因"通海案"的牵连，原本已经备受磨难的山阴祁家更是雪上加霜。

四月八日（1662.5.25），熊文举任兵部右侍郎，为黄媛介作《黄皆令越游草序》。

《清代职官年表》第一册《部院汉侍郎年表》（第549页）："康熙元年，壬寅（1662），熊文举，四、辛亥、八，5.25，原史左授。"

重返京城为宦的熊文举曾经拜访黄媛介，《黄皆令越游草序》："余未获请见，乃于杨世功处见诸诗集，皆典则秩然。"

值得注意的是，此处提到了黄媛介的"诸诗集，皆典则秩然"，可见其著作颇丰，正印证了施闰章"遗诗千馀篇"之说。

黄媛介应于顺治十七年（1660）至康熙二年（1663）间在赵家任教，此时其夫杨世功尚在人世。当熊文举于康熙元年至京城时曾见其人，并见黄媛介诸诗集，又为其《越游草》写了序。至康熙二年（1663），熊文举即因病而免官，晚于黄媛介一年去世，即为康熙八年（1669）。故熊文举为黄媛介《越游草》作序的时间应在康熙元年，因赵开心殁于此年的秋天，黄媛介或于是年冬返回江南。

熊文举之所以会去拜访黄媛介，应与李明睿与朱中楣等人有关。其《黄皆令〈越游草〉序》有"近从李宗伯见皆令《阆园诗十律》，严整肃穆，大雅不群，叹息闺秀中所罕见。乃里中远山夫人过武林，见映然子亦推皆令为宗范"。朱中楣又与熊文举副室杜漪兰很是交好，前者在其《石园全集》卷十四有《辛卯长至日得漪兰年嫂白门见怀诗四首》诗。而杜漪兰自己也是一位女诗人，这或许也是熊文举非常欣赏黄媛介才华的原因，他曾在称赞朱中楣所作之词"秾纤倩丽，不减易安"的同时，又写道："陈伯玑（允衡）、李云田遴选《国雅》（初集），海内闺秀仅得二人，惟夫人与黄皆令而已。"足可见熊文举对于黄媛介的推重。

熊文举（1595—1669），字公远，号雪堂，新建（今江西南昌新建区）人。诸生熊洪（？—1652）仲子，建昌教谕熊文登弟，国学生熊文升兄，熊鼎华（1625—1644）父。崇祯三年（1630）举人，崇祯四年（1631）进士，授合肥县令。著有《雪堂全集》四十卷。

《（嘉庆）合肥县志》卷二十《仕宦传》："好士爱民，以廉平著。乙亥（1635）流贼薄城，分守西偏，筑威远亭于其上，指画有方。"

施闰章《熊少司马遗集序》："先生自少才以才鸣于时。所为古今文章，自簪缨及缝掖，无论识不识，皆能道其姓字。……家南州郭外，凭江构绿波楼，坐对西山，以诗书为朝夕，意所悦可，手自疏录。小楷如毫发，一日多或十余纸。终其身不作一草书，盖先生之勇退而好学如此。"

熊文举《黄皆令越游草序》：

> 二十年前，曾晤大司寇广元朱公诸郎，见黄媛介画册，心窃慕之。寻以乱散去。近从李宗伯见皆令《阆园》诗十律，严整肃穆，大雅不群，叹息闺秀中所罕见。乃里中远山夫人过武林，见映然子，亦推皆令为宗范。岂惟诗章擅胜，而楷法、画艺皆秀出名流，风雅未衰。固有领

袖之者，未可谓女士无坛坫也。

重来长安，知皆令馆于大司空赵公署中，训其诸孙女。余未获请见，乃于杨世功处见诸诗集，皆典则秩然。而《越游草》体气高妙，风格混茫，尽去脂粉之态。颇闻皆令至性正气，动遵矩矱，从其夫子缟綦相庄，不陨获于贫贱，不充诎于富贵，琴瑟静好，历风雨晦冥、乱离颠顿而不移，是则尤关风教之大者。余于闺秀诗词，最爱李易安，读《清波杂志》，言赵明诚在建康日，易安每值天大雪，即披蓑顶笠，循城远览以寻诗，得句必邀其夫赓和，明诚苦之此苦亦不易得。世功幸无此苦，而皆令之持身本末，尤非易安所敢望。皆令且倦游，拟为归隐之计，伯鸾、德耀，实从皋庑著美千秋。世功、皆令之芳徽，其在斯乎！

信笔写去，自有风神，而折衷处，凛然正色，所谓可典可观者如是。

（熊文举《侣鸥阁近集》卷一）

序中所提的"大司寇广元朱公"即秀水朱大启，黄媛介姊夫朱茂时之父。

朱大启（1565—1642），初名应麒，字君舆，号广原，秀水人。朱儒孙，朱国祯与元配施淑人之子，朱国祚从子，朱茂时、朱茂昭、朱茂晙、朱茂昉、朱茂晛、朱茂晭父。万历三十八年（1610）进士，官至刑部左侍郎。著有《东曹笔疏》《漫寄轩集》《考功记辑注》《自叙年谱》等（朱荣《秀水朱氏家谱·世系表三·少保公长房南门第一支》）。

明万历四十年（1612）六月，黄媛贞公公朱大启"合校南昌生童于贡院"时，拔涂绍煃（约1582—1645）、宋应升（1587—约1666）等人，而熊文举曾受业于涂绍煃。

"诸郎"者，应为朱茂时昆仲。

熊文举副室杜漪兰多次随宦于京城，早年曾与海宁女诗人徐灿有诗词往来：

南乡子·和陈相国夫人徐湘苹送别

数载炙清光。万里家山别路长。尺素裁书云锦样，流觞。半是兰亭笔墨香。　　彩鹢竖牙樯。力敌秋风薛荔裳。寄语瑶池今阿母，情伤。把酒叮咛看雁行。

（徐树敏、钱岳辑《众香词·礼集》）

杜漪兰（约 1621—1681），字中素，吉水（今属江西）人，一作扬州（今属江苏）人。熊文举副室。性聪敏，通经史，娴吟咏，尤工于词。有《知耻庐集》。（石吉梅《清朝江西女性作家作品考论》）

（明）查继佐《罪惟录·列传》卷二十八："有才慧。与司马李元鼎夫人朱远山朝夕倡和。晚以无子忧伤，不事笔墨。"

九月（1662.10—11），赵开心殁于客邸。

《清史稿》卷二四四《赵开心传》："康熙元年（1662），擢总督仓场户部侍郎，加工部尚书衔。卒官。"

王岱《赵洞翁墓志铭》："康熙二年九月，资善大夫赵公卒于官。"（汪超宏《吴绮年谱》）

宋琬《〈亭皋诗〉序》："友沂不幸早世，而先生亦以爱子之痛，殁于客邸。"

赵开心为官清廉，以至于去世后，还是在故旧的资助下才得以安葬。

《（乾隆）长沙府志》卷三十《人物·国朝》："开心历官两朝，清白如一，囊无馀资。在朝知故，各致奠赙，南抚周率僚属伙助，乃克葬。后祀乡贤。"

王晫《今世说》卷四有一段记述赵开心的文字：

赵洞门（赵开心，号洞门）为御史大夫，车马辐辏，望尘者接踵于道。及罢归，出国门送者才三数人。寻召还，前去者复来如初。时吴蔺次独落落，不以欣戚改观。赵每目送之，顾谓子友沂曰："他日吾百年后，终当赖此人力。"未几，友沂早逝，赵亦以痛子殁于客邸，两孙孤立，蔺次哀而振之。抚其幼者如子，字以爱女。一时咸叹赵为知人。

文中提到的"吴蔺次"，即明末清初著名词人吴绮。

吴绮（1619—1694），字蔺次，一字丰南，号绮园，又号听翁、红豆词人，江都（今江苏扬州）人，歙县籍。顺治十一年（1654）拔贡生。授秘书院中书舍人。奉诏谱杨继盛乐府称旨，即以杨官官之。历官浙江湖州知府，多惠政，人称"三风太守"，谓多风力、尚风节、饶风雅也。才华富绝，工诗，尤善词曲，与陈维崧齐名。罢官后居扬州。凡索诗文者，以花木为润笔，不数月而成林，因名"种字林"。浚碧浪湖，筑岘山诸亭，以成名胜。有传奇《四声宝蕊》《忠愍记》《啸秋风》《绣平原》，著有《林蕙堂集》。（《江苏艺文志·扬州卷》上册，第85页）

吴绮与赵开心、赵而忭父子交好，在赵氏父子相继离世后，抚育赵而忭年方四龄的遗孤赵永怀（1659—1738）成立，后妻以爱女。

清康熙二年（1663）癸卯　五十四岁

春夏间，黄媛介返回江南故乡。

《图绘宝鉴续纂》卷三《女史》："（黄媛介）长斋事佛，有贤行。京室闺彦多师事之。客都良久，老返吴下。"

此处的"老返吴下"之说应指其第一次去京城为赵开心家闺塾师，在赵家父子去世后又返回家乡之事。

自赵开心、赵而忭父子接连去世后，赵氏家人应陷于困境之中，幼子为吴绮所抚育，诸女亦不知归返于何处，从《（乾隆）长沙府志》卷十三《列女》所记载的赵而忭遗孀汪氏的生活遭际便可知赵家的一些情况："夫逝时，汪年二十馀，流寓维扬。家道中落，毁容守节，茹素三十馀年收残。"在此情况下，黄媛介或于是年秋冬返回江南，依然往来于嘉兴、杭州间。

秋，柳如是祝发入道。

顾苓《河东君小传》："癸卯秋，下发入道。"

秋，林文贞寄诗扇与王端淑。

杨叶《王端淑年谱初稿》："康熙三年（1664）秋，王期龄妻林文贞寄诗扇（诗题《寄山阴王玉映夫人》）并秋兰数笔给王端淑。"

在王端淑《名媛诗纬初编》卷九中也收录有黄媛介写给一位林夫人的诗作：

答林夫人

　　风烟飘忽五经秋，杨柳无情沟水流。旧事传来君始恨，新声谱出我应愁。同惊头白干戈尽，共爱身轻天地留。亲历乱离疑是梦，相看重省昔时忧。

　　咫尺烟光未肯寻，入云红叶乱高深。幽居渐觉愁盈抱，独立空惊风满林。早望明湖通晓露，夜当好月隔遥岑。与君不是新相识，君具新心我故心。

从诗句中可看出她们结识于五年之前，"风烟飘忽五经秋"，如今重逢都已生出白发，"同惊头白干戈尽"，此诗应写于黄媛介晚年时期。值得推敲的是诗中有"早望明湖通晓露"之句，杭州西湖亦称为"明圣湖"，北魏郦道元

《水经注》载："县南江侧，有明圣湖，父老传言，湖有金牛，古见之，神化不测，湖取名焉。"既是"明圣湖"，诗中简称之亦可解释。

因黄媛介与王端淑交情甚笃，故此诗写给林文贞的可能性较大。

林文贞，字韫林，莆田（今属福建）人。安徽宣城王期龄姬人。

《图绘宝鉴续纂》卷三《女史》："工诗。善画兰。"

《名媛诗纬初编》卷十八："林文贞，宣城人，适延安知府王公子知县期龄。甲辰（1664）秋，林寄诗纨一握并秋兰数笔及余，嫣然可爱。端淑曰：'林大家诗句高老，字体遒劲，洵是江南名媛，寄予一诗，足写子卿之韵，《十九首》之骨矣。'"

《燃脂馀韵》卷一："尝随宦山左。《暮春济宁道上得句》云：'老树深深俯碧泉，隔林依约起炊烟。再添一个黄鹂语，便是江南二月天。'有依此诗景绘一便面者，韫林曰：'画固好，但添个黄鹂，便失我言外远情矣。'"

王端淑小传中记载林文贞为安徽宣城人，可能是随其夫王期龄籍贯。

王期龄，字安又，安徽宣城人。东莞知县王义问子。顺治十五年（1658）副榜。延安府知府。著有《小学集注》。（《（嘉庆）宣城县志》卷三十二、卷十七）

九月三十日（1663.10.30），熊文举因病免官。

《清代职官年表》第一册《部院汉侍郎年表》（第549页）："熊文举，九、甲午、卅，10.30，病免（八年死）。"

清康熙三年（1664）甲辰　五十五岁

五月二十四日（1664.6.17），钱谦益卒于常熟家中。

《清钱牧斋先生谦益年谱》："三年甲辰，八十三岁，五月二十四日卒。"

六月二十八日（1664.7.21），柳如是卒。

《清钱夫人柳如是年谱》之《消夏闲记》摘抄："五月，宗伯卒，族孙钱曾等求金于君，要挟蜂起。……康熙三年六月二十八日自经死，距生于万历四十六年，享年四十有七。宗伯子曰孙爱，及婿赵管，为君讼冤，钱曾等服罪。琴川士大夫谋治其丧，甲辰七月七日，东海徐宾为葬于贞娘墓下。"

黄裳《河东君》："终钱牧斋的后半生，钱家的经济实权是掌握在如是手里的，试看她可以做主'倾家'营救牧斋，可以用大把的钱接济抗清义师，可以广事结交遗民义士。这都是要花很多钱的。……这种情况下，在当时钱氏族人看来就更是不可接受的。他们实在恨透了这个小女人。她的'风流不检'不说了，更不能容忍的是她'霸占'了钱家家产；是她，'挥霍'了家产；是她，把钱家的财富吞进了自己的'私囊'。这样，牧斋一死，矛盾是必然要爆发的。这些虎视眈眈的族人必然要逼她吐出她'吞下'的家产。他们怎能放弃这一块垂涎已久的肥肉呢？"（《绛云楼书卷美人图——关于柳如是》第79—80页）

钱上安（1629—？），原名孙爱，字孺饴，清常熟（今属江苏）人。钱谦益幼子。清康熙七年（1669）任河南永城县令，后任河南归德知县。曾参修《（康熙）常熟县志》。

《钱牧斋先生年谱》："重九日，妾朱氏生子孙爱，后名上安。"

《江苏艺文志·苏州卷》第四册（第2930页）："顺治三年（1646）举人，……性孤介绝俗。曾破杀人案，升大理评事，致仕归，闭户不见一人。有《钱氏家变录》一卷。按：钱谦益死后，其族人向孙爱胁取财务，并凌虐备至，柳是因自尽。孙爱乃与其妹同告之官府，时常熟知县瞿四达亦为之具揭。孙爱因汇辑门状公案约书揭，归庄、顾苓致钱谦曾书，及柳是遗嘱，编成是书。"

《钱氏家变录》还包括了柳如是与钱谦益之女的《孝女揭》。

《柳如是别传》下册（第1002页）："柳夫人生一女，嫁无锡赵编修玉森之子。柳以爱女故，招婿至虞，同居于红豆村。"

秋，朱中楣和黄媛介《自寿诗》。

居于南昌的朱中楣在清和月后收到黄媛介寄来的四首《自寿诗》并作和诗四章，此诗在《石园全集》卷十七《己亥清和月罗篁庵学士越中如嫂以绘扇见贻喜而赋赠》之后，故推测为此年所作。清和月即农历四月。另外诗句中有"轻风细雨菊花斑"，因而推测黄媛介生日或许在秋天。前已提及康熙二年（1663）秋，熊文举因病辞官返乡，故推测此《自寿诗》即黄媛介作于是年秋季，当熊文举受托辗转携至南昌交于朱中楣时，已是春夏之际。目前黄媛介原作已无从可觅了，朱中楣和作四章如下：

黄皆令寄来自寿诗依韵得四章

沧桑更觉世情非，越水吴山愿不违。风雅道隆饶远韵，丹青墨妙写玄机。朱楼尚讶逢迎晚，徐榻空悬岁月稀。一望蒹葭堪共咏，新秋应制薜萝衣。

自信无非可待知，岚光泓影日迟迟。芸窗笔染三千牍，优钵花香二六时。剩有湖山堪共赏，却言才韵不兼痴。庭阶为爱兰牙秀，瞻洛同看咏福茨。

今古英雄见略同，笑看翟茀等轻鸿。宁忘尽日苏堤柳，谁解千秋华岳桐。偕隐烟霞咸有韵，俄观色相本成空。屏开异日乘龙选，花满西泠醉阿翁。

轻风细雨菊花斑，赖有豪吟可破悭。每念桑田鸳水绿，难抛枫叶虎林丹。六桥歌管随云度，百岁琴书对酒闲。遥望鸾音天外起，年年擗脯下三山。

（李元鼎、朱中楣《石园全集》十七《随草续编》"甲辰"）

在诗中，朱中楣除了缅怀当年两人在风光绮丽的西湖相见甚欢的情景，更期望有朝一日再度重逢，足见两位女诗人对于这段西子湖畔的邂逅都充满了如歌般的美好回忆。

是年，王士禄以癸卯典河南乡试罹吏议下狱。

《王考功年谱》云："以礼部掎摭试文语句，指为有疵，考官例夺俸三月。而是时功令加峻，遂下先生吏部，五月，移刑部。子侧既下第，留京师经络橐饘，日仅一食，夜则共被请室中。家人皆震怖雨泣，先生居之坦然。""至十月三日，太皇太后万寿节，事果得白。……先生喜得生还。即日襆被出都门。"

是年，李明睿返回南昌。

施祖毓《李明睿钩沉》："清康熙三年，方文写了一首《送李太虚先生还南昌》，把李明睿这种生活以及相应行踪说得一清二楚。"（《复旦学报（社会科学版）》2002 年第 5 期，第 138 页）

是年，女诗人卞梦珏卒。

王士禄《十笏草堂上浮集》卷三（丙集一，丙午诗）有《刘峻度夫人卞元文挽诗四首》，因此确定卞梦珏去世于此年。

顾景星《白茅堂集》卷十五亦有两首悼挽卞梦珏的诗作：

题《西泠闺咏》有序二首

《西泠闺咏》者，闺淑卞梦珏所唱也。戊子、己丑两岁间，予客西湖，其尊人楚玉、母氏岩子笔墨偕隐。杵臼是求，人事错迕，遂以不果。后闻闺淑归广陵才子刘郎。墓草五青矣！烛下见旧诗志感。

记得银屏迤逦开，有人青琐叹多才。帘边送韵衣香出，湖上回船塔雨来。南国燕脂愁欲赠，西泠松柏更堪哀。当时空指团圞月，未下温家玉镜台。

欲唤西湖作莫愁，繁华自昔帝王州。续来明月笙歌院，啼下晓莺灯火楼梦珏句云"夕阳交代笙歌月，曙色□移灯火楼"，又"柳去六桥春色暗，雨来三竺远山无"。弱腕题诗心绪断，修蛾入鬓眼波秋。芙蓉城较蓬山远，肯信萧郎已白头。

此诗作于康熙庚戌年（1670），序中有"墓草五青矣"之叹，足见卞梦珏去世已有五年，与康熙五年（1666）相符。

以诗凭吊卞梦珏的顾景星亦出自名门，其祖籍为昆山（今属江苏），先祖顾士征于元末明初时隐居蕲州（治今湖北蕲春西南蕲州镇），遂家焉。曾伯祖顾问、曾祖顾阙皆为进士，位居高官，以传播理学著称，人称"二顾先生"。

顾景星（1621—1687），字赤方，号黄公。诸生顾大训孙，诸生顾天赐子。明末贡生，南明弘光朝时考授推官。入清后屡征不仕。康熙十八年（1679）荐举博学鸿词，称病不就。著有《白茅堂集》四十六卷、《白茅堂词》一卷，《读史集论》九卷、《赗池录》一一八卷、《顾氏列传》十五卷、《南渡来耕集》七十三卷等。

昔年在西湖，顾景星曾经倾慕卞梦珏，有婚娶之意，故有"杵臼是求，人事错迕，遂以不果"之言。杨钟羲《雪桥诗话续集》卷二亦有"当涂卞琳楚玉与其夫人吴山岩子家青山，即转徙江淮，无常地。居西湖三年。女梦珏元文工诗辞，顾黄公己丑、戊子闲客杭，闻其贤能，精笔札。杵臼是求。人事错迕，遂以不果"。顺治五年（1648）冬，顾景星与扬州才女萧瑜生成婚。

顾景星《亡室安正君状并诔》："巡抚土国宝忌公，诬受贼贿，仓皇难起。予扁舟载君匿淀湖，先妣同起居，妹氏诡称阿姊，事定还苏。岁戊子（1648）冬合卺。"（《白茅堂集》卷四十六）

萧瑜生（？—1674），字幼佩，江都（今江苏扬州）人。萧振寰将军与仇恭人独女。

王巧林《红楼梦作者顾景星》（第409页）："幼时随父母移居苏州，自幼聪明伶俐，多才多艺，琴棋书画和音律，乃至烹茶品茶，无不精通。她与顾景星结婚二十七年，共生有八子二女。他们患难与共，不离不弃。"

顾景星又是《红楼梦》作者曹雪芹祖父曹寅（1658—1712）之舅父，康熙三十九年（1700），曹寅曾经写有《舅氏顾赤方先生拥书图记》一文。

清康熙四年（1665）乙巳　五十六岁

春，李良年与周筼、周篁等聚于南园。

《梅里词派研究》（第315页）："周筼《采山堂诗》卷五有《乙巳（1665）春日陪古南樗叟观梅于王子复旦园时同游者为彝西堂玮首座筏静主李十九良年及余弟篁也樗叟首倡筼等皆属和焉》诗。"

二月二十七日（1665.4.12），佟国器因捐银修天主堂事遭人弹劾，解送京城。

中国第一历史档案馆、中国海外汉学研究中心编，安双成译《中外文化交流史文献丛书：清初西洋传教士满文档案译本》十六《礼部尚书祁彻白等题为审讯佟国器捐银修天主堂事密本》（第178页）："康熙四年二月二十七日礼部等衙门尚书臣祁彻白等谨具密题，为请旨事。汤若望等授意所作《天学传概》一书内，专写佟国器之名，载称佟国器居官所到之处，捐输银两，修建教堂。对此一案，据汤若望等供称，佟国器虽未入教，但修教堂，云云。据此，亦请敕下该督速送佟国器来京城，以便质讯。等因，康熙三年十月十三日具题。当日奉旨：依议。钦此。钦遵。即行密咨该督臣。于康熙四年正月二十四日，江南总督郎廷佐解送佟国器到部。"

三月，王士禄游杭州。

《王考功年谱》："三月，侍礼部公之武林，裴回第二泉，留湖上四阅月，赋《西湖竹枝》三十首。会故人宋观察荔裳琬、曹学士顾庵尔堪皆以董语染逮，甫结竟解。后湖上相与倡和《满江红》词，往复各至数十首。"

黄媛介在杭州与余怀有诗唱和。

《余怀年谱》(第 429 页)："清康熙四年乙巳（1665），余怀五十岁。六月，余怀游武林（杭州），住'学士港之笑隐庵'。"

余怀重访杭州，此行是否得以与黄媛介结识，抑或在嘉兴即已相识，未可而知。不过，此次杭州之行余怀将他与黄媛介的交往作诗以纪：

杨世功内人黄皆令书法画品诗才可称三绝将有所索先以俚句贻之

湖烟飘渺净无尘，何处波澜敢效颦。四角每传苏伯玉，古钗争学卫夫人。芙蓉秋水诗中话，杨柳春风镜里身。欲问鹿车偕隐事，家徒壁立不知贫。

黄媛介亦有诗和之：

湖上酬余澹心

一湖秋水似闲人，桥外朱楼迥绝尘。我伴梁鸿因适越，君寻黄石为逃秦。芙蓉憔悴今何地，燕雀生成只此身。寄语孤山林处士，满船烟月锁松筠。

以上两首诗皆出自姚佺《诗源初集》卷十二《列女》，应为唱和之作，当是黄媛介自京城返回江南后与余怀遇于杭州所作，此后黄媛介便重往京师为闺塾师。因此可见，黄媛介在返回家乡后，仍然往来与嘉兴与杭州之间。

余怀（1616—1696），字澹心，一字无怀，号曼翁、广霞，又号壶山外史、寒铁道人，晚年自号鬘持老人，莆田（今属福建）黄石人，侨居江宁（今江苏南京）。崇祯十年（1637）进士余飏从弟。

《清史列传》卷七十："才情艳逸，工诗。生明季乱离之际，词多凄丽。尝赋《金陵怀古诗》，王士禛以为不减刘禹锡。与杜濬、白梦鼐齐名。……词藻艳轻俊，为吴伟业、龚鼎孳所赏。晚隐居吴门，徜徉支硎、灵岩间，征歌选曲，有如少年，年八十余矣。尝撰《板桥杂记》三卷。……后竟以客死。著有《味外轩文稿》《研山堂集》《秋雪词》《宫闺小名后录》。"

据李金堂编撰的《余怀年谱》记载，余怀曾三次到杭州，即康熙四年（1665）、康熙六年（1667）、康熙九年（1670）。康熙六年时黄媛介已去京城为闺塾师，康熙九年时黄媛介已不在人世，故此二首唱和诗可以推测为康熙四年所作。据载余怀亦有两次至嘉兴：顺治八年（1651）、顺治十七年（1660），但在黄媛介的《湖上酬余澹心》诗中分明有"寄语孤山林处士，满船烟月锁松筠"句，因而此唱和诗必是杭州所作无疑了。

祁班孙出家为僧。

全祖望《祁六公子墓碣铭》："当是时，禁网尚疏，宁古塔将军得贿，则驰约束。乙巳（1665），公子脱身遁归。已而，里社中渐物色之，乃祝发于吴之尧峰，寻主毗陵马鞍山寺，所称咒林明大师者也。荐绅先生皆相传曰：'是何浮屠？但喜议论古今，不谈佛法。'每及先朝，则掩面哭。然终莫有知之者。癸丑（1673）十一月十一日……卒。"

此时商景兰尚在人世，晚年的女诗人在遭受了子女的种种不幸后于康熙十五年（1676）去世。

清康熙五年（1666）丙午　五十七岁

女诗人孙兰媛卒。

孙兰媛为黄媛介宗姊黄德贞之长女，其夫君陆渭写有悼亡诗：

丙午除夕悼内孙介畹

拥絮挑灯伴岁寒，送年情绪诉人难。屠苏酒在唯儿劝，查镜尘生有女弹。素幕纸钱灰似雪，画楼香砚墨无兰 介畹善兰竹，有《砚香阁稿》行世。虚房萧瑟如僧舍，魂断西风泣转丸。

（沈季友《槜李诗系》卷二十五）

从陆渭所作诗中可见，孙兰媛除有一女陆畹根（一作槇），应该还有一子。

夏，黄媛贞为放鹤洲池中并蒂莲作诗以纪。

丙午荷夏鹤洲池中开并蒂莲喜赋

缓泛轻舟过夕阳，绿阴蝉翼语微凉。彩霞笼水双呈艳，新月临池并吐香。爱向南洲开异瑞，谩生西土显奇芳。主人携鹤同幽赏，素羽翩迁舞欲狂。

（黄媛贞《云卧斋诗稿》）

俞汝言亦有诗和之：

鹤洲并头莲

芙蕖的的近朝阳，并蒂争妍色更芳。彩袖双承惊翡翠，明妆初就倚鸳鸯。汉川珠玉原同配，潆水楼台好共藏。独有洲前一鹤舞，婆娑弄影不知狂。

（俞汝言《俞渐川集》卷四）

九月二日（1666.9.29），石申任吏部尚书。

《清代职官年表》第一册《部院汉侍郎年表》（第551页）："九，己卯、二，9.29；右改。"

黄媛介重往京城。

《学馀堂文集》卷十七《黄氏皆令小传》："会石吏部有女知书，自京邸遣书币，强致为女师。"

黄媛介重往京城，无疑是受到石吏部强邀后的无奈之行，作为年岁渐高的女诗人或许已不想再背井离乡、四处漂泊度日了。

"石吏部"即石申，字仲生，滦州（治今河北滦县）人。石璞孙，明副使石维岳次子，石幾父。

《（光绪）滦州志》卷十五《人物列传上·仕绩》："顺治三年（1646）进士。改庶吉士，视学江南，搜拔单寒，所取士多抢大魁。历迁学士，侍经宴，擢吏部左侍郎。矢公无欲，门绝苞苴。以抗直中忌，夺职。后起补刑部左侍郎，上《慎刑疏》，天下传诵。丁继母艰，服阕，补户部左侍郎，总督仓场。旧例厨馔交际，取支斗级，衙佥藉咨吞啖。申一切罢去，综核无遗，厘清夙弊。值慈母讣闻，归里，婴疾而卒。敕赐祭葬，祀乡贤。"

石申雅好吟咏，著有《宝笏堂遗集》。徐世昌《晚晴簃诗汇》卷二十三中收录其诗二首，其一：

八月二十六日西山暂归

去去欲无还，幽忧可驻颜。此生贪白业，不死看青山。善友能相共，浮云且自闲。风尘燕市在，留与鬓毛斑。

石申还与同朝为官的大文豪龚鼎孳等人交好，时常雅集并互有赠答：

秋日同芝麓诸公集黑窑厂分赋

车马纷城阙，寻秋此地偏。路深钟响出，台古烧痕圆。老树侵沙苑，饥鹰猎岁田。与君期尽醉，休问战争年。

《诗观》初集卷二"龚鼎孳"条，有《石仲生学士邀同赵洞门诸公游摩诃庵饮松林寺》，"洞门"即赵开心。可见石申与赵开心既为同僚，又为文友，其对赵开心家中闺塾师黄媛介的情况应该知之甚深，故发生"强邀"黄媛介为其家闺塾师之事亦并非偶然。

石申虽然出自官宦之家，家风甚好，其父石维岳无论在朝为官还是乡里行事都有着很好的口碑。

石维岳，字五峰，滦州（治今河北滦县）人。

《（光绪）滦州志》卷十五《人物列传上·仕绩》："明朝万历庚戌（1610）进士，授中牟令。以坦直拂相国某，谪河东盐运司知事。某卒，事乃白，擢推官，升刑部主事，历郎中。年七十余卒，祀乡贤。"

而真正令石家备感荣耀的是石申的一位女儿被选入顺治帝后宫，为首位嫁入清皇室的汉族嫔妃。《清史稿》卷二一四："恪妃，石氏，滦州人。吏部侍郎申女。世祖尝选汉官女备后宫，妃与焉。居永寿宫。康熙六年（1667）

薨。圣祖追封皇考恪妃。"据说顺治帝对她颇为礼遇有加，唐邦治《清皇室四谱》载："初，世祖稽古制，选汉女以备六宫，妃（石氏）与焉。赐居永寿宫，冠服用汉式。"

此事在《（光绪）滦州志》卷十五《人物列传上·仕绩》"石申"条亦有记载："先是世祖章皇帝稽古制，选汉官女，备六宫。申女及笄，承恩赐，居永寿宫，冠服用汉式。敕召申妻赵淑人肩舆入西华门，至右门下舆，入宫，行家人礼。恩赐重宴，赐彩缎，赏赉有加。后封恪妃。"《（康熙）续滦志补·世编四》记录有石女入宫的实际年份："（顺治）十三年，诏以侍读学士石申女为贵妃。"

石申此女名字不详，亦不知为其第几女，入宫后应该未曾生育有子女。

顺治帝在《孝献端敬皇后行状》有："今年春，永寿宫（石氏）始有疾，后亦躬视扶持，三昼夜忘寝兴。"

"孝献端敬皇后"即赫赫有名的董鄂妃（1639—1660），满洲正白旗人。内大臣鄂硕（？—1657）女，大将军费扬古（1645—1701）姊。

石女去世后，葬礼很隆重。据《钦定大清会典则例》卷八十九《礼部·祠祭清吏司·丧礼三·太妃丧仪》记载："康熙六年十一月三十日（1668.1.13），皇考恪妃薨，圣祖仁皇帝辍朝三日。大内以下，宗室以上，三日内咸素服，不祭神。王以下，奉恩将军以上；民、公、侯、伯、都统、尚书、子以下，佐领骑都尉以上；公主、福晋以下，奉恩将军、恭人以上，照例齐集。初祭、大祭、绎祭及奉移，豫日致祭皆与寿康太妃丧礼同。"

"寿康太妃"即博尔济吉特氏，为清太祖努尔哈赤众多妃子之一，"科尔沁郡王孔果尔女，太祖诸妃中最老寿。顺治十八年（1661），圣祖即位，尊为皇曾祖寿康太妃。康熙四年（1665）薨"（《清史稿》卷二一四）。

据记载，恪妃也是一位知书达理的女子。陈欣《清朝第一位汉族皇妃滦州石申之女》："传说住在永寿宫的恪妃经常在看书、写字。孝庄皇后问她是什么书？写的啥？恪妃回禀：这书叫《治家格言》，都是至理名言哪。并念给孝庄皇后听：'毋以己长而形人之短，毋以己拙而忌人之能'，意思是说：不要用自己的长处去耻笑别人的短处，不要因为自己手拙就嫉恨别人的贤能。孝庄皇后听说这个话，不觉想起后宫里勾心斗角。这个《治家格言》太好了！从此就让恪妃在后宫教《治家格言》《女儿经》，以后又教《女论语》，教写字画画。"（《唐山晚报·唐山风物》2015年1月23日）

石申之所以邀请黄媛介去做闺塾师，一者因为黄媛介此前在赵开心家任教，其诗、赋、书、画的名气已传遍大江南北；一者因为石申有一女已入皇家为妃，可能很想自己其他的女儿也能得到良师的教育。虽然史料记载石申为良臣，但从"强致为女师"一事上，也不难看出其强势之处吧。

黄媛介此去京师为其悲剧性的人生结局拉开了大幕。

黄媛介长子杨德麟在天津溺亡。

施闰章《学馀堂文集》卷十七《黄氏皆令小传》："舟抵天津，一子德麟溺死，……介遂无子。"

毛奇龄《西河集》卷六十有为黄媛介之子所作《杨童子稿跋》，从文中不难看出这位杨童子自幼受到了母亲的用心栽培，此"杨童子"疑即杨德麟。全文如下：

杨童子稿跋

维则以童子随二亲游四方，其严亲好结客，车装所税，即户屦满焉。而其慈亲则又以书画歌咏，应购不给。微论童子失学，幼未入塾，继不接于序，即欲于都亭稍间，纡徐执经而不可得也！

乃童子为诗，骈娟好丽，有慈亲风，而又时发其年少争上之气，趑趄儶勇。间为赋，为七，为歌辞，为记，为序，随所抒弄，皆成章焉。夫古无不学而能者，而童子实能之，童子其夙悟者乎？汉曹世叔妻随其子穀为陈留长，因赋《东征》，而其子之文至今不著。今童子之母即黄皆令也。皆令能文，童子又能文，见之者谓童子过陈留长矣。夫以童子之才，未尝学问，但加以年岁，即以其文章、咏歌遨游四方，宜无不足以自见。彼四方之人，习见童子未尝攻苦为诵读，率能以文章家名世。世固有纯任天质而可以有成者，质之不可以自弃如是也，而况乎学之也？

关于黄媛介的子女，不妨在这里做一个探讨。

黄媛介曾在《离隐歌》中提到逃难途中有二子相随："次男搂抱长男走，哭问阿爷胡不回"，寓居杭州时期有一子"礼"亡故，《湖上草》有《思亡儿礼》诗，施闰章《黄氏皆令小传》有"舟抵天津，一子德麟溺死。明年，女本善又夭，介遂无子"，因此可知黄媛介至少有三子一女。"礼"与"德麟"皆亡故，另有一子则下落不明，否则施闰章不会有"介遂无子"之说。查阅毛奇龄《西河集》卷一四六，其中有为我们解读黄媛介另有一子的归属的线索：

送黄媛介令子归伊舅氏

王粲登楼日，曹昭作赋时。将归无限意，只在渭阳诗。

毛奇龄在诗中引用了中国历史上的三个典故来借喻黄媛介一生的坎坷与母子情深："王粲登楼日"，即"建安七子"之一的王粲流寓荆州十五年，于东汉建安九年（204）秋，登上麦城（在今湖北当阳东南）城楼，写下了传诵不衰的名篇《登楼赋》，此句表达了黄媛介生逢乱世、长期客居他乡之意。"曹昭作赋时"，曹昭即班昭，因其所嫁夫君为曹世叔，故亦称之为"曹昭"，此句是赞扬黄媛介的才华。"只在渭阳诗"，借用了《诗经·秦风·渭阳》："我送舅氏，曰至渭阳。何以赠之，路车乘黄。我送舅氏，悠悠我思。何以赠之，琼瑰玉佩。"应指黄媛介之子为兄长继嗣之事。

此诗应该为我们解开了一个谜团，"归伊舅氏"应该解释为过继给黄媛介兄长为子的意思。至于是哪位兄长，最近从黄涛《遥哭黄平立四十韵》中得到了答案："伯道无犹子，彼苍更莫问。"身后萧条的必是黄媛介仲兄黄鼎无疑，而此事必定发生在黄媛介与毛奇龄相识之后，即是黄媛介寓居杭州期间，时黄鼎已然去世三四年，只是此子究竟为黄媛介第几子，尚不得而知。从杨德麟随父母前去京师，说明他年纪幼小且尚未自立，应该不是相随于逃难途中的二子之一。按毛奇龄在另一首诗《黄媛介入越感赠》中有句"三秋病入兼葭路，八口贫随书画船"，此"八口"应指黄媛介所生子女远不止我们所知的四位，湖北恩施樊增祥《高阳台·题黄皆令〈为王渔洋画虹桥影事图〉》夹注有云："皆令富于才色，恒从诸名士游，而所天为茶博士，且受多男之累，转不若以相思死者为皦然不污也。"

施闰章的"介遂无子"一语应该指黄媛介虽然"受多男之累"，至晚年时身边已无子女环绕了，否则身后不会如此凋零，一千余首诗多散佚，至今无法看到其作品全貌。

清康熙六年（1667）丁未　五十八岁

春，李良年途经山东兰陵。

《梅里词派研究》（第 315 页）之《李良年年谱》："康熙六年（1667）33岁，春，北征经兰陵，遇入滇的商人，寄书兄斯年。按《秋锦山房集》卷二有《泊兰陵遇客人入滇寄书斯年兄》诗。"

春，李良年途经扬州。

《梅里词派研究》（第 315 页）之《李良年年谱》："是年春，途经扬州，与王士禄唱和，离开扬州时，有诗赠王士祯。按《秋锦山房集》卷二有《次韵王西樵司勋春夜兼书别思》诗。"

三月七日（1667.3.30），石申被革职。

《清代职官年表》第二册《部院汉侍郎年表》（第 551 页）："三，辛巳、七，3.30，革。"

后至康熙八年（1669）石申又出任仓场总督，于康熙十一年（1672）丁忧。

五月，黄媛贞得黄媛介自京城托朱彝鼎以扇面代简。

丁未仲夏立臣侄自燕都归接皆令妹扇头代简诗悲喜相半感而赋答

有限山川无限情，几番音问梦魂惊。昔期联袂诗同咏，今忆离居月异明。往事已随飞浪过，此身虽在晓云轻。扇头万种殷勤语，欵慰衰年喜色生。

此诗为黄媛贞《云卧斋诗稿》最后一首作品。

获得黄媛介的自京城千里之外传来的扇与诗，令黄媛贞惊喜过望："扇头万种殷勤语，欵慰衰年喜色生。"

"立臣侄"即朱茂昉次子朱彝鼎。

朱彝鼎（1642—1707），字立臣，号笠樵，秀水人。朱大启孙，朱彝宗（1637—1659）弟，朱德威、朱德盛、朱德成、朱德名、朱德贠父。嘉兴庠生。（《秀水朱氏家谱》）

春，黄媛介之女杨本善在京师夭亡。

《学馀堂文集》卷十七《黄氏皆令小传》："明年，女本善又夭。"

此"明年"即康熙六年。杨本善亦是一位聪明伶俐的女孩儿，在母亲的精心教诲下，早通文翰，并能写得一手妙楷。此女不知死于何因，去世时年约十六岁左右。

黄媛介《山水歌为邢命石先生赋》有"又闻娇女春同谢"，可知杨本善夭于这年的春天。

秋，宋琬至南京白下。

《宋琬年谱》（第 206 页）："康熙六年丁未（1667）五十四岁，……秋，再至白下，……秋，访佟国器僻园，有诗，邓旭、李赞元皆有和诗，吴绡亦有和诗。宋琬《佟中丞汇白僻园观姚伯右画梅赞》和《双双燕·题佟汇白中丞伯仲渔樵图》词，当为同时所作。"

宋琬（1614—1674），字玉叔，号荔裳，山东莱阳人。宋应亨子，宋璜弟，思勋、思勃、思勰父。诗入杜、韩之室，与施闰章齐名，有"南施北宋"之目，又与严沆、施闰章、丁澎等合称为"燕台七子"。著有《安雅堂集》《二乡亭词》。

《（民国）莱阳县志》卷三之三上《艺文·传志·宋廉访琬墓志铭》："丁亥（1647）进士，授户部河南司主事芜湖抽分，调吏部稽勋司主事，旋外补陕西分巡陇右道佥事，升永平副使、浙江绍宁台参政本省按察使。先是文登有剧盗于七（按：七为栖人，非文登）为地方公害，公族人谋诬公与同谋而七遂作乱。乃自浙江械击公送刑部狱中，穷治无迹，然犹轻重两比以请廷议，谓证虚不当坐，批令释放。……八年（1669），值上亲政，公投牒自讼，冤始尽白，补四川按察使。……而公病，犹自力入觐，遂卒于京师。"

宋琬在狱解之后流落江南等地，至南京期间正是黄媛介南返之时，二人应该同处一城，且又有着共同的朋友：吴绡、佟国器等，只是目前在宋琬现存作品中尚未发现与黄媛介有关联的作品，期待日后会有进一步的发现。

七月，李良年至京师，杨元勋索诗。

《梅里词派研究》附录二《李良年年谱》（第315页）："康熙六年（1667）33岁……是年七月抵达京城，此后转赴宣府、居庸关及边塞等地。"

杨谦《朱竹垞先生年谱》康熙六年谱："八月初，至宣府（今河北宣化）晤李秋锦良年，客守备严公伟宏幕，都与谭舟石吉璁同寓。"

或于是年，初访京师的李良年赠诗黄媛介。徐釚《本事诗·后集》卷十二载其《黄皆令归吴杨世功索诗送行》一诗并序：

> 皆令名媛介，鸳水人。归杨世功。以诗文擅名，书画亦佳绝。
>
> 曾因虎下栖吴市，忽忆藏书过若耶。愁杀鸳鸯湖口月，年年相对是天涯。
>
> 盛名多恐负清闲，此去兰陵好闭关。柳絮满园香茗垆，侍儿添墨写青山。

《林下词选》卷十一《国朝》引吴伟业云："盖至是杨始克与皆令皆归，而李诗亦劝其不必再作浪游之计也。"

秋冬之际，黄媛介南返。

《学馀堂文集》卷十七《黄氏皆令小传》："介遂无子，懑甚。南归过江宁，值佟夫人贤而文，留养疴于僻园，半岁卒。遗诗千馀篇。"

从施闰章的小传中得知黄媛介遭遇子女连丧之后南返，时间应该在这一年的秋冬之际，因为长洲女诗人吴绡在其《啸雪庵题咏二集》中有《金陵元宵美人灯诗步鸳湖黄皆令韵二首》，其前序云"岁在戊申，侨居"，诗中所指的是康熙七年（1668）元宵节，故黄媛介应在康熙六年（1667）秋天或者冬天即已到南京，次年元宵节与吴绡等人尚有唱和之作。

黄媛介的南返，究其主要原因应与儿女双亡有关，因此而致使身体状况江河日下。黄媛介一生坎坷，身为才华横溢的女子，无法像男子般去发挥自己的才华，却要负担着养家糊口的重任。临到晚年，仍然为了生计或受人差遣而被迫东奔西走，最后失儿丧女，身世飘零，心中郁闷之情难以抑制。归途中的黄媛介终因心神俱疲而病倒在南京，幸为致仕官员佟国器继室钱夫人所收留，并养疴于僻园。

黄媛介养疴于南京佟国器僻园。

《学馀堂文集》卷十七《黄氏皆令小传》有"南归过江宁，值佟夫人贤而文，留养疴于僻园"云云。

此时的钱夫人已随夫君佟国器定居于南京长干里的僻园，钱夫人之所以收留黄媛介，除了如施闰章所写的"贤而文"外，还因为钱谦益与柳如是的一层关系，因为钱谦益曾经认钱夫人为同宗妹妹，王端淑《名媛诗纬初编》卷四十一中有诗记其事：

钱牧斋宗伯为柳夫人征予诗画为其长姑佟汇白抚军配钱夫人寿

> 惭予彤管滥吹竽，淡写溪山入画图。班史雄文兄有妹，谢庭高咏嫂酬姑。清新开府西湖在，南国佳人间世无。青鸟云拵徽翰墨，可容王母备云衢。

钱谦益与佟国器夫人钱氏攀为同宗，在当时很为人们所奚落，因为佟家为炙手可热的权贵，不免有攀权附贵之嫌。

陈寅恪《柳如是别传》下册（第1001页）认为："牧斋强拉'篯后人'之谊，认国器为妹丈，固极可笑，然佟夫人实亦非未受汉族文化之'满洲太太'，观其留黄媛介于僻园一事，虽与钱柳有关，但亦由本人真能欣赏皆令之文艺所致也。"

另外，佟国器任职浙江时，钱夫人与黄媛介想必已是旧相识了，只是目前未能找到确切的依据。

佟国器夫人钱氏

关于佟夫人的资料知道的很少，生卒年不详，虽然钱谦益为作《佟夫人钱太君五十寿序》，因未见落款时间，故无法得知其推算出其确切的生年。只知其为钱姓，名字不详，钱谦益文中作彭城（今江苏徐州）人，陈寅恪《柳如是别传》则称其为"锦州钱氏"。佟夫人是一位虔诚的天主教徒，被称为天主教在华传播的三大"女柱石"之一，教名阿加斯（Agathe），一作亚加大，应是译音不同。另外两位则是仁和（今浙江杭州）人杨氏（Agnes）与松江人徐氏（Gabrie），杨氏教名阿格尼斯，是明万历二十年（1592）进士杨廷筠（1557—1627）之女；徐氏教名徐甘第大，是明万历三十二年（1604）进士徐光启（1562—1633）孙女，而杨廷筠、徐光启与另一位仁和人李之藻（1565—1630）又同为明末"天主教三大柱石"。

钱氏为佟国器继室，钱谦益《佟母封孺人赠淑人陈氏墓志铭》有："中丞妻赠淑人萧氏，继室封淑人钱氏。"（《牧斋有学集》卷三十三）

《佟夫人钱太君五十序》记载其"明《诗》习《礼》，教本于公宫；落藻飞华，美征于彤管"，婚后的钱氏相夫教子，贤惠勤俭，钱谦益对其大加赞誉："其归于中丞也，归妹应占，相在尔室。戒鸡鸣，儆簪珮，以相其勤。衣瀚濯，饭菹盐，以相其廉。肃门屏，引铃索，以相其慎。问平反，秉丹笔，以相其仁。机丝教子，有鸤鸠一心之德；樛木逮下，无三人缓带之虞。中丞得以扬历中外，砥节首公，释然无内顾之忧，夫人相之也。"（《牧斋外集》卷十二《寿序》三）

在很多涉及天主教在中国传播历史的书籍中，都会提到钱氏在虔诚信教的过程中，是如何感化自己的夫君。

比利时人柏应理在《一位中国奉教太太：许母徐太夫人事略》（第74页）："其时南京城中有位太太，是总督（佟国器）的夫人。这位太太热心圣教，正与太夫人（徐光启女甘必大）相同。她洗名亚加大，先行感化丈夫。佟公历官四省，常勤求圣教道义……天主鉴其诚心，默助他退却嬖妾，只留正配，率领家人三百名一同领洗，成了圣善家庭。每日晚上，共同念经。"（周萍萍《十七、十八世纪天主教在江南的传播》第 247 页）

至于钱氏于何年成为虔诚的天主教徒已无法得知，而她对教会热忱的行为，具体是通过其丈夫佟国器之所作所为来体现的。如顺治十二年（1655），时任闽浙巡抚的佟国器曾资助在福州传教的意大利籍耶稣会传教士何大化（Antoinede Gouvea）重建毁于兵火的三山堂（Tripartite Hill Church）；如顺治十六年（1659），佟国器又资助并支持意大利特伦多耶稣会士卫匡国建造杭州圣母无染原罪堂（Church of Immaculate Conception）。

《中国天主教史人物传》（第 262 页）《佟国器、佟国纲、佟国维》："此次国器统兵南下，遍历江苏、浙江、福建、江西各省，到处访问神父所在，加以保护；慨捐巨款，重修福州、赣州、吉安、建昌各圣堂，刊印圣教经书多种，作序弁其首，以广流传。"

可见，佟国器对天主教的匡扶，背后始终有着钱氏夫人始终如一的支持与潜移默化的影响，在数十年中，佟国器每个礼拜都要偕同夫人到教堂做弥撒。

嘉兴女诗人归淑芬在其编纂的《古今名媛百花诗史》目录中记有"佟夫人钱氏，西泠人"，以此推测钱氏或擅诗。

佟国器

佟国器不仅是一位身居高位的官员外，还是一位诗人。在《全清词·顺康卷》第四册中收有他的六首词：《长相思·春情》《蝶恋花·赠佩刀》《梅仙·咏红梅》《梅仙·咏白梅》《酷相思·石头城怀古》《木兰花慢·送朋友之燕》。

佟国器，字思远，号汇白，原籍辽东襄平（今辽宁辽阳东北），后移居江苏南京，隶汉军正蓝旗。佟养性孙，佟卜年子，佟世韩、佟世南、佟世章、佟世临、佟世康父。曾增订《佟佳氏宗谱》，工诗词。著有《芰亭诗》《燕行草》《楚吟》等。

佟世勣《佟氏宗谱》卷下：由明经顺治二年（1645）授浙江嘉湖兵备道，丁内艰，服阕，升补浙江按察使司按察使，升福建布政使司布政使。入觐召对。升巡抚福建都察院，调巡抚南赣，节制四省都察院，钦奉传调巡抚浙江都察院右副都御史，以顺治十五年（1658）巡抚南赣考满。诰封嘉议大夫。旨入籍江宁。

《全清词·顺康卷》第四册（第2500页）："贡生。清顺治二年（1645）授浙江嘉湖兵备道，历官福建巡抚、江西南赣巡抚、浙江巡抚。十七年（1660）革职，退居南京。有《芰亭诗集》（江西李元鼎序）、《燕行草》《楚吟》等诸集。"

《佟氏宗谱》记其于"康熙二年（1663）奉旨入籍江宁"。

作为佟国器故交的顾景星在《白茅堂诗集》卷三十四《〈僻园倡和集〉序》对这位曾经的封疆大吏颇有好评："公温恭好德，金玉其相。聚则可喜，离则可思。仆以山林老宾客，一觞一咏，仰俯其间。比之华冈之裴迪、岘山之邹湛，不厚幸矣乎？然则仆亦可以不朽矣！"

佟国器不仅仅是朝廷重臣，还是皇亲国戚，萧若瑟《天主教传行中国考》卷五《自崇祯末至永历末》（第263页）："国器系顺治正宫皇后之从弟，康熙外祖佟图赖之侄也，为满清贵戚之臣。"

佟氏先祖名养真，先居开原，后迁抚顺。后金天命三年（1618），清太祖努尔哈赤兴师抗明，佟养真举家归附，被招为驸马。后奉命驻守镇江城（今辽宁丹东市东北）。因明军偷袭，佟养真与长子佟丰年遇难。

佟家在清代前四朝中一共出了两位皇后、一位贵妃与两位驸马：

孝康章皇后（1640—1663），一等承恩公固山额真佟图赖（1606—1658）第六女，佟国纲、佟国维姊，佟国器从妹，顺治帝妃，康熙帝生母。

吴国柱《从大山走出的王朝》（第 60 页）："初入宫时为爱新觉罗福临的妃子。顺治十一年（1654），佟佳氏生三子玄烨。顺治十八年，福临去世后，玄烨继承帝位，改元康熙。康熙帝加封其母为皇太后。……生有二女一子，二女均长于康熙皇帝。"

孝懿仁皇后（？—1689.7.9），国舅佟国维女，孝康章皇后亲侄女，也是康熙帝的嫡亲表妹，康熙帝的第三位皇后，也是中国历史上在位时间最短的皇后。

《从大山走出的王朝》（第 66 页）："康熙十六年（1677）入宫后被册封为贵妃。康熙二十年（1681），晋封为皇贵妃。此后于康熙二十八年（1689），被立为皇后，主持后宫。……在晋封为皇后的次日便病逝宫中。"

孝懿仁皇后只生有一女，即皇八女，幼殇；养子即胤禛，是为雍正帝。

悫惠皇贵妃（1668—1743），一等承恩公、领侍卫内大臣国舅佟国维女，孝懿仁皇后妹，既是康熙帝的表妹，又是妻妹。

李寅《清代帝陵》（第 73 页）："康熙三十九年（1700）册封为贵妃。雍正二年（1724）六月初十日被尊为皇考皇贵妃。"

进入乾隆朝以后，佟氏家族的地位已大不如前了。

清兵南下浙江时，当地的神父卫匡国与统兵大员佟国器交善，这位"卫神父传教于浙省，驻杭州之时居多"（《中国天主教史人物传》第 262 页）。

卫匡国（1614—1661），字济康，原名马尔蒂诺·马尔蒂尼（Martino Martini），意大利迪罗勒首府特伦托人。1643 年夏抵达澳门。卫匡国是中国明清交替之际来华的耶稣会会士，欧洲早期著名汉学家、地理学家、历史学家和神学家。他在中国历史学和地理学研究方面取得了卓越的功绩，是继马可·波罗和利玛窦之后，对中国和意大利两国之间的友好关系和科学文化交流作出杰出贡献的一位重要历史人物。著有《中国上古史》《中国文法》《中国新地图志》《鞑靼战纪》《中国耶稣会教士纪略》《逑友篇》等（《中国天主教史人物传》第 307 页）。

去职后的佟国器定居于南京。

冬，宋琬在云间（今上海市松江区）。

宋琬《周釜山诗序》："丁未冬，予寄孥于泖上，因得倾筐倒箧，纵观而激赏之。"（《安雅堂集》卷八）

清康熙七年（1668）戊申　五十九岁

元宵节（1668.2.8），黄媛介作《金陵元宵美人灯》诗。

养疴于南京僻园的黄媛介虽然作品留存很少，但是长洲女诗人吴绡有《金陵元宵美人灯诗步鸳湖黄皆令韵二首》，此诗在《四库未收书辑刊》第七辑第二十三册《啸雪庵题咏二集》，其前序云："岁在戊申，侨居。"此集中尚有《和宋荔裳观察游佟汇白中丞僻园原韵》《春游僻园和荔裳宋观察韵》诸诗，因此可以证明吴绡于此年的春天正"侨居"于南京，并有僻园之游，与宋琬等人有诗唱和，或许正是此时亦与正"养疴"于此的黄媛介邂逅。

吴绡：

金陵元宵美人灯诗步鸳湖黄皆令韵二首

结来新灯作女郎，西河剑气乍登场。蛮靴钩小看纤趾，粉面花轻自薄妆。烽影通宵连紫塞，鼓声到处似渔阳。姮娥只解霓裳舞，好把刀环比月光。

军装锦袖新灯样，争看佳人似木兰。数片落梅金锁甃，一钩新月宝弓弯。香生粉面桃花暖，烟拂仙蛾柳叶残。试与琵琶应解奏，休嫌紫塞隔关山。

吴绡或许是黄媛介在南京期间所接触到的最后一位女诗人，她的诗作曾被邹漪选入《诗媛八家集》出版，名为《吴冰仙诗选》。

清顺治十一年（1654），黄媛介曾为邹漪在无锡的宅园鹭宜斋题斋额并有诗《题邹流绮鹭宜斋斋额故漳海黄石斋先生书赠》，吴绡亦有和作《题邹流绮鹭宜斋·次黄皆令韵》，因而在这两位女诗人之间即便未曾谋面，亦神交已久。

吴绡（1615—1671），字素公，一字冰仙，又字片霞，祖籍吴江（今江苏苏州吴江区），明末随父迁徙至长洲，居于茂苑。明万历二十年（1592）进士吴默（1554—1640）女，常熟许瑶妻。著有《啸雪庵诗集》一卷、《题咏》一卷、《新集》一卷、《啸雪庵题咏二集》《诗馀》一卷、《赠药编》一卷。

《名媛诗纬初编》卷十三："吴夫人有才色，自诗文书画以及百家技艺，无不通晓。即缃黄内典亦皆究心，盖千古聪明绝代佳人也。为吴中女才子第一人。"

《众香词·射集》："事亲至孝，水苍公常笃疾，刺血书表，默祷于天，愿损己寿以益父龄，而病遂愈。其诚格于天者如是。"

史料记载吴绡祖籍吴江，而吴江吴昌时家族亦为当地望族，不知是否与之同族，俟考。

吴绡夫君许瑶（1611—1664），字文玉，号兰陵，常熟人。明天启二年（1622）进士许士柔（1587—1642）次子，饶州推官许琪（1607—？）弟。

《江苏艺文志·苏州卷》第四分册（第2905页）："明崇祯二年（1629）入复社。清顺治二年（1645）举人，授绥宁教谕。顺治九年（1652）进士，历工部都水司郎中，官至川北道参政。著有《孝经约注》一卷、《竹广诗集》十二卷。"

黄媛介为邢命石山水画题诗。

山水歌为邢命石先生赋

　　天地万有皆意生，吾意一生天地成。盘古至今亿万有，馀岁鼽音初觉鸡。初鸣至人得其意，物象为神明山水。天边瀁草，木浊上荣。一涂一抹无着处，只我嬉笑饮啄之深情。方知元气乃神画，点染太虚作形声。邢公邢公不解禅，何乃落手能通元。每见山水图，光色坐屡迁。或遗扇头写，意像殊翩翩。吾亦不识画，画亦何用识。意中之所生，长康摩诘不能测。吾乃蘧然卧观之，大地空濛但点墨。君其或有无师智，不然此意何从得。公家岱山身在燕，十年作客同周全。一闻我家长男死，公亦堕泪如流泉。又闻娇女春同谢，相慰垂泣亦泫然。至今念我伉俪皆白首，身持古道不避嫌。岂知天地有特意，古今髯公俱属贤。或云公家宿命奇，一语不发永秘之。索我长歌近一载，至今搁笔不构思。殷勤告语欲西去，欲得长歌慰羁旅。因兹点窜山水篇，胜作百仞山头雾。去矣哉，去矣哉。繁霜积雪山皑皑，客尘正属楞严意，不住原心有去来。

　　　　　　　　　　　　　　（邢振道《邢氏家乘》之《艺文志三》）

　　在僻园养疴的黄媛介身体状况无甚好转，为邢琬题画诗应该是强打精神之作，从诗中可见此时的女诗人已是心神俱疲，且已萌生离世之念，"殷勤告语欲西去，欲得长歌慰羁旅"，《山水歌为邢命石先生赋》也是目前可见黄媛介留存于世的最后的作品。

　　吴绡《啸雪庵题咏二集》中有《命石邢君出示所画山水障子黄皆令赠诗索和旅窗月下乘兴戏书》诗：

　　鉴画如鉴影，所赖明镜悬。伊馀双眸钝，触景每茫然。邢君董臣俦，落笔能通仙。遗我一幅素，丘壑生云烟。秋风落木秦淮边，清谭霏霏玉屑玄。牛腰长卷承惠示，乃是江夏大家珍赠之鸿篇。揭来闻名馀数年，欲往从之隔山川。焚香拭几试展玩，缩㑋大巫已在前。摩娑吟讽不能句，如泛渤溟难溯沿。元气盘礴自太古，峰回岭复相绵延。恍惝迷离莫可测，真与图画争新鲜。银钩错落更奇绝，骊珠满轴何匀圆。愧余识字不识格，毋乃美女簪花若此之媚妍。春烟飘飘灵和丝，秋水盈盈倾城姿。可怜涂鸦亦附之，无盐浪踪西家施。珠玉在侧形我秽，怕见法眼别妍媸。掩卷低眉乱怀抱，停云正远长安道。

"邢命石"即邢琬，字命石，山东德州临邑邢柳村人。邢溥元孙，邢如墨曾孙，邢倌孙，邢王允长子，邢王充、邢王宠、邢王俞从子，邢琰、邢瑚兄，邢师易、邢师书父，邢岚、邢嵩、邢尉、邢岐、邢嶙、邢嵺、邢嶂祖父。

邢文梦、邢兰芳于民国元年（1912）纂修的《邢氏家乘》之《世系表三》载："庠生。入监考授州同。配刘氏、于氏，生二子。善书工画。游侠自豪，尽以先业让季弟六石。卜居历城，有古人风。"

性情豪爽且善于交游的邢琬曾偕孟东圃、颜光敏访隐居于安徽黄山的胶州文人法若真，《黄山诗留》卷四"辛亥"年（1671）有《孟东圃先生招同邢命石颜修来看绣球初放》诗二首：

布幔晴茵石簟开，轻寒雨洗送春回。疏星巧缀天孙织，团月虚传汉使裁。眼入青箱书幌去，香吹白玉殿头来。桃花结子三千后，又上吴宫钓雪台。

柴锁青烟绕径低，为忙花事客迟迟。疑来岭上梅千亩，不放山阴雪万枝。槎泛银河溅水落，樽开石镜倩人移。谢家自爱东山树，坐到春深烂漫时。

安徽桐城文人方文的《嵞山集再续集》卷三亦有《赠邢命石》诗二首：

> 太仆书名大，来禽集亦传。文孙能接武，绘事复争妍。游览秋江外，居停古渡边。客窗惟翰墨，挥洒过霜天。

> 知我闽人病，先贻上党参。结交何必旧，邂逅即同心。秋水平朱槛，凉风吹素襟。衡茅亦不远，无事日相寻。

放在诗题下的小注有"临邑邢子愿先生之孙也"，根据家谱记载邢琬实为邢侗丛孙。

临邑邢家也是一个著名的官宦与文化世家，邢侗以书法著称，与华亭董其昌、宛平米万钟、晋江张瑞图并称"晚明四大家"。

邢侗（1551—1612），字子愿，号知吾，晚号来禽济源山主、世尊称来禽夫子。邢溥孙，邢如约长子。明万历二年（1574）进士。

《（道光）临邑县志》卷九《人物志·文苑》："以进士尹南宫，擢监察御史，参藩三楚，终陕西行太仆卿。所至有威惠声。以亲老乞养归，年才三十馀。先世资巨万，美田宅甲沃水上，筑来禽馆于古犁丘，四方宾客造门户，屦横满。……夙以诗古文词凌驾侪辈。……书法出入二王，与华亭董其昌分长大江南北。……有《来禽馆诗文集》及《来禽馆帖》行世。"

邢侗八妹邢慈静（约1568—约1623），号兰雪斋主、蒲团主人，晚号鸣玉。广东右布政使马拯妻。娴吟咏，有《芝兰室非非草》《兰雪斋集》《自书杂诗册》。擅书画，有《之室集帖》。善刺绣，有《发绣大士像》。

定居历城的邢琬与当地文人叶承梃、薛霄亦甚为交好，顺治十七年（1660）同为叶承宗校订《泺函》十卷。

叶承宗（1602—1648），字奕绳，号泺湄啸史，又号稷门啸史，济南历城人。叶学仁孙，叶汝臻子，叶青箱父，叶青藜伯父。

《中国戏曲志·山东卷》（第696页）："性耽书史，赋质秀灵，通经史子集，工南北词曲，富于著述。明天启年间举于乡，撰《历城县志》，世称佳史。明亡入清，顺治三年（1646）进士，授临川知县，适逢岁荒，他到任后，开仓赈济，救活不少人。顺治五年，金声桓起兵攻抚州，叶承宗被俘，自尽于狱中。叶承宗有文采，善剧曲，所著戏曲有杂剧《金紫芝改号孔方兄》《贾阆仙除日祭诗文》；'稷门四啸'：《十三娘笑掷神奸首》《猪八戒幻结天仙偶》《金玉奴棒打薄情郎》《羊角哀死报知心友》；'稷门后四啸'：《狂柳郎风流烂醉》《莽桓温英雄惧内》《穷马周旅邸奇缘》《痴崔郊翠屏嘉会》；北曲《狗咬吕洞宾》《沈星娘花里言诗》《黑旋风寿张乔坐衙》；以及南曲《百花洲》《芙蓉剑》等十五种。著录于《泺函》中，今存《孔方兄》《贾阆仙》《十三娘》和《狗咬吕洞宾》。"

叶承桃（1610—1667），字奕绍，山东历城人。叶承宗弟，叶青藜父。

《叶承宗〈泺函〉研究》（第3页）："少为诸生。随兄赴临川任。……'以承宗忠烈，泰（谭仁泰）授承桃兴安知县。'……后凭借考绩迁湖东三府同知，官至西安知府。卒于任。"

春，宋琬在杭州。

宋琬《梅花蝥虫记》："戊申春，余以事至武林。所居馆有梅数本，客至爱其芳洁，徘徊竟夕不忍去。因而携壶觞，赋诗激赏，累旬日乃罢。"（《安雅堂集》卷二）

二月，毛奇龄作《为妇陈何答黄皆令札子》。

毛奇龄在《〈梅市倡和诗抄稿〉书后》写道："《梅市倡和诗抄稿》者，闺秀黄皆令女君所抄稿也。皆令自梅市还归明湖，遇予室人阿何于城东里居。其外人杨子命予选皆令诗，而别录皆令与梅市所倡和者为一集，因有斯稿，盖顺治十五年（1658）也。"在《附诗》又提到："遗稿十年后，开箱二月时。"因此推测"十年后"即康熙七年。

为妇陈何答黄皆令札子

柔翰遥示，裁复未便。少时闻东汉班惠姬，能踵兄成《汉史》，皇后诸贵人师事之。以为事不可再，不意夫人辄蹈踪迹。渐闻昨在长安，贵嫔命妇，争延车轴；屋娇闺秀，竞捧衣履。几疑针镂一赋，为夫人作矣。特薄质么眇，往辱齿遇。蓬茅仄陋，幸亲偃息。至今暗念眉拆颐展。乃以分违已久，重藉慰问。罹坎以来，遘此警惕。夫子天下学士，逃难解散，群小见愠，无所发泄，必欲籍名捕致，延系家人。出仰大吏，俯荐肺石，东西薄比，躅足无诉。夫子云中之鹄，已非鹑鹠所罗。而桃僵李□，无可私脱。然而天下之知夫子者，每思臧舍，以为名高。而乡里小人素称交游，阳导而阴挤之，则又何也。则乡使夫人居吴越间，贱近贵远，未必能如长安道上，所在围接。即或偶借光景，亦口承面奉，一旦遇有缓急，各袖手窃视去。夫人之薄游不返，岂亦鉴于此乎？然而夫人嘉遁，如在一室。许迈同行，梁鸿并迹。名为道涂，不异衽席。则又鸿飞凤举，所未逮矣。旧拣得篚中夫人所留《越游草》《梅市倡和集》，把之愁心，欲作一诗，不能达意，贷诸先后。已得四句，并附录去。因风向息。

附诗：遗稿十年后，开箱二月时。一编方在手，双泪已如丝。

（毛奇龄《兼本杂录·札子》）

是年，海昌（今浙江海宁）陈奋永寄诗与黄媛介夫妇。

僻园晤杨世功黄皆令伉俪话旧感怀别后赋寄

其一

圣湖旅舍石城船，屈指重逢十五年。四海那能为客老，一生只托好诗传。烟霞境冷甘成僻，猿鹤情深共结缘。归向鹿门寻旧隐，故交谁赠买山钱。

其二

䅅累何曾误向平，波臣一恸悟浮生。尘寰谁复全清福，造物从来忌盛名。小揭琹书愁共拥，半帘花月梦初惊。相看白发皆如许，痛饮天涯几弟兄。

其三　专赠皆令

曾奉高堂侍礼宗，笔床茶鼋许从容。只传郭隗台前住，却向皋通庑下逢。贫学休粮收橡栗，老耽道服剪芙蓉。瑶函诵彻琳乡玉，班谢真堪继后踪。

其四

红牙拍板紫琼箫，绿酒盈樽话寂寥。才忆别离如昨日，忽惊聚散又今朝。素心入世知交少，白眼看人义气消。十尺蒲帆明发处，梦中疑是浙江潮。

（陈奋永《名山集》卷二十六）

陈奋永为陈之遴与女诗人徐灿第三子，清顺治十五年，因其父陈之遴"贿结犯监吴良辅"（《东华录·顺治三十》）而遭革职，并籍没家产，全家流徙至东北盛京（今辽宁沈阳地区）。其间陈之遴卒于康熙五年（1666），随往盛京的三子中，陈容永卒于康熙四年（1665），年二十九；陈堪永卒于康熙六年（1667），年亦二十九；至康熙十年（1671）徐灿始蒙康熙皇帝赦免扶榇返乡。

陈奋永（1638—1691），字扬谦，号寄斋，海宁人。陈之遴与徐灿叔子，内阁大学士吕宫婿。一品荫生。博雅有诗名。子六：陈密、陈以宁、陈于宸、陈筹世、陈世宝（侧室吕出）、陈世守（侧室贾出）；女三：长适训导、常州邹延屺子太学生邢宗，次适寿宁令、武进吕方昭嗣子太学生钟，三适学政、武进杨大鹤子太学生茂实，俱吕出。（见陈赓笙《海宁渤海陈氏宗谱》卷八《第十世世传》）

从诗句中可知陈奋永与黄媛介结识于十五年前，即顺治十年（1653），此时的黄媛介正寓居于杭州，两人应该是因诗而结交。因未能见到陈奋永《名山集》全貌，故暂时无法得知其人生轨迹。不过可以肯定的是陈奋永曾访南京僻园，并见到了在此养疴的女诗人。

春夏间，黄媛介在南京僻园去世。

黄媛介于康熙七年（1668）去世应该是毋庸置疑的史实，毛奇龄在其《〈梅市倡和诗抄稿〉书后》中有："康熙己酉，予暂还城东里居，偶拣废簏，则斯稿在焉，距向遗此稿时约若干年。皆令女君已亡于京师也，兼汝与梅市祁子奕喜又同时戍塞外，予亦弃家去，不复得至梅市。"（《西河全集》卷六十一），康熙己酉即康熙八年（1669），按毛奇龄之语黄媛介于康熙八年之前便已去世。而"岁在戊申，侨居"南京的吴绡于元宵节时还与黄媛介有诗唱和，施闰章《黄氏皆令小传》又有"舟抵天津，一子德麟溺死。明年，女本善又夭，介遂无子，懑甚。南归过江宁，值佟夫人贤而文，留养疴于僻园，半岁卒"之语，因此可以确定黄媛介卒于康熙七年。

黄媛介魂归之所——僻园

佟国器致仕以后，在南京长干里修建了一座别业"僻园"，至康熙七年（1668）秋竣工。

杨钟羲《雪桥诗话》卷二云佟国器"去官后卜筑钟山之阴，小阁幽篁，酒客常满"。

《金陵诗徵》卷四十一《佟国器小传》引魏惟度云："中丞筑僻园在古长干，山水花木甲白下。子孙入籍焉。"

"魏惟度"即魏宪，此人曾寓居南京。

魏宪（1626—？），字惟度，号两峰居士，别署两峰、枕江堂主人、竹川钓叟、虚舟渔史等，福建福清人。明嘉靖二十三年（1544）进士魏文焜曾孙，魏启疆孙，魏贤切子，魏敬修父。为人豪爽，刻苦问学，肆力于诗。爱浦城山水之胜，寓浦十年，后移建溪。尝寓姑苏、白下间，以诗交海内。编纂《皇清百名家诗选》，著有《枕江堂集》《拟唐七言近体》。（黄浩然《魏宪研究》）

僻园所在地——长干里为古建康地名，遗址在今江苏省南京市内秦淮河以南至雨花台以北。

唐许嵩《建康实录》："长干是里巷名，江东谓山陇之间曰'干'，建康南五里有山冈，其间平地，民庶杂居。有大长干、小长干、东长干，并是地里名。小长干，在瓦官南，巷西头出江也。"

胡祥翰《金陵胜迹志》卷上《山水三》亦云："长干里，在聚宝门外，江东人谓山陇之间曰'干'，故有大长干、小长干之称。唐人诗多咏之。"

僻园曾为清初南京著名私家园林之一，可惜如今已经难觅其踪了，于清代方志中也未能找到其踪迹，而遍查20世纪90年代出版的《南京文物志》与《南京建筑志》，对它的存在也只是一笔带过。

其实僻园颇具历史渊源，据金鳌《金陵待徵录》卷三《志地》记载："佟园，本魏国家人所为，而李少文增饰之后，归佟中丞汇白，名僻园，一名南园。南陔老人所谓'一树一花色，无时无鸟声'也。又为历阳牧夏禹贡所有。则万竿苍玉、双株文杏、锦谷芳丛、金粟幽香、高阁松风、方塘荷雨、桐轩延月，梅屋烘晴、春郊水涨、夜塔灯辉，所称十景，见先之溪《劝影堂诗》"。

金鳌提到的"魏国"应指明代开国功臣徐达（1332—1385），字天德，濠州（今安徽凤阳）人。官至中书省丞相。因其功高而封魏国公，其子孙一直袭爵至明亡。

为其"增饰"的李少文即出自兴化望族的李嗣京。

李嗣京，原名长华，字少文，号嘉锡，扬州兴化（今属江苏）人。明礼部尚书李春芳（1513—1585）曾孙，兴化知府李茂功孙，李思聪子，李长科弟，李乔（1593—1654）、李长标兄。与兄李长科、弟李乔有"淮南三凤"之称。编有《滕王阁续集》十九卷，著有《冷香斋集》《匡山吟集》《淮南三凤文钞》。

《江苏艺文志·扬州卷》下册（第807页）："明崇祯元年（1628）进士。任江西南昌府推官。擢浙江道御史，上屯田水利刑名诸疏。差河东巡盐，十五年（1642）官福建巡按。差竣仍补台班。乙酉后，杜门养疴，绝意世事。"

张可立纂修《（康熙）兴化县志》卷九《进士》："兄弟幼皆颖敏，风采玉立，识者卜其必贵。"

李嗣京出使福建时，赋闲在家的范景文曾作《送李少文按闽》诗为之送行，前文已提及杨元勋曾为范景文幕客。

文中提到的"南陔老人"即黄炳辰，字步云，一作谱云，号南陔老人，清昭文（今江苏常熟）梅李人。

《江苏艺文志·苏州卷》第四分册（第3293页）："道光十九年（1839）诸生。熟于邑中掌故，著有《南陔草庐诗草》八卷、《诗余偶存》一卷、《梅李文献小志稿》等。"

"夏禹贡"即清康熙九年（1670）至康熙十九年（1680）任南直隶和州知州的夏玮。

《（光绪）直隶和州志》卷十二《职官志·名宦》："夏玮，字禹贡，奉天宁远人。康熙九年知和州。均赋役，省讼狱。城垣就圮，捐赀善筑之，不以扰民。复修学宫，纂郡志，百废俱举。"

《钦定八旗通志》卷二百三十六称其为"汉军正黄旗人，康熙九年由荫生任江南和州（今安徽和县）知州，清白自矢，实心任事。均赋役，省词讼。剔除弊蠹。岁饥，捐赀赈粥，所全活甚多。又修学宫，辑志书，文风日盛。十九年升任淮安同知，和州士民思其德，崇祀名宦祠"。

"先之溪"即四川泸州人先著（1651—?），字渭求，又字染庵，号蠲斋，又号迁夫，别号盎旦子。著有《之溪先生诗集》《劝影堂词》。

《清诗别裁集》卷二十五："自云先世泸州，或云托言蜀地，并托言姓先，犹明代之孙一元，不知果秦人否也。诗有生趣，不必以正声绳之。"

《全清词·顺康卷》第十二册（第 7237 页）："流寓金陵。善书画，尤工诗词。与顾友星、程丹问及名画家石涛等交游。"

与生活在清中后期的黄炳辰相比，先著却是清初之人，又曾客居时已归于夏玮的僻园，得以亲览僻园全貌，在其《劝影堂集》中就有《南园十咏》词，其序云：

> 南园者，中丞汇白佟公之僻园也。其地引山带城，有水竹之娱。外幽靓而中敞豁，郊南诸胜，斯园殆居其一焉。旧京故多园馆，勋封之甲第、王孙之别业，以富丽称者，不可胜举。若顾东桥之息园、姚秋涧之市隐，尤以丘壑萧疏闻于四方。数十年间，废毁已尽。斯园近郭而佳，宜其为游览者所称首也。夏禹贡使君历阳之政报最，暂税驾于白门，以江上之田易而有之，位置修葺，有加于旧。壬戌（1682）之季夏徬，余假馆于此。明年春，始有淮上之游。流连于花药禽鱼间者，非一朝夕。因标其最胜者为十目，系以长短体十阕，极知不足以助发园亭之色，顾宇内方盛行词调，周秦之雅丽，姜史之清奇，颇不乏人。冀来游者，倘不鄙而见和，斯园得借以有闻于后日，未必非扬糠秕者之一效也。癸亥

（1683）四月广陵舟中题。

从序中可知，最迟于康熙二十一年，僻园已易主矣！至雍正朝时，僻园已成育婴堂。

《（乾隆）江宁新志》卷六《建置志》有"育婴堂在三山门外分司旧址，康熙九年（1670）当事诸公暨绅士捐募营建，邓太史旭有记。后渐圮废。雍正十二年（1734）奉旨改建二堂于聚宝门外之佟园，置田拨洲，又归并育婴堂。"

但是《（同治）上江两县志》卷十一《建置》记载有"普育堂者，邑之旧仁政也。其原出于广惠、普济诸局，在驯象门之佟园（今赵公碑记尚存）"。

虽然关于僻园的史料记载甚少，其占地面积亦无法得知，但是顾景星在《白茅堂集》卷三十四《〈僻园倡和集〉序》中，却描述了僻园的概貌："卜别墅于金陵长干里，取杜甫'百年地僻'之句，咏泉明心远地偏之诗，命曰'僻园'。"园内古木参天，"水石清华，杌藤奇树，种或自异域，皆二三百年内物"，并建有十景："高台曲池，回峦邃径，则有□草堂、长林、桂岭、桃李园、蕊香津、玉兰丛、牡丹台、松磴药圃、竹坞、酿村。"

园林景胜，主人好客，引得不少文人来此飞觞雅集，"公不以德望骄人，日与故交文士陶咏太平，远近闻风，分题寄赋。王将军山阴之觞，先飞骑玉山之社，不能过之"（《白茅堂集》卷三十四《〈僻园倡和集〉序》）。

僻园主人佟国器曾邀顾景星南下金陵，与老友宋琬、徐崧、邓旭、李赞元、吴彦芳等人在此唱和，并将酬唱之作结集刻版，因此僻园名闻遐迩。《白茅堂集》卷三十四《〈僻园倡和集〉序》："诗卷岁如车轴，而此则东山宋观察荔裳偶倡而众和之者，公之园遂名满天下。"

《僻园倡和集》录有宋琬《佟汇白中丞僻园四首》（《安雅堂未刻稿》卷四）、佟国器《和宋荔裳游余僻园韵》《宋荔裳过饮僻园赋诗见赠次原韵》（《诗风初集》卷八）、邓旭《和宋荔裳同年僻园八首呈佟汇白》（《林屋诗集》卷一）、李赞元《佟汇白中丞招饮僻园次宋荔裳观察韵六首》（《出门吟》卷一）、吴彦芳《夏日佟汇白大中丞招饮僻园次宋荔裳观察韵》（《诗风初集》卷十）、顾景星《汇白僻园席上步宋荔裳韵八首》（《白茅堂集》卷十四）、吴绡《春游僻园和荔裳宋观察韵》（《啸雪庵诗集》二集），等等。

其中的邓旭为邓汉仪之兄，在其《林屋诗集》卷六中有《酬吴岩子女郎兼次来韵》诗。

嘉兴曹溶亦曾游览僻园，为作《佟氏僻园六首》诗，从中我们稍稍得以领略一番僻园之美：

> 主人能择胜，城阜割瑶青。烟蔓参渔艇，春云腻草亭。隔溪呼酒近，张幔禁花零。一作穿幽事，常教霰雪停。
>
> 数坊弓抱远，结构岁难休。一谷通书圃，丛筠隐石楼。有栏皆藉草，此地本无秋。占断江南景，应从鲍谢游。
>
> 依稀池上叟，投组得深居。夹壑琴堪响，长廊画不如。窨花迎宿雨，乳燕哢清蕖。义取升平乐，时停士女车。
>
> 红药分畦满，嘉名百种殊。锦堂终日坐，好事向来无。静理嫌檀板，香笺劝玉壶。年年三四月，灿烂洗榛芜。
>
> 步屧投何处，随方翠欲移。巇藏桥宛转，沙护竹淋漓。落果人争拾，眠花鹤不羁。壁间存酿灶，醒醉总相宜。
>
> 金粉中塘净，闲行得素襟。敞邀牛首月，清压凤台林。劚笋供邻馈，听莺废客吟。几时携枕簟，尘外话萧森。
>
> （曹溶《静惕堂诗集》卷二十三）

从顾景星的序中可知"僻园"的景观不下十处，亭台楼阁、奇花异草、小桥流水触目皆是，如此静雅之地，确实很适合黄媛介作为养病之所。可惜在这方面的资料很是匮乏，我们无从看到黄媛介在南京的资料记载，只知道她在此住了半载便离世了。

与黄媛介几乎同时出现在僻园的顾景星与宋琬，应该经历了这位女诗人的最后时光。

宋琬的八首僻园诗，前四首作于康熙六年（1667）秋，后四首则作于康熙七年（1668）春。在此期间，黄媛介应该一直都住在僻园，但是在宋琬现存的作品《安雅堂全集》中未能见到与之相关的作品。

九月，顾景星与佟国器至周亮工公署相聚，作有《孟秋偕佟汇白饮周栎园署扬抃风雅相与极论仆与栎园论交二十年栎园督粮江南顷始聚晤》诗（顾景星《白茅堂集》卷十四），此后顾景星又参加僻园雅集，有《汇白僻园席上步宋荔裳韵八首》诗，此时黄媛介亦已离世。按顺治七年（1650），顾景星曾经随父顾天锡客居杭州，此时的黄媛介亦寓居于杭州，即使双方并无所交游，亦应有所耳闻。

是年，李良年由边塞回到京师。

《梅里词派研究》（第316页）之《李良年年谱》："康熙七年（1668），34岁，由边塞回到京师。……《自题秋锦山房集》亦云：'遂以丁未历上谷走云中，戊申还至京师。'"

谱 后

康熙八年（1669）己酉

萧山毛奇龄为黄媛介《〈梅市倡和诗〉抄稿》书后。

先是黄媛介自山阴回来后曾经将其与诸位女诗人唱和诗《〈梅市倡和诗〉抄稿》抄写了一份，并请毛奇龄为之作序，时值毛奇龄在外避祸。待毛奇龄回到萧山时，黄媛介已于年前去世，时为康熙八年。

毛奇龄《西河全集》卷六十一：

梅市倡和诗抄稿书后

《〈梅市倡和诗〉抄稿》者，闺秀黄皆令女君所抄稿也。皆令自梅市还归明湖，遇予室人阿何于城东里居。其外人杨子命予选皆令诗，而别录皆令与梅市所倡和者为一集，因有斯稿，盖顺治十五年（1658）也。既而李子兼汝已刻《梅市倡和诗》，复命予序，则此稿遂不取去，遗簏中久矣。康熙己酉（1669），予暂还城东里居，偶拣废簏，则斯稿在焉，距向遗此稿时约若干年。皆令女君已亡于京师也，兼汝与梅市祁子奕喜又同时戍塞外，予亦弃家去，不复得至梅市。而其稿中所列如胡夫人已物故，其为诗最工；若修嫣者，为王子舍人内君，闻死前岁，以视向序此稿时若何矣！陈何知状。

康熙九年（1670）庚戌

是年，施闰章作《黄氏皆令小传》。

是年，施闰章与王士祯、宋琬、曹尔堪、沈荃齐集京城王士祯家中，被称作"施佛子"的施闰章很可能是从这些文人处得知黄媛介已然弃世的消息，作为一位曾经与女诗人有过交往的大文人，很为黄媛介的身世唏嘘不已。或于此年，施闰章为黄媛介作传记文章《黄氏皆令小传》，为后人留下了宝贵的历史资料。

黄氏皆令小传

嘉兴黄氏媛介，字皆令，同郡杨世功妻也。先世有显者。介性淑警，闻兄鼎读书声，欣然请学，多通文史。既许字世功，后有大力者艳其才，将夺之，介曰："食贫，吾命也。"卒归杨。椎髻亲井臼，间作诗画，临小楷，书法笔意萧远，无儿女子态。世功读书不成，遂劝之偕隐。

国初，随世功避兵播迁，所至有知者时相饷遗。卞处士妻吴岩子以诗名假馆留数月，为文字交。尝栖山阴梅市，与诸大家名姝静女唱酬，有《越游诗》。还家湖上，有好事者传其笔墨，一时名卿士大夫如吴祭酒梅村辈，皆称异之，名日起。

世功用是以布衣游公卿间，持书画片纸或易米数石。介既垂老，伤世功无家人产，以游为生，皂勉同劳苦，叹曰："妾闻妇人之道，出必蔽面，言不出梱，得稍给饘粥，完稚弱婚嫁，吾守数椽没齿矣。"

会石吏部有女知书，自京邸遣书币，强致为女师。舟抵天津，一子德麟溺死。明年，女本善又天，介遽无子，懑甚。南归过江宁，值佟夫人贤而文，留养疴于僻园，半岁卒。

遗诗千余篇，尝募人剞劂，自叙其"家世中落，生蓼长荼。饥不食邪蒿之菜，倦不息曲木之阴。天既俭我乾灵，不甘顽质，借此班管，用写幽怀。倘付诸蠹鼠，与腐草流电一瞬消沉，实为恨恨。"词旨酸妍，读者悲之。

史氏曰：妇人以才见者众矣，鲜有完德则无非无仪者，尚焉李易安无足论，即朱淑真作配庸子，意多快快，诗固可以怨哉。黄氏以名家女寓情毫素，食贫履约，终身无怨言，庶几哉称女士矣。

（施闰章《学馀堂文集》卷十七）

康熙十一年（1672）壬子

邓汉仪《诗观》初集刻印，其中采集黄媛介数首诗作。

《诗观》初集卷十二："壬子，刻诸名媛诗，为采数章登诸梓。"

康熙十一年（1672）邓汉仪编纂《诗观》初集，在收集诸名媛诗时，亦采集了黄媛介数首诗，此时距黄媛介去世已有四年。邓汉仪对黄媛介的才能是很欣赏的，而且对她的评价也很中肯，其《诗观》初集卷十二云：

媛介字皆令，浙江嘉兴人。杨世功之配也。产自清门。兄姊皆好文墨，皆令遂娴诗词，且工画。吴祭酒梅村曾制《鸳湖闺咏》四章赠之。乙酉遭乱，转徙吴阊，羁白下，后入金沙，闭迹墙东。张无放及夫人于氏资给之，常镇观察李筠圃、金坛令胡苍恒、丹阳令许菊溪时有馈遗，所著《离隐歌》详其事。后时时往来虞山宗伯家，与柳夫人为文字交。其兄开平弗善也，然皆令实贫甚，时鬻诗画以自给。后僦寓西陵，所居一楼，与两高峰相对。餬糜、侧理是其经营，终不免卖珠补屋之叹。地主汪然明时招至不系园，与闺人辈饮集，每周急焉。继从风雪中渡西兴，入梅市，与商夫人诸闺秀唱和。所著有《越游草》。予客湖上，世功携皆令诗及画见赠，珍之笥箧，弗敢佚也。壬子，刻诸名媛诗，为采数章登诸梓。

康熙十四年（1675）乙卯　黄媛贞去世

三月二十六日（1675.4.20），黄媛贞去世。

朱荣《秀水朱氏家谱·世系表三·少保公长房南门第一支》："副室黄氏，……康熙乙卯三月二十六日（1675.4.20）殁。寿七十。"

康熙二十年（1681）辛酉

康熙二十年（1681）夏，徐灿为《古今名媛百花诗史》作序。

归淑芬《古今名媛百花诗史》有徐灿为序，其中提及黄媛介："如归素英高夫人皆隐花村，久著《云和阁诗集》，若与项孟畹、黄皆令咸籍籍耳者。"

附录一：黄媛介与女性文人交游表

姓 名	生卒年	字号、籍贯	父家与夫家	著述	与黄媛介诗词往来情况
沈纫兰	生卒年不详	字闲靓，海昌（今浙江海宁）人。	明嘉靖三十二年（1553）进士沈淳女，嘉靖三十五年（1556）进士秀水黄综孙媳，隆庆五年（1571）进士黄洪宪子媳，万历四十四年（1616）进士黄承昊妻，黄黄锡、黄子锡、黄双蕙母。	赋行精敏，才艺冠世。幼工书，雅善临池。著有《效颦集》《浮玉亭词》《勘隐集》《宓庐集》。	沈纫兰《禊日怀黄皆令却寄》《虞美人·雪夜寄黄皆令》。黄媛介《长相思·春日黄夫人沈闲靓招饮》。
商景兰	1605—1676	字媚生，会稽（今浙江绍兴）人。	商周祚第三女，祁承㸁子媳、祁彪佳妻、祁同孙、祁理孙、祁班孙、祁德渊、祁德玉、祁德琼、祁德茝母。	著有《锦囊集》（一名《香奁集》）。	商景兰《喜晤黄皆令过访却赠》《同皆令游禹山》《送黄皆令往郡城》《送黄媛介》《青玉案·即席赠黄皆令言别》黄媛介《赠闺塾师黄媛介》《春王五日同媚生祁夫人诸姊妇燕集世经堂观鲜云童剧》《同祁夫人商媚声姊妇修禊湘君张楚缓末起璧游禹山分韵二首》。
吴山	？—1671后	字岩子，一字文如，自署"遗民"，当涂（今属安徽）人。	太平县丞卞琳妻、卞梦珏、卞德基母。	善吟咏，工书画。著有《青山集》（内含《西湖》《梁溪》《虎丘》《广陵》诸集），魏禧为之序。	吴山《送黄皆令闺媛》。

（续表）

姓名	生卒年	字号、籍贯	父家与夫家	著述	与媛介诗词往来情况
商景徽	生卒年不详	字嗣音，会稽（今浙江绍兴）人。	商周祚季女，上虞徐人龙子媳，徐咸清妻，徐昭华母。	夫妻合著《资治文字》；著有《咏雏堂诗草》（一作《承雏堂集》）。	黄媛介《赠徐夫人》。
黄德贞	生卒年不详	字月辉，嘉兴（今属浙江）人。祖籍海盐（今属浙江）。	海盐黄泽曾孙女，黄守正孙女，文字孙曾成素孙媳，孙弘祖子媳，屠襄佩婆母，孙蕙媛母，黄媛介宗妹。	著有《冰玉集》《雪椒集》《雪梦集》《避叶集》《蕉梦曲》，并辑有《名闺诗选》《彤径词选》。	黄德贞《新秋坐月次皆令韵》《苍梧谣·送皆令妹之西泠》《踏歌辞·送皆令北游》。黄媛介《忆素娥·秋夜忆皆令辉》《金菊对芙蓉·答宗姊月辉见怀》（一作《金菊对芙蓉·答宗姊月辉见怀》）。
归淑芬	？—1670后	字素英，嘉兴（今属浙江）人。	嘉兴文学高阳继妻。	著有《云和阁静斋诗馀》（一作《云和阁诗馀》），辑《名闺诗选》《古今名媛百花诗馀》《古今名媛百花诗史》。	归淑芬《东坡引·泛舟访皆令闺友》。
方月人	生卒年不详	字伯姬，吴县（今江苏苏州相城区、吴中区）人。	吴县文人沈颖妻。		黄媛介《赠月人沈夫人》五首：《侍禅》《绣像》《腕兰》《课笋》《翻经》，另有《赠沈阴情夫人方月人》。
吴绡	1615—1671	字素公，一字冰仙，号片霞，长洲（今江苏苏州相城区、吴中区）人。	吴默女，常熟许士柔次子媳，许瑶妻。	著有《啸雪庵诗集》《题咏》《新集》《啸雪庵题咏二集》《诗馀》《赠药编》。	吴绡《题邹流绮鹜宜斋·次黄皆令韵》《金陵元宵美人灯诗步骤湖黄皆令韵二首》《命石邢君出示所画山水障子黄皆令赠诗素和旅窗月下乘兴戏书》。

（续表）

姓 名	生卒年	字号、籍贯	父家与夫家	著述	与黄媛介诗词往来情况
徐 灿	1617或1618—约1698后	一作粲，字明霞，明深，号湘苹，晚自谪所归，号紫箸，长洲（今江苏苏州相城区，吴中区）人。	徐泰时曾孙女，国子生徐溶孙女，光禄寺丞徐榟桴女，海宁陈祖苞子德之遵继妻，陈苍水继母，陈坚永、陈容永、陈奋永、陈湛永母。	著有《拙政园诗集》。	嘉兴女诗人归淑芬编纂的《古今名媛百花诗史》（吴江芦墟庞龙德抄本）有徐灿花诗中，其中有提到黄媛介为之所作《叙》，其中有是隐花村，久著《云和阁诗集》，黄皆今咸籍籍耳目者，黄皆今咸籍耳目者。"如归素英高夫人皆隐花村，久著《云和阁诗集》。若与项孟畹，黄皆今咸籍耳目者，余羊蒙恩。"
项 珮	生卒年不详	字吹玉，一作昑聚，秀水（今浙江嘉兴）人。	项籲孙女，凤阳府同知项元濂女，项天相姊妹，文人统待妻。	著有《藕花楼集》八卷。	项珮《寄黄姊今怀西湖》。
柳如是	1618—1664	初名隐雯，字如是，小字影怜，自号河东君，本姓杨名朝，字朝云，小字蘼芜，小名云娟、婵娟，阿云，后更名爱儿，号影怜，柳其寓姓也，嘉兴（今属浙江）人。	女诗人杨绛子姊，常熟钱谦益侧室，钱孙爱母。	著有《戊寅草》《湖上草》《尺牍》《我闻室剩稿》《东山酬和集》，辑有《古今名媛诗词选》。	柳如是《赠黄若芷大家四绝句》《满庭芳·留别无暇词》，黄媛介《眼儿媚·谢别柳河东夫人》。
王静淑	生卒年不详	字玉隐，号隐禅子，法名净琳，号一真道人，山阴（今浙江绍兴）人。	王思任长女，陈树勳妻，陈金徽母。	著有《清凉集》《青藤书屋集》。	黄媛介《乙未上元吴夫人紫霞招同王玉隐及东玮陶固生诸社姊妹至拈得翠轩迟祁修嫣张婉仙不至拈得元字》，胡紫霞《上元雅集同黄媛介王玉隐王映陶固生咏》，从上述诗题中可以看出参加诗社的女诗人有胡紫霞、王端淑、王静淑、赵东玮、陶履坦、祁德琼、张微等。

（续表）

姓名	生卒年	字号、籍贯	父家与夫家	著述	与黄媛介诗词往来情况
王端淑	1622—约1684	字玉映，号映然子，山阴（今浙江绍兴）人。	王思任季女，丁乾学子媳，衢州司李丁圣肇妻。	著有《吟红集诗稿》及《留箧》《无才》《佰心》诸集等，辑有《名媛诗纬初编》等。	王端淑《读鸳湖黄媛介诗》《为龚汝黄题黄皆令画》《上元夕浮翠吴夫人招同元字》。黄媛介《乙未上元吴夫人紫霞招同王玉隐王映赵东玮陶固生诸社姊妹集浮翠轩话祁修嫣张婉仙不至拈得元字》。
朱中楣	1622—1672	字懿则，一字远山，庐陵（今江西吉安）人。	明宗室朱议滋次女，李元鼎继妻，李振祺继母，李振裕、李振祜母，谢岳母。	著有《随草诗馀》《镜阁新声》《随草续编》《亦园声响》。	朱中楣《客秋偶德西子湖与子皆令比邻而居谪客谈诗方诸风愿惜匆遽别去值此春光能无怅念闲坐因赋却寄时戊戌三月上浣日也》《扎记闲坐湖楼令令幼女过访发方覆额遂能诵诗写法帖楚可人今依然梦想同并裁小诗似忆之》《西湖喜遇黄皆令令幸尔言别诗以赠之》《黄皆令答来自寿诗依韵得四章》。黄媛介《和近山李夫人韵》。
张德蕙	生卒年不详	字楚纕，山阴（今浙江绍兴）人。	张元忭玄孙女，祁彪佳与商景兰次子媳，祁理孙妻。	与朱德蓉、祁德渊等合作有《东书草堂稿》。	张德蕙《送别黄皆令》。黄媛介《题〈素句图〉》。
朱德蓉	1637—1690	字赵璧，会稽（今浙江绍兴）人。	朱燮元孙女，朱兆先女，诸生祁班孙妻，景兰季子媳。	与张德蕙、祁德渊等合作有《东书草堂稿》。	朱德蓉《送别黄皆令》《黄皆令今访》。黄媛介《题〈素句图〉》《采菱同祁修嫣湘君赵璧》。

（续表）

姓名	生卒年	字号、籍贯	父家与夫家	著述	与黄媛介诗词往来情况
祁德渊	？—1693后	字漫英，山阴（今浙江绍兴）人。	祁彪佳与商景兰长女，姜一洪子媳，文学姜廷枢妻。	著有《静好集》，又作《祁漫英诗》，与张德蕙、朱德蓉等合作有《东书草堂稿》。	祁德渊《访皆令不遇》《送黄皆令》。黄媛介《题〈素句图〉》。
祁德玉	1630—1717	字卞荅，山阴（今浙江绍兴）人。	祁彪佳与商景兰仲女，朱兆宣子媳，未用侑妻。		黄媛介《题〈素句图〉》。
卞梦珏	1632—1665	一作卞梦钰，字玄文，一作卞元文，号蒙生，当涂（今属安徽）人。	卞琳与吴山长女，扬州刘峻度妻。	著有《绣阁遗草》。	王士祯《观黄皆令吴岩子卞蒙生书嗣各题一诗用吴梅村先生题鸳鸯湖西冷闺咏韵》提及三才女，其中包括卞梦珏。
祁德琼	1636—1662	字修嫣，山阴（今浙江绍兴）人。	祁彪佳与商景兰叔女，王以宁孙媳，王谷侑妻。	著有《未荄集》（又作《祁修嫣诗》）。	祁德琼《吴夫人上元燕集以病不至和黄皆令》《和黄皆令原韵》《采菱和黄皆令》《同皆令游禹山》《寄怀黄皆令》《同皆令登藏书楼》皆《初寒别黄皆令》《送黄皆令归鸳水》《送黄皆令过访》。黄媛介《乙未上元吴夫人紫霞招同王玉隐王映筑东玮陶固生诸姊杜婉集果翠轩迟祁修嫣诸姊》《和韵听祁修嫣湘君赋》《采菱同祁修嫣湘君赵璧》《题君赵璧》。
祁德茝	1638—？	字湘君，山阴（今浙江绍兴）人。	祁彪佳与商景兰幼女，沈懋熙诸生沈荪侄室。	著有《寄云草》。	祁德茝《送别黄皆令》。黄媛介《采菱同祁修嫣湘君赵璧》《题〈素句图〉》。

（续表）

姓名	生卒年	字号、籍贯	父家与夫家	著述	与黄媛介诗词往来情况
胡紫霞	生卒年不详	号浮翠主人，山阴（今浙江绍兴）人。	吴兑曾孙媳，吴国辅继妻，文学吴卿胡继母，吴理祯，吴夔祯，吴祥祯母。	著有《浮翠轩集》。	胡紫霞《上元雅集同黄媛介王玉隐玉咏》。黄媛介《乙未上元吴夫人紫霞招同王玉隐玉映赵东玮陶固生诸社姊妹集浮翠轩迟祁修媚张婉仙不至得元字》。
陶履坦	生卒年不详	字固生，号稽散子，法名智琦，字智明，会稽（今浙江绍兴）人。	陶承学孙女，陶荣龄女，朱廪孙媳，吴敬衡子媳，朱躏元妻，早卒。		黄媛介《乙未上元吴夫人紫霞招同王玉隐玉映赵东玮陶固生诸社姊妹集浮翠轩迟祁修媚张婉仙不至得元字》《游曹山过采菊堂赠仲仪陶夫人时人已雄发》。
赵东玮	生卒年不详	号悠仙，绍兴（今属浙江）人。	学博赵之兰女，刑部主事朱应曾孙媳。	与陶履坦为生死友，交相唱和。	黄媛介《乙未上元吴夫人紫霞招同王玉隐玉映赵东玮陶固生诸社姊妹集浮翠轩迟祁修媚张婉仙不至得元字》。
张嫩	生卒年不详	字婉仙，山阴（今浙江绍兴）人。	文学龚荣养妻。		黄媛介《乙未上元吴夫人紫霞招同王玉隐玉映赵东玮陶固生诸社姊妹集浮翠轩迟祁修媚张婉仙不至得元字》。
胡应佳	生卒年不详	字季贞，山阴（今浙江绍兴）人。	胡琳孙女，张汝懋子媳，张陛妻。	诗不经意，故所著不多。	胡应佳《赠别黄皆令》。黄媛介《怀季贞居亭夫人》《奠季贞夫人》。
郑庄范	生卒年不详	字子敬，上虞（今浙江绍兴市上虞区）人。	郑租法女，萧山文学李达耀，李日炟母，李开峻祖母。		郑庄范《乙未仲冬赠黄皆令西归》。
赵昭	生卒年不详	字子惠，法号德隐，吴县（今江苏苏州相城区中区）人。	寒山隐士赵宦光与女诗人陆卿子孙女，赵灵均与画家文俶女，平湖文学马万方饮子媳，诸生马班妻。	著有《侣云居遗稿》。	赵昭《皆令黄夫人过黄山闻即事》。黄媛介《立春前一日走子惠招人黄山访山中近况》《踏莎行·为闺人题文俶帼头》。

（续表）

姓　名	生卒年	字号、籍贯	父家与夫家	著述	与黄媛介诗词往来情况
尼静因	生卒年不详	号谷虚，南京（今属江苏）人。	归绍兴商氏，早寡，入空门。	工吟咏，根不多得。	静因《访黄皆令不遇》。
陈　何	生卒年不详	萧山（今浙江杭州萧山区）人。	文学家毛奇龄妻。		陈何《子夜歌》。黄媛介《春怀诗》《除夕咏雪贻陈何》。
许弱云	生卒年不详	籍贯不详	山阴祁鸿孙姬人。		黄媛介《赠弱云夫人》。
吴　琪	生卒年不详	字蕊仙，一字叶仙，号佛眉，长洲（今江苏苏州相城区，吴中区）人。	吴康侯女，管子嘉妻。	著有《香谷焚馀草》《锁香庵词》，与周琼合著《比王新声集》。	吴琪为黄媛介《沈颢与夫人画像》题跋，《题邹流绮鹭宫斋·和黄皆令韵》。黄媛介为《比王新声集》作序。
周　琼	生卒年不详	字飞卿，一字羽步，晚号性亚人，吴江（今江苏苏州吴江区）人。		与吴琪合著《比王新声集》。	黄媛介为《比王新声集》作序。
瞿　珍	生卒年不详	字若婉，常熟（今属江苏）人。	顺治四年（1647）或顺治五年（1648）某太史学院纳之，归都中。	著有《月吟》等刻。	瞿珍《题邹流绮鹭宫斋·次黄皆令韵》。黄媛介《题邹流绮鹭宫斋高亭高额石斋先生书赠》。
林文贞	生卒年不详	字韫林，莆田（今属福建）人。	安徽宣城王玓龄姬人。		黄媛介《答林夫人》。
汤淑英	生卒年不详	字畹素，吴县，吴江（今江苏苏州相城城区，吴中区）人。	安徽休宁吴翻妻。	著有《绣馀轩稿》。	汤淑英《怀鸳胡黄姊皆令》。
侏夫人	生卒年不详	籍贯不详	分守嘉湖道，朴长芦盐运分司张安像侧室。		黄媛介《暮春过张森岳先生同夫人姬以新诗见示同赋》。

附录二：黄媛介与男性文人交游表

姓名	生卒年	字号、籍贯、亲属关系	功名、成就	著述	与黄媛介交往情况
姚士粦	1562—1652后	一作士麟，字叔群，一字叔祥，自号蒙古老翁，海盐（今属浙江）人。	庠生，例补国子生。与同邑姚臣并称"二姚"。	著有《秘册汇函跋尾》《蒙古堂稿》《陆氏易解》《见只编》《后梁春秋》《北魏春秋》《海盐图经》等。	或为黄媛介《如石阁漫草》作序。
汪汝谦	1577—1655	字然明，号松溪道人，先世徽州歙县（今属安徽）人，自徽迁杭，遂家钱塘（今浙江杭州）。周府审理汪珂玉堂孙，万历四年（1576）举人汪可觉子，汪汝淳弟，汪玉立、清顺治六年（1649）进士汪继昌父。	大学生。寓居杭州，有"湖山主人"之目。	辑有《不系园集》《随喜庵集》《绮咏》《绮咏续集》《西湖韵事》《梦草》《听雪轩集》《游草》《闽游诗纪》《梦香楼集》《遗稿》（又称《松溪集》）。	黄媛介《汪夫人湖舫见招和然明先生韵》《欣汪然明先生代西子赋答张维明府原韵二首》《和韵》（梦香楼集）。
钱谦益	1582—1664	字受之，号牧斋，晚号蒙叟、东涧老人，虞山（今江苏常熟）人。女诗人柳如是夫，钱上安、钱孙恋父。	明万历三十八年（1610）进士。入清官至礼部侍郎。与吴伟业、龚鼎孳并称"江左三大家"。东林党领袖之一。	著有《牧斋初学集》《牧斋有学集》《投笔集》《苦海集》，辑有《列朝诗集》等。	钱谦益《士女黄皆令集序》《黄皆令新诗序略》。
张明弼	1584—1652	字公亮，号琴张居士，琴牧张子等，金沙（今江苏常州市金坛区）人。	明崇祯十年（1637）进士。历官广东揭阳县令，台州推官。入清不仕。	著有《兔角诠》《萤芝全集》《萤二集》《雾吐（唾）集》《杜单集》《蕉书》等。	黄媛介《金沙别张师母》《寄呈琴牧师》。
李明睿	1585—1671	字太虚，南昌（今属江西）人。	明天启二年（1622）进士，任左中允。入清不仕。		黄媛介《阆园诗十首为李太虚先生赋和吴梅村先生原韵》。

（续表）

姓名	生卒年	字号、籍贯、亲属关系	功名、成就	著述	与黄媛介交往情况
沈颢	1586—1661后	一作"沈灏"。字朗倩，号石天、朧禅，吴县（今江苏苏州相城区、吴中区）人。	明诸生。	著有《画麈》《画传灯》《浣花闲话》《蟪阿杂俎》《枕瓢集》《焚砚集》等。	黄媛介《赠朧禅》（五首）；《吟园》《著书》《莲定》《山心》《咏像》。
叶绍袁	1589—1648	字仲韶，号栗庵，又号天寥道人，吴江（今江苏苏州吴江区）人。万历十四年（1586）进士叶重第之子，万历二十三年（1595）进士沈玩婿，叶纨纨、叶小纨、叶小鸾，叶小繁、叶燮父。	明天启五年（1625）进士。历任南京武学教授，工部虞衡司主事等。入清率诸子弃家为僧，自号木拂流衲，又号栖华流民，以明遗民自居。	著有《午梦堂四种》，辑有《午梦堂集》。	黄媛介为叶绍袁二女叶纨纨与叶小鸾作《叶昭齐挽诗十绝》《叶琼章挽诗十绝》《伤心赋·哀略齐》《读〈叶琼章遗集〉》等。
李肇亨	1592—1664	字会嘉，或作幸圃，号率庵，别号袠溪钓士，僧名常莹，号蝶庵，又号阿雪，又号醉鸥，嘉兴（今浙江）人。李应祯孙，大小李子华子，李新枝、李昭枝、李昙枝、李琪枝父。	乡贡生。精画理。擅山水及书法。工诗，与谭贞默同主鸳社。	著有《学易堂笔记》《古今妇女变名记》（又名《古今妇女双名记》)、《琴言阁新咏》《写山楼草》《幸圃吟稿》《梦蓉集》，另有《率庵画话》。	李肇亨《和吴梅村先生〈鸳湖闻咏〉四首次原韵》。
张文光	1593—1661	字谯明，一作樵明、樵民、祥符（今河南开封）人。	明崇祯元年（1628）进士。清顺治二年（1645）阿，丹徒知县，历任史科给事中，江南池太道，按察副使，与施闰章、末预、丁澎、周茂源、严沆、赵宾拜称"燕台七子"。	著有《斗斋诗》。	黄媛介《次汪然明先生代西子赋》《答张樵明府原韵二首》。

（续表）

姓名	生卒年	字号、籍贯、亲属关系	功名、成就	著述	与黄媛介交往情况
吕兆龙	1592—？	字霖生，号静铭，江南金沙（今江苏常州金坛区）人。吕钟曾孙，吕希圣孙，吕思正子。	明万历四十三年（1615）举人，崇祯十年（1637）署昆山教谕。崇祯十三年（1640）进士，授中书舍人。		黄媛介《河上草》有《吕霖生史部以姬赠邹流绮漫赋小言奉贺》，王士禄《然脂集·诗部二十六》作《吕吏部以婢赠邹流霞赋贺》。
熊文举	1595—1668	字公远，号雪堂，新建（今江西南昌新建区）人。女诗人杜漱兰夫。	明崇祯四年（1631）进士。入清官至吏部左侍郎兼兵部右侍郎。工于诗、文、词。清初驰名文坛。	著有《雪堂全集》。	熊文举《黄皆令〈越游草〉序》。
张岱	1597—1684	初字维城，后字宗子，又字天孙，石公，号陶庵，别号蝶庵居士等，山阴（今浙江绍兴）人。	不事科举，不求仕进，以著述终老。	著有《陶庵梦忆》《西湖梦寻》《石匮书》《石匮书后集》《夜航船》《琅嬛文集》《三不朽图赞》《公祭祁夫人文》等。	张岱《赠黄皆令女校书》。
许宸	1600—1661	字素臣，号菊溪，香岩，内乡（今属河南南）人。许评孙，许维清子，许誉父。许晋，许皙，许鲁生。	清顺治二年（1645）进士。历任丹阳知县，江南等处提刑按察使。	著有《淡止园集》《载石吟》《剪耕堂诗》若干卷。	顺治五年（1648），黄媛介留滞丹阳，得许宸资助。
桑芸	1603—1660	字茇云，号切兰，榆次（今山西晋中市榆次区）人。	明崇祯十三年（1640）进士。清初任贵州道御史巡按直隶，河南参政，广西按察使。	著作有《发云生集》。	黄媛介《和西鲁云桑公赠韵》。
吴绲持	约1606—1654后	字巨手，号乐斋，秀水（今浙江嘉兴）人。濮析知县吴弘济孙，吴天豢从子。	弱冠气干年，文名藉甚。崇祯中与妻项孺隐鸳湖，焚香读《易》，饘粥不继，尝卖卜，遍游齐鲁燕赵，称"胥山樵子"。	著有《典林》《明月楼集》。	黄媛介《回文为吕高主人赋》。

（续表）

姓名	生卒年	字号、籍贯、亲属关系	功名、成就	著述	与黄媛介交往情况
吴伟业	1609—1672	字骏公，号梅村，别署鹿樵生、灌隐主人、大云道人，太仓（今属江苏）人。	明崇祯四年（1631）进士。与钱谦益、龚鼎孳并称"江左三大家"，为娄东诗派开创者。	著有《梅村家藏稿》《梅村诗馀》《绥寇纪略》《春秋地理志》，传奇《秣陵春》，杂剧《通天台》《临春阁》等。	吴伟业《题〈鸳湖闺咏〉》《黄媛介诗序》。黄媛介《阆园诗十首为李太虚先生赋和吴梅村先生原韵》。
黄涛	1609—1672	谱名禹澜，字观只，又作冠只，号符禹山人（今浙江嘉兴）人。黄洪宪曾孙，黄承玄玄孙，黄卯锡长子，黄仲泓、黄叔澄、黄季霭兄，黄相如父。	明崇祯十五年（1642）举人。入清后，"为龙游县教谕，秩满擢耀州阳令，未赴卒"。	著有《赋日堂诗稿》一卷（含《拘幽草》《羁旅诗》《携李古迹诗》）。《携李诗》一卷。	黄涛《和韵题〈鸳湖闺咏〉》。
李文达	约1613—1672	又名李甲，字兼汝，萧山（今浙江杭州萧山区）人。郑祖法孙，女诗人都庄范夫，李日煜、李日焜、李班邑相父。			清顺治十五年（1658）刊刻《梅市倡和诗抄》。
李渔	1611—1680	初名仙侣，后改名渔，字谪凡，号笠翁、兰溪（今属浙江）人。	十八岁补博士弟子员。入清后意仕进，从事著述和指导戏剧演出。后居于南京，将居所命名为"芥子园"，并开设书铺。	著有《笠翁十种曲》《无声戏》《十二楼》《闲情偶寄》《笠翁一家言》等。	黄媛介为李渔《意中缘》作序，并写评语。
余怀	1616—1696	字澹心，一字无怀，号曼翁、广霞，又号壶山外史、寒铁道人，晚年自号鬘持老人，莆田（今属福建）黄名人，侨居江宁（今江苏南京），因此自称"江宁余怀""白下余怀"。	晚年退隐吴门（今江苏苏州），漫游支硎、灵岩之间。与湖北黄冈杜濬、香山叶梦珠齐名，时称"余、杜、白"。	著有《味外轩文稿》《研山堂集》《秋雪词》《板桥杂记》《东山谈苑》《砚林》等。	余怀《杨世功内人黄皆令书法画品诗才可称三绝将有所索先以俚句下临之》。黄媛介《湖上酬余澹心》。

（续表）

姓名	生卒年	字号、籍贯、亲属关系	功名、成就	著述	与黄媛介交往情况
邓汉仪	1617—1689	字孝威，号旧山，别号旧山梅衣、钵叟，祖籍泰州（今属江苏），吴县（今江苏苏州相城区、吴中区）人。邓旭弟。	诸生。复社成员。顺治元年（1644）迁居泰州，放弃博士弟子员身份，康熙十八年（1679）绝意仕进。召试博学鸿词，授中书舍人。	著有《诗观》初集、《诗观》二集、《诗观》三集、《淮阴集》《官梅集》《过岭集》等。	
施闰章	1619—1683	字尚白，一字屺云，号愚山、媲萝居士、蠖斋，晚居高、宣城（今属安徽）人。	清顺治六年（1649）进士，授刑部主事。与宋琬、丁澎、张文光、周茂源、严沆、赵宾有"南施北宋"之称，与宋琬有"燕台七子"之名。	著有《学余堂文集》《试院冰渊》等。	施闰章《次闺秀黄皆令扇头韵二首》《黄氏皆令小传》。
吴绮	1619—1694	字薗次，一字丰南，号绮园，又号听翁、红豆词人，歙县籍，江都（今江苏扬州）人。	清顺治十一年（1654）拔贡生。荐授秘书院中书舍人，升兵部主事，武选司员外郎。任湖州知府，以多风力，尚风节，饶风雅，人称"三风太守"。	著有《林蕙堂集》，另有传奇《忠愍记》《啸秋风》《绣平原》等。	吴绮《空山读异书题黄皆令画嶂》。
孙枝蔚	1620—1687	字豹人，又字叔发，号溉堂，自号诚翁，三原（今属陕西）人。	肆力于诗古文，清康熙十八年（1679）应博学鸿词科，因年老不能入试，授内阁中书。	著有《溉堂前集》《溉堂续集》《溉堂后集》《诗馀》等。	孙枝蔚《题黄皆令诗集后》。
毛奇龄	1623—1713	又名甡，字大可，号西河等，萧山（今浙江杭州萧山区）人。	明末诸生。清兵入关后曾参与南明鲁王军事，后因被人构陷，化名王彦，亡命江湖十余年。康熙十八年（1679）举博学鸿儒，授翰林院检讨，充明史馆纂修。与兄毛万龄并称为"江东二毛"，与毛先舒、毛际可齐名，时称"浙中三毛"。	著有《西河集》。	毛奇龄《黄媛介入越感赠》《送黄媛介之子归伊舅氏》《为妇和黄皆令吴门秋夕咏雪见贻用东坡原韵》《黄皆令答黄皆令札子》《题词》《为妇阿陈何答黄皆令札》《菩萨蛮·落帆亭送女士黄皆令还行》。

（续表）

姓　名	生卒年	字号、籍贯、亲属关系	功名、成就	著述	与黄媛介交往情况
陈维崧	1625—1682	字其年，号迦陵，宜兴（今属江苏）人。明末"四公子"之一陈贞慧之子。	清康熙十八年（1679）举博学鸿词，授翰林院检讨，曾参师奭、彭师度敩誉为"江左三凤"，与吴绮、章藻功并称"骈体三家"。	著有《湖海楼诗集》《迦陵词》《陈迦陵文集》等。	陈维崧《湖海楼妇人集》："嘉兴黄皆令诗名噪甚，恒以轻航载笔格语吴越间。余尝见其小阁卖诗西泠断桥头，另一小阁卖诗画自活，稍给便不肯作。"
王士禛	1634—1711	字子真，贻上，号阮亭，又号渔洋山人。新城（今山东桓台）人。王象晋孙，王与敕之子，王士禄、王士禧、王士祜兄弟。	清顺治十五年（1658）进士。官至刑部尚书。与秀水朱彝尊等并称"南朱北王"。	有《渔洋山人精华录》《池北偶谈》《香祖笔记》《居易录》《渔洋诗话》《渔洋文略》《渔洋诗集》《带经堂集》《五代诗话》等。	王士禛《观黄皆令吴岩子下篆生书扇寄题》一诗得吴梅村先生题鸳湖西泠闻唱韵。黄媛介《为阮城王阮亭写山水小幅并自题》。
李良年	1635—1694	原名法远，又名法远，字武曾，号秋锦，秀水梅里（今浙江嘉兴王店）人。	诸生。与兄龙远、弟齐名，时称"三李"；又与朱彝尊等尊并称"朱李"。	著有《秋锦山房集》。	李良年《黄皆令归吴楚杨世功索诗送行》。
陈奕禧	1638—1691	字子文（谦），号葑斋，海宁（今属浙江）人。陈之遴与蔡如三子。内阁大学士吕宫婿，陈密、陈筱宝、陈筱宝、陈世宝、陈世安。	一品荫生。博雅有诗名。	著有《名山集》三十四卷。	《名山集》卷二十六有《醉园晤杨世功黄皆令坐佰话旧感怀别后赋诗》。
邹　漪	1615—？	字流绮，又字西村，无锡（今属江苏）人。邹武金子。	吴伟业学生。著名出版家。著名出版的《鹿樵纪闻》遭逮捕下狱。	清顺治间同刻《诗媛十名家集》《诗媛十名家集》，著有《启祯野乘》《明季遗闻》等。	邹漪《黄皆令诗》"小引"。黄媛介《吕霖生吏部以姬赠郑流绮漫赋小言奉贺》题郑流绮驾官斋高额故故黄海黄石先生书赠。
徐　缄	？—1670	字伯调，山阴（今浙江绍兴）梅市人。	少负盛名，诗文争长海内，祁彪佳延之课子。	著有《岁星堂诗集》《旅中三体诗》《越中三子合刻稿》（何之杰辑）、《雪屋未刻集》。	徐缄《送黄皆令同渡钱塘》。

（续表）

姓名	生卒年	字号、籍贯、亲属关系	功名、成就	著述	与黄媛介交往情况
许焕	生卒年不详	字尧文，太仓（今属江苏）人。	清顺治四年（1647）进士。历任福建莆阳知县，浙江太关监督，嘉兴知府，兴化知府。	著有《燕台草》。	黄媛介《寿北关主政尧文许公代外》。
张安豫	生卒年不详	字子建，号森岳，华亭（今上海市松江区）人。明成化二年（1466）进士张弼六世孙，嘉靖三十四年（1555）举人张德谕孙，张以讷子，万历十七年（1589）进士陆彦章婿。	廪生。明末任齐河知县，迁保定府同知，历任金华知府，分守嘉湖道，长芦盐运分司。失上官意，拂袖归。		黄媛介《过张森岳先生园赋》等。
陆朝瑛	生卒年不详	榜名范朝瑛，字石斋，吴县（今吴中区，吴中区）人，江苏苏州相城区，吴以籍占籍无锡参加科举考试。一说占籍无锡参加科举考试。	清顺治四年（1647）进士。授户部山东司主事，管德州仓粮储。历任浙江关监督，陕西乡试副考官，户部陕西司郎中，山东按察司佥事，分巡济南道，陕西布政使司参议。	与黄传祖合纂《扶轮续集》。	黄媛介《南关夏署中古梅迄末以来四百馀年矣主政查河陆公索言以表其异因赋》《又赋关蓉石》。
南珠源	生卒年不详	字生鲁，山东濮州（今河南濮州市范县濮城镇）人。万历五年（1577）进士南兆曾孙。	明崇祯十年（1637）进士。入清，湖广历任山西阳和道副使，湖广布政使司参政，浙江布政使司参议，浙江按察使司副使，温处道。	善书法，有《南生鲁六黄图歌并引》；编纂《濮州志》，著有《镜人集》。	黄媛介《题画寿南宪台》《贺宪台生鲁南公》。
张吉士	？—1654	字松霞，平原（今属山东）人。	明崇祯十三年（1640）进士。历任陕西苑马寺灵寿，升平阳府推官。入清，为陕西武功县知县，兵部主事，浙江水利道，粮储道，再补嘉湖道。		黄媛介《奉挽粮道松霞张公太夫人》。

参考书目与文献

（清）黄媛贞《云卧斋诗稿》，清抄本，浙江图书馆，索书号：善旧4896。

（清）黄媛介《离隐歌》，（清）黄传祖、陆朝瑛《扶轮续集》，清顺治八年（1651）黄氏侬麟草堂刻本，王永平主编《扬州大学图书馆藏古籍珍本丛刊》第80册，学苑出版社，2015年。

（清）黄媛介《黄媛介诗册》，（清）管庭芬《待清书屋襍钞》，天津图书馆，索书号：S3316。

（清）黄媛介《黄皆令诗》(邹漪辑本)，清顺治刻本，江西省图书馆，索书号：404978。

（清）黄媛介《湖上草》，清顺治刻本，江西省图书馆，索书号：302996。

（清）黄媛介《沈颢与夫人画像》，台湾何创时书法艺术基金会。

（清）李元鼎、朱中楣《石园全集》，《四库全书存目丛书》第196册，齐鲁书社，1997年。

（清）李振裕《白石山房稿》，《四库全书存目丛书》第243册，齐鲁书社，1997年。

（明）叶小鸾《返生香》，（明）叶绍袁《午梦堂集》上册，中华书局，2015年。

（明）叶纨纨《愁言》，（明）叶绍袁《午梦堂集》上册，中华书局，2015年。

（明）沈宜修《鹂吹》，（明）叶绍袁《午梦堂集》上册，中华书局，2015年。

（清）蔡润石《蔡夫人未刻稿》，郑振铎《玄览堂丛书续集》，台北正中书局，1985 年。

（清）吴山《吴山集》，李雷主编《清代闺阁诗集萃编》，中华书局，2015 年。

（清）王端淑《映然子吟红集》，《清代诗文集汇编》第 82 册，上海古籍出版社，2010 年。

（清）汪端《自然好学斋诗钞》，（清）冒俊辑《林下雅音集五种》，清光绪十年（1884）刻本，美国哈佛燕京图书馆。

（清）柳如是撰，周书田、范景中辑校《柳如是集》，中国美术学院出版社，2002 年。

（清）商景兰《锦囊集》，《祁彪佳集》附编，中华书局，1960 年 2 月。

（清）祁德琼《未焚集》，《祁彪佳集》附编，中华书局，1960 年 2 月。

（清）徐灿《拙政园诗集》，黑龙江大学出版社，2010 年。

（清）苏穆《储素楼词》（附周济《柳下词》后），《丛书集成续编》第 160 册，上海书店出版社，1994 年。

（清）吴绡《啸雪庵诗集》，《四库未收书辑刊》第 7 辑第 23 册，北京出版社，2000 年。

（清）吴绡《啸雪庵题咏二集》，《四库未收书辑刊》第 7 辑第 23 册，北京出版社，2000 年。

（清）归淑芬《古今名媛百花诗史》，清嘉庆二十二年（1817）吴江芦墟庞龙德抄本。

（清）归淑芬《古今名媛百花诗馀》，清康熙二十三年（1684）刻本，上海图书馆，索书号：线普长 383726-27。

（明）姚士粦《见只编》，（明）樊维成《盐邑志林四十种附一种》，明天启三年（1623）刻本，民国 26 年（1937）涵芬楼影印本，上海商务印书馆，嘉兴市图书馆。

（清）钱谦益《列朝诗集》，《续修四库全书》第 1622—1624 册，上海古籍出版社，2002 年。

（清）钱谦益《牧斋初学集》，《续修四库全书》第 1389—1391 册，上海古籍出版社，2002 年。

（清）钱谦益《牧斋有学集》，《续修四库全书》第 1391 册，上海古籍出版社，2002 年。

（清）钱谦益著、（清）钱曾笺注、钱仲联校注《牧斋初学集》，上海古籍出版社，1985 年。

（清）钱谦益著、（清）钱曾笺注、钱仲联校注《牧斋有学集》，上海古籍出版社，1996 年。

（清）吴伟业著、李学颖集评标校《吴梅村全集》，上海古籍出版社，1990 年。

（清）吴伟业《梅村诗话》，《续修四库全书》第 1697 册，上海古籍出版社，2002 年。

（清）吴伟业撰、靳荣藩注《吴诗集览》，《续修四库全书》第 1396—1397 册，上海古籍出版社，2002 年。

（清）汪汝谦《松溪集》，清光绪十二年（1886）钱塘汪氏刻本，浙江图书馆，索书号：普 081.99/3111（2）。

（清）汪汝谦《梦香楼集》，清光绪十二年（1886）钱塘汪氏刻本，浙江图书馆，索书号：普 081.99/3111（2）。

（清）王昊《硕园诗稿》，《四库未收书辑刊》第 9 辑第 16 册，北京出版社，2000 年。

（清）黄涛《赋日堂诗稿》，民国金蓉镜抄本，上海图书馆，索书号：线普长 82853。

（清）俞汝言《俞渐川集》，陆行素主编《天津图书馆孤本秘籍丛书》第 13 册，全国公共图书馆古籍文献编辑出版委员会，中华全国图书馆文献缩微复制中心，1999 年。

（清）魏禧《魏叔子文集》，《中国古典文学基本丛书》，中华书局，2003 年。

（清）余怀《余怀全集》，李金堂编校，上海古籍出版社，2011 年。

（清）孙枝蔚《溉堂集》，《续修四库全书》第 1407 册，上海古籍出版社，2002 年。

（清）施闰章《学馀堂文集》，《影印文渊阁四库全书》第 252 册，上海古籍出版社，1987 年。

（清）施闰章《越游草》，中国国家图书馆·中国国家图书馆数字图书馆"中华古籍资源库"，善本书号：A03018。

（清）陈维崧著、陈振鹏标点、李学颖校补《陈维崧集》，上海古籍出版社，2010 年。

（清）刘正宗《逋斋诗》，《清代诗文集珍本丛刊》第十二册，国家图书馆出版社，2017 年。

（清）陈奋永《名山集》，抄本，南京图书馆，索书号：GJ/EB113931。

（清）陈维崧《妇人集》，《赐砚堂丛书新编》，清道光十年（1830）刻本。

（清）顾景星《白茅堂集》，《清代诗文集汇编》第 76 册，上海古籍出版社，2010 年。

（清）邓汉仪《慎墨堂诗拾》，《四库禁毁书丛刊补编》第 57 册，北京出版社，2005 年。

（明）张岱撰、淮茗评著《陶庵梦忆》，中华书局，2008 年。

（明）张岱著、夏咸淳校点《张岱诗文集》，上海古籍出版社，1991 年。

（清）毛奇龄《西河集》，《影印文渊阁四库全书》第 1320—1321 册，上海古籍出版社，1987 年 3 月。

（清）毛奇龄《西河诗话》，《影印文渊阁四库全书》第 1494 册，上海古籍出版社，1987 年。

（清）方文《嵞山堂集》，《清代诗文集汇编》第 38 册，上海古籍出版社，2010 年。

（清）冒襄《巢民诗集》，《续修四库全书》第 1399 册，上海古籍出版社，2002 年。

（清）全祖望《鲒埼亭集》，《续修四库全书》第 1428—1429 册，上海古籍出版社，2002 年。

（清）熊文举《侣鸥阁近集》，《四库禁毁书丛刊》第 120 册，北京出版社，2000 年。

（清）李良年《秋锦山房集》，《四库全书存目丛书》第 251 册，齐鲁书社，1997 年。

（清）宋琬《安雅堂集》，《续修四库全书》第 1404—1405 册，上海古籍出版社，2002 年。

（清）方苞《方望溪全集》，中国书店出版，1991 年。

（清）先著《之溪先生诗集》，清康熙间刻本，国家数字图书馆·中华古籍资源库。

（清）叶奕苞《经锄堂诗稿》，清康熙间刻本，《四库禁毁书丛刊》第 147 册，北京出版社，2000 年。

（清）刘正宗《逋斋诗》，清顺治间刻本，《四库未收书辑刊》捌辑拾陆册，北京出版社，1997 年。

（清）杨宾《杨大瓢先生杂文残稿》，《丛书集成续编》第 126 册，上海书店出版社，1994 年。

（宋）吕祖谦分编《苏东坡诗集注》，清康熙三十七年（1698）朱从延文蔚堂刻本，国家数字图书馆·中华古籍资源库，善本书号：18080。

（清）李肇亨《梦馀集》，北京师范大学图书馆《稀见清人别集丛刊》第一册，广西师范大学出版社，2007 年。

（清）王晫《今世说》，《续修四库全书》第 1175 册，上海古籍出版社，

2002 年。

（清）姜绍书《无声诗史》,《续修四库全书》子部 1065 册, 上海古籍出版社 2002 年。

（清）沈季友《槜李诗系》,《影印文渊阁四库全书》第 1475 册, 上海古籍出版社, 1987 年。

（清）徐釚《续本事诗》,《续修四库全书》第 1699 册, 上海古籍出版社, 2002 年。

（清）黄传祖、陆朝瑛《扶轮续集》, 清顺治八年（1651）黄氏依麟草堂刻本, 王永平主编《扬州大学图书馆藏古籍珍本丛刊》第 80 册, 学苑出版社, 2015 年, 嘉兴市图书馆。

（清）黄传祖《扶轮广集》, 清顺治十二年（1655）黄氏依麟草堂刻本, 上海图书馆, 索书号：线善 T342197-208。

（清）黄传祖《扶轮广集补遗》, 清顺治十二年（1655）黄氏依麟草堂刻本, 南京图书馆。

（清）朱彝尊《明诗综》, 中华书局, 2007 年。

（清）朱彝尊《静志居诗话》,《中国古典文学理论批判专著选辑》, 人民文学出版社, 1998 年。

（清）陶元藻《全浙诗话》, 清乾隆五十九年（1794）正觉楼丛刻本, 广西壮族自治区图书馆·鼎秀古籍全文检索平台。

（明）叶绍袁辑《彤奁续些》,《午梦堂集》中册, 中华书局, 2015 年。

（清）王士禄《然脂集》, 稿本, 上海图书馆, 索书号：线善 757526-34。

（清）王士禛《池北偶谈》,《历代史料笔记丛刊·清代史料笔记》, 中华书局, 1982 年。

（清）王士禛《香祖笔记》,《影印文渊阁四库全书》第 870 册, 上海古籍出版社, 1987 年。

（清）盛枫《嘉禾徵献录》,《续修四库全书》第 544 册, 上海古籍出版社，2002 年。

（清）陆世仪《复社纪略》，《续修四库全书》第 438 册，上海古籍出版社，1995 年。

（清）计六奇《明季南略》，中华书局，1984 年。

（清）王逋《蚓庵琐语》，《四库全书存目丛书》第 249 册，齐鲁书社，1997 年。

屈伯刚《嘉兴乙酉兵事记》，民国三十六年（1947）世界书局印行，嘉兴图书馆藏复印件。

（清）傅恒《御批历代通鉴辑览》，吉林出版集团，2005 年。

柯劭忞《新元史》，上海图书馆，索书号：333728-86。

（清）刘云份《名媛诗选·翠楼新集》，《四库全书存目丛书》第 395 册，齐鲁书社，1997 年。

（清）徐树敏、钱岳辑《众香词·乐集》，上海大东书局，民国 22 年（1933）。

（明）钟惺《名媛诗归》，《四库全书存目丛书》第 339 册，齐鲁书社，1997 年。

（清）李稻塍、李集《梅会诗选》，清乾隆三十二年（1768）寸碧山堂刻本，嘉兴市图书馆。

（清）沈德潜《清诗别裁集》，中华书局，1977 年。

《越中闺秀诗》，清光绪会稽董氏行馀学舍刻本，绍兴图书馆。

（清）汪启淑《撷芳集》，乾隆三十九年（1774）刻本，上海图书馆，索书号：线善 T256547-62。

（清）黄秩模《国朝闺秀诗柳絮集》，清咸丰三年（1853）蕉阴小榄刻本，上海图书馆，索书号：线普 553336-55。

（清）周铭《林下词选》，《续修四库全书》第 1729 册，上海古籍出版社，2002 年。

（清）阮元《两浙辅轩录》，《续修四库全书》第 1683—1684 册，上海古籍出版社，2002 年。

（清）姚佺《诗源初集·列女》，《四库禁毁书丛刊》第 169 册，北京出版社，2000 年。

（清）朱绍曾《国朝金陵诗征》，清光绪十八年（1892）刻本。国家数字图书馆·中华古籍资源库。

（清）金鳌《金陵待征录》，清光绪二年（1876）茂记萃古山房书庄刻本，国家数字图书馆·中华古籍资源库。

（清）邓汉仪《诗观》初集、二集、三集、闺秀别卷，《四库禁毁书丛刊》集第 1—3 册，北京出版社，2000 年。

（清）沈爱莲《梅里词辑》，台湾文海出版社有限公司，1980 年。

（清）张宪和《当湖诗文逸·著撰》，民国十八年（1929）刻本，嘉兴市图书馆。

徐乃昌《小檀栾室闺秀词钞》，清光绪二十二年（1896）南陵徐氏刻本，美国哈佛燕京图书馆。

徐世昌《晚晴簃诗汇》，《续修四库全书》第 1630—1633 册，上海古籍出版社，2002 年。

忻宝华编《檇李文系》，上海图书馆藏，嘉兴市图书馆复印本。

钱仲联主编《清诗纪事》，凤凰出版社，2004 年。

袁行云《清人诗集叙录》，人民文学出版社，2016 年。

王蕴章《燃脂馀韵》，王英志《清代闺秀诗话丛刊》第一册，凤凰出版社，2010 年。

程千帆主编《全清词·顺康卷》，中华书局，2002 年。

（明）丘濬《大学衍义补》，《景印文渊阁四库全书》第 712—713 册，台湾商务印书馆，1986 年。

（清）蒋良骐《东华录》，清乾隆刻本，嘉兴市图书馆。

（清）万斯同《明史》，宁波出版社，2008 年。

（清）张廷玉《明史》，中华书局，1974 年。

赵尔巽《清史稿》，中华书局，1976 年。

（清）允陶纂修《钦定大清会典则例》，《景印文渊阁四库全书》第620—625 册，台湾商务印书馆，1986 年。

（唐）许嵩《建康实录》，《影印文渊阁四库全书》第 370 册，上海古籍出版社，1987 年。

（清）嵇璜《钦定续文献通考》，《影印文渊阁四库全书》第 632 册，上海古籍出版社，1987 年。

（清）朱荣《秀水朱氏家谱》，《清代民国名人家谱选刊续编》第 67 册，北京燕山出版社，2007 年。

（清）朱建子《秀水朱氏家乘》，清抄本，嘉兴市图书馆。

（清）黄耀如《武原黄氏宗谱》，清初抄本，慈溪励双杰藏。

吴江《赵田袁氏家谱》，民国九年（1920）抄本，上海图书馆，索书号：005899。

（清）姜连福《姜氏世谱》，清咸丰四年（1854）余姚敬胜堂刻本，绍兴图书馆。

（清）朱增等纂《山阴白洋朱氏宗谱》，清光绪二十一年（1895）玉泉堂刻本，绍兴图书馆。

（清）朱嵩龄、朱守葆《秀水朱氏家乘》，清乾隆二十八年（1763）刻本，嘉兴市图书馆。

《山阴祁氏家乘》，中国国家数字图书馆·中华古籍资源库。

佟国骧《辽阳佟氏宗谱》，中国国家数字图书馆·中华古籍资源库。

（清）葛万里《清钱牧斋先生谦益年谱》，王云五主编《新编中国名人年谱集成》第 30 辑，台湾商务印书馆，1981 年。

（明）叶绍袁《叶天寥自撰年谱》，《北京图书馆藏珍本年谱丛刊［1］》

第 60 册，北京图书馆出版社，1999 年。

（明）王思任原本，梁廷枬、龚沅补编《祁忠敏公年谱》，《北京图书馆藏珍本年谱丛刊［1］》第 63 册，北京图书馆出版社，1999 年。

（清）顾景和《吴梅村先生世系》，《北京图书馆珍藏年谱丛刊［1］》第 069 册，北京图书馆出版社，1999 年。

（清）钱上安《钱氏家变录》，上海图书馆。

（日本）铃木虎雄《吴梅村年谱》，《北京图书馆珍藏年谱丛刊［1］》第 69 册，北京图书馆出版社，1999 年。

冯其庸、叶君远《吴梅村年谱》，文化艺术出版社，2007 年。

单锦珩《李渔年谱》，《李渔全集》第 19 册，浙江古籍出版社，2010 年。

胡文楷《清钱夫人柳如是年谱》，王云五主编《新编中国名人年谱集成》第 30 辑，台湾商务印书馆，1981 年。

（清）施念曾《施愚山先生年谱》，《北京图书馆藏珍本年谱丛刊［1］》第 74 册，北京图书馆出版社，1999 年。

（清）陆元鋐《乡石自订年谱》，北京图书馆珍藏年谱丛刊［1］第 118 册，北京图书馆出版社，1999 年。

（清）赵耀《追述祖姑子惠小传》，（明）杨循吉等著《吴中小志丛刊·风物山水篇·赵宦光·寒山志》，广陵书社，2004 年。

陆勇强《陈维崧年谱》，中国社会科学出版社，2006 年。

伊丕聪《王渔洋先生年谱》，山东大学出版社，1989 年。

（明）祁彪佳著、张天杰点校《祁忠敏公日记》，浙江古籍出版社，2016 年。

（明）叶绍袁《甲行日注》，《嘉业堂丛书》本，民国二年（1913）刻本，广西壮族自治区图书馆·鼎秀古籍全文检索平台。

蒋逸雪《张溥年谱》，《民国丛书》第四编第 85 册，商务印书馆，1946 年。

孟森《董小宛考编年》，《北京图书馆珍藏年谱丛刊［1］》第 76 册，北京图书馆出版社，1999年。

韩金佑《张岱年谱》，河北大学博士论文，2014年。

杨叶《王端淑年谱初稿》，绍兴市柯桥区史志办公室、绍兴市柯桥区史志学会《越地春秋》，2016年第2—4期，2017年第1期。

汪超宏《吴绮年谱》，浙江大学出版社，2011年。

段莹《孙枝蔚年谱》，西北大学硕士论文，2001年。

汪超宏《宋琬年谱》，人民文学出版社，2010年。

（清）王猷定《王端淑传》，（清）王端淑《名媛诗纬初编》卷首，清康熙六年（1667）清音堂刻本，美国哈佛燕京图书馆。

陈寅恪《柳如是别传》，三联书店，2001年。

黄裳《绛云书卷美人图关于柳如是》，中华书局，2013年。

美国高彦颐《闺塾师——明末清初江南的才女文化》，江苏人民出版社，2001年。

吴正明、李烨《钱柳说汇》，广陵书社，2013年。

顾启、姜光斗《张明弼事略》，《徐州师范学院学报》，1982年第1期。

王卓华《邓汉仪事迹考略》，《玉林师范学院（哲学社会科学）》，2011年第3期。

郎净《卓人月年谱》，《古籍整理研究学刊》，2011年7月第4期。

邢文梦、邢兰芳纂修《邢民家乘》，民国元年（1912），美国犹他州家谱协会。

（清）钱仪吉《碑传集》，中华书局，1993年。

（清）汪珂玉《珊瑚网》，《影印文渊阁四库全书》第818册，上海古籍出版社，1987年。

（清）徐沁《明画录》，清嘉庆四年（1799）读画斋丛书刻本，广西壮族自治区图书馆·鼎秀古籍全文检索平台。

（清）彭蕴灿《历代画史汇传》，清道光五年（1825）吴门尚志堂彭氏刻本，天津图书馆。

（清）汤漱玉《玉台画史》，《续修四库全书》第 1084 册，上海古籍出版社，2002 年。

郭若愚《智龛品砚录》，上海古籍出版社，2008 年。

（清）蒋宝龄《墨林今话》，周骏富《清代传记丛刊第 73·艺林类 9》，台湾明文书局，1985 年。

（清）厉鹗《玉台书史》，清道光十三年（1837）昭代丛书刻本，广西壮族自治区图书馆·鼎秀古籍全文检索平台。

中国古代书画鉴定组编《中国古代书画目录》，文物出版社，1987 年。

（清）吴麒《图绘宝鉴续纂》，于安澜主编《画史丛书》，上海人民美术出版社，1963 年。

（清）郭毓秀纂修《（康熙）金坛县志》，康熙刻本，广西壮族自治区图书馆·鼎秀古籍全文搜索平台。

冯煦、冯焕纂修《（民国）重修金坛县志》，《中国地方志集成·江苏府县志辑［33］》，江苏古籍出版社、上海书店、巴蜀书社，1991 年。

（清）宝鼎望纂修、（清）高佑釲编《（康熙）内乡县志》，清康熙三十二年（1693）刻本，《中国方志丛书·华北地区·第八二号》，台湾成文出版社有限公司。

（明）汤齐原修、（明）李日华原纂、（明）罗炌重修、（明）黄承昊重辑《（崇祯）嘉兴县志》，《日本藏中国罕见地方志丛目》，书目文献出版社，1991 年。

（清）江峰青修、（清）顾福仁、（清）程兼善纂《（光绪）嘉善县志》，《中国方志丛书·华中地区·第五十九号》，台湾成文出版社有限公司，1970 年。

李圭原修、许傅霈、朱锡恩纂《海宁州志稿》，民国十一年（1922）刻本，嘉兴市图书馆。

（清）许瑶光修、（清）吴仰贤纂《（光绪）嘉兴府志》，清光绪四年

（1878）刻本，嘉兴市图书馆。

（清）金吴澜修、（清）汪堃纂《（光绪）昆新两县续修合志》，《中国地方志集成·江苏府县志辑［16］》，江苏古籍出版社、上海书店、巴蜀书社，2008年。

（清）刘诰修、（清）徐锡麟等纂《（光绪）重修丹阳县志》，《中国地方志集成·江苏府县志辑［31］》，江苏古籍出版社、上海书店、巴蜀书社，2008年。

（清）彭润章修、（清）叶廉锷纂《（光绪）平湖县志》，《中国地方志集成·浙江府县志辑［20］》，江苏古籍出版社、上海书店、巴蜀书社，1993年。

（清）王彬修、（清）徐用仪纂《（光绪）海盐县志》，《中国方志丛书·华中地方·第二〇七号》，台湾成文出版社有限公司，1975年。

鲁式穀编纂《（民国）当涂县志》，《中国地方志集成·安徽府县志辑［39］》，江苏古籍出版社、上海书店、巴蜀书社，1998年。

（清）程兼善重纂《续修枫泾小志》，清宣统三年（1911）刻本，嘉兴市图书馆。

龚嘉俊修、李榕纂《（民国）杭州府志》，《中国地方志集成·民国杭州府志［1］》，江苏古籍出版社、上海书店、巴蜀书社，1993年。

（清）高德贵修、（清）张九征等纂［乾隆］《镇江府志》，《中国地方志集成·江苏府县志辑［28］》，江苏古籍出版社、上海书店、巴蜀书社，2008年。

张鹏翼总纂《（民国）洋县志校勘记》，《中国方志丛书·华北地方·第五三三号》，民国26年（1937）重修石印本，成文出版社有限公司。

缪荃孙《江苏省通志稿大事志》，江苏古籍出版社，1991年。

（清）嵇曾筠、（清）李卫、（清）沈翼机等纂修《（雍正）浙江通志》，光绪二十五年（1899）重刊本，《中国地方志集成·省志辑·浙江［3-87］》，凤凰出版社，2010年。

（清）宋如林修、（清）莫晋、（清）孙星衍总纂《（嘉庆）松江府志》，

（清）嘉庆二十二年（1817）刻本，《中国方志丛书·华中地方（10）》，台北成文出版社，1970 年。

（清）黄怀祖重修《（乾隆）平原县志》，《地方志集成·山东府县志辑〔16〕》，江苏古籍出版社、上海书店、巴蜀书社，2004 年。

喻长霖等纂《（民国）台州府志》，《地方志集成·华中地区·第七四号》，台湾成文出版社有限公司，1970 年。

（清）袁国梓纂修《（康熙）嘉兴府志》，清康熙二十一年（1682）刻本，嘉兴市图书馆。

（清）裴大中、（清）倪咸生修、（清）秦缃业总纂《（光绪）无锡金匮县志》，《中国地方志集成·江苏府县志辑〔24〕》，江苏古籍出版社、上海书店、巴蜀书社，2008 年。

（清）刘于义等监修、（清）沈青崖等编辑《（雍正）陕西通志》，《中国地方志集成·省志辑·陕西通志》，凤凰出版社，2011 年。

（清）鄂尔泰等修、（清）靖道谟、（清）杜诠纂《贵州通志》，乾隆六年（1761）刻，嘉庆修补本，《中国地方志集成·贵州府县志辑·贵州通志》，巴蜀书社，2006 年。

（清）管竭忠修、（清）张沐纂《（康熙）开封府志》，北京燕山出版社，2009 年。

（清）俞世铨、（清）陶良骏修，（清）王平格、（清）王序宾编辑《（同治）榆次县志》，《中国地方志集成·山西府县志辑〔16〕》，凤凰出版社、上海书店、巴蜀书社，2005 年。

（清）刘坤一等修、（清）刘铎、（清）赵之谦等纂《（光绪）江西通志》，《中国地方志集成·省志辑·江西通志》，凤凰出版社，2009 年。

（清）郝玉麟等修、（清）谢道臣等辑《（乾隆）福建通志》，乾隆二年（1737）刻本，中国国家数字图书馆·中华古籍资源库。

（清）觉罗石麟等修、（清）储大文修《（雍正）山西通志》，《中国地方志集成·省志辑·山西通志》，凤凰出版社，2011 年。

（清）钱泰吉、（清）管庭芬等纂修《海昌备志》，清道光二十七年（1847）刻本，嘉兴市图书馆。

（清）言如泗修、（清）吕滺纂《（乾隆）解州安邑县志》，《中国方志丛书·华北地方·第四三八号》，台湾成文出版有限公司，1976 年。

张宗海等修、杨士龙等纂《（民国）萧山县志稿》，《中国方志丛书·华中地方·第八四号》，台湾成文出版有限公司。

（清）沈元泰等撰《（道光）会稽县志稿》，《中国方志丛书·华中地方·第五五一号》，台湾成文出版有限公司，1983 年。

（清）刘世宁原本、（清）李诗续修、（清）陈中元、（清）竺士彦续纂《（光绪）淳安县志》，《淳安古籍文献丛书》，2011 年。

（清）王穆纂修、（清）徐德淮重刊《（光绪）城固县志》，《中国方志丛书·华北地方·第二六三号》，成文出版社有限公司。

（清）刘采邦主修、（清）张延珂纂《（同治）长沙县志》，岳麓书社，2010 年。

（清）吕肃高修、（清）张雄图、（清）王文清纂《（乾隆）长沙府志》，《中国地方志集成·湖南府县志辑［1］》，江苏古籍出版社、上海书店、巴蜀书社，2002 年。

（清）张祥云修、（清）左辅纂《（嘉庆）合肥县志》，《中国地方志集成·安徽府县志辑［5］》，江苏古籍出版社、上海书店、巴蜀书社，1998 年。

（清）陈莫缵、（清）丁元正修、（清）倪师孟、（清）沈彤纂《（乾隆）吴江县志》，《中国地方志集成·江苏府县志辑［19］—［20］》，江苏古籍出版社，上海书店，巴蜀书社，1990 年。

（清）仲沈洙、（清）仲枢、（清）仲周霈纂修《盛湖志》，乾隆三十五年（1770）刻本，《中国地方志集成·乡镇志专辑［11］》，清顺治十七年（1660）纂，乾隆五年（1740）增补，江苏古籍出版社、上海书店、巴蜀书社，1990年。

（清）李应泰等修、（清）章绶纂《（光绪）宣城县志》，《中国地方志集成·安徽府县志辑〔45〕》，江苏古籍出版社、上海书店、巴蜀书社，1998年。

（清）严辰等纂《（光绪）桐乡县志》，清光绪十三年（1887）刻本，嘉兴市图书馆。

（清）陈其元等主修、（清）熊其英、（清）邱式金纂重修《（光绪）青浦县志》，清光绪五年（1879）尊经阁刻本，嘉兴市图书馆。

杨豫修修、阎廷献总纂《（民国）齐河县志》，《中国地方志集成·山东府县志辑成〔13〕》，凤凰出版社、上海书店、巴蜀书社，2008年。

（清）宗源瀚、（清）郭式昌修、（清）周学濬、（清）陆心源、（清）汪曰桢纂《（同治）湖州府志》，《中国方志丛书·华中地方·第五四号》，台北成文出版社有限公司，1970年。

（清）杨文鼎、（清）王大本、（清）吴宝善等纂修《（光绪）滦州志》，《中国方志丛书·华北地方·第二二〇号》，台湾成文出版社有限公司，1969年。

（清）李文贲、（清）沈淮《（道光）临邑县志》，《中国地方志集成·山东府县志辑〔15〕》，凤凰出版社、上海书店、巴蜀书社，2008年。

王丕煦、梁秉焜《（民国）莱阳县志》，《中国方志丛书·华北地方·第五十七号》，台湾成文出版社有限公司，1968年。

（清）汪坤厚、（清）程其珏修、（清）张云望纂《（光绪）娄县续志》，（清）光绪五年（1879）刻本，《上海府县志辑·上海府县志辑（5）民国南汇县续志·光绪南汇县志·光绪娄县续志·光绪娄县志》，上海书店出版社，2010年。

（清）巴泰图海纂修《世祖章皇帝实录序》，中华书局，1986年。

（清）厉鹗《湖船录》，（清）丁丙、丁午《武林掌故丛编》，清光绪九年

（1883）丁氏嘉惠堂刻本，嘉兴市图书馆。

（清）田汝成《西湖游览志》，《影印文渊阁四库全书》第 585 册，上海古籍出版社，1987 年。

（明）祁彪佳《越中园亭记》，《续修四库全书》第 718 册，上海古籍出版社，2002 年。

陆惟鎏《平湖经籍志》，郭杰光、陆松筠整理，平湖市史志办公室。

南京师范大学古文献整理研究所《江苏艺文志·苏州卷》第一分册《苏州市、吴县市》，江苏人民出版社，1993 年。

南京师范大学古文献整理研究所《江苏艺文志·常州卷》，江苏人民出版社，1995 年。

南京师范大学古文献整理研究所《江苏艺文志·盐城卷·淮阴卷》，江苏人民出版社，1995 年。

南京师范大学古文献整理研究所《江苏艺文志·扬州卷》，江苏人民出版社，1995 年。

南京师范大学古文献整理研究所《江苏艺文志·南京卷》，江苏人民出版社，1995 年。

徐中玉主编《中国古典文学精品普及读本·元明清诗词文》，广东人民出版社，2019 年。

徐学林《徽州刻书史长编》，安徽教育出版社，2015 年。

太仓市哲学社会科学界联合会《娄东文化丛书第一辑（沙溪古镇）》，西泠印社出版社，2008 年。

胡文楷编著、张宏生增订《历代妇女著作考（增订本）》，上海古籍出版社，2008 年。

柯愈春《清人诗文集总目提要》，北京古籍出版社，2002 年。

郭味蕖《宋元明清书画家年表》，人民美术出版社，1982 年。

钱实甫《清代职官年表》，中华书局，1980 年。

陈光《中国历代帝王年号手册》，北京燕山出版社，2003 年。

（清）黄本骥《清代职官表》，上海古籍出版社，1984 年。

丘明复《中国佛学人名词典》，中华书局，1988 年。

杨焕钿《庵埠历代题刻》，暨南大学出版社，2019 年。

赵群乐主编《南湖经典系列丛刊》之《名人卷》，五洲传播出版社，2011 年。

傅逅勒《嘉兴历代人物考略》，香港天马出版有限公司，2005 年。

傅逅勒《嘉兴历代人物考略（增订本）》，中华书局，2017 年。

《绍兴县志资料》第 1 辑，广陵书社，2011 年，绍兴图书馆。

虞坤林《海宁历代人物名录》，浙江人民出版社，2010 年。

龚肇智《嘉兴明清望族疏证》，方志出版社，2012 年。

李伯重《多视角看江南经济史》，三联书店，2003 年。

刘艳萍《熊文举贰臣心态和诗歌创作研究》，西南大学硕士论文，2018 年 3 月。

刘萍萍《黄文焕〈陶诗析义〉研究》，首都师范大学博士论文，2007 年 5 月。

严凌《明末清初女性的侠士风气》，《新余学院学报》2014 年第 1 期。

谢爱珠《名媛之冠——商景兰研究》，"中央大学"硕士论文，2007 年 7 月。

罗争鸣《吴绡诗词二首赏探》，《名作欣赏》，2013 年第 7 期。

赵雪沛《关于女词人徐灿生卒年及晚年生活的考辨》，《文学遗产》，2004 年第 3 期。

陈雪军《梅里词派研究》，上海古籍出版社，2009 年。

蔡静平《明清之际汾湖叶氏文学世家研究》，岳麓出版社，2008 年。

王平《清代文士黄涛及交游钩沉》，黑河学院外国语学院《名作欣赏》，2017 年第 8 期。

尤裕森《勺园与吴昌时》，未刊稿。

林庆彰《丰坊与姚士粦》，华东师范大学出版社，2015 年。

李贵连《黄媛介生平经历及其与山阴祁氏家族女性交游考述》，《贵州师范大学学报（社会科学版）》，2011 年第 3 期。

李贵连《老大嫁作商人妇　脱却红妆入空门——女尼谷虚生平考述及其与祁氏家族女性交游探析》，《社会科学论坛（学术研究卷）》，2009 年第 5 期。

蔡芳盈《邓汉仪与诗歌研究》，扬州大学硕士论文，2014 年 6 月。

陈作宏《论张明弼及其〈榕城二集〉》，《韩山师范学院学报》，2016 年第 4 期。

郭延礼《〈然脂集〉今何在？——纪念王士禄〈然脂集〉成书 365 周年》，中国作家网，2007 年 3 月。

张敏《王端淑研究》，南京师范大学硕士论文，2007 年 5 月。

施祖毓《李明睿钩沉》，《复旦学报（社会科学版）》，2002 年第 5 期。

陈虎《汪汝谦研究综述》，《淮北职业技术学院学报》，2012 年第 2 期。

李玉栓《明代文人结社考》，中华书局，2013 年。

周怀文《毛奇龄研究·附录〈毛奇龄年谱〉》，山东大学博士论文，2010 年 5 月。

曹淑娟《流变中的书写——祁彪佳与寓山园林论述》，联经出版社，2006 年。

周巩平《明清两代浙东祁氏家族的戏曲家群体与曲目整理活动》，《浙江艺术职业学院学报》，2014 年第 3 期。

黄海兰《明清山阴祁氏家族戏曲活动的研究》，厦门大学硕士论文，2012 年 6 月。

关春燕《明代吴江女性文学研究》，南京师范大学硕士论文，2004 年 5 月。

周萍萍《十七、十八世纪天主教在江南的传播》，社会科学文献出版社，2007 年。

陈雪军《黄媛贞和她的〈云卧斋诗馀〉》，《词学》第十八辑，华东师范大学出版社，2007 年。

萧若瑟《天主教传行中国考》，《民国丛书第一编》，上海书店出版社，1989 年。

何宗美《文人结社与明代文学的演进》，人民出版社，2011 年。

张小波《明代苏州文氏家族作家研究》，上海师范大学硕士论文，2009 年 4 月。

余秋雨《山居笔记》之《流放者的土地》，文汇出版社，2002 年。

李超、李昊、石璐《专家和朱姓人探寻古墓之谜》，《牡丹江晨报》，2013 年 6 月 5 日。

朱福生《张弘金家族成员事迹考》，《松江报》，2018 年 4 月 5 日。

周金标《朱鹤龄及其〈杜诗辑注〉研究》，中国社会科学出版社，2016 年。

张哲《明遗民文人魏耕、祁班孙研究》，上海大学硕士论文，2008 年 4 月。

石吉梅《清朝江西女性作家作品考论》，江西师范大学硕士论文，2007 年 4 月。

方豪《中国天主教史人物传》，宗教文化出版社，2007 年 8 月。

王君《叶承宗〈泺函〉研究》，南京师范大学硕士论文，2011 年 5 月。

方良《钱谦益清初行踪考》，《江南大学学报（人文社会科学版）》2005 年第 4 期。

黄浩然《魏宪研究》，南京师范大学硕士论文，2009 年 4 月。

郭馨馨《兴化李氏家族及其文献研究》，南京师范大学硕士论文，2006 年 3 月。

曾庆先《王遄和〈蚓庵琐语〉》，《福建师范大学福清分校学报》，2007年第1期。

朱有玠《长洲茂苑综述》，《中国园林》，1992年第2期。

安芸《姜绍书〈无声诗史〉研究》，南京艺术学院硕士论文，2017年5月。

刘仲华《"救时之才"：清初理学家张能鳞考述》，《石家庄学报》2005年第5期。

孙克强、裴喆《龚鼎孳〈定山堂集〉版本考述》，《安徽师范大学学报（人文社会科学版）》第43卷第6期，2015年11月。

吴藕汀、吴小汀《烟雨楼史话》，嘉兴市图书馆、嘉兴南湖纪念馆，1998年。

吕启伟《德州墓志研究》，山东大学硕士论文，2016年12月。

陈欣《清朝第一位汉族皇妃滦州石申之女》，《唐山晚报·唐山风物》，2015年1月23日。

王巧林《红楼作者顾景星》，光明日报出版社，2016年10月。

王欢《宋琬散佚作品考》，西南林业大学《红河学院学报》第13卷第2期，2015年4月。

唐明觉《镇江书画》，苏州大学出版社，2007年9月。

无锡市政协学习文史委员会《文化无锡》，古吴轩出版社，2006年1月。

跋

　　《黄媛介年谱》是赵青女士撰写的第三部专著。2014年1月,《嘉兴历代才女诗文徵略》,由浙江大学出版社付梓,填补了一郡女子诗文选编的阙漏;2021年7月,《黄媛贞黄媛介合集》,由浙江古籍出版社印行,尘封于省内外图书馆的黄氏姐妹诗文作品得以面世。如今,《黄媛介年谱》将由上海书店出版社出版,又将是嘉兴文史研究史上的一件幸事。

　　以诗、文、书、画四绝著称的黄媛介名动于明末清初。但由于黄氏生活在封建年代,受时代限制,能遗留下来的资料少且分散;明清易代之际,社会动荡,作品损毁。数百年至今,尚能见到的黄氏作品仅有两部诗集,以及散见于一些诗歌总集中的零星篇什。这对赵女士而言,徒增了许多旅途的奔波与阅读的不便。但赵女士不辞辛劳,先后奔波于上海、杭州、南昌、绍兴、嘉兴等省、市图书馆。复制、抄录与黄氏著作、生平有关的资料,凡书籍、书画、家乘、年谱、方志、期刊、论文,尽可能地囊括在案。还对黄氏当年生活过的有关地方作了一定的调查和考察,为《年谱》撰写奠定了扎实基础。

　　《黄媛介年谱》的写作表现出自身的特点,采用资料不是人云亦云,照搬照抄,而是对资料条分缕析,经过爬梳剔抉,去粗取精,去伪存真,由此及彼,由表及里,洞见真貌。清初,姜绍书《无声诗史》称黄媛介是"嘉禾黄葵阳(黄洪宪)先生族女"。近四百年来,许多文献一直沿用这个观点。但赵女士通过对黄涛《遥哭黄平立四十韵》的判析,彻底颠覆了这种观念。黄洪宪的后人黄涛与黄媛介之兄黄鼎(字平立)只是"同姓"而已,二黄姓氏各有出处,黄鼎与黄涛,一为汝南黄氏,一为江夏黄氏。由此,黄媛介绝非"黄葵阳先生族女"。这是黄媛介研究史上的重大突破。

　　赵女士以敏锐的视角审视黄媛介的作品。清顺治二年（1645）六月初，清廷"剃发令"的颁布，引起群情激愤，江南诸邑义帜高张。闰六月七日嘉兴民众在士人屠象美等人的带领下举事，由此引起"乙酉兵乱"。遭此变故后，黄媛介"家被蹂躏，乃跋涉于吴、越间，困于檇李，踬于云间，栖于寒山，羁旅建康，转徙金沙，留滞云阳"（《无声诗史》卷五）。顺治五年（1648），黄媛介流寓金坛期间，感慨万千地写下了长篇叙事诗《离隐歌》，记述她颠沛流离、苦难困顿的经历，表达了她怀念故国、怀念家乡的情感，直可与东汉女性文学家蔡琰的《悲愤诗》媲美。

　　十五年来，女士勤于笔耕，成果丰硕，同时也很成功，可喜可贺。

　　《黄媛介年谱》出版前夕，有幸拜读并校阅了全部文稿。应女士之请，写下了以上感言。

　　　　　　　　　壬寅九月，海宁尤裕森谨识于鸳湖旧庐

图书在版编目(CIP)数据

黄媛介年谱 / 赵青著. -- 上海 : 上海书店出版社,
2025．7． -- ISBN 978-7-5458-2451-3

Ⅰ．K825.6

中国国家版本馆 CIP 数据核字第 2C259S9W80 号

责任编辑　俞芝悦
特约审稿　解永健　尤裕森
封面设计　汪　昊

黄媛介年谱

赵　青　著

出　　版	上海书店出版社	
	（201101　上海市闵行区号景路 159 弄 C 座）	
发　　行	上海人民出版社发行中心	
印　　刷	上海叶大印务发展有限公司	
开　　本	710×1000　1/16	
印　　张	25.75	
字　　数	300,000	
版　　次	2025 年 7 月第 1 版	
印　　次	2025 年 7 月第 1 次印刷	

ISBN 978 - 7 - 5458 - 2451 - 3/K・523
定　　价　98.00 元